Richard Ruhland
Die Geschichte der Stadt Mittenwalde

Richard Ruhland

Die Geschichte der Stadt Mittenwalde

Im Zeichen einer
tausendjährigen Vergangenheit.
Die Chronik einer Siedlung
in Brandenburg

verlag am park

ISBN 3-932180-13-5
© verlag am park, Berlin 1997. Alle Rechte beim Autor,
Nachdrucke sowie Verwertung in Film, Funk und Fernsehen und auf jeder Art
von Bild-, Wort- und Tonträgern sind honorar- und genehmigungspflichtig.
Alle Rechte vorbehalten.
Satz: edition ost, Druck: Clausen & Bosse, Leck

Die Deutsche Bibliothek – CIP-Einheitsaufnahme
Ruhland, Richard: Die Geschichte der Stadt Mittenwalde :
die Chronik einer Siedlung in Brandenburg / Richard Ruhland. –
Berlin : verlag am park, 1997; ISBN 3-932180-13-5

Inhalt

Vorwort   Seite 11

Mittenwalde von den Anfängen bis zur brandenburgischen
»Port der Mark und Schlüssel des Landes gen die Lusitz«
    Spuren vorzeitlicher Menschen und von Germanen   Seite 14
    Slawische und frühdeutsche Siedlungs- und Befestigungsspuren   Seite 16
    Die Unterjochung der Slawen
    durch weltliche und geistliche Herren   Seite 18
    Die Burgen Mittenwalde und Köpenick
    im Kräftespiel um die Beherrschung des südöstlichen Teltow   Seite 23
    Das »castrum Mittenwalde« wird zwischen Wettinern und
    Askaniern hart umkämpft und 1245 als »Port der Mark und
    Schlüssel des Landes gen die Lusitz« endgültig brandenburgisch   Seite 25
    Über die Entstehung des Namens Mittenwalde
    sowie der Stadt und ihrer Einwohnerschaft   Seite 30
    Mittenwalde als »civitas« mit städtischer Verfassung,
    Rathaus, Ratmannen und jährlichem Ratswechsel   Seite 40

Mittenwalde unter der Landesherrschaft der Wittelsbacher,
Luxemburger und ersten Hohenzollern
    Städtebündnisse gegen Raubrittertum und Fehdewesen   Seite 45
    Der »Falsche Waldemar« sorgt für Überraschungen   Seite 47
    Streit um Holzungsgerechtigkeiten   Seite 49
    Anfang und Ende der Juden in der Stadt   Seite 51
    Kirchen- und Schulwesen   Seite 53
    Die Kalandsherren von Mittenwalde   Seite 59
    Gallun – ein von jeher zu Mittenwalde eingepfarrter Ort   Seite 61
    Gerichtsbarkeit in der Stadt –
    Paul Stolz wird auf dem Salzmarkt hingerichtet   Seite 63
    Mittenwalde ist ein bedeutender Marktort   Seite 69
    Einnahmen und Ausgaben bestimmen die städtischen
    Finanzen und Machtverhältnisse (Geld regiert die Welt)   Seite 70
    Mittenwalde ist reich und verleiht mehrmals Geld –
    und dies sogar auf Nimmerwiedersehen   Seite 74
    Die Hohenzollern festigen ihre landesherrliche Gewalt
    auf Kosten der Städte der Mark Brandenburg   Seite 78

Kulturhistorische Zeugnisse einer mittelalterlichen Stadt

Vergangene und noch vorhandene Baudenkmäler
sowie andere Anlagen, Stätten und Einrichtungen — Seite 87

Die St. Moritzkirche — Seite 92

Die St.-Georg-Spitalkapelle dankt ihrer Entstehung
dem nördlich der Stadt wüst gewordenen Ort »Wierichsdorf«
(deserta villa Wiritstorp) — Seite 111

Die Burg als »dat nuwe Hus vor Middenwolde«
und das landesherrliche Schloß existieren nicht mehr — Seite 114

Das Berliner Tor mit Rundturm — Seite 116

Zur Geschichte des Mühlentores — Seite 119

Das Jahn-Denkmal auf dem Salzmarkt — Seite 121

Das Paul-Gerhardt-Haus zu Mittenwalde — Seite 123

Der Weinberg galt damals mal als »Teltower Schweiz« — Seite 125

Der historische Stadtkern steht unter Denkmalschutz — Seite 126

Die verkehrsmäßige Erschließung der Stadt und Umgebung

Von Knüppeldämmen zu Handels-, Heer-
und Poststraßen sowie Chausseen und Autobahnen — Seite 136

Die große Bedeutung des Nottekanals
für Mittenwalde, den Teltow und Berlin — Seite 140

Privatbahnen verbinden Mittenwalde mit Berlin, Königs
Wusterhausen und Töpchin sowie später noch mit Zossen — Seite 145

*Mittenwalde auf den Weg vom Dreißigjährigen Krieg
ins 20. Jahrhundert*

Der Große Krieg trifft Mittenwalde besonders schwer — Seite 161

Mittenwalde unter der Herrschaft des Großen Kurfürsten — Seite 165

Der Soldatenkönig und »sein« Mittenwalde — Seite 167

Friedrich der Große und sein gestörtes Verhältnis
zu Mittenwalde, der Siebenjährige Krieg und das Wrühebuch — Seite 172

Reformen und siegreiche Kriege bessern, verlorene Kriege
verschlechtern die wirtschaftliche Lage der Stadt — Seite 175

Berlin entwickelt sich auf Kosten
des Kreises Teltow und somit auch der Stadt Mittenwalde — Seite 178

Berühmte Persönlichkeiten in der Stadt

Der Theologe und ev. Kirchenlieddichter Paul Gerhardt
als Pfarrer und Propst in Mittenwalde — Seite 186

Als der General der Befreiungskriege Yorck von Wartenburg
noch Kommandeur der Garnison zu Mittenwalde war — Seite 199
Mittenwalde, Paul Gerhardt und Graf Yorck im Urteil
Theodor Fontanes aus seinen Wanderungen durch die Mark — Seite 211
Heinrich Mann macht in seinem Roman »Der Untertan«
Mittenwalde als Schauplatz einer Liebesromanze weltbekannt — Seite 222

Mittenwalder Einwohner und Ereignisse im Wandel der Zeiten

Wie die Pest in die Stadt kam — Seite 226
Abendliches Kirchenglockengeläut
rettet eine im Sumpf verirrte Prinzessin — Seite 229
Fliegende Findlinge sollten Mittenwalde treffen — Seite 230
So die Alten »Brummen«, so die Jungen das »Gruseln« lernen — Seite 231
Was die Mittenwalder früher so trieben — Seite 233
Mittenwalder, die sich einen Namen machten — Seite 237
Altmittenwalder Familien im Spiegel der Jahrhunderte — Seite 241
Alte Urkunden bezeugen Zustände längst vergangener Zeiten — Seite 256
Fotografien haben eine größere Aussagekraft
als gedruckte bzw. nur gehörte Worte — Seite 259
Ohne »Dumme-Jungen-Streiche«
wäre die Schulzeit wie eine »Suppe ohne Salz« — Seite 263
Die Rote Armee erobert Ende April 1945 Mittenwalde — Seite 265
Den Opfern von Kriegen,
Terror und Gewaltherrschaft zum Gedenken — Seite 267
Mittenwalder Vereinsleben, Kultur und Sport — Seite 275
Die Hundertjahrfeier der Ölmühle Reichert — Seite 287
Mit der Wende zur deutschen Einheit
stellt sich Mittenwalde neue Aufgaben — Seite 289
Heimatverein und Heimatstube von Mittenwalde
beleben dessen uralte Stadtgeschichte aufs neue — Seite 296

Sacherklärungen — Seite 301

Literatur- und Abbildungsnachweis — Seite 312

Personenregister — Seite 315

Ortsregister — Seite 321

Autorenvorstellung — Seite 327

*Meinem Vater
und damit allen unschuldigen Opfern
von Kriegen und Gewaltherrschaft
aus Mittenwalde/Mark und Umgebung
gewidmet*

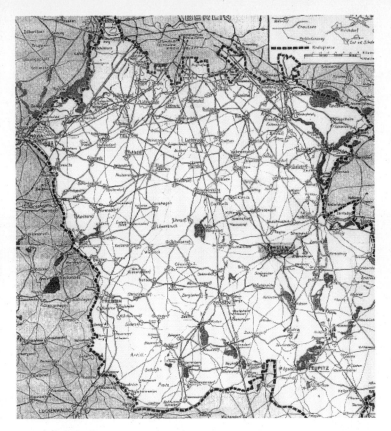

Die geographische Lage der Stadt Mittenwalde (ehemaliger Kreis Teltow)
(aus: »Südlich von Berlin: Der Teltow«)
Mittenwalde ist auf dem Landwege über acht Verbindungen erreichbar:
1. Königs-Wusterhausen-Schenkendorf-A 13, Abf. Mittenwalde
2. Deutsch Wusterhausen-A 13, Abf. Ragow
3. Rangsdorf-Groß Machnow
4. Zossen-Telz
5. Berlin-Selchow-Brusendorf
6. Bestensee-Gallun
7. Teupitz-Töpchin-Motzen
8. Königs Wusterhausen – Fuß- und Radweg am Nottekanal

Der obere Teil des Berliner Tores in Mittenwalde (aus: Dahmeland, 1994)

Vorwort

Theodor Fontane setzte Mittenwalde in seinen »Wanderungen durch die Mark Brandenburg« ein ewiges literarisches Denkmal. Seine Reportage über die Stadt des Teltow, die ihr mittelalterliches Gepräge noch am deutlichsten bewahrt hat, beginnt mit der Frage: »*Wer reist nach Mittenwalde? Niemand. Und doch ist es ein sehenswerter Ort, der Anspruch hat auf einen Besuch in seinen Mauern. Nicht als ob es eine schöne Stadt wäre, nein; aber schön oder nicht, es ist sehenswert, weil es alt genug ist, um eine Geschichte zu haben.*«, und endet mit der Feststellung: »*Tausende wallfahrten nach Gohlis, um das Haus zu sehen, darin Schiller das Lied ›An die Freude‹ dichtete. Mittenwalde besucht niemand, und doch war es in seinem Propsteigarten, daß ein anderes, größeres Lied an die Freude gedichtet wurde, das große deutsche Tröstelied: ›Befiehl du deine Wege.‹*« Und in der Tat, mit dieser alten Ackerbürgerstadt sind die Namen großer Persönlichkeiten sowie kulturhistorisch bedeutende Zeugnisse des Mittelalters auf das engste verknüpft.

Das eingangs im Zitat erwähnte Lied stammt vom größten deutschen Dichter des 17. Jahrhunderts, dem Theologen Paul Gerhardt, der in den Jahren nach dem Dreißigjährigen Krieg als Propst in Mittenwalde die schöpferischste Phase seines Lebens hatte. Oder erinnern wir uns an den in den Befreiungskriegen berühmt gewordenen General Yorck von Wartenburg, der zuvor über sechs Jahre Kommandeur der damaligen Garnison zu Mittenwalde war.

Was uralte Baudenkmäler der Stadt anbelangt, so erwarten die alles überragende St. Moritzkirche, die Spitalkapelle, das Berliner Tor, der Pulverturm und weitere immer neue Besucher, um sie mit ihrer Geschichte vertraut machen zu können. Erfreut und mit gewissem Stolz zugleich registrieren die Mittenwalder steigende Besucherzahlen, und nicht nur die »Heimatstube im Hotel Yorck« wartet auf wissensdurstige Gäste.

An alter Geschichte und Kultur interessierte Besucher der Stadt und Leser dieses Buches kommen allemal auf ihre Kosten. Sie werden erfahren, wie Germanen, Slawen und die ersten Deutschen an diesem Platz an der Notte Geschichte machten und warum gerade diese markgräfliche Burg- und Grenzstadt nach 1245 als »Port der Mark und Schlüssel des Landes gen die Lusitz« jahrhundertelang den Schutz der brandenburgischen Landesgrenze zu gewährleisten hatte.

Mittenwalde braucht also zur Verdeutlichung seiner Entstehung und Entwicklung keine Kulissen und Atrappen, und glücklicherweise stören in seinen Mauern das noch aus dem Mittelalter Vorhandene weder seelenlose Glasfassaden noch schreiende Leuchtreklamen.

Was die Herausgabe dieses Buches betrifft, soll nicht unerwähnt bleiben, daß
– zu diesem Zweck 1994 ein Preisausschreiben zur Mittenwalder Stadtgeschichte veranstaltet wurde, für dessen Beteiligung den Teilnehmern Dank gebührt,
– eine umfassende Heimatgeschichte meiner Geburtsstadt in Form einer »Chronik der Stadt Mittenwalde« zu einem späteren Zeitpunkt noch zu schreiben und zu veröffentlichen wäre,

Ein seltenes Foto mit historischem Wert: Nur wenigen alteingesessenen Mittenwaldern wird noch in Erinnerung sein, wie Mitte der Dreißiger Jahre die Hitlerfaschisten in voller SA-Montur den sonntäglichen Gottesdienst in der St. Moritzkirche zur »Weihe« ihrer Hakenkreuzfahnen und NS-Standarten mißbrauchten.

- damit die 750jährige Zugehörigkeit der Stadt Mittenwalde zu Brandenburg im Jahre 1995 gewürdigt werden soll,
- sich überhaupt erst mit der politischen Wende zur deutschen Einheit ein solches Vorhaben verwirklichen ließ,
- dessen Inhalt geeignet erscheint, eine anzustrebende Länderehe »Berlin-Brandenburg« im Bewußtsein der Menschen befördern zu helfen, die nach überzeugenden Gründen und Vorteilen für diesen historischen Schritt suchen,
- dessen Inhalt nicht »DIE«, sondern nur Beiträge »ZUR« Geschichte der Stadt Mittenwalde/Mark mit Bezügen zur Geschichte der Mark Brandenburg sowie einige persönliche Meinungen dazu widerspiegeln soll,
- diese erste Fassung historische Überlieferungen, aktuelle Forschungsergebnisse und eigene Erkenntnisse nach bestem Wissen und Gewissen wiedergibt, was trotzdem keinen Anspruch auf Vollständigkeit und Richtigkeit des Inhalts rechtfertigt,
- damit die Leser ermutigt werden sollen, mit eigenen Hinweisen an den Verfasser, Lücken der Mittenwalder Stadtgeschichte in einer folgenden Auflage oder für die noch zu schreibende »Chronik« schließen zu helfen und
- ich dieses Buch allen unschuldigen Opfern von Kriegen, Terror und Gewaltherrschaft widme und damit auch meinem im Jahre 1949 in Buchenwald umgekommenen Vater, dem ehemaligen Stadtkämmerer Richard Ruhland, ein Denkmal meiner Familie setze.

Richard Ruhland, jr.
Berlin, Anno 1997

Mittenwalde von den Anfängen bis zur brandenburgischen »Port der Mark und Schlüssel des Landes gen die Lusitz«

Spuren vorzeitlicher Menschen und von Germanen

Bereits vor 200.000 Jahren dürften sich in der heutigen Teltow-Region Menschen aufgehalten haben. Eine unvorstellbar lange Zeit, in der Eiszeiten kamen und gingen. Alles Belegbare darüber ist unter ihren mächtigen Ablagerungen begraben. Vor der letzten Eiszeit vor 50.000 Jahren hinterließen Jäger und Sammler des Neandertaler-Typs an ihren Lagerplätzen Spuren in Form gefundener Faustkeile und anderer Steingeräte. Nachdem das Inlandeis dieser Eiszeit geschmolzen war, entstanden in den folgenden Abkühlungs- und Erwärmungsphasen natürliche Bedingungen für einen dauerhaften Aufenthalt von Menschen heutigen Typs zwischen Elbe und Oder. Im Zeitraum von 12.000 bis 8.000 v. u. Z. durchstreiften nicht seßhafte Tundrenjäger, Waldjäger und Sammler sowie spezialisierte Rentierjäger mit Stielspitzenkultur (Historiker nennen sie »Wildbeuter«) das besagte Gebiet.

Infolge der raschen Erwärmung nach der jüngsten Eiszeit entwickelten sich immer bessere Voraussetzungen für die Jagd, das Sammeln und den Fischfang. Zahlreiche Fundstellen an noch nicht dauerhaften Siedlungen brachten verschiedene Kulturhinterlassenschaften an Gewässern und Niederungsrändern im Teltow zutage, die sich besonders entlang der Oberhavel, der Spree, der Dahme, der Notte und der Nuthe erstreckten.

Die während und nach der letzten Eiszeit bei Mittenwalde an der Notte geformte Landschaft mit Sümpfen und Mooren in Tälern von Rinnen und Fließen einerseits, aber auch von inselartigen Erhöhungen (Dünen, Stauchmoränen, kleinen Bergen u. a.) andererseits, wie dies damals beispielhaft für die Gemarkung der Stadt zutraf, wurde zu einem bevorzugten Siedelplatz, was über 40 Fundstellen aus der Ur- und Frühgeschichte daselbst beweisen. Die ur- und frühgeschichtlichen Fundplätze beiderseits der Notte zwischen Mittenwalde und Königs Wusterhausen (8 km) sind inzwischen auf über 100 angestiegen.

Wasser brauchten die Menschen von jeher und deshalb reihten sich auch an Seen und Flußläufen ihre Siedlungen, unbeschadet welcher Zeit, Kultur oder Gegend sie den betreffenden Stämmen bzw. Völkern zuzuordnen sind.

Greifen wir aus dieser Vielfalt des durch Funde bewiesenen Aufenthalts von Menschen an unzähligen Orten des Teltow seit etwa 8.000 Jahren v. u. Z. die für

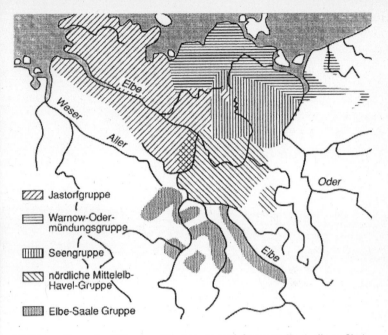

Die Verbreitung der frühgermanischen Jastorf-Gruppen (6.-1. Jh. v. Chr.) in Brandenburg: Mittelelbe-Gruppe, Havel-Gruppe und Elbe-Saale-Gruppe

Mittenwalde nachgewiesenen Spuren dauerhafter menschlicher Besiedlung heraus, so ergibt sich folgendes Bild:

Um 1.700 bis 1.400 v. u. Z. hielten sich Menschen im Mittenwalder Raum auf, was ältere bronzezeitliche Hortfunde der Aunjetitzer (tschechischen) Kultur beweisen. Aus den Jahren 1.400 bis 300 v. u. Z. weisen Funde in Form von Flachgräberfeldern der Lausitzer Kultur, Teltow-Gruppe, auf den Aufenthalt von Menschen bei Mittenwalde hin. In der Zeit vor und während der Völkerwanderung (etwa von 700 v. u. Z. bis 600 u. Z.) gab es vielerorts um Mittenwalde Siedlungen und Urnengräberfelder (-friedhöfe) der frühgermanischen ostniedersächsischen Jastorf-Kultur.

Demnach gilt es als sicher, daß seit dem 5. Jahrhundert v. u. Z. aus Nordeuropa heranziehende Germanen den Teltower Raum erreichten und sich die Landnahme dieser elbgermanischen Semnonen (Sueben) in friedlichen Formen vollzogen hat. Das gleiche bezieht sich auch nicht nur auf die ethnische Vermischung der Semnonen mit der Vorbevölkerung, sondern auch mit keltischen Import-Einflüssen aus Mittel- und Süddeutschland und späterhin mit den ostgermanischen Burgunden, die sich bis 300 u. Z. von östlich der Oder in Richtung

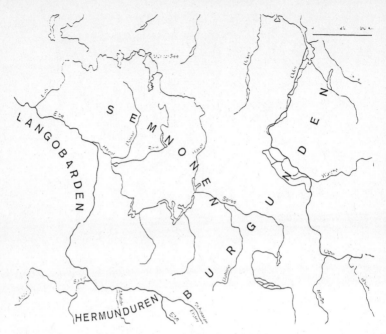

Germanische Stämme im brandenburgischen Raum im 2. Jh. u. Z.

Elbe u. a. auch in den Teltow vorgeschoben hatten. Im Zuge der Völkerwanderung zogen größere Teile der Semnonen nach Südwestdeutschland ab, verließen anschließend auch die Burgunden Richtung Westen unseren Raum und stießen slawische Stämme (vor allem von Schlesien und Böhmen aus) in das von den meisten Germanen aufgegebene Gebiet zwischen Oder und Elbe vor.

Slawische und frühdeutsche Siedlungs- und Befestigungsspuren

Im Zuge der Bevölkerungsabzüge der über Tausende von Jahren seßhaft gewesenen germanischen Stämme vom 6. bis zum 7. Jh. u. Z. aus dem Teltower Raum in Richtung Westen nahmen zur gleichen Zeit aus dem Osten und Südosten nachdrängende slawische Bevölkerungsgruppen bzw. -stämme von der fast menschenleer gewordenen Region friedlich Besitz. Im Raum Köpenick/Mittenwalde war es vom 9. bis 12. Jahrhundert der slawische Stamm der Sprewanen, der diese Plätze besiedelt hatte und durch Burgen sicherte. Wie aus historischen Quellen hervorgeht, bezeugen die slawischen Siedlungs- und Befestigungsspuren in Mittenwalde (Pennigsberg, Burgwallwiesen u. a.) die große Bedeutung die-

In den Quellen des 9. bis 12. Jh. erwähnte Stammesnamen
im slawischen Siedlungsgebiet

ses Platzes an der Notte. Dieses Fließ wurde zur damaligen Zeit als Säne bzw. Sane bezeichnet und galt als wichtiger Grenzfluß der Sprewanen zum slawischen Stamm der Lusizi (Luzici = Lusitz = Lausitz).

Zur slawischen Siedlungsperiode ist zu bemerken, daß sich die slawischen Stammesgebiete bzw. -gaue entsprechend den naturräumlichen Voraussetzungen in Siedlungskammern, so z. B. Mittenwalde, gliederten. Jede Siedlungskammer hatte wenigstens eine mit Holz-Erde-Mauer befestigte Burg mit mehreren dazu gehörigen Siedelstellen. Große Burgen galten als Volksburgen, zu denen wiederum ein Netz kleinerer Fluchtburgen zur Aufnahme der umwohnenden Bevölkerung bei Gefahr gehörte. Zugleich bildeten alle diese Burgen politische, wirtschaftliche und kultische Zentren. Der Sitz von Stammesfürsten oder anderer Adliger bedingte spezielle und größere Burgen, da diese als militärische Basis der politischen und ökonomischen Machtausdehnung der slawischen Landesherren zu dienen hatten (Köpenick u. a.). Ansonsten lebten die Slawen von Ackerbau, Viehhaltung, Fischfang, Waldfrüchten, Honig usw. Auch beherrschten sie die Metall-, Holz-, Knochen- und Geweihverarbeitung, doch waren sie westlichen und südlichen Kulturen und Produktionsmethoden noch unterlegen.

Im Jahre 1157 wurde der sprewanische Burgort »Bart = Mittenwalde« von den Wettinern erobert.

In dem 1842 zu Prag erschienenen Werke des tschechischen Geschichtsschreibers Schafarik, Slovansky Zemévid, d. h. »Die slavische Erde oder Welt«, erscheint Mittenwalde unter dem Namen Bart, eine Bezeichnung, die eher mit dem slavisch-tschechischen Worte bara = Sumpf oder Morast oder mit dem russischen Bort = Bienenstock in einem hohlen Baum zusammenhängen, als durch Lautverschiebung aus tschechisch burdo = Hügel oder bród = Furt entstanden sein dürfte (Be II, 513). Vom 13. Jahrhundert an ist in allen Quellen ausnahmslos nur die deutsche Bezeichnung üblich, um so bemerkenswerter, als unsere Stadt von vielen Orten umgeben ist, deren Namen – wie z. B. Telz, Motzen, Machnow, Kallinchen – ausgesprochen slavisch klingen.

Slawische Siedlungs- und Befestigungsanlagen als Vorläufer des frühdeutschen Burgortes Mittenwalde wurden also mit »Bart« bezeichnet und stammen aus der Zeit des Seßhaftwerdens der Sprewanen in diesem Raum, spätestens im 9. Jh. u. Z. Aus dieser Sicht ist der Ort »Bart = Mittenwalde« über 1.100 Jahre alt, wie auch Köpenick, wo um 825 slawische Burganlagen entstanden. Die bis auf Mittenwalde ansonsten kaum überquerbare Notteniederung bot sich mit der Notte als Grenzfließ förmlich an, widerstreitenden slawischen Fürsten und dann deutschen Markgrafen mittels Burgen am südlichen und nördlichen Ufer das Ende ihres Territoriums und somit ihres Machtbereiches zu zeigen und notfalls mit Gewalt zu demonstrieren. Im Fall des Grenzortes Mittenwalde geht die Geschichtsschreibung davon aus, daß beiderseits der Notte gesiedelt und befestigt wurde, daß auch die frühdeutsche Burg an der SW-Ecke der mittelalterlichen Stadt »Am Hausgrabenberg« einen slawischen Vorgänger hatte und daß Mittenwalde unter den Askaniern mit Burg und danach mit Stadtmauer, -toren und -türmen nördlich der Notte »Port der Mark gen die Lusitz« wurde.

Die Unterjochung der Slawen durch weltliche und geistliche Herren

Nachdem also die germanischen Stämme bis auf Restgruppen Richtung Westen abgewandert waren und die aus dem Osten nachdrängenden Slawen dieses Gebiet besiedelten und sich dabei mit den verbliebenen Germanen mischten, herrschte jahrhundertelang zwischen den Slawen und Deutschen und damit auch an der Elbe/Saale als Grenzfluß relative Ruhe. Um 800 u. Z. sieht sich Karl der Große gezwungen, wie es heißt, die Elbgrenze zu sichern. Dem feudal-deutschen Ostdrang folgend und um das Gebiet zwischen Ostsee und Erzgebirge bzw. Elbe und Oder (und weiter) unter deutsche Herrschaft zu nehmen, eroberte Heinrich I. im Winterfeldzug 928/29 die Heveller-Fürstenburg »Brennaburg« (Brandenburg). Diese Art der Germanisierung war mit der Christianisierung der in diesem Raum ansässigen Slawen im Zeichen von »Kreuz-Schwert-Pflug« und unter dem Motto »Taufe oder Tod« verbunden. Besonders aktiv sind dabei die Markgrafen Gero, gest. 965, und Hermann Billing, gest. 973, zu nennen. Zur Sicherung der deutschen Herrschaft wurden 948/49 die Bistümer Havelberg und Brandenburg begründet und 968 dem neugegründeten Erzbistum Magdeburg unterstellt. Damit aber nicht genug, kam es in der Zeit von 936 bis 973 unter Otto I. (den Großen) zu »Rachefeldzügen« gegen die Slawen bis an die Oder, die unter dem Begriff »Slawenmission« in die Geschichte eingingen. In der Sachsengeschichte beschreibt Widukind von Corvey (923-973) ein blutiges Geschehen dieses Rachefeldzuges gegen die Slawen (in der Literatur auch Barbaren genannt) wie folgt:

»An dem selben Tag wurde das Lager der Feinde genommen und viele Menschen getötet oder zu Gefangenen gemacht, und das Morden währte bis tief in die Nacht. Am nächsten Morgen wurde der Kopf des Fürsten Stoinef auf dem Felde ausgestellt und ringsumher siebenhundert Gefangene enthauptet(!). Stoinefs Ratgeber aber wurden die Augen ausgestochen und die Zunge herausgerissen; so ließ man ihn unter den Leichnamen hilflos liegen.«

So also sollte den heidnischen Slawen die ewige Wahrheit des christlichen Glaubens beigebracht werden. In Wirklichkeit ging es jedoch bei alledem um die weitere Ausbreitung deutsche Machtansprüche im Osten. Der anhaltende Widerstand der Slawen gegen Tribute und Feudalabgaben mündete in den großen Slawenaufstand von 983, der der deutschen Herrschaft in der sogenannten Nordmark erst einmal ein Ende setzte. Die Deutschen wurden bis zur Elbe zurückgedrängt, womit der Drang gen Osten zwar aufgeschoben, jedoch nicht aufgehoben wurde.

Im 11. Jahrhundert versuchten die Deutschen erneut, die slawischen Stämme zwischen Elbe und Oder zu unterwerfen. Aber auch die Polen hatten in umgekehrter Richtung ähnliche Gelüste und versuchten zunächst, ihren Einfluß über Lebus hinaus bis Köpenick/Mittenwalde auszudehnen. Im Gefolge des sogenannten Wendenkreuzzuges von 1147 unter Heinrich dem Löwen nahm der Druck der anliegenden deutschen Feudalstaaten auf die slawischen Gebiete wieder zu, anfangs seitens nichtfürstlicher Adelsgeschlechter zur Schaffung eigener Landesherrschaften und danach, vor allem bis um 1250, durch die fürstliche Expansion der Askanier, Wettiner, des Erzbistums Magdeburg, der schlesischen Piasten und der pommerschen Greifenherzöge. Auf Veranlassung Heinrich des Löwen fielen 1179 die Slawen in das Land Jüterbog ein, die erst wieder nach dem Sturz und der Verbannung Heinrich des Löwen nach Osten abgedrängt werden konnten.

Ritter auf dem Kriegsmarsch

Bereits 1134 war der Askanier Albrecht der Bär durch Kaiser Lothar III. von Sachsen-Supplinburg als Markgraf mit der Nordmark belehnt worden, aber über 100 Jahre brauchte es noch Zeit, Titel und Territorium eines »Markgraf von Brandenburg« gegen heidnische Widerstände, anderweitige Erbansprüche, Eingriffe des deutschen Königtums, Landnahme durch andere Fürsten usw. zu behaupten, bzw. sich über Gebiete in östliche Richtung auszudehnen, wie u. a. auch in den nordwestlichen und später in den südöstlichen Teltow (Köpenick/Mittenwalde).

Die Wettiner waren jedoch vor den Askaniern daran gegangen, das den Slawen abgerungene Gebiet um Mittenwalde und Köpenick als ein zu Meißen bzw. zur Lausitz gehöriges Territorium auszubauen. Da bereits zu dieser Zeit (Mitte des 12. und Anfang des 13. Jahrhunderts) Mittenwalde neben Köpenick im östlichen Teltow als ein strategisch bedeutender Ort mit vorstädtischem Charakter galt, wurde als ein nach außen sichtbares Zeichen der Macht und zur Festigung der von den geistlichen Gewalten gelenkten Christianisierung der »heidnischen« Wenden in Mittenwalde unverzüglich mit dem Bau einer »deutschen« Kirche begonnen, ein Archidiakonat Mittenwalde geschaffen und dies dem Bistum Meißen unterstellt. Da von geistlichen Herren gesprochen wurde, soll der von der Kirche geleistete Beitrag an dieser Besiedlungspolitik nicht unerwähnt bleiben.

Auf Seiten der Askanier, die vorerst nur den nordwestlichen Teil des Teltow unter ihre Herrschaft gebracht hatten, betätigte sich um 1210 der kriegerische Templerorden als Schrittmacher deutscher Siedlung und Herrschaft. Die Dörfer Mariendorf, Marienfelde, Richardsdorf (Rixdorf, Neukölln) und Tempelfelde (Tempelhof) verdanken ihm ihr Entstehen. Die Franziskaner und Dominikaner waren vor allem in den Städten wirksam. Dem 1312 vom Papst aufgehobenen Templerorden folgten die Johanniter. Aber nicht nur das. Die west-östliche Siedelbewegung wurde zugleich mit der landesherrlichen Machtausübung fest in kirchliche Hände genommen. Zum Glück für die Menschen verlief die Christianisierung der einheimischen slawischen Bevölkerung und ihre Vermischung mit dem Strom zuwandernder Siedler bzw. Bauern aus westlichen Gefilden überwiegend friedlich, in jedem Fall behutsamer als zuvor, als sogenannte deutsche Strafexpeditionen in Vernichtungsfeldzüge ausarteten. Dieser neue, unblutige Weg war zum einen nicht denkbar ohne die Mitwirkung der geistlichen Orden, vor allem der katholischen Mönchsorden der Prämonstratenser und der Zisterzienser. Zum anderen standen jedoch die meisten kirchlichen Würdenträger den weltlichen Fürsten und ihren Vasallen bei dieser Ostexpansion in nichts nach.

Die jungen Bistümer verdanken ihre Existenz zwar den Waffen der Markgrafen, aber das hinderte sie nicht daran, auch ihrerseits »ihre« Ansprüche geltend zu machen. Wie wir noch erfahren werden, hausten die Truppen der Kirchenfürsten in Gestalt der Herren Ludolf von Halberstadt und Wilbrand von Magdeburg im Brandenburgischen nicht weniger schlimm als 400 Jahre später abwechselnd die Schweden und dann wieder die deutsch-kaiserlichen Landsknechte im Dreißigjährigen Krieg. Und in der Tat, nicht nur zu Zeiten der deutschen Landnahme gen Osten kämpften bis aufs Blut Päpste und fromme Kaiser mit ihren Kirchen- und Landesfürsten bis zum letzten Pfarrer und Lehnschulzen untereinander oder aber auch dann wieder zur Ehre Gottes miteinander, je nachdem, wie es die jeweilige Lage erforderte.

Anders ausgedrückt war, ist und bleibt die Geschichte der Menschheit ein ewigliches »Hauen und Stechen«, was durch die jeweils herrschenden weltlichen und geistlichen Kräfte immer wieder von neuem provoziert und organisiert wird. Dabei nutzen sie die Phasen relativ friedlicher Ruhe zwischen den Kriegen bereits schon wieder zur Vorbereitung neuer blutiger Konflikte unter den Völkern zu ihrem.

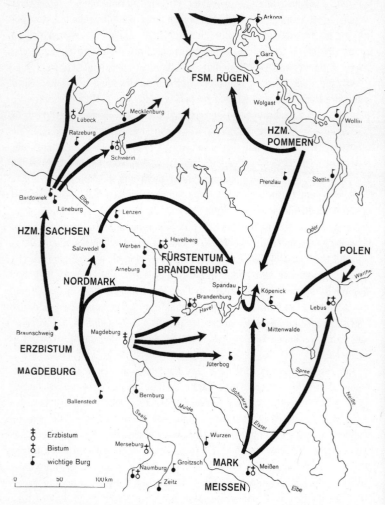

Die Eroberung Brandenburgs seit der Mitte des 12. Jahrhundert durch geistliche und weltliche Herren

Die Burgen Mittenwalde und Köpenick
im Kräftespiel um die Beherrschung des südöstlichen Teltow

Wie wir hörten, bewohnte den Raum zwischen Notte, Dahme und Spree – bevor dort Deutsche auftauchten – der slawische Stamm der Sprewanen mit ihren Fürsten (so auch Jaxa, 1150/57 erwähnt) und den beiden wichtigsten, dieses Gebiet beherrschenden Burgen Köpenick und Mittenwalde.

Im Ergebnis von Bündnis- und Erbfolgeabsprachen zwischen dem Sprewanenfürsten und dem pommerschen Greifenherzog um 1168/78 erhielten die Pommern Herrschaftsrechte im Teltow und Barnim. Diese Rechte traten jedoch die Pommern um 1230 an die Askanier ab. Inzwischen hatten aber bereits die Wettiner als Markgrafen der Lausitz als erste Deutsche das Gebiet des östlichen Teltow mit den Burgen Köpenick (Hauptsitz der Sprewanenfürsten) und Mittenwalde (Grenzburg) in ihren Besitz gebracht und das slawische Fürstentum der Sprewanen beseitigt.

Über die Lausitz verfügten die Wettiner bereits seit 1136, und von dort aus drangen sie 1157 unter Eroberung der slawischen Burgen Mittenwalde und schließlich auch Köpenick (1209) auf dem Wege nach Lebus, zur Oder und auch zur Ostsee in den Teltow ein. Nach 1200 wurden sich die Askanier der Gefahr bewußt, die ihnen östlich von Havel und Nuthe und südlich der Notte (Mittenwalde) nicht nur von den Wettinern, sondern auch vom Erzbistum Magdeburg her drohte. Dabei sahen sie weniger für den südöstlichen Teltow Gefahren, den die Askanier noch nicht erworben hatten, als vielmehr für den askanisch beherrschten nördlichen und nordwestlichen Teil des Teltow sowie des Barnims und somit für die wichtige Land- und Handelsverbindung von der Elbe bis zur Weichsel über Brandenburg, Spandau, Köpenick, Lebus (später auch über Berlin-Cölln und Frankfurt/Oder). Allen am Konflikt beteiligten Seiten war eines klar, wer die Mittelpunktburgen Mittenwalde und Köpenick besaß, beherrschte nicht nur diese wichtige Transitverbindung durch halb Europa, sondern auch den bedeutenden Verkehrsweg von Stralsund nach Prag über Mittenwalde.

Auf dem Weg der Wettiner gen Norden brachten sie auch Zossen und Teupitz in die Lehnsfolge der Markgrafschaft Meißen. Damit war die Meißner Grenze zwischen Nottenniederung, Hammerfließ, Thyrow und Genshagen abgesteckt. Aus dieser Sicht war also der Raum zwischen Havel, Spree, Nuthe, Notte und Oder beständiger Schauplatz irgendwelcher Auseinandersetzungen unter deutschen und slawischen Fürsten. Mit allen Mitteln wurde um Macht und Einfluß gerungen; einige Beispiele mögen dies verdeutlichen.

Schon im Jahre 1124 fiel der junge Albrecht der Bär in die Lausitz ein, um sich dieser Markgrafschaft gewaltsam zu bedienen. 1127 wurde der Hevellerfürst Meinfried in Brandenburg erschlagen, damit Pribislav als Herrscher folgen

Kampf zwischen Askaniern und Wettinern

konnte, der Christ geworden war und sich Heinrich nannte. Dieser Heinrich überantwortete die Zauche dem ältesten Sohn Albrechts, Otto, als Patengeschenk. 1147 erhielt Albrecht das Havelland und eroberte 10 Jahre später wieder die Brandenburg, die zwischenzeitlich neben den Burgen Köpenick und Mittenwalde in der Hand des Slawenfürsten Jaxa gewesen war. Dieser Tag, der 11. Juni 1157, gilt als Gründungsdatum der Mark Brandenburg unter Albrecht dem Bären.

Die Mark Brandenburg bestand zu dieser Zeit nur aus dem Havelland und der Zauche. Das Land Jüterbog und andere Teile waren wieder verlorengegangen bzw. verfallen. Die Zustände an der Ostgrenze waren unklar. Albrechts Gegner Jaxa beherrschte das Gebiet um Köpenick und Mittenwalde, bis er von den Wettinern besiegt wurde.

Nachdem also die Askanier (die beiden markgräflichen Brüder Johann I. und Otto III.) laut »Märkischer Fürstenchronik« die »terrae« Barnim und Teltow von einem »dominus Barnem« erworben hatten, setzten sie ihren Fuß um 1230 auf den südöstlichen Teltow und brachten bis 1239 im Kampf gegen die Wettiner die Burgen Mittenwalde und Köpenick in ihren Besitz. Aber erst im Ergebnis des »Teltow-Krieges« wurde dieses Gebiet 1245 endgültig brandenburgisch.

Was den Teltow angeht, wird dieser, wie der Barnim, in einer hundertjährigen Zeitspanne von 1157 bis 1245 entstanden sein und parallel dazu Mittenwalde als wichtigste Grenzfeste (Burg und Stadt) gen Süden (Lausitz, Meißen, Sachsen).

*Das »castrum« Mittenwalde wird zwischen
Wettinern und Askaniern hart umkämpft und 1245 als
»Port der Mark und Schlüssel des Landes gen die Lusitz«
endgültig brandenburgisch*

Beginnen wir diesen Abschnitt mit Auszügen aus Teltower Geschichtsquellen und gehen wir noch näher darauf ein:
Um dieselbe Zeit wie Berlin-Köln entstanden, tritt auch Mittenwalde, einst von einer 1,5 bis 2 m dicken Mauer umgeben, von der sich heute noch ein ganz geringfügiger Rest an der Westseite des Befestigungsturmes erhalten hat, unter der Regierung der Markgrafen Johann und Otto zuerst in das hellere Licht der Geschichte. Die Lage genau auf der alten Grenze zwischen der Lausitz und den Marken war von besonderer Bedeutung. Zwischen 1240 und 1245 stritten die Askanier, wohl von der Linie Spandau-Berlin nach Süden vordringend, in erbitterten Kämpfen mit dem Markgrafen Heinrich dem Erlauchten von Meißen, der sich von Süden her vorgeschoben hatte, um den Besitz der Grenzburgen Cöpenick und Mittenwalde, super castris Koppenik et Middenwalde, wie aus der Chronik der Magdeburger Erzbischöfe erhellt (Gesta archiep. Magd., Monumenta Germaniae, Scriptores, XIV, 422 f., vgl. Krabbo, Regesten der Markgrafen von B., S. 146). Die Brandenburger blieben Sieger, und die Erweiterung ihres Besitzes im Südosten des Teltow kam zugleich dem Bischof und Kapitel von Brandenburg zugute.

Versuchen wir zunächst diesen alten Erkenntnissen solche aus jüngerer Zeit entgegenzusetzen. Wie schon erwähnt, trat nicht Mittenwalde zugleich mit Berlin-Cölln in die Geschichte ein, sondern bereits in slawischer und frühdeutscher Zeit, also bedeutend früher als die spätere Doppelstadt Berlin-Cölln.

Der die Stadtmauer betreffende Text könnte so gedeutet werden, daß diese ca. 6 m hohe Feldsteinmauer zu dieser Zeit bereits vorhanden war, was jedoch nicht zutrifft, weil sie erst später im Laufe des 14. Jh. gebaut und zugleich von einem doppelten Wallgraben umgeben wurde. Auch ist heutzutage weder an der Westseite des Befestigungsturmes (Mauer-, Rund- bzw. Pulverturm am Berliner, vormals Köpenickschen Tor), noch sonstwo ein Rest dieser Mauer erhalten geblieben.

Was die beiden Markgrafen Johann und Otto betrifft, handelt es sich hierbei tatsächlich um die gemeinschaftlich regierenden markgräflichen Brüder Johann I. und Otto III. (die Urenkel Albrechts des Bären), die ihren Machtbereich, die askanische Mark Brandenburg, von 1220 bis 1258 bzw. bis 1266/67 beträchtlich erweitern konnten. Sie begründeten so viele Städte, Dörfer und Klöster, wie es zu keiner Zeit, weder vorher noch nachher, wieder erreicht wurde. Erst zu Zeiten des »Alten Fritz« kam es wieder zu bedeutenderen Neubesiedlungen durch ins Land geholte Ausländer.

Aber zurück zum Ausgangspunkt. Dieser beginnt mit notwendigen Hinweisen auf historische Zusammenhänge der Vorgeschichte bzw. einigen klärenden Worten zu den Ursachen des sogenannten Teltowkrieges 1240 bis 1245, um etwa 100 Jahre früher, als Mittenwalde und Köpenick noch slawische Burgen waren. Um 1170 erreichten die Askanier mit Otto I. im Zuge der deutschen Besiedlung des westlichen Teltow die Linie Tempelhof, Mariendorf, Marienfelde, die damit für lange Zeit die Ostgrenze ihres Herrschaftsbereichs bildete. Ein weiteres Vorstoßen der Askanier in den östlichen Teltow (Stralau, Mittenwalde, Köpenick u. a.) unter Otto II. war vorerst noch nicht möglich, weil dieser Raum mittels der Burgen Mittenwalde und Köpenick anfänglich noch von den Slawen, dann jedoch von den wettinischen Markgrafen der Lausitz beherrscht wurde. Auch kirchlich wurde der östliche Teltow zuerst dem Bistum Meißen unterstellt und Mittenwalde in den Rang eines Archidiakonats erhoben. Der niedere Barnim und der östliche Teltow gelangten also durch den schnelleren Zugriff der Wettiner, von der Lausitz aus nördlich vorstoßend und jeglichen slawischen Widerstand brechend sowie die Burgen Mittenwalde und Köpenick erobernd, in die Hände dieser meißnischen Markgrafen der Lausitz. Demzufolge vollzog sich der Landesausbau zwischen Elbe und Oder durch die Askanier im Norden und Osten ungehemmter als im Süden, hier bedingt durch den Widerstand der Wettiner.

Noch heute streiten sich Experten, wer von beiden nun tatsächlich Rechtsansprüche auf diese strategisch wichtigen Gebiete hatte. Überzeugende Gründe hatten beide Parteien, diese Landesteile für sich beanspruchen zu müssen. Beide wollten zur Oder, zur Ostsee und, wie schon erwähnt, die weit und breit wichtigste Landverbindung zwischen Elbe, Oder und Weichsel beherrschen. Wer Mittenwalde und Köpenick hatte, konnte diese auch tatsächlich nach Belieben bedrohen bzw. kontrollieren. Sie verlief zwar durch askanisches Territorium, aber die Gefahr, Teile dieser Verbindung könnten die Wettiner gewinnen, war real vorhanden. Wären die besagten Landschaften wettinisch geblieben, würde Mittenwalde heute zur Lausitz gehören.

Wie bereits im ersten Abschnitt erwähnt, erhielten die Pommern von den Sprewanen 1168/78 Herrschaftsrechte im Teltow und Barnim, die sie wieder um 1230 (im Ergebnis der Schlacht bei Bornhöved 1227) an die Askanier (nicht die Wettiner, die dieses Gebiet jedoch besetzt hielten), abtraten. Die Askanier begannen dann auch bald darauf den Kampf gegen die Wettiner um den Ostteltow und den Ostbarnim und gewannen 1239 die Burg Mittenwalde. Deren Besitz wurde ihnen jedoch vom Markgrafen der Lausitz in Meißen, Heinrich dem Erlauchten, streitig gemacht.

Die askanischen Markgrafen Johann I. und Otto III. waren sich der Rechtslage und somit ihrer Sache sicher, so daß sie sich entschlossen, die Burg und damit auch Mittenwalde dem Erzbischof Wilbrand von Magdeburg mit der Maßgabe

Kampf um Mittenwalde

auszuliefern bzw. anzuvertrauen, ein Schiedsgericht möge über den rechtmäßigen Besitzer entscheiden. Natürlich beanspruchte auch der Bischof von Meißen Köpenick und Mittenwalde als Teil der Lausitz, zumal Mittenwalde bereits als Archidiakonat zu seinem Bistum gehörte. Und siehe da, der Erzbischof von Magdeburg und sogar der Papst erwiesen sich in diesem Rechtsstreit als parteiisch, indem beide Burgen den Wettinern übergeben wurden. Dies wiederum löste den sogenannten Teltow-Krieg aus, der sich ab 1240 immer mehr ausweitete und verschärfte. Zu den askanischen Gegnern gesellte sich noch der Bischof von Halberstadt, Ludolf, mit seinen Landsknechten. Das »castrum« Mittenwalde wurde hart, das heißt blutig umkämpft und wechselte mehrmals den Besitzer. Die Askanier hatten in der ganzen Mark, und nicht nur im östlichen Teltow, große Verluste an Menschen und materiellen Werten hinzunehmen. Die mit großem Geschick kämpfenden askanischen Brüder hatten schließlich das Kriegsglück auf ihrer Seite und besiegten die Meißener, Halberstädter und Magdeburger vor Mittenwalde endgültig mit dem für Brandenburg günstigen Ergebnis, daß Köpenick und Mittenwalde mit dem östlichen Teltow fortan in askanischer Hand verblieben. Dieser Frieden kam 1245 vermutlich unter Vermittlung König Wenzels von Böhmen zustande und besteht nun schon mit seinem Ergebnis über 750 Jahre.

Ein Glück für die gequälten Menschen seinerzeit in Stadt und Land von Mittenwalde bis nach Köpenick – der Krieg hatte endlich sein Ende gefunden. Dieses Glück hatte jedoch den Grund, daß Markgraf Otto III. von Brandenburg und sein Widersacher Heinrich von Meißen Schwiegersöhne des den Frieden vermittelnden Königs Wenzel von Böhmen waren. Obwohl Kriege niemals Gutes bewirken, tun es ab und zu doch verwandtschaftliche Beziehungen, was sich jedoch für die Kriegsopfer zu spät auswirkte.

Da nun zwischen den Askaniern und den Wettinern klare Fronten bezüglich der Zugehörigkeit Mittenwaldes zum Teltow sowie mit der Abgrenzung zwischen dem Teltow und der Lausitz geschaffen waren, konnten und mußten Burg und Stadt Mittenwalde die Funktion als »Port der Mark gen die Lusitz und Schlüssel des Landes« übernehmen und damit den Schutz der brandenburgischen Landesgrenze über Jahrhunderte zuverlässig gewährleisten. Da es schließlich den Askaniern gelang – und das nun schon wieder gemeinsam mit dem Erz-

Brakteat (Sachsenpfennig) aus der Zeit um 1250, Fundort Mittenwalde

Urkunde vom 9. Dezember 1255

bischof von Magdeburg – um 1250 das sich östlich am Barnim anschließende Land Lebus aus polnischem Besitz zu erwerben, fand um die Mitte des 13. Jahrhunderts der Kampf der Askanier um die Vorherrschaft in den brandenburgischen Marken östlich der Elbe seinen Höhepunkt: Der Teltow, der Barnim, der Lebus, fast die gesamte Prignitz und das nördliche Havelland waren fest in askanischer Hand. Der weitere Weg gen Osten war geebnet. Da schließlich Otto III. mit der Tochter Beatrix des böhmischen Königs Wenzel verheiratet war, gelang es ihm so ganz nebenbei, zwischen 1253 und 1264 die Oberlausitz in den Pfandbesitz der Askanier zu bringen. Diesem politischen Bündnis der Askanier mit dem böhmischen Königshaus ist auch geschuldet, daß die als Pfandbesitz übernommene Oberlausitz später Bestandteil Brandenburgs werden konnte.

Aus dieser bewegten Zeit des politischen Hin und Her sowie kriegerischen Drunter und Drüber stammt auch der links abgebildete Brakteat (Sachsenpfennig) aus der Zeit um 1250, dessen Fundort Mittenwalde ist.

Die Niederlausitz gehörte seit Heinrich I. und Markgraf Gero zu Meißen, ab 1303 zu Brandenburg; ab 1373 ist sie böhmisch, seit 1635 sächsisch und seit 1815 preußisch.

Die Erweiterung askanischen Besitzes im Südosten des Teltow kam zugleich dem Bischof und Kapitel von Brandenburg zugute. War Mittenwalde bis 1255 bereits ein fest zum Bistum Meißen gehörendes Archidiakonat, erklärten die Markgrafen Johann I. und Otto III. 10 Jahre nach ihrem Sieg im Teltowkrieg in einer Urkunde vom 9. Dezember 1255, dem jeweiligen Dompropst von Brandenburg das mit Mittenwalde und Köpenick verbundene Archidiakonat verleihen zu wollen.

Das Original dieser Urkunde befindet sich im Domstiftsarchiv Brandenburg (siehe Abbildung linke Seite).

In alten Quellen hört sich diese Sachlage wie folgt an:

In einer Urkunde vom 9. Dezember 1255 (R XI, 227) erklärten die Markgrafen Johann I. und Otto III, dem jeweiligen Dompropst von Brandenburg das mit »Middenwalde« und Cöpenick verbundene Archidiakonat verleihen zu wollen. Hiermit waren endgültig alle Brücken von Mittenwalde hinüber zur Lausitz und dem Bistum Meißen abgebrochen (Cu, 256). Petrus archidiaconus in Mittenwalde wird in einer von den askanischen Markgrafen für das Domkapitel zu Brandenburg ausgestellten Urkunde von 1269 als Zeuge genannt (R VIII, 168), wohl derselbe Propst Peter, dessen in einer ungedruckten Urkunde von 1267, laut der die askanischen Markgrafen dem Brandenburger Bischof das Land Löwenberg abtraten, gedacht wird (MB, 395). Die ältesten, aus Granitfindlingen errichteten Teile der Pfarrkirche sind, abgesehen von dem Stadtgrundriß, wohl noch die einzigen, sichtbaren Zeugen jener Uranfänge der deutschen Stadt! Diese galt fortan als »ein Port der Mark gen die Lusitz«, ausgezeichnet für Verhandlungen zwischen beiden Landen gelegen, wie denn beispielsweise am 3. Januar 1441 Nickel von Polencz aus dem Geschlecht der Lausitzer Landvögte gelobte, dem Kurfürsten Friedrich II. sollten alljährlich zu Weihnachten, solange er die Lausitz beschirmen würde, 500 Rheinische Gulden hier in Mittenwalde gezahlt werden (LK, Rep. 78, 9, fol. 248; vgl. R, B. IV, 229).

Über die Entstehung des Namens Mittenwalde sowie der Stadt und ihrer Einwohnerschaft

Immer wieder ist geschlußfolgert worden, der Name »Mittenwalde« ist auf »mitten im Walde« gelegen zurückzuführen. Diese Annahme trifft jedoch im konkreten Fall nicht zu.

In den dreißiger Jahren unseres Jahrhunderts brachten Mittenwalder Volksschullehrer ihren Schülern bei, Mittenwalde hätte nichts mit »mitten im Walde« zu tun gehabt, wie das ständig so dargestellt wird. Der Name Mittenwalde hätte sich in frühdeutscher Zeit durch Lautverschiebung deutschsprachlich besser aussprechbar entwickelt bzw. herausgebildet, und zwar in etwa von Middenwulche-Middenwolche-Middenwolde bis Mittenwalde. Also ging man richtigerweise nicht von »Wald«, sondern vielmehr von »Morast, Sumpf, Modder, Muder, Moor, Woda u. ä.« aus, was alles für das frühere Mittenwalde tatsächlich auch zutrifft. Mitten im Sumpf oder Morast gelegen läßt sich auch aus der Lautverschiebung des Wortes »Bart« ableiten, wie Mittenwalde in vordeutscher Zeit unter slawischer Herrschaft genannt und dies eingangs des Buches bereits beschrieben wurde.

Auch soll nicht unerwähnt bleiben, daß in alter deutscher Literatur darauf hingewiesen wird, daß viele Ortsnamen aus frühdeutscher Zeit im Osten auf »...walde« endeten, obwohl diese Orte nicht inmitten eines Waldes liegen mußten. Aus »mitten im Sumpf« wird auch deshalb kein »mitten im Walde«, wenn immer wieder zum Beweis des Waldreichtums bestimmte Flurnamen herhalten müssen, wie z. B. Frauenbusch, Vogelsang, Fliegenhorst. Vögel und Fliegen halten sich liebend gern im Gebüsch und Gestrüpp auf, zumal wenn dieses auf morastigem Boden steht. Wer als weiteres Argument für »mitten im Walde« den Flurnamen am grundlosen Weg hinter dem Friedhof »Hohes Holz« ins Spiel bringt und auf die dort stehenden alten, hohen Bäume verweist, übersieht bzw. überschätzt das relativ geringe Alter dieser Bäume und des damit verbundenen Flurnamens. Entscheidend für »mitten im Sumpf« und nicht für »mitten im Walde« bleiben folgende Tatsachen:

Die Landschaft um Bart = Mittenwalde wurde durch die letzte Eiszeit geprägt. Diese hinterließ eine unpassierbare sumpfige bzw. morastige Niederung mit dem

Nottefließ sowie an ihren Rändern einige Höhenzüge mit zu dieser Niederung absteigenden Abhängen (Pennigsberg, Hausgrabenberg, Mühlenberg, Galgenberg).

Dieses Gebiet war für die Entwicklung eines dichten Waldes nicht geeignet, zumal das Klima nach dieser letzten Eiszeit nicht mehr warm und feucht genug wurde. So blieb es in dieser Gegend bei einer nur spärlich entwickelten Flora (einige sumpfliebende Bäume mit dichtem Gebüsch bzw. Gestrüpp), während sich auf den weiter entfernt liegenden Höhenrücken ein guter Baumbestand entfalten konnte. Dieser fiel fast gänzlich (weniger in slawischer als in deutscher Zeit) umfangreichen Brandrodungen, Holzeinschlägen für den Eigenbedarf und Export usw. zum Opfer. Selbst in frühdeutscher Zeit, als sich der Name »Mittenwalde« entwickelte, verfügte die Stadt so gut wie über kein eigenes Holz für den Bedarf an Bau-, Nutz- und Brennholz ihrer Bewohner. Hierzu wird zum Stichwort »Holzungsgerechtigkeiten« an späterer Stelle ausführlicher berichtet werden.

Aus einer uralten Karte, in der Wohngaue, Wald-, Heide-, Luch- und Sumpf-, bzw. Niederungslandschaften sowie Slawenstämme mit ihren Mittelpunkt-Burgen in Brandenburg im 11. Jahrhundert dargestellt sind, ist zu erkennen, daß alle aufgeführten Burgorte an strategisch wichtigen Stellen (Flußläufen usw.), aber in keinem Fall inmitten eines Waldgebietes liegen. In dieser Karte sind im Umfeld der darin verzeichneten Burg Mittenwalde nur noch die Burgen Köpenick, Spandau, Brandenburg, Belzig, Jüterbog, Lübben, Lebus u. a. aufgeführt. Weitere Burgen, wie z. B. Stralau, Potsdam, Saarmund, Trebbin, Beelitz, Zossen waren demnach keine mittelpunkt- bzw. markgräflichen Burgen oder sind erst später entstanden.

So interessant es auch sein mag, wie Mittenwalde zu seinem Namen kam, so interessant ist es mindestens auch, wie und wann Mittenwalde Stadt wurde. In dieser Frage gehen die Meinungen nicht minder auseinander als bei der zuvor erwähnten Namensgebung.

Was die Stadtwerdung Mittenwaldes betrifft, ist die oberflächliche Darstellung falsch, Mittenwalde sei 1307 mit Stadtrecht bedacht worden, weil in einer erhalten gebliebenen Urkunde aus dem Jahre 1307 Mittenwalde als »civitas« = Stadt benannt wird. Richtig dagegen ist, daß diese Urkunde nicht die Gründung Mittenwaldes als Stadt bezeugt, sondern lediglich Mittenwalde als eine bereits existierende Stadt erwähnt.

Und richtig ist auch, daß zu jener Zeit die von den Wettinern bzw. Askaniern vorgefundenen Siedlungen und Burgorte der ansässigen Slawen übernommen und zum Teil zu Städten ausgebaut und in einen solchen Rang erhoben wurden, ohne dafür nachträglich Gründungsakte und -urkunden zu schaffen.

Der Weisheit letzter Schluß aus alten bzw. wissenschaftlich aufbereiteten Quellen gipfelt in Folgendem:

»Die bedeutenden Expansionserfolge Albrechts II., seiner Söhne und Enkel führten auch dazu, daß zahlreiche Siedlungen in die Mark Brandenburg integriert wurden, die zuvor schon als Städte gegründet waren bzw. bereits vorstädtischen Charakter besaßen. Dazu zählten Berlin und Cölln, Mittenwalde, Strausberg, Frankfurt a. d. Oder ... und andere, die bisher dem Erzbistum Magdeburg, den Wettinern, den Herzögen von Pommern bzw. Schlesien und anderen Fürsten unterstanden.« Weiterhin heißt es: *»Seinen Söhnen Johann I. und Otto III. blieb es dann vorbehalten, den Stadtentstehungsprozeß in der Mark durch Neugründungen, Siedlungserweiterungen und Rechtszuweisungen zu beschleunigen und im wesentlichen auch zu Ende zu bringen.«*

Mit Bezug auf Mittenwalde weisen die ältesten, erhalten gebliebenen und somit echten Quellen unterschiedliche Zeitpunkte aus, zu denen man von der »Stadt« Mittenwalde sprechen kann. Wer jedoch davon ausgeht, ohne Gründungsurkunde könne es auch keinen zeitlichen Nachweis über das »Entstehungsjahr« einer Stadt geben, irrt aus folgenden Gründen:

Die Seltenheit tatsächlicher und erhalten gebliebener Stadtgründungsurkunden stützt die These, daß es im Prinzip nur zu solchen Urkunden kam, wenn echte Stadtgründungen »aus wilder Wurzel« erfolgten. So stammt die erste erhaltene askanische Stadtgründungsurkunde von Johann I. und Otto III., für Friedland ausgestellt, aus dem Jahre 1244. Ähnlich verhält es sich auch bei Brandenburg-Neustadt. Da Friedland bald danach an Mecklenburg kam und somit keine »richtige« märkische Stadt wurde, bleibt zum Beweis der ältesten urkundlich nachweisbaren märkischen Stadtgründung nur die von Frankfurt (Oder) aus dem Jahre 1253.

Was die Stadtgründung Berlin und Cölln betrifft, hat man sich schließlich auch auf der Grundlage alter Überlieferungen und nicht tatsächlichen Gründungsurkunden auf die Jahre 1237 für Cölln und 1244 für Berlin festgelegt, wobei Ausgrabungsergebnisse an der Nikolaikirche auf eine vermutlich mehr als fünfzigjährige vorstädtische Entwicklung hindeuten, abgesehen von Funden aus vordeutscher Zeit in bzw. um Berlin.

Somit ist der Stadtwerdungsprozeß mit der Erfüllung bestimmter Bedingungen als abgeschlossen anzusehen. Er begann bzw. vollendete sich weniger durch ausdrückliche Anordnungen und Beurkundungen der Markgrafen, als vielmehr durch Anlage eines städtisch orientierten gitterförmigen Straßenbildes, durch Wachstum der Bevölkerung und Ausdehnung der Siedlungsgröße bzw. -fläche, durch Ausstattung mit mehr oder weniger umfangreichen Feldmarken (Hufen) und vor allem durch die zur Gewohnheit gewordene Anwendung von Rechten, Privilegien usw., die bereits anderen Städten zustanden bzw. von Stadt zu Stadt übertragen oder auch verliehen worden waren.

Wie sich die deutschen Städte parallel zur Ostexpansion systematisch in westöstlicher Richtung entwickelten bzw. bildeten, so folgte auch das städtische Recht von einer bereits sanktionierten auf eine neu entstandene Stadt. In diesem Zusammenhang ist die markgräfliche Weisung von 1232 gerade für Mittenwalde von Bedeutung, einen einheitlich geordneten Rechtszustand der Städte ihres askanischen Machtbereiches herbeizuführen. Zu diesen Zeitpunkt mag Mittenwalde bereits Stadt gewesen sein oder ist es spätestens damit geworden, falls es nicht bereits unter slawischer, spätestens jedoch wettinischer Herrschaft vor Inbesitznahme durch die Askanier 1230/1245 als ein mit einer landesbeherrschenden Burg dominierender Verwaltungsort – also eine Burgstadt – den Status einer Stadt hatte.

Anders als in Dörfern werden für Mittenwalde von Anfang an consules = Ratmannen, das Archidiakonat, die Vogtei und sonstige Bürgerrechte erwähnt, wie Gerichtsbarkeit, Polizeigewalt, das Marktrecht, Befestigungsanlagen (Stadtmauer und -tore) zu bauen, Stadtordnungen zu erlassen, die Höhe von Abgaben (Steuern, Bede) festzulegen usw. usf.

Sehen wir uns ein weiteres Argument für eine langfristig verlaufende Entwicklung Mittenwaldes zur Stadt an. Wer sich die Mühe macht und die Grundrisse der ältesten Städte der Mark Brandenburg untereinander vergleicht, wie z. B. Mittenwalde, Templin, Wittstock, wird übereinstimmende Grundstrukturen in Form rechtwinkliger Straßengitter finden – eine typisch deutsche Erfindung. Diesen städtischen Grundmustern regelmäßiger Straßenführung standen im Brandenburgischen andersgeartete Dorfformen gegenüber, wie z. B. Groß Machnow als Straßendorf, Brusendorf als Angerdorf und Ragow als Runddorf (Rundling).

Was Mittenwalde angeht und die Tatsache bestätigt, daß ein bereits aus slawischer Vorzeit bestehender Ort planmäßig als Stadt nachgesiedelt wurde, ist der Umstand des Vorhandenseins zweier verschiedener, also voneinander abweichender Siedlungsstrukturen. Obgleich sich die unterschiedlichen Grundmuster nach großen Stadtbränden zugunsten des regelmäßigen Straßennetzes mehr und mehr anpaßten, ist noch deutlich die vormalige unregelmäßige Struktur erkennbar. Beginnend mit den ersten Anlagen (Burg auf dem Hausgrabenberg, Kirche auf dem Kirchplatz und den ältesten Häusern auf dem Salzmarkt) entstanden winklige Gassen, die sich deutlich von dem sonst regelmäßigen Stadtgitter abheben. Wie wir inzwischen wissen, entstammen diese krummen Gassen mit dem dreieckigen Salzmarkt und den genannten Bauten der bereits schon vorhanden gewesenen Grenz-, Markt- und Kirchsiedlung mit dem slawischen Namen »Bart«.

Nach bisherigem Erkenntnisstand wird niemand sagen und beweisen können, Mittenwalde wurde in diesem oder jenem Jahr »civitas«, also Stadt. So sollte man sich nicht auf dieses oder jenes Jahr aus dieser oder jener Quelle als »Stadtgründungsjahr« versteifen, wie z. B. auf 1157, 1170, 1232, 1245, 1255, 1307, sondern vielmehr auch der von mir geteilten Auffassung bekannter Historiker folgen, daß sich Mittenwalde ganz einfach von vor- in frühdeutsche Zeit hinübergleitend, mit bereits vorstädtischem Charakter ganz automatisch zur Stadt entwickelte. Auch wurde sie von den weltlichen und geistlichen Gewalten zunehmend als solche angesehen und schließlich ohne besonderen Gründungsakt akzeptiert.

In Ermangelung besserer Beweise plädiere ich mit folgender Begründung dafür, ähnlich wie in Berlin und allen anderen Städten ohne »Gründungsurkunde«, sich von authentischer Seite aus auf einen, also den wahrscheinlichsten, Termin zu einigen, von dem ab von der »Stadt« Mittenwalde gesprochen werden kann. Dabei wäre nicht nur die Zeit der Askanier, sondern auch die der Wettiner in Mittenwalde ins Kalkül zu ziehen. Die slawische Zeit wäre wohl auszuschließen. Wenn es nicht schon die Wettiner waren, die unter ihrer Herrschaft seit 1157 Mittenwalde als Stadt ansahen bzw. Stadtrechte erteilten oder stillschweigend voraussetzten, dann waren es spätestens zum 7. März 1232 die Askanier, die den Städten ihrer zuvor rechtmäßig erworbenen Lande Barnim und Teltow (also auch Mittenwalde) Stadtrechte anwiesen, ohne jedoch Mittenwalde zu besitzen. Dies geschah dann erst mit der sieg-, aber auch verlustreichen Einnahme der Burg und »Stadt« Mittenwalde im Ergebnis des Teltowkrieges im Jahre 1245. Fortan gehörte Mittenwalde, ohne daß jemals sein Status als Stadt in Zweifel gezogen wurde, als Stadt zu Brandenburg. Was die Urkunde aus dem Jahre 1255 angeht, bezieht sich deren Inhalt lediglich auf die Rückführung des Archidiakonats Mittenwalde aus dem Bistum Meißen zum Bistum Brandenburg. Die Urkunde aus dem Jahre 1307, die Mittenwalde als »Civitas«, also Stadt, bezeichnet, erwähnt nur einen längst bestehenden Zustand als gegeben und nicht als damit verliehen. Gäbe es diese Urkunde nicht oder eine mit gleichen Worten formulierte 100 Jahre später, würden bestimmte Menschen schlußfolgern, Mittenwalde wäre niemals bzw. erst damit 1407 zur Stadt erklärt worden.

Folgende Feststellung aus historischen Forschungsergebnissen unterstreicht die o. a. These der Stadtwerdung Mittenwalde noch einmal recht deutlich:

Als die markgräflichen Brüder Johann und Otto noch im kindlichen Alter 1225 die Thronfolge antraten, existierten in Brandenburg nur 5 Städte. Im Laufe ihres Lebens kamen weitere 30 dazu – also auch Mittenwalde (1245).

Mittenwalde brauchte also nicht begründet oder gegründet zu werden, da dieser Ort aus slawischer Zeit schon bestand und somit bereits vor Eintritt in die deutsche Ostgeschichte, wie Köpenick und andere Burgen und Siedlungen auch, Geschichte machte. Nachdem Mittenwalde unter den Wettinern 1157 deutsch wurde, entwickelte es sich durch den Zuzug vor allem von Acker- und Weinbauern, Handel- und Gewerbetreibenden aus anderen deutschen Landen zu einem bedeutenden Ort mit wohlhabenden Bürgern, die in der Lage waren, einen für damalige Verhältnisse gigantischen Kirchenbau zu beginnen und im Verbund der wenigen Städte der Teltower Region ein gewichtiges Wort geltend zu machen und die recht bald auf landesherrliche, sprich markgräfliche und bischöfliche Privilegien auf Grund erteilter Stadtrechte und des Mittenwalde zuteil gewordenen Archidiakonats fußen konnten.

Die Masse der Siedler kam dann nach 1245 aus den askanischen Stammlanden (Schwabengau, Harzgau, Nordthüringergau), weitere im Laufe der Zeit aus Ostfranken, den Niederlanden, aus West- und Ostfalen sowie auch aus der rheinisch-pfälzerischen Gegend. Aber auch Flandern, Friesland, Elsaß und Hessen werden genannt. Die Oberschicht, der spätere höhere und niedere Adel, war sächsicher, seltener fränkischer oder niederrheinischer Herkunft. Die Schübe dieser Ostwanderung vollzogen sich zeitlich und räumlich sehr vielschichtig, nur schrittweise, jedoch rechtlich abgesichert. Günstige Siedelbedingungen zogen Kapital und Menschen an, vor allem solche Siedler, die mit ihren besseren Bewirtschaftungsmethoden den Grundherren (Slawen, soweit noch vorhanden, und Deutschen) höhere Erträge und Abgaben versprachen.

Die von allen Seiten betriebene Landnahme war mit einer durchgreifenden Siedlungspolitik und flächenhaften Herrschaftsbildung verbunden. Überall begannen die neuen weltlichen und geistlichen Herren mit der Aufsiedlung der eingenommenen Ländereien, um möglichst viel aus ihnen herauszuholen. Ortsansässige Slawen zogen sich in ihre »Kietze« zurück, sofern sie nicht vertrieben oder aber auch in diesen Umsiedlungsprozeß einbezogen wurden. Vorhandene Ansiedlungen und Befestigungsanlagen sind vor allem für die zugewanderten Bauern als ihre neuen Siedelorte und Höfe genutzt und als Dörfer bzw. Städte weiter ausgebaut oder als solche vollständig neu (auf grüner Wiese bzw. aus wilder Wurzel) angelegt, also gegründet worden. In vielen Fällen wurden jedoch auch derartige Plätze vollständig wieder aufgegeben und verlassen und es entstanden die sogenannten Wüstungen. Ob dieser Prozeß eines einzigartigen Landesaufbaus mit anfänglicher Gewährung großer Freiheiten für die Siedler und Bauern in historischen Quellen mit dem Begriff »Kolonisation« richtig bzw. besonders glücklich bezeichnet ist, überlasse ich dem geneigten Leser zur eigenen Beurteilung. Insgesamt dürften im Verlaufe des 12. und 13. Jahrhunderts etwa 200.000 Menschen in Städten und Dörfern angesetzt oder umgesetzt worden sein. Nur ein Viertel davon ist brandenburgischer Binnenwanderung zuzurechnen. Der Anteil der Slawen wird sich auf etwa ein Drittel belaufen. Im Ergebnis der raschen Assimilation zwischen den verbliebenen Germanen, den eingewanderten Slawen und den Zuwanderern aus den oben genannten Landen entstand der Neustamm der Brandenburger, in gleicher Weise, wie sich auch die pommer-

Feld- und Gartenarbeiten: Pflügen, Zäuneflechten, Bäumeroden.
Holzschnitt aus Vergil, Straßburg 1502

schen, schlesischen usw. Neustämme gebildet haben. Diese mehr oder weniger friedliche »Vermischung von Menschen verschiedener Rassen wie im Schmelztiegel zu einem neuen Menschenschlag« wurde vor allem durch die Beteiligung aller – ob ansässiger Germane, Slawe oder zugewanderter Deutscher, Holländer usw. – am Landesausbau bei Zuerkennung der gleichen Rechte und Pflichten gefördert. Vorschub leisteten diesem »Verschmelzungsprozeß« die ethnischen Eigenschaften der Slawen, Deutschen, Flamen, Friesen usw., die sich bei den »Neustamm-Menschen« als qualitativ neuartige Merkmale im Wesen und Charakter, im Wollen, Können und Tun im alltäglichen Lebenskampf herausbildeten. Vorschub leistete ferner die siedeltechnologische Überlegenheit der aus Richtung Westen zuströmenden Bauern, Viehzüchter, Handwerker, Fischer usw. Aber vor allem auch, daß im schwach besiedelten Land jeder Mensch mit »goldenen Händen« gebraucht wurde, und daß für die Alteingesessenen genügend Raum verblieb, um mit den Zuwanderern gemeinsam immer besser leben zu können. Historiker bezeichnen die frühdeutsche »Ostkolonisation« als zeitgeschichtlichen Vorgang, der von sachlichen Erwägungen aller daran Beteiligten geprägt wurde und schließlich zwangsläufig, wie analog auch die heutige »multikulturelle Gesellschaft«, zu ihrer Verschmelzung untereinander führte.

Dabei siegte die deutsche Sprache über die slawische, siegte oftmals auch die slawische Denk- und Empfindungsweise über deutsche Tugenden, siegte vor allem jedoch der siedeltechnologisch dem Osten weit überlegene Westen.

Im Ergebnis dessen bildete sich der Typus des »Ostdeutschen« heraus, der die im Wesen und Charakter zwischen Norddeutschen und Süddeutschen bestehenden Gegensätze durch solche neuen Eigenschaften bereicherte, wie sie sich als sogenannte brandenburgische und später preußische Tugenden als »Geist von Potsdam« dem Rest der Welt gegenüber offenbarten.

Ob eingedeutschte Slawen (zum Teil bereits vermischt mit germanischen Restgruppen der Nachvölkerwanderungszeit) oder in den Osten strömende Eroberer aus deutschen Landen oder auch als Siedler ins Land geholte Ausländer, alle diese Menschen waren schließlich als »Ostdeutsche« genauso gute Deutsche, wie die der zwischen Rhein und Elbe seßhaft gewordenen Stämme, jedoch mit entwicklungsbedingten Unterschieden, wie sie den verschiedenen Völkern eigen sind. Diese bestanden bzw. bestehen beim »Ostdeutschen« im wesentlichen in einer harten, genügsamen, disziplinierten, pflichtbewußten, leistungswilligen, zumeist obrigkeitsangepaßten, jedoch auch freiheitlichen und gegen Ungerechtigkeit rebellierenden Lebensweise.

Davon ausgehend ergibt sich folgendes Bild: Im Verlaufe des 12. und 13. Jahrhunderts sind fast alle Städte (etwa 100) und auch Dörfer (ca. 2.500) in der Mark Brandenburg begründet bzw. als bereits schon vorhanden gewesene slawische Orte (Burgen, Siedlungen u. a.) übernommen und als Städte (wie im Fall Mittenwalde) oder als Dörfer erweitert worden. Mittenwalde ist älter als Berlin und Cölln (egal, ob als Ort oder Stadt). Mittenwalde war auch von seiner strategischen Lage und Aufgabe lange Zeit für den Schutz des Landes wichtiger als die Doppelstadt Berlin-Cölln. Mittenwalde verlor dann jedoch später in dem Maße an Wichtigkeit und Bedeutung, wie sie im gleichen Maße Berlin-Cölln er-

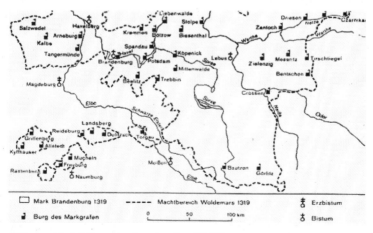

Mittenwalde ist Burg des Landgrafen (1319)

hielten. Jedenfalls war Mittenwalde niemals Dorf, wie das jetzige Berlin, das überwiegend aus ehemaligen Dörfern besteht. Mittenwalde war auch kein Kietz, bestenfalls war nur ein Teil davon Kietz, und zwar in Gestalt der »Dorfstelle« (des heutigen Vogelsangs), die vermutlich ein althergebrachtes, doch dann untergegangenes slawisches Zeidlerdorf gewesen sein könnte. Mittenwalde war niemals Schauplatz des Treibens von Rittergutsbesitzern, wie dies für die meisten Dörfer der Umgebung, vornehmlich mit wendischen Namen, zutraf. Übrigens ist als »wendisch« alles das angesehen worden, was mit »ow« endet, wie z. B. Teltow, Ragow, Rudow, Buckow, Selchow. Daraus wurde dann geschlußfolgert, daß mit »ow« endende Familiennamen gleichfalls slawischer Abstammung wären, was allerdings überwiegend falsch ist. Da in frühdeutscher Zeit im eigentlichen Sinne noch gar nicht die uns heute geläufigen Familien-, also Zunamen bestanden und diese sich erst langsam entwickelten, wurden den vorhandenen Vornamen u. a. solche Nachnamen zugeordnet, die die Herkunft der Person (Ort, Land, Berg, Tal, Fluß usw.) bezeichneten. Hieß der Betreffende Georg, Heinrich, Wilhelm (drei Vornamen waren die Regel), und kam er bzw. stammte er aus dem Dorf »Bredow«, dann erhielt er (und fortan alle seine Nachkommen) den Familiennamen Bredow, also künftig: Wilhelm Bredow. Tauchte ein gewisser Hermann, Otto, Georg aus dem Dorfe Bochow beispielsweise in Mittenwalde auf und hatte er noch keinen Familiennamen, so ging er künftig unter Georg Bochow in die Annalen der Stadt (z. B. Kirchenbücher) ein.

Historische Quellen bezeugen bereits aus den Anfängen von Mittenwalde die vom 12. Jahrhundert zuerst in den Städten allmählich beginnende Herausbildung eines zweinamigen Systems mit zusätzlich zu den vorhandenen Vornamen hinzutretenden erblichen Familiennamen. Dies erwies sich vor allem zur besseren Identifizierung der aus abertausend möglichen Vornamen entlehnten und gegebenen Vornamen als immer notwendiger. Dabei aus ganz einfachen Verknüpfungen zu persönlichen Eigenschaften, Berufen, Tätigkeiten, Herkunftsorten, Vornamen der Vorfahren usw. entstandene Familien- bzw. Nachnamen verbreiteten sich zuerst in den privilegierten Schichten, dann im Bürgertum und schließlich auch bei den Bauern unserer ehrwürdigen Stadt. Knechte, Mägde und andere den untersten sozialen Schichten Gleichgestellte, lebten teilweise bis ins 19. Jahrhundert nur mit ihren Vornamen fort, bis die Zweinamigkeit gesetzlich geregelte Pflicht für alle wurde. Traditionsgemäß hieß jedoch weiterhin der Diener des Grafen »Johann«, der Gespannführer des gnädigen Herrn »August«, der Gärtner der Gnädigen »Jakob« und beispielsweise in Mittenwalde der ein Menschenalter dienende Knecht auf der Richard Behling'schen Bauernwirtschaft »Max«, obgleich er einen (wie es hieß) polnischen Nach- bzw. Zunamen hatte, den kaum jemand kannte. Allerdings hatten nur die, die das Bürgerrecht besaßen, städtische Rechte und Pflichten. Das Bürgerrecht besaßen jedoch nur die, die

Drei Bauern im Gespräch. Kupferstich von Albrecht Dürer (1471-1528)

Hausgrundstücke hatten. Dies waren in der Regel Ackerbürger, Handwerker und Kaufleute. Das Recht »Bürger zu sein« stand z. B. Tagelöhnern, Gesellen, Spielleuten und Bettlern nicht zu; sie galten als »besitzlos«. In den Städten, so auch in Mittenwalde, hatten die Bürger das Sagen, auf dem platten Lande waren es die Ritter. Diese beiden »freien« Stände trennte eine tiefe Kluft zu den »Unfreien«, die aus der Leibeigen- bzw. Grundherrschaft heraus – und in die Annehmlichkeiten städtischer Freiheit hineinwollten (Stadtluft macht frei).

Mittenwalde als »civitas« mit städtischer Verfassung, Rathaus, Ratmannen und jährlichem Ratswechsel

1307 wird Mittenwalde urkundlich civitas (Stadt) genannt, gleichzeitig werden Ratmannen erwähnt. *Daß die städtische Verfassung zu Beginn des 14. Jahrhunderts schon feste Formen angenommen hatte, geht aus einer weiteren Urkunde vom 24. Dezember 1317 hervor, in der das Rathaus, domus consulum, erwähnt wird (StA, Urk. märk. Ortschaften, Mittenwalde; Faksimile der Urk. bei Sp. 55; vgl. Fidicin, Hist.- dipl. Beiträge II, 11).*

Die Urkunde lautet übersetzt wie folgt:

Im Namen des Herrn Amen. Wir Woldemar, von Gottes Gnaden Markgraf von Brandenburg und von der Lausitz, beurkunden hiermit öffentlich, indem wir wünschen, es möge zur allgemeinen Kenntnis kommen, daß wir zu Ehren Gottes und zum Lobe seiner heiligsten Mutter (zur Gründung eines Altars) zu rechtem Eigentum geschenkt haben und mit reinem Willen schenken 4 Hufen im Dorfe Markee und 2 Pfund brandenburgischer Pfennige, DIE VOM RATHAUS ZU MITTENWALDE ZU ERHEBEN SIND.[1] *Hufen und Hebung haben Herr Johann und seine Brüder, Herr Berthold und Petrus die Presbyter mit dem Beinamen de Celario und die verwitwete Margarete von Clebeloke von unserm Vasallen Echard von Bardeleben für 48 Mark brandenburgischen Silbers erworben zum Zweck der Gründung eines Altars in der Pfarrkirche zu Köln an der Spree, der durch gegenwärtige Schenkung so ausgestattet sein soll, daß vorbenannte Hufe und 2 Talente mit allem Recht und Nutzen, mit Beden und allen Diensten dem erwähnten Altar zu rechtem, ewigen Eigen gehören; ausdrücklich leisten wir dabei auf alles Verzicht, was uns von den Hufen und Pfunden zusteht, oder uns, unsern Erben und Nachfolgern in Zukunft zustehen könnte. Auch sollen die Presbyter, die an dem besagten Altar Gottesdienst halten, bei jeder Messe der brandenburgischen Markgrafen Hermann und Johann, unsrer Vorgänger, und aller derjenigen, die in besagter Stadt in Armut und Elend sterben, fromm gedenken, denn um ihrer in heilbringender Weise zu gedenken ist der Altar, der deshalb der Elenden-Altar heißt, gestiftet worden. Auch werden die Ratmannen von Köln auf ewig das Patronat oder das Recht zum Altar (sc. Geistliche) zu präsentieren erhalten. Damit aber diese Schenkung immer in Kraft bleibe, konfirmieren wir sie und bekräftigen diese Konfirmation durch die Anhängung unsers Siegels an dieses Dokument. Geschehen und gegeben zu Spandau, im Jahre des Herren 1317, am Abend der Geburt des Herrn, in Gegenwart des edlen Herrn Günther,*

---

1 Hervorhebung durch den Verfasser.

Grafen von Käfernberg, der Ritter Konrad von Redern, Droyseko und Matthias von Bredow und anderer zuverlässiger Männer.
Soweit die Urkunde.
Zwölf Ratmannen führten im jährlichen Wechsel die Geschäfte. Bezeichnend hierfür ist die Urkunde von 1394, die mit den Worten beginnt: »Nos consules novi et veteres«, Wir Ratmannen, die neuen und alten (R XI, 236). Dieser jährliche Ratswechsel war übrigens durchweg in der Mark üblich und ist für Berlin schon im 13. Jahrhundert bezeugt (vgl. Landeskunde der Provinz Brandenburg II. 224).

Nachdem also Burg, Stadt und Archidiakonat Mittenwalde fest in den territorialen und kirchenorganisatorischen Machtbereich der Askanier einbezogen worden waren, begann für die Bastion der Mark gegen die Lausitz nach außen und für die an Bedeutung gewinnende Stadt im Lande sowie für die Bewohner nach innen ein Ort des sozialen und wirtschaftlichen Aufschwungs und somit des allgemeinen Wohlstands zu erblühen. Mittenwalde ist 1308 bis 1434 an allen märkischen Städtebünden beteiligt, genießt ausgedehnte Holzungsrechte in den Herrschaften Teupitz und Zossen, besitzt eine große Feldmark, erwirbt 1450/51 das Dorf Ragow zum Eigentum und kann sich einer Reihe weiterer landesherrlicher Privilegien erfreuen.

Trotz allem muß man sich die Stadt als ein verhältnismäßig kleines Gemeinwesen vorstellen, in dem sich die Dinge wie in den übrigen Städten der Mittelmark entwickelten. Überwiegende Gewalt der Ratmannengeschlechter und zünftische Organisation, die sich auch auf den lebhaften Ackerbau erstreckten, waren dafür bezeichnende Züge. Die gesamte Region war nur dünn besiedelt. Orte mit mehreren hundert Einwohnern konnten schon größere Städte sein.

Beim Lesen dieser Zeilen könnte man denken, die Welt wäre wenigstens zu Zeiten Woldemar des Großen in Ordnung gewesen, weil sich das auf Mittenwalde bezogen so anhören könnte. Aber weit gefehlt. 1308/09 erobern zwar Otto IV. und Woldemar Danzig, können aber den Deutschen Orden nicht für sich aktivieren. Im Frieden von Templin 1317 wird die Niederlage des Markgrafen Woldemar gegen eine Koalition norddeutscher Fürsten unter Führung des Dänenkönigs besiegelt, was den Verlust der Ostseestellung Brandenburgs bedeutet. Aber noch schlimmer wirken sich 1315 bis 1317 für die Menschen mehrere Mißernten und Viehseuchen aus. Es kommt zu katastrophalen Hungersnöten, in derem Verlauf alles nur Eßbare – auch verseuchte bzw. krepierte Tiere – von den Menschen verspeist wurde. Reihenweise gingen die Menschen an Unterernährung, Krankheiten, Epidemien und Entkräftung zugrunde. Infolgedessen kam es Mitte des 14. Jahrhunderts wieder zu einem spürbaren Bevölkerungsrückgang.

Kriegerische Mißerfolge der askanischen Markgrafen hatten indes innenpolitische Folgen, so regte sich erstmals eine »landständische Opposition« gegen die Landesherren, mit dem Erfolg, daß sie in sogenannten »Bedeverträgen« mit der Ritterschaft und einzelnen Städten, wie u. a. auch Mittenwalde, einer Regelung der Steuererhebung zustimmen mußten. Im Jahre 1375 besaß die Landesherrschaft zwar noch die Burg, die Gerichtshoheit und eine Reihe anderer Einkünfte aus Steuern und Abgaben in Mittenwalde, aber die Zeiten änderten sich schnell, und mit Beginn des 15. Jahrhunderts zogen sich die Landesherren immer mehr aus der Stadt zurück. Vom 13. bis zum 14. Jahrhundert in Trebbin, Köpenick, Mittenwalde und Saarmund bestehende Vogteien lösten sich auf, und nach der eigentlichen Blütezeit Mittenwaldes vom 13. bis 15. Jahrhundert traf die Stadt im 16. Jahrhundert der wirtschaftliche und politische Niedergang.

Von den Vorteilen, die Mittenwalde als Grenzburg und -stadt am leicht kontrollierbaren Notteübergang des Berlin-Lausitzer Straßenzuges hatte, blieben kaum noch welche übrig. Sie gingen infolge neuer, nicht mehr über Mittenwalde führender Straßen sowie anderenorts entstehender Manufakturen verloren. Bis dahin mehr oder weniger bedeutungslose Dörfer und Städte im Brandenburgischen entwickelten sich zu neuen Herrschaftssitzen sowie wirtschaftlichen und verkehrsmäßigen Ballungszentren.

Brandenburgische Landschaften

Die Politik der hohenzollernschen Kurfürsten festigte die Landesherrschaft und den Ausbau der Mark Brandenburg zum fürstlichen Territorialstaat besonders stark während des 15. Jahrhunderts. Sie führte schließlich zu einem Brandenburg-Preußen im absolutistischen Staat und über diesen zur preußischen Provinz Brandenburg im Deutschen Kaiserreich. Zu Beginn dieses Weges wurde die Funktion der Stadt Mittenwalde als »Port der Mark gen die Lusitz und Schlüssel des Landes« langsam aber sicher hinfällig; damit verfiel sie der Bedeutungslosigkeit. Von einer für die Mark wichtigen Burg blieb nichts und von der ehemals bedeutenden markgräflichen »civitas« nur eine kleine märkische mittelalterliche Ackerbürgerstadt übrig. Wie Mittenwalde erging es auch noch anderen märkischen Kleinstädten aus frühdeutscher Zeit.

Auffallend ist ihre Ähnlichkeit im Stadtbild-Grundmuster, wie beispielsweise Wittstock und Templin (siehe unten) und Mittenwalde sowie viele andere mehr (u. a. Havelberg, Neuruppin, Perleberg, Beeskow).

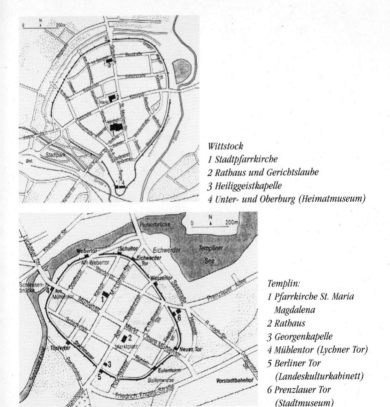

Wittstock
1 *Stadtpfarrkirche*
2 *Rathaus und Gerichtslaube*
3 *Heiliggeistkapelle*
4 *Unter- und Oberburg (Heimatmuseum)*

Templin:
1 *Pfarrkirche St. Maria*
  Magdalena
2 *Rathaus*
3 *Georgenkapelle*
4 *Mühlentor (Lychner Tor)*
5 *Berliner Tor*
  (Landeskulturkabinett)
6 *Prenzlauer Tor*
  (Stadtmuseum)

Markgraf Albrecht der Bär
(1100/1123–1170)

Markgraf Otto I.
(um 1130/1170–1184)

Markgraf Otto II.
(nach 1147/1184–1205)

Markgraf Albrecht II.
(vor 1177/1205–1220)

Markgraf Otto III.
(1214 oder 1215/1233–1267)

Markgraf Johann I.
(um 1210/1233–1266)

Markgraf Otto IV.
(um 1238/1266–1309)

Markgraf Waldemar I.
(um 1281/1308–1319)

Das Fürstenhaus von Askanien

Mittenwalde unter der Landesherrschaft der Wittelsbacher, Luxemburger und ersten Hohenzollern

Städtebündnisse gegen Raubrittertum und Fehdewesen

Für die Mark und Mittenwalde war der Tod Woldemars, des letzten Herrschers aus dem askanischen Fürstengeschlecht, eine vollständige politische Katastrophe. Er erlag im August 1319 zu Bärwalde/Nm. einem Fieber und war ohne Nachkommen geblieben. Sein unmündiger Vetter, Heinrich das Kind, starb Mitte 1320, was das Ende der Askanier in Brandenburg bedeutete. Es folgte ein Interregnum, und die Markgrafschaft drohte zu zerfallen. Den Mittenwaldern standen schlimme Zeiten bevor. 1323 belehnte der Wittelsbacher deutsche König Ludwig der Bayer seinen erst achtjährigen Sohn Ludwig (den Älteren) mit der Mark. Diesem Ludwig I. folgten seine Halbbrüder Ludwig II. (der Römer) und Otto (der Faule), mit dem 1373 die Wittelsbacher in der Mark ihr Ende fanden. Otto verzichtete auf seine Rechte an der Mark und verkaufte diese an Kaiser Karl IV. Damit begann die Zeit der Luxemburger. Nach dem Ableben Karls 1378 begann unter seinen Söhnen und Neffen ein über drei Jahrzehnte währender Verfall des Landes mit Fehden und Raubzügen seitens einer Reihe mächtiger Adelsfamilien.

Mit dem Tode Karl IV. 1378 ging der Titel des Markgrafen zuerst an seinen Sohn Johann. Dieser war noch unmündig und schon erhoben Raubritter, Wegelagerer sowie Banden von Räubern und Halsabschneidern ihr freches Haupt. Die eben mühselig geschaffene Ordnung war dahin, und Mittenwalde schloß sich mit den anderen Städten in Beistandsbündnissen zum Aufbau von Landwehren und von Verteidigungsanlagen zusammen. Was die Beteiligung Mittenwaldes an brandenburgischen Städtebünden angeht, erfolgte diese bis zu neunmal, wie dies auch für Treuenbrietzen, Beelitz, Frankfurt/Oder, Müncheberg, Strausberg, Bernau, Eberswalde, Spandau, Nauen, Rathenow und Seehausen zutrifft.

Die meisten anderen Städte der Mark (»des Heiligen Römischen Reiches Streusandbüchse«) beteiligten sich nicht oder nur bis zu dreimal an solchen Bündnissen; lediglich Berlin, Brandenburg, Werben, Osterburg, Salzwedel, Stendal, Gardelegen und Tangermünde waren daran mehr als neunmal beteiligt.

In historischen Quellen heißt es dazu:

An die Stelle der auswärtigen Kriege des 13. Jahrhunderts traten zur Zeit der ohnmächtigen Wittelsbacher und Luxemburger Markgrafen innere

Fehden und Bürgerkriege. Als Immediatstadt der Mittelmark gehörte Mittenwalde zur »Sprache« Berlin-Kölln, d. h. diese Städte führten für unsere Stadt, die aber auch durch Abgeordnete vertreten war, auf dem Landtage das Wort (vgl. Landeskunde der Provinz Brdbg. II, 244; vgl. auch R XI. 252, zum Jahr 1711). Im übrigen blieben die Mittenwalder aber durchaus selbständig und schlossen sich als Gleichberechtigte der Union von 1321 an, in der die märkischen Städte sich verpflichteten, beim Ableben des Herzogs Rudolf von Sachsen keinem anderen Herrn zu huldigen und sich gegenseitig gegen Kriegsgewalt und Räuberei zu schützen (Fidicin, Hist.-dipl. Beiträge III, 21, 41). 1388 wurde Johann König von Ungarn. Am 4. Juni 1388 teilte dieser Johann (der Sohn Kaiser Karls IV.) den Städten der Mittelmark, unter denen neben Berlin und Spandau auch Mittenwalde und Cöpenick genannt werden, mit, daß sie fortan die Markgrafen Jobst und Prokop von Mähren als Herren anzusehen hätten (StA, Urk., Haussachen, Nr. 12, vgl. R. B III, 104). Schlimme Zeiten brachen nun herein. Die Städte verpflichteten sich 1393, gegen Ruhestörer und Straßenräuber eine bewaffnete Macht aufzustellen, zu der Mittenwalde »twe Wepener (Bewaffnete) und enen Schütten« beisteuerte. Die Vereinigung der Städte zur Bildung einer gemeinsamen Landwehr lief über drei Jahre.

Hatten bislang Hauptleute, Burgkommandanten und Vögte (unterstützt von kirchlichen Ritterorden sowie den zentralen und lokalen geistlichen Amtsträgern) das Wohl und Wehe des Landes in ihrer Hand, spielten sich nunmehr die Adligen allerorten als die einzigen Herren auf. Sie wollten die Mark mit Mord und Totschlag überziehen, jeglichen Widerstand in den Städten mit blutiger Gewalt brechen und die so in Angst und Schrecken lebenden Brandenburger nach Gutdünken beherrschen und ausbeuten. Die Unsicherheit im Lande nahm kaum beschreibbare Ausmaße an.

1393 verpfändete Jobst von Mähren zur Befriedigung seiner Spekulationsgelüste mehrere märkische Städte, darunter auch Mittenwalde, Trebbin usw. an seinen Schwager, den Markgrafen Wilhelm den Einäugigen von Meißen. Nachdem dieser dem Jobst weitere Summen Geldes geliehen hatte, bekam Wilhelm sogar die Regentschaft der Mark übertragen. Bei seiner Huldigung in den Städten bereiteten ihm diese – wie auch Mittenwalde – Schwierigkeiten. Schließlich versprach er, die Raubritter schlagen zu wollen, wenn sie sich weiterhin als Mordbrenner betätigen sollten. Bei dieser Drohung blieb es genauso wie bei den unhaltbaren Zuständen. Es trat keine Besserung ein, im Gegenteil, Ende des 14. Jahrhunderts verschlimmerte sich das Raubrittertum und Fehdewesen, besonders unter den Quitzows, ins Maßlose.

Erneut wurde 1399 die Stadt Mitglied eines zur Festhaltung erworbener Rechte und Verteidigung gegen fremde Gewalt geschlossenen Bündnisses

(Fidicin Hist.-dipl. Beiträge III, 123). Thilo von Aschersleben, der bald darauf im Auftrage des Markgrafen von Meißen (der jetzt hier noch ein letztes Mal erscheint und zwar als Gläubiger des ewig verschuldeten Jobst und Mitregent der Mark) die Burg Mittenwalde, die »Port gen Lusitz«, besetzt hielt, erwehrte sich mit Erfolg der Quitzows, die bestrebt waren, alle festen Plätze um Berlin herum in ihre Gewalt zu bekommen (vgl. Heidemann, die Mark unter Jobst, S. 98).

Aber nicht nur die mit ihren Burgen über die ganze Mittelmark verteilten Quitzows und von Bredows konnten ungehindert »Schicksal« spielen, auch die Räuberbande derer von Schlieben aus Wendisch Wusterhausen, im Bunde mit Konrad, Niclas, Hans Balthasar u. a., fürchtete man auf den Straßen um Mittenwalde nicht minder. Der Übermut der märkischen Raubritter, ihre rohe Lust zu rauben und zu plündern, zu sengen und zu morden, nahm mit dem Auftreten Friedrichs I. von Hohenzollern, seines Zeichens Burggraf von Nürnberg, als der vom deutschen König Sigismund bestellter Hauptmann und Verweser der Mark Brandenburg ein Ende, wie wir später noch erfahren werden.

Der »Falsche Waldemar« sorgt für Überraschungen

Als der letzte askanische Markgraf Woldemar (auch Waldemar)[1] 1319 ohne Nachkommen gestorben war, begann von allen Seiten Brandenburgs ein Hauen und Stechen um das Erbe. Alles was Rang und Namen hatte, glaubte die Mark ausplündern und ganze Landesteile einheimsen zu können.

Woldemars Witwe Agnes von Brandenburg gehörten u. a. die Städte Mittenwalde und Teltow. Es wurde ihr aber unmöglich gemacht, diese Städte in Besitz zu nehmen und sich von den Einwohnern huldigen zu lassen. Nachdem Agnes den Herzog Otto von Braunschweig geheiratet hatte, verzichtete dieser im Namen seiner Frau auf deren Besitz und somit auch auf Mittenwalde, Teltow und Köpenick. Agnes entband diese Städte ihres Eides und verpflichtete sie auf König Ludwig den Bayer und seinen unmündigen Sohn Ludwig den Älteren als zukünftigen Markgrafen von Brandenburg.

Je nach dem Grad ihrer Macht- und Herrschaftsgelüste, ob markgräfliche Landesherren mit ihren Vasallen oder Raub- bzw. sonstige Glücksritter, offenbarten sich auch ihre Denk- und Verhaltensweisen zuungunsten der Mark und ihrer Bewohner. Getreu dem Prinzip »teile und herrsche« wurde über Jahrzehnte das ehemals blühende Land immer weiter in den Ruin getrieben.

---

1 In historischen Quellen sind »o« wie »a« authentisch.

Es fehlte die feste Hand einer starken Regentenpersönlichkeit, und so kann man auch verstehen, wie die geschundene Bevölkerung der Mark einem Schwindler aufsaß, der als der »Falsche Woldemar« in die Geschichte einging.

Im Sommer 1348 meldete sich beim Erzbischof Otto von Magdeburg ein nach angeblich langer Pilgerfahrt heimgekehrter Mann (vermutlich ein Müller namens Jakob Rehbock, der dem echten Woldemar ähnlich sah) mit der Behauptung, er sei Markgraf Woldemar und habe seinen Tod 1319 nur aus familiären Gründen vorgetäuscht. Das in der Mark herrschende Trauerspiel fand im Auftreten und »Fündigwerden« des »Falschen Woldemars« von 1348 bis 1350 einen kaum noch zu überbietenden Höhepunkt. Fast ganz Brandenburg flog diesem »falschen Fuffziger« zu, nur wenige Kreise und Städte hielten Ludwig die Treue, wie z. B. Lebus, Mittenwalde und Treuenbrietzen (daher auch der Name »Treuen« der letztgenannten Stadt).

Als endlich der Schwindler aufgab (bzw. vom Kaiser Karl IV. als für seine Intrigen nicht mehr brauchbar fallengelassen wurde), brauchte es noch längere Zeit, bis sich solche Städte wie Köpenick und Cölln bekehren oder andere im Barnim mit »Gewalt überzeugen« ließen, daß Ludwig und nicht der »Falsche Woldemar« ihr Markgraf sei. 1357 ist dann dieser Schwindler in Dessau verstorben.

Diese Woldemar-Komödie erschütterte die Landesherrschaft schwer. Weitere Gebiete mußten an die benachbarten Länder abgetreten werden. Die für und gegen den falschen Woldemar Parteinehmenden verwickelten sich in z. T. blutige Kämpfe. Markgraf Ludwig I. der Ältere sah sich plötzlich auf wenige treu zu ihm stehende brandenburgische Landesteile zurückgedrängt. An dieser Stelle ge-

Die Siegel der beiden Waldemars, links des Margrafen Waldemar und rechts des falschen Waldemar

bührt den Mittenwaldern für ihr Festhalten an Ludwig und die Ablehnung des Scharlatans Woldemar ein großes Lob. Aber gerade in dieser Zeit blieb den Mittenwaldern rein gar nichts erspart. Zu ihrem Unglück faßte 1350 die Pest in der Mark wieder Fuß und allerorten rotteten sich fanatische Büßer zusammen, die sich selbst geißelnd und wie Veitstänzer mit irren Bewegungen, Zuckungen und Verrenkungen in furchterregenden Gruppen unter schauerlichen Gesängen durch die Lande und auch Mittenwalde zogen. Da sie die Pest für ein Gottesgericht hielten, sollten alle Menschen sich gleichfalls geißelnd Buße tun und mitsingen: »Nun hebt auf eure Hände, daß Gott das große Sterben wende«.

Schlimmer geht's nimmer, sagten sich die Mittenwalder, denen tatsächlich nichts erspart blieb. Der Dreh- und Angelpunkt des südöstlichen Teltow: Stadt, Burg, Schloß und Kirche Mittenwalde wurden zum Schauplatz grauenvoller mittelalterlicher Geschichte. Was im Lande geschah, an wenig Gutem und viel Schlechtem, spiegelte sich in Form entsprechender Ereignisse in Mittenwalde wider.

Um 1400 herrschte aller Orten totale Rechtsunsicherheit. Adel und Städte bekämpften sich schonungslos gegeneinander. Fehde, Straßenraub, Plünderung usw. waren an der Tagesordnung, wie auch Mißernten sowie Menschen und Tiere dahinraffende Seuchenepedimien, was wiederum dem Aberglauben geschuldete Hexen- und Ketzerverfolgungen auslöste. Doch darüber mehr an späterer Stelle.

Streit um Holzungsgerechtigkeiten

Die Lage Mittenwaldes (»mitten im Sumpf« und nicht »mitten im Wald«) zwang dessen Einwohner, von den benachbarten bewaldeten Höhenrücken Brenn- und Nutzholz herbeizuschaffen, wozu sie landesherrliche Einschlagrechte benötigten.

Dazu ist folgendes überliefert:

Von großem Wert für die »Rathmannen und Borger« war das durch Markgraf Hermann am 11. November 1307 verbürgte Holzungsrecht in der Heide »to dem Tuptz« (R XI, 228). Woldemar, der letzte Askanier, verbriefte am 27. 7. 1315 den Bürgern in Anbetracht ihrer treuen Stätigkeit nochmals das Recht, dürres und grünes Holz zu hauen »von dem Damme, die gemeynlich geheysen ist Denkens Dam, bis zu der nuwen Mole und vorbaß aber die Berge biß zu der Brugken, die geheiten ist die Pupaw« (R XI, 229).

Im Jahre 1400 beschwert sich Hans von Torgow, Herr zu Zossen, beim Bischof zu Brandenburg über die Eingriffe der Mittenwalder in seine Holzungen, die aus »eitel Frevel Heide und Gehölz niedergehauen« hätten.

Kurfürst Friedrichs Sohn, Johann, brachte 1430 zwischen den Bürgern und den Schenken »zum Tupeze« einen Vergleich betreffend die Holzungsge-

Ein sich geißelnder Büßer, Schnitt von Albrecht Dürer

rechtigkeit zustande (Lk, Rep. 78a 7, fol. 46. 47; vgl. R XI, 241). Langwierige Streitigkeiten hatten die Bürger Mittenwaldes auch von jeher mit den Edlen Schenks zu Landsberg wegen des Umfangs und der Ausübung der Holzungsgerechtigkeit in den Waldungen der Schenken zu führen. Daher bildete Kurfürst Johann 1497 eine aus zwei Geistlichen, nämlich dem Lebuser Bischof und dem Pfarrer von Cottbus, sowie dem Ritter Sixt von Einhelm bestehende Kommission, die auf Grund älterer Vergleiche von 1307 und 1315 entschied, daß die Bürger die Sentzigsche Heide »zu ihren Gebäuden und ihrer Notdurft« frei gebrauchen dürften (StA).

Anfang und Ende der Juden in der Stadt

Die Juden erhielten bereits unter den Askaniern gegen ein Schutzgeld mehr Rechte als irgendwo sonst in Deutschland. Ein besonderes Datum der Mittenwalder Stadtgeschichte ist der 14. Mai 1356 mit der Überschrift: *Markgraf Ludwig II. der Römer bestätigt der Stadt Mittenwalde vier Juden aufzunehmen. Die Juden, die »Kammerknechte des Markgrafen«,[2] durften nur mit besonderer Erlaubnis des Landesherrn hier wie anderwärts innerhalb der städtischen Mauern aufgenommen werden, wie aus einer Eintragung in das Kopialbuch des Markgrafen Ludwig des Römers vom Jahre 1356 erhellt, der damals »den bescheiden Luthen, Ratmannen und Ghemeinen« gestattete, vier »Joden« in die Stadt zu nehmen (StA, Rep. 78a 3, fol. 109; vergl. R XI, 231).*

Wie weiterhin dieser Quelle zu entnehmen ist, erfolgte dieser Akt *»aus besonderer Gnade«* und *»blieben nicht nur die Juden des Markgrafen Kammerknechte, sondern waren sie diesem in seiner Eigenschaft als Landesherrn persönlich gegenüber abgabenpflichtig«.* Indem Ludwig seiner Genehmigung noch ausdrücklich hinzufügte, daß diese Juden auch fernerhin *»in seine Kammer gehören, mit aller Pflicht, Dienste und Gerechtigkeit«*, konnte mit diesen Worten die Lage der Juden zur damaligen Zeit in Brandenburg am überzeugendsten dargestellt werden.

Mit diesem historischen Datum begannen die ersten Juden in Mittenwalde seßhaft zu werden. Die Jüdenstraße erinnert noch heute an den Aufenthalt von Juden in der Stadt. Nahezu 600 Jahre lebten Juden als geduldete, vielfach verfolgte, aber auch angesehene Mitbürger unter den Mittenwaldern und fühlten sich auch als solche im Wandel der Zeiten, und dies bis zu ihrem bitteren Ende unter der NS-Diktatur. Den älteren Bewohnern sind noch die Namen und Professionen der im Zweiten Weltkrieg aus der Stadt »verbrachten« Juden bekannt. Beispielsweise waren das die Meyers als Ackerbürger und Pferdehändler, die Levys und Bernsteins als Kaufhausbesitzer und die Anschels als Ärzte und Advokaten.

---

[2] Um die Regensburger Juden zu schützen, bezeichnete Friedrich Barbarossa bereits 1182 diese als »seine Kammerknechte«.

Wo heute das Gebäude der Kreissparkasse steht,
befand sich vormals das Kaufhaus »Levy«

Mit den schrecklichen Ereignissen der sogenannten »Reichskristallnacht« am 8. November 1938 kündigten die Nazis die »Endlösung der Judenfrage« an. An diesem Abend habe ich als Junge in der Yorckstraße 47 erlebt, wie sich der blutiggeschlagene Jude Max Meyer schutzsuchend zu meinem Großvater flüchtete und sich dort verbarg, bis das SA-Rollkommando nach der Zerstörung der Meyerschen Wohnung und weiterer jüdischer Geschäfte und Wohnungen wieder per Lkw in Richtung Königs Wusterhausen abgezogen war.

Seit Bestehen der Mark offenbart die Geschichte der Juden mehr Erniedrigung und Verfolgung als ihre Anerkennung und gleichberechtigte Teilnahme am gesellschaftlichen Leben. Als kleine nach fremden Recht geduldete und beargwöhnte Minderheit bewahrten sie ihre ureigene religiöse wie sittlich-moralische Lebensweise und Zusammengehörigkeit über alle Zeiten hinweg; einfach erstaunlich für die von überall herstammenden und zu neuen Volksgruppen zusammengeschweißten Menschen neuen Typs unserer Region.

Die Juden erfuhren seit dieser Zeit immer wieder Pogrome vielfältiger Art und Weise, vor allem in und um Berlin 1348/49 und 1446. 1510 wurden im Ergebnis des grausamen »Hostienschändungsprozesses« 38 märkische Juden und ein Christ vor Berlin verbrannt. Anschließend kam es zur Ausweisung von Juden aus den Städten, womit sich die Stände ihrer Geldgeber entledigten. Eine erneute Vertreibung ereignete sich 1571-73, nachdem Kurfürst

Joachim II. gestorben war, im Zuge der Hinrichtung des Münzmeisters und Juden Lippold.

Als der Große Kurfürst den Juden 1671 eine allgemeine Ansiedlungserlaubnis in den Städten erteilte, gab es hier und dort schon oder wieder einige Juden, in Mittenwalde waren es zu dieser Zeit 15. Sie hatten überall noch keine politischen Rechte, waren aber z. B. aus der ihnen landesherrschaftlich zugewiesenen Rolle als »Geldbeschaffer der hohen Herren« nicht mehr wegzudenken. Im Zuge der Reformen nach 1806 kam es in Brandenburg-Preußen am 11. März 1812 zur sogenannten »Judenemanzipation«, d. h. zur rechtlichen und wirtschaftlichen Gleichstellung der Juden. Soweit die Theorie, hingegen sah die Praxis anders aus. Judenhaß war und blieb ein wesentliches Element der Weltsicht vieler Deutscher. Beim letzten deutschen Kaiser, Wilhelm II., saß der Antisemitismus so tief verwurzelt, daß Adolf Hitler noch von ihm lernen konnte. Nach den übelsten Hetztiraden gegen die Juden in einem Brief des abgedankten Kaisers im August 1919 aus seinem Exil an den General von Mackensen schlug er in Vorwegnahme von Hitlers Gaskammern vor, »... *ich glaube, daß beste wäre Gas*«. (Quelle: Berliner Zeitung vom 5./6. November 1994). Glücklicherweise fühlten, dachten und handelten die meisten der zu dieser Zeit lebenden Mittenwalder anders als ihr »hochverehrter Kaiser«, der sich noch 1940 in vernichtender Weise gegen die Juden äußerte.

Die »Endlösung« hatte viele geistige Väter. Wer kennt heute noch Zahl und Namen der Juden in Mittenwalde zu Beginn der dreißiger Jahre; könnten es etwa zwei Dutzend gewesen sein? Ein Dutzend Jahre später ist in der Stadt kein Jude mehr anzutreffen. Ihr Weg zum Holocaust führte an uns vorbei.

Kirchen- und Schulwesen

Zu den Zusammenhängen zwischen den Landesherren, der Reformation und dem Schulwesen sowie deren Auswirkungen auf Mittenwalde läßt sich folgendes sagen: Die Wirksamkeit der Kirche vor der Reformation hatte vor allem in den zahlreichen Stiftungen und Schenkungen ihre Basis, dabei nicht zu vergessen die kirchlichen Abgaben. Was alles durch die Reformation hervorgerufen wurde, ist in diesem Rahmen nicht andeutungsweise beschreibbar. Nehmen wir nur das Beispiel der Stiftung des Mittenwalder Kirchenflügelaltars. Kurfürst Joachim I. wollte, wie auch die Brandenburger Bischöfe von der Reformation nichts wissen. Seine Gemahlin Elisabeth von Dänemark nahm jedoch den neuen Glauben an, stiftete u. a. der Mittenwalder Kirche den bereits erwähnten Altar, mußte jedoch beim Kurfürsten von Sachsen Schutz suchen. Der älteste Sohn des Kurfürsten und sein Nachfolger als Joachim II. mußte daraufhin eine streng katholische Prinzessin,

Hedwig, die Tochter des Polenkönigs, zur Frau nehmen und seinem Vater unter Eid 1534 die Verpflichtung abgeben, »unverrückt bei dem christlichen Glauben zu bleiben und nichts dagegen weder heimlich noch öffentlich zu tun«. Ein Jahr später starb sein Vater und 1539/40 schwenkte dann doch Joachim II. zur Reformation über. 1540 erließ er die märkische Kirchenordnung, die Kirche war von Rom losgelöst und unter Abhängigkeit des Landesherrn geraten, die geistlichen Güter wurden eingezogen (Säkularisation) und an die Stelle des Bischofs von Brandenburg trat fortan für die meisten Orte des Teltow der Kurfürst.

In Mittenwalde wirkte sich die kirchliche Neuordnung in etwa so aus: Die Einkünfte der kirchlichen Stiftungen und Körperschaften wurden eingezogen, es wurde eine Kirchenkasse gebildet, die Zahl der Kleriker wurde reduziert und die Wahl des Pfarrers bzw. Propstes stand beim städtischen Rat.

Mit den Kirchen ging es erst einmal bergab. So wurden kurfürstlich angeordnete Visitationen der Kirchen zur Feststellung ihres Zustandes und der noch vorhandenen Ausrüstungsgegenstände, der Einkünfte der Pfarrer usw. durchgeführt. Die Visitatoren haben 1551 noch einmal die »Dörffer ufm Teltow visitieret«, schrieb der damit beauftragte Weinlöb seinem Kurfürsten. Er sprach weiter vom heilsamen Werk, verfallene Kirchen wieder aufzubauen, dem armen Volk christliche Kirchen zu geben und dem Kirchenraub zu wehren. Die größte Schwierigkeit sei die, der Kirche entwendetes Gut wieder zurückzugeben, vor allem von Adligen das zurückzufordern, was sie glaubten, sich im Zeichen der Säkularisation persönlich aneignen zu können.

Nicht minder schlecht war es mit der Ausbildung der Geistlichen bestellt. Konnten schon die einfachen Menschen kaum lesen und schreiben, zählten um 1540 diejenigen zu den Gelehrtesten, die den Psalter lesen konnten. Nirgendwo hätte er dümmere und schlechtere Geistliche getroffen als in der Mark, meinte mal Melanchthon zur bedenklichen Lage der Kirchen über die Zeit der Reformation hinweg. Kein Wunder, daß zweifelhafte Erscheinungen (Sekten, Wallfahrten zu Wunderstätten u. a.) und die den sogenannten »Ablaß« verkaufenden Kirchenleute und Händler (Johann Tetzel u. a.) Hochkonjunktur hatten.

Natürlich mußten sich auch die Geistlichen umstellen, um die neue Lehre anders als bisher zelebrieren zu können. Um so mehr erfreute sich endlich die Gemeinde daran, das liebe Wort Gottes in »teutscher« Sprache hören und lesen zu können, lag doch endlich mit Luther eine solche ins Deutsche übersetzte Bibel vor. Die märkischen Kirchenorte waren schon bemüht, fähige Pfarrer zu finden, die sich des »gemeinnen Hauffens« nach allen neuen lutherischen Kirchenregeln annehmen konnten, doch woher? Alte Quellen berichten von Pfarrern, die »weder von Gott noch seinem Worte oder Sacrament wissen«. Erst nach langen Jahrzehnten besserte sich dieser Zustand, wie es am Beispiel Paul Gerhardts ersichtlich wird.

Deckblatt der Kirchenordnung der Mark Brandenburg.
Erstdruck der ersten Berliner Offizin von Johann Weiß, 1540

Berühmtes Flugblatt über den Ablaßkrämer Johannes Tetzel

Die Bande zum Bischofssitz lösten sich nach 1539. Die vom Kurfürsten Joachim II. geschickten Visitationskommissarien langten freilich in Mittenwalde erst im Jahre 1543 an. Der Propst mußte die geistliche Gerichtsbarkeit, die er bis dahin über den Teltow sowie das Schenkenländchen und das Land Zossen ausgeübt hatte, an das frisch begründete Konsistorium Berlin abgeben. Dafür wurde er durch eine Zulage aus dem neu gebildeten »gemeinen Kasten« entschädigt, in den die Einkünfte verschiedener nunmehr eingezogener Altäre flossen. Die vier Kalandsherren Balthasar Enderlein, Peter Farnholz, Peter Zimmermann und Jakob Döring beließ man noch bis zu ihrem Tode im Genuß der Einkünfte. Überhaupt war man weit davon entfernt, schonungslos dem Alten den Krieg zu erklären: eine in edlen

Der wertvollste Bundesgenosse des Klerus

Renaissanceformen gehaltene Grabtafel wurde noch im Jahre 1583 zum Andenken an den im Herren selig entschlafenen Richter Konrad Kecke im Chor der Kirche aufgehängt und mit einer lateinischen Inschrift nach alter katholischer Art geschmückt. Ein anschauliches Bild erhält man von der großen Anzahl der damals zur Kirche gehörigen Stiftungen. Ein Altar, »das Leben Anna«, war so genannt, weil er der hl. Anna geweiht und mit Lehnbesitz, nämlich einem Garten, Wiesen und einigen Zinsen ausgestattet war. Das »Lehn der Elenden«, Exulum, besaß ein Haus nebst Garten in der

Burgstraße und bezog Zinsen ebenso wie das Lehen der Knochenhauer. Über diese drei Lehen stand dem Rate das Patronat zu. Die Schenken zu Wusterhausen waren Patrone über den Altar Johannes des Täufers, dessen Einnahmen in 120 Scheffel Roggen aus Groß-Machnow bestanden.

Was in Mittenwalde zu jener Zeit im Kirchen- und Schulwesen geschah, hatte seine Grundlage in der umfangreichen grundgesetzartigen »Kirchen-, Konsistorial- und Schulordnung von 1573« des Kurfürsten Johann Georg.

Kräftige Impulse empfing das Schulwesen (Akten des Berliner Konsistoriums, Superintend. Zossen; vgl. Sp. 160). Der Schulmeister und seine Gesellen erzogen die Knaben in Frömmigkeit, Kirchenlehre und Sitten, trugen ihnen den Catechismum Lutheri vor und »exerzierten sie fleißig in den ersten Elementen der Grammatik«; auch wurde ihnen zur Pflicht gemacht, »gute Autores, insbesondere Virgilium, dem Alter und Verstande der Knaben entsprechend, vorzutragen«.

Alle Quartale fand laut Visitationsabschied von 1575 eine Schulbesichtigung durch den Bürgermeister, etliche Ratmannen, Pfarrer und Kaplan statt. Sonntags wurden die Schüler vom Schulmeister züchtig in die Kirche geführt, wie denn überhaupt das Ziel war, die Jugend »christlich und ehrbarlich in fundamento theologiae und göttlicher Schrift« zu erziehen. Um 1575 wurde dem Rate auferlegt, eine Jungfrauenschule zu errichten, »darein die Jungfrauen in Gottes Wort unterwiesen und zu einem zuchtigen Leben mögen ertzogen werden«. Doch es blieb bei der guten Absicht, und erst zwei Jahrhunderte später wurde der ernstliche Anfang zum Mädchenunterricht gemacht (Sp, 162).

Mit der Reformation wuchs auch das Bedürfnis nach mehr Bildung und Aufklärung, was den weltlichen und geistlichen Fürsten und Vasallen zunehmend strengere Maßnahmen zur Verbesserung des Schul- und Kirchenwesens abnötigte. Sofern überhaupt noch fähige Pfarrer und Küster sowie Schulmeister mit ihren Gesellen vorhanden waren, übten sie zur Sicherung ihrer Existenz überwiegend andersgeartete Erwerbsarbeiten aus. So führten Reformen widerstreitender Landes- und Kirchenherren nur langsam und mit unterschiedlichen Ergebnissen zu einer Verbesserung des Schulwesens bis hin zu dessen Verstaatlichung. Auch in Mittenwalde zielten die Maßnahmen daraufhin, die Schulmeister nebst Schulgesellen über deren Entlohnung in Bargeld und Naturalien, über freie Wohnungen und Landschenkungen usw. mit ihren Kindern wieder in die Schulräume zu führen. Schließlich verliefen die Bemühungen brandenburgischer und preußischer Herrscher hinsichtlich der Einführung von Schulpflicht und Schulgeld, Schaffung von Volksschulen und Lehrerbildungsanstalten, Bereitstellung von Schulbüchern usw. so erfolgreich, das sich daran die meisten deutschen Länder und auch Nachbarstaaten ein Beispiel nahmen.

Dabei kopierten sie jedoch lediglich die Rückseite der Medaille, die die Wirklichkeit des preußisch-deutschen Entwicklungweges widerspiegelte und von den meisten Untertanen für »gottgewollt« gutgeheißen wurde. Um dazu nur eine Tatsache zu nennen: Im Jahre 1906 gab es in Deutschland 9.737.262 Schulkinder mit 166.597 Volksschul-Lehrkräften, d.h. pro Lehrer 58 Schülerinnen und Schüler (in Sachsen sogar 61). 1906 zählte das deutsche Heer 499.378 Soldaten, 24.687 Offiziere und 75.062 Unteroffiziere. Kamen also auf einen Lehrer 58 bis 61 Schüler, so fielen auf einen Offizier zur Ausbildung je 20 Mann und auf einen Unteroffizier knapp 7 Mann! Wer Buch und Film »Im Westen nichts Neues« kennt, weiß um das Ende dieses »beispielhaften« Entwicklungsweges.

Die Kalandsherren von Mittenwalde

Da eben die Rede von Mittenwalder Kalandsherren war, soll dieser schon mal erwähnte Begriff noch verständlicher erläutert werden. Vor allem in Mittenwalde und Teltow - wie in vielen anderen märkischen Städten auch – gab es Kalandsbruderschaften, die ihren Namen von den Kalenden, den ersten Tagen im Monat, herleiteten, an denen sie ihre Sitzungen stattfinden ließen. Diese Bruderschaften stellten sich durchaus edle Aufgaben und erfüllten sie auch redlich.

Aber wie es nun mal mit allen solchen Dingen im Weltenlauf so ist, arteten die kleinen Schmausereien am Ende ihres Versammlungstages über die Jahrhunderte in Form von nur noch »Freß- und Saufgelagen« zum Selbstzweck aus und kamen die ureigensten Aufgaben immer mehr unter die Räder. Heute mit Jubel begrüßt »Hosianna in der Höh« und schon bald darauf verschmäht, geächtet und verdammt »Kreuzigt ihn« kann man nur zu dieser Erscheinung oder zu ähnlichen gesellschaftlichen Ereignissen sagen, beispielsweise auch, was das sogenannte »Wrühebuch« enthüllt, wie wir noch erfahren werden.

Aber zurück zu den Kalanden in Mittenwalde. Natürlich haben Freimaurerlogen, Sekten, Gilden und sonstige Vereinigungen ihre Statuten mit entsprechenden Riten, Sitten und Gebräuchen. So zelebrierten die Kalandsbrüder ihre Sitzungen in Form eines feierlichen Zeremoniells vor Beginn der Messe, an der sie teilnahmen, mit würdevollem Begehen des Kirchenraumes, Tragen großer Wachskerzen und anderen Verrichtungen.

Vor der Kirche standen bereits die Armen und noch gehfähige Gebrechlichen, saßen die Krüppel oder lagen die Kranken, alle darauf wartend, daß ihnen von den Kalandsbrüdern Gutes widerfahre, was sie sich ja auch zur Aufgabe gemacht hatten. Mildtätigkeit war ihr Panier. Arme wurden beschenkt, Hilflose erfuhren die nötige Zuwendung, durchreisende Pilger – oder die sich dafür ausgaben – wurden mit Speise und Trank versorgt und bei Erkrankung gepflegt. Auch sonst sorgten die Mitglieder der Kalandsbruderschaft, wo sie nur konnten. So verliehen sie zu billigen Preisen (Pfennigen) Dinge, die selten, aber dafür um so dringender zu bestimmten Anlässen gebraucht wurden, wie z. B. Totenbahren, Leichentücher, Brautkronen, Bierbraupfannen, Tafeltücher ,-gedecke und -bestecke usw.. Außerdem waren sie, vom Gedanken an die Vergänglichkeit des Menschen beseelt, verpflichtet, den Toten mit ihrem Geleit die letzte Ehre zu erweisen.

Zeitgenössische Darstellung bettelnder Pilger

Gallun – ein von jeher zu Mittenwalde eingepfarrter Ort

Die auszugsweise wiedergegebenen Entscheidungen des Cöllnischen Konsistoriums (1541-1704, Seite 194 ff.) bezeugen nicht nur Verflechtungsbeziehungen zur o. g. Thematik, sondern zugleich auch gesellschaftliche Zustände zur damaligen Zeit, wie sie ähnlich am Beispiel »Gallun« auch in den sich in gleicher Lage befindlichen Nachbarorten ausgesehen haben könnten.

Dem Rittmeister Christoph Ludewig von Thümen ist von dem Churf. Brandenb. Consistorio verwilliget, daß er eine Kirche zu Galluhn aufbauen, und alda einen eigenen Prediger halten möge, doch daß solcher Prediger unter der Mittenwaldischen Inspektion stehe, und des Probstes Gebohtes und Verbohtes sich halte. Und damit solcher Prediger sein Auskommen haben möge, soll der von Thümen demselben sein Meßkorn und Accidentia verordnen, und nichts desto minder den Predigern und Schuhlgesellen zu Mittenwalde ihr Meßkorn, als jährlich 15 Scheffel Rocken und dem Diacono absonderlich eine Mandel Ejer geben. Weil auch dadurch, daß Galluhn nunmehro von Mittenwalde abgesondert wird, die Accidentia den Predigern und der Kirchen zu Mittenwalde entgehen, so hat der von Thümen vor sich und seine Nachkommen gewilliget, an statt solches Abganges jährlich den Predigern 3 Thlr. und der Kirchen 1 Tahl. zugeben. Dabey er aber ihm und seinen Nachkommen vorbehalten hat, daß ihm frey stehen soll 66 Tahl. 16 G Capital an einem gewißen Ohrt zinßbahr zubelegen, damit davon jährlich angedeutete vier Tahler können gehoben werden. 1649 5. Junii.

Die Verordnung vom 5. Jun. 1649 wird bestettigt, und bauet nun der Rittmeister Christoph Ludewig von Thümen, jedoch auff seine Kosen, eine eigne Kirche in Galluhn, außer daß die klagende Bauren, alß Martin Lebien, Dreves Seger, und Valentien Erich zugesagt haben Zeit whrenden Baues wochentlich 2 Tage daran arbeiten zu helfen und in sonderheit in solchen 2 Tagen nohtdürfftige Lehm- und Sandfuhren zutuhn. Wan aber die Kirche einmahl zum Stande gebracht ist, und hernach wieder baufällig werden sollte, so müßen die Klägere zur Refection nach dem allgemeinem Gebrauch im Lande das ihre tuhn. Was die Klägere bißhehro nach Mittenw. gelieffert haben, an Meßkorn das geben sie numehro ihrem Pfarrer zu Galluhn, und muß der von Thümen den Predigern und Schuhlgesellen in Mittenwalde ihr Meßkorn und Gebührniß abtragen. Und haben nun die Kläger des Gottesdienstes, alß Kindtauffens, Copulirens, Begräbnißen, Predigten, und Administrirung des H. Nachtmahls sich ungehindert zu Galluhn zugebrauchen. 1651. 7. Januar. Der Probst in Mittenwalde hat auff 5 Winsp. restirende Meßkorns aus Galluhn die Execution contra Adam Ludewig von Thüem erhalten. 1673. 9. Sept.

Joachim Ernst von Svhlabberndorff jetziger Beklagzer will alß jetziger Possessor des Gutes Galluhn sich wiederüm zu Mittenwalde, wie vor alters gebräuchlich gewesen, des Gotesdienstes mit seinen Leuten gebrauchen. Er ist aber deßwegen nicht befugt, die Hufe, worauff obiges Capital der 66 Thlr. 16 G (vid. Absch. 1649, 5) Jun.) getahn worden, zu sich zu nehmen, weil er Christoph Ludewigs von Thümen Erbe nicht gworden. Hinführo soll er auch 15 Scheff. Rocken den Predigern und Schuhlbedienten, wie nicht minder eine Mandel Ejer dem Diacono in Mittenwalde jährlich entrichten. 1682. 10. Octobr.

Damit enden diese auszugsweisen Abschriften und setzen wir diesen Beitrag zum Verhältnis »Gallun - Mittenwalde« mit der Wiedergabe von Galluner Begebenheiten aus entsprechenden historischen Quellen fort:

Gallun, ein sicherlich slawischer Name, läßt sich als Besitzdorf des Galun – d. h. des die Kinder gern Pflegenden – deuten (Sp. 34). Der Ort, südlich der Notteniederung gelegen, gehörte ursprünglich nicht zum eigentlichen Teltow, sondern zur Herrschaft Zossen und ging mit dieser zusammen nach dem Aussterben der auf Burg Zossen residierenden Edlen von Torgow erst 1490 an die Mark Brandenburg über. Im Jahre 1492 wurden die Gebrüder Glaubitz vom Kurfürsten Johann mit Besitzanteilen zu Gallun belehnt (R XI, 276). Einem Lehnsbriefe von 1594 zufolge hatten die von Thymen, deren Vorbesitzer Friedrich von Glaubitz war, von den von Enderlin, die zu Miersdorf saßen, einen Rittersitz, sowie einen jenseits des Fließes belegenen Acker erkauft; ferner standen ihnen Schäferei, Fischerei, Pächte und Zinsen aus dem Dorf zu (über die v. Thümen vgl. S. 55). Der Landreiter des Kreises Teltow Joachim Biener nennt in einem Bericht von 1610 die unmündigen Thümen als Inhaber von 2 Rittersitzen zu Waltersdorf und Gallun (StA, Rep. 78, 83). Nach dem Schoßkataster von 1624 waren außer den steuerfreien Ritterhufen auf der Feldmark von »Gallaum« 20 abgabepflichtige bäuerliche Hufen, die von 7 Hüfnern und 2 Kossäten bewirtschaftet wurden (StA).

Über die Zustände nach dem Dreißigjährigen Kriege liegt der Bericht des Teltowschen Landreiters Michel Kinitz von 1652 vor. Damals wohnten in dem Dorf, das dem Rittmeister Thümen gehörte, nur noch 6 Hüfner, und zwar der Schulze Levin aus Woltersdorf, Teylicken aus Falkenberg, Jehnicke aus Motzen, Seegen aus Gr. Machnow, Schmiel und Tönnicken aus dem Orte selbst gebürtig (StA). Im Besitz des Ritterguts trat bald darauf häufiger Wechsel ein, denn aus zwei im Geheimen Staatsarchiv zu Berlin aufbewahrten Urkunden vom 15. März und 10. Dezember 1680 (Urkunden, Abteilung, »Haussachen«) erhellt, daß der Große Kurfürst das Gut bei der Subhastation für 4.000 Taler erstand, es aber bald darauf dem Joachim Ernst von Schlabrendorf, der ihm dafür Klein-Glienicke abtrat, überließ. Nach einem Kontributionsregister von

1703, das die Zahl der kontributablen Hufen auf 20 angibt, war Besitzer der Generalproviantkommissar Kiesewieter (LA; StA, Rep. 21, 186).

1716 kaufte Friedrich Wilhelm I. den inzwischen in den Besitz des Kammerpräsidenten von Münchow übergegangenen Anteil nebst Vogelsang und dem Dorfe Callinchen für 15.000 Taler. Der andere Anteil, ein altes Schlaberndorffsches Lehngut, ging 1721 von dem General der Infanterie Otto Freiherrn von Schlaberndorf auf Ewald von Schlaberndorf, Domherrn zu Brandenburg, über (StA, Generaldirektorium Kurmark, Titel CXC, VIII). Um 1800 zählte das Dorf, auf dessen Gemarkung 10 ritterliche Hufen lagen, 26 Feuerstellen mit 158 Einwohnern, und zwar 10 Ganzbauern, 6 Büdnern und 6 Einliegern, die an staatlichen Steuern insgesamt 112 Taler zahlten (Br. II, 359; Wö II, 110). Der hier wohnende Pächter, der Wusterhausensche Beamte Romanus, an dessen Familie sich noch manche Erinnerungen in Eichwalde befinden, zahlte jährlich 1.204 Taler Pacht (HA). Nach dem Zusammenbruch des Staates in den Jahren 1806 und 1807 sah sich die Regierung genötigt, ebenso wie so viele andere Ortschaften der Herrschaft Wusterhausen auch Gallun in Erbpacht auszugeben. So kam die Geheimrätin von Lamprecht in den Besitz des Gutes, für das sie 1.000 Taler als Erbstandgeld entrichtete. Zugleich wurde eine Ablösung des jährlichen Erbpachtkanons von 610 Talern vorgesehen (RA Wusterhausen). Um dieselbe Zeit leitete man die Befreiung der Bauern und Kossäten von den zum herrschaftlichen Hofe zu leistenden Diensten in die Wege. Das Amt Königs-Wusterhausen behielt vorerst noch Polizei und Gerichtsbarkeit. Um 1850 betrug der Umfang des freien Erb- und Zinsgutes 1226 Morgen, der bäuerlichen Besitzungen 1.324 Morgen (Be II, 597, 598; vgl. Boe, 99). Die Einwohnerzahl, die damals 177 betrug, darunter 9 Bauern, hat sich in den folgenden 50 Jahren ungefähr verdoppelt, dagegen hat sich in dem Besitzstande des Gutes sowie der Gemeinde nichts geändert. Der von jeher zu Mittenwalde eingepfarrte Ort erhielt 1881, in der Zeit als Prinz Handjery das Landratsamt verwaltete, Anschluß an die Mittenwalde-Teupitzer Chaussee; die an Gallun vorbeiführende Bahn von Königs-Wusterhausen über Mittenwalde nach Töpchin wurde 1895 durch eine Aktiengesellschaft erbaut.

Gerichtsbarkeit in der Stadt –
Paul Stolz wird auf dem Salzmarkt hingerichtet

Am 10. Juli 1441 verlieh Kurfürst Friedrich II. dem Heyne Kunczen das Schulzenamt und niederste Gericht mit allen Zugehörungen, wie er sie von dem Rate Otte von Sliwen zu Baruth gekauft hatte (Lk, Rep. 78, 9, fol. 140). So ging das mit dem Schulzenamt verbundene niederste Gericht wie eine *käufliche Ware von Hand zu Hand (R XI, 243; vgl. Urk. von 1426 bei R XI, 239).*

Die niedere Gerichtsbarkeit war also das vom Landesherrn gegen Geld erblich überlassene Amt, für leichtere Delikte Recht zu sprechen, was für den Amtsinhaber (Schultheißen, Stadtschulzen oder -herrn) mit einer guten Einnahmequelle verbunden war. Solche Fälle gab es in Mittenwalde am laufenden Band. Um selber und für den Kurfürsten zu Geld zu kommen, war ein jeder Anlaß – auch wenn er konstruiert werden mußte – erst mal geeignet, Strafen zu verhängen und diese danach in hohe Geldstrafen umzuwandeln. Natürlich konnten nur einige wenige zahlen, und auch die Angehörigen und Verwandten brachten nicht genügend Zaster zusammen. In windigen Fällen wollte auch niemand nur einen Groschen leihen, also mußten die Delinquenten mit Stadtverbannung oder Hauszerstörung oder Freiheitsstrafe rechnen. In einigen Fällen griff man auch zu Ehrenstrafen, wobei man sein Talent im Erfinden aller möglichen Formen und Methoden öffentlicher Demütigung voll entfalten konnte.

Eine Urkunde von 1612 betrifft die gerichtliche Festsetzung eines Muttererbes (vgl. Sp. 159; auf Grund von Stölzel, Akten des Brandenburger Schöppenstuhles). Der Bürger Joachim Ebel war eine zweite Ehe eingegangen und hatte seinen Kindern aus erster Ehe mit Anna Buggen folgendes ausgesetzt: dem Sohne »zehen Taler zum Ehrenkleyde, 8 Taler zum Lehrgelde, wenn er zum Handtwerke gebracht wird«, ferner zwei große Federbetten, ein Hauptpfuhl, ein Hauptkissen, alles »mit bundten Ziechen« überzogen, ein Paar »ducken und grobe Laken«, Tisch und Handtuch. Für seine drei Töchter bestimmte er, daß sie bei der Hochzeit u. a. 10 Taler 12 Groschen zu drei Viertel Bier, 2 Taler zu Salz, Gewürz und Schmalz, 7 Taler zu einem Mantel, ferner den Londoner, »Lundischen«, Rock der Mutter und endlich 1 Taler zum Trauring erhalten sollten.

Im Jahre 1550 erwarb die Stadt für 100 Gulden von den Gebrüdern Hohendorf auch das letzte Drittel des Gerichts (vgl. R. XI, 252) und hatte somit die gesamte Jurisdiktion, freilich nur über die Stadtbürger und nicht über Adlige, Hofleute und Beamte. Indem also am 27. Dezember 1550 Kurfürst Joachim II. diesen Akt bestätigte, verfügte Mittenwalde über das »ganze Gericht«. In schwierigen Fällen pflegte sich der Magistat bei dem in hohem Ansehen stehenden Schöppenstuhl zu Brandenburg Rat zu holen. Als bei einer Hochzeitsfeier zwei Knaben » aus kindlichem Zorn in Streit geraten waren«, wobei einer den andern mit einem Brotmesser erstach, wurde der Täter nach dem Spruche der Schöppen auf 20 Jahre aus der Stadt verwiesen (Sp, 154f.).

Es lohnte sich also für die Stadt Mittenwalde, die hohe Gerichtsbarkeit über den Kauf erhalten zu haben. Eine neue Einnahmequelle begann zu sprudeln. War

Kellerverlies mit Folterwerkzeugen

zu Beginn der Mittenwalder Zeit der adlige Vogt unserer Stadt in Form des Vogteigerichts Träger der hohen Gerichtsbarkeit, übernahm diese Funktion ab 1550 der Stadtrat. Während zu Freiheitsstrafen Verurteilte im Pulverturm am Berliner Tor und später im Gefängnis des Amtsgerichts schmachteten, gab es für »schwere Verbrechen« keine Gnade, d.h. es blieben den Betreffenden weder barbarische Leibes- noch unvorstellbar grausame Lebensstrafen erspart. Die hohe Gerichtsbarkeit hatte alle Rechte (des sogenannten Blutbanns), Todesurteile über Foltern, Gottesurteil u. a. zu erreichen, auszusprechen und zu vollstrecken.

Die Todesstrafe stand auf Mord, Totschlag, Raub, Diebstahl, Brandstiftung, Ehebruch, Münzfälschung usw. Sie konnte in folgenden Arten vollstreckt werden: Ehebrecher wurden gepfählt, sonst kamen Erhängen, Enthaupten, Ertränken, Verbrennen, Rädern, Lebendigbegraben, Vierteilen usw. in Frage. Neben den schrecklichen Foltermethoden und Gottesurteilen waren bei Leibesstrafen alle Arten von Verstümmlungen möglich, wobei die Palette von Händeabschlagen bis Augenausstechen reichte, dazu kamen Stäupen, Haarabschneiden, Brandmarken, Herausreißen der Zunge u. v. a. mehr.

Noch fürchterlicher waren die von pervertierten religiösen Wahnvorstellungen der Inquisition angetriebenen Foltermethoden gegen Millionen unschuldiger Männer, Frauen und Kinder in ganz Europa. Von Angst, Mißgunst, Neid und Sensationslust angetrieben, um alte Rechnungen zu begleichen oder von sich auf

Peter Arbuez verurteilt Ketzer zu Tode, Wilhelm von Kaulbach

andere abzulenken und nicht zuletzt aus diabolischer Freude, seinen Mitmenschen grundlos das Schlimmste zuzufügen, konnte jeder jeden als Ketzer, Teufelsdiener, Hexenmeister, insbesondere Mädchen und Frauen als Hexen und Zauberinnen, verdächtigen, denunzieren sowie falsche Beschuldigungen erheben, Zeugenaussagen machen und Intrigen schmieden, um sie aus dem Weg zu schaffen.

Die auf diese Weise der Ketzerei und dem Hexenverfolgungswahn zum Opfer gefallenen unglücklichen Menschen wurden durch heute kaum noch vorstellbare Folterungen zum »Eingeständnis« ihrer Schuld erpreßt, um sie hernach auf dem Scheiterhaufen vom Leben zum Tode zu befördern. Schließlich erschien der Tod den auf qualvollste Weise Gemarterten als Erlösung von den oftmals zum Wahnsinn führenden Torturen immer wiederkehrender und sich drastisch verschärfender Folterungen. In den meisten Fällen reichten zum Eingeständnis jeglicher Schuld schon solche heute noch in Museen zu bestaunende Folterwerkzeuge wie Daumenschrauben und spanische Stiefel zum langsamen Zermalmen der Knochen, wie Leitern und Flaschenzüge zum Herausreißen der Gliedmaßen aus ihren Gelenken und zur Erhöhung der Qualen sogenannte »gespickte Hasen« zum Zerfetzen der Körperhülle. Zur Unterdrückung der schon nicht mehr menschlich klingenden Schmerzensschreie wurden die Münder mittels sogenannter verstellbarer »Birnen« teils bis zum Auseinanderbrechen der Kiefer verstopft. Inwieweit Mittenwalder der päpstlich sanktionierten Inquisition zum Opfer fielen, ist eine noch zu beantwortende Frage; gleichwohl standen die

Ein Wunderbarlich vnd vnerhört Erschröcklich Histori/so sich verloffen hat/zu Lutzern im Schweytzerlandt/den 12. Augusti. Anno 1560. Von einem Baeler/vnd seinem weyß/vnd einem Knaben/Jr leyblicher vnd einiger Son/vngefehr von eylff Jaren. Wie sie von wegen ires bösen fürnemens verurtheylt finde worden/beyde Vatter vnd Son/yedes mit sonderm Todt/Letzlich alle drey in einem Fewer zu pulffer verbrent.

Vater, Mutter und ein elfjähriger Knabe werden hingerichtet. Der dabeistehende Priester hat gegen den Kindermord nichts einzuwenden, Holzschnitt 1560

Strafen der weltlichen Herren denen der Inquisitoren hinsichtlich ihrer Grausamkeit und Massenschlächterei in nichts nach. Die Ausführung der Strafen war schließlich Sache der weltlichen Herren. Erst im Jahre 1783 verglimmte in Deutschland der letzte einem Hexenprozeß- Todesurteil dienende Scheiterhaufen, aber noch heute geistern mit zunehmender Tendenz derlei abergläubische Angst- und Wahnvorstellungen durch die Herzen und Hirne vieler einfältiger Menschen, sie könnten verhext oder vom Teufel geholt werden. Sich davon zu befreien, setzt nunmal die Erkenntnis voraus, daß der vor allem von religiösen Fundamentalisten, Gurus und sonstigen Sektenführern gepredigte »Einfluß des Teufels« allein der menschlichen Niedertracht entspringt, deren sich wiederholende Strickmustern und perversen Auswüchsen auch nur mit irdischen Kräften und Mitteln beizukommen ist.

Beispielsweise fällt in diese Zeit schrecklich gehandhabter Gesetzlichkeit auch die grausame Hinrichtung der »armen Räuberbraut von Tangermünde«, Margarethe von Minden. Sie wurde um ihr Recht gebracht, verstoßen und dann mittels eines »Justizmordes wegen Habgiers verwandter einflußreicher Erbschleicher« auf die fürchterlichste Weise vom Leben zum Tode befördert. Im Urteil lesen wir, daß »... *ihre fünf Finger der rechten Hand, einer nach dem anderen mit glühenden Zangen abgezwacket, Nachmalen ihr Leib mit vier glühenden Zangen, nemlich in der brust und arm gegriffen, Folgig mit eisern Ketten uff einen erhabenen Pfahl angeschmiedet, lebendig geschmochtet und also vom leben zum Tode verrichtet werden, von Rechts wegen«.*

Ihr Schicksal inspirierte Theodor Fontane zu der Erzählung »Grete Minde«. Das Schuldgeständnis wäre erpreßt worden, hieß es. Das veranlaßte das Erscheinen einer kurfürstlichen Untersuchungskommission mit der Order: »*das Söhnchen der Margarethe von Minden habe auf Kosten des Hohen Rates von Tangermünde eine ordentliche Erziehung zu erhalten*«.

Zur Hinrichtung des P. Stolz lesen wir bei Joachim Berger »Mark Brandenburg, freiheitlich & rebellisch«: »Der Galgen auf dem Salzmarkt«

»*Mit Zangen gezwickt und gebrannt, gestreckt und eingeschraubt«* haben die kurfürstlichen Folterknechte den Unglücklichen. Paul Stolz ist sein trefflicher Name, von Kumpanen gern mit dem Spitznamen »Pfaff« bedacht, Pastorensohn aus dem unweit gelegenen Friedersdorf. Ein reuiges Geständnis wollen die Gerichtsräte von ihm hören ... daß er teilgenommen habe an den Überfällen und Brandschatzungen des Hans Kohlhase. Wer war dabei in jener Schreckensnacht von Marzahna? Zum feigen Verräter wollen sie ihn pressen: Wo verbirgt sich der gejagte Räuberhauptmann? Wie heißen seine Gefolgsleute und Helfershelfer? Was führen sie als nächstes im Schilde? Der »Räuberhauptmann« ist für Paul Stolz ein ehrenwerter Rächer. Ein beherzter Bürger, der auf den groben Klotz adeliger Willkür einen groben Keil zu setzen versteht! So denken auch viele Mittenwalder, und ein vernehmliches Murren geht durch die Gassen. Trotz aller Tortur, kein Sterbenswörtchen kommt über die Lippen des Gemarterten. Die Lippen zwar bleiben fest verschlossen, aber die Gedanken wandern zurück. Marzahna! In der Nacht zum 8. November 1538 hatte sich Kohlhase mit vierzig Getreuen jener sächsischen Zollstation genähert. In klei-*

nen Gruppen und auf heimlichen Wegen war die Streitmacht unbemerkt herangerückt. Wenn schon die verhaßte Person des Kurfürsten unerreichbar blieb, so sollten wenigstens seine Büttel und Schranzen büßen. Namentlich Pfarrherr Balthasar, ein eifriger Denunziant, sowie der behördliche Bluttäter Hayn. Nach einem Trommelsignal waren die Angreifer von allen Seiten gegen die ausgekundschafteten Häuser vorgegangen, lodernde Brandfackeln in den Fäusten. Treten wir auf dem SALZMARKT neben die knorrige Eiche. Hier dürfte am 13. Juni 1539 der Galgen gestanden haben. Der Henker geht eilig zu Werke, knüpft mit geübter Hand die Schlinge, während Landsknechte die Menge in Schach halten. Aus ihren Hakenbüchsen feuern sie gegen die Anstürmenden – bis das Urteil vollstreckt ist.«

Dem Beitrag »Die letzte Hinrichtung in Teupitz am 31. Januar 1769« im Teltower Kreiskalender 1931 ist zu entnehmen, daß seit dem 18. November 1678 dem Scharfrichter zu Mittenwalde das alleinige Recht zustand, in folgenden Orten des Schenkenländchens Hinrichtungen vornehmen zu dürfen: »Städtlein Teupitz als das Stammhaus, Tornow, Neuendorf und den drei Müllen als Hohe Mülle, Mittel Mülle und Kleine Mülle, Egerstorff, Sputendorff, Groß Köris, Zwerne, Klein Köris, Löpten, Halwe, Teurow, Stock Mülle, Paetz, Gräwendorf, Gußow, Klein Besten, Groß Besten, Körbiskrug, Crummensee, Schenkendorf, Wendisch Wusterhausen, Zeesen, Sentzig, Hohe Lähme, Nieder Lähme, Teutsch Wusterhausen, Neue Mülle, Zernstorff, Wüste Mark.«

Demzufolge vollstreckte auch der Scharfrichter Kuhn mit seinen Gehilfen aus Mittenwalde auf der Richtstätte in Teupitz den Urteilsspruch »ohne Gnade des Königs, ...daß der Hanschke (der zum Tode Verurteilte) am 31. Januar von oben runter gerädert werden soll« in präziser Weise und ohne besondere Vorkommnisse.

Mittenwalde ist ein bedeutender Marktort

Den älteren Einwohnern von Mittenwalde und Umgebung sind noch die vielen verschiedenartigen Märkte in Erinnerung, die, alljährlich zu bestimmten Zeiten abgehalten, das Stadtbild belebten. Allein die Viehmärkte ließen die Viehhalter und -händler beständig von Stadt zu Stadt eilen. Halbtagelange Reisezeiten per pedes oder Pferdewagen zwangen zum nächtlichen Aufbruch, wollte man in den weit voneinander entfernten Marktstädten unter den ersten Anbietern seine guten Geschäfte machen.

Für die Stadtkasse waren die Märkte gute Einnahmequellen, hatten doch die Krämer für ihre Scharren (freien Verkaufsstände) je nach Wohnsitz und angebotener Ware unterschiedlich hohe Stätte-Standgelder zu entrichten, woran sich bis heute nichts geändert hat. Auswärtige Händler zahlten höhere Grundgebühren als Einheimische und zusätzlich wurde jede einzelne Ware mit einer Gebühr (Akzise) belegt. Außerdem wurden in den städtischen Gebührenordnungen noch Unterschiede gemacht, ob es sich um Bauern, Bürger, Adelsleute, Krämer bzw. arme Krämer (Höker), Pelzer (Kürschner), Gewandschneider oder Tuchhändler usw. handelte, wobei die beiden letzteren die höchsten Stättegelder zu zahlen hatten.

Ein Vermerk im alten Köllnischen Stadtbuch erhellt, daß die »Wantsnider« (Gewandschneider), Mitglieder des Tuchmachergewerks, fremde Märkte zu beziehen pflegten, »ok nempt man up dy Jaermarkt Stedegeld ..., die van Middenwalde geven 11 Gr(oschen)« (Fidicin, Hist.-dipl. Beiräge I, 18).

Durchfahrende Kaufleute waren gezwungen, ihre Handelsgüter auf dem Markt der Stadt für eine bestimmte Zeit feilzubieten oder aber anstelle dessen einen unterschiedlich hohen Durchfuhr- oder Wegezoll abzuführen (Niederlagerecht). Die Lage der Stadt an der Notte und einstigen Fernstraße gen Süden erwies sich als zentraler Markt- sowie Handels- bzw. Umschlagort (Salzmarkt u. a.) besonders günstig. Die privilegierten Marktorte des 12. und 13. Jahrhunderts waren bedeutsame Städte geworden, in denen sich neben den Feudalherren und Kirchenleuten immer mehr Ackerbürger, Handwerker, Kaufleute, Handelsherren und sonstige Gewerbetreibende niederließen, was sich fruchtbar auf die umliegenden Dörfer auswirkte und was schließlich Patrizier und Zünfte, aber auch eine Konzentration von Besitz- und damit fast Rechtlosen, von Armen, Invaliden, Bettlern und »lichtscheuem Gesindel« und vieles anderes »Negative« mehr zur Folge hatte.

Einnahmen und Ausgaben bestimmen die städtischen
Finanzen und Machtverhältnisse (Geld regiert die Welt)

Belastungen, die in Form von Abgaben, Steuern (Bede), Pacht- und anderen Gebühren usw. erhoben wurden, ließen bei den gewöhnlichen Einwohnern Mittenwaldes keinen Übermut aufkommen. Die Patrizier rieben sich jedoch die Hände. Gleichwohl, ob in slawischer oder in deutscher Zeit, mußten die Bewohner Mittenwaldes, insbesondere die Bauern, an ihre Grundherren Steuern in Geld und Naturalien zahlen. Nach Anzahl und Bodengüte der zum Hof gehörenden Hufen waren je Hufe unterschiedlich hohe Geldbeträge als Grundzins sowie festgelegte Naturalabgaben zu entrichten. In frühdeutscher Zeit machten diese Steuern etwa nur 20 % des erwirtschafteten Ertrages aus. Die Bauern waren frei, ohne Fronarbeit zu leisten. Sie konnten ihre zu Erbzinsrecht gegebenen Hufe in Erbfolge nicht teilen und damit ihre Höfe von Erbe zu Erbe auch nicht verkleinern, was von Vorteil war. Die Lage der Bauern verschlechterte sich ausgangs des Mittelalters insoweit, daß sich immer mehr Vollbauern und Ackerbürger von der Masse der Kossäten und Kleinbauern absonderten bzw. abhoben. Noch krasser entwickelten sich die Unterschiede in der sozialen Stufenleiter der Einwohner Mittenwaldes zwischen Besitzenden und Besitzlosen, indem nur das bald zu Wohlstand gelangte Patriziat (z. B. Ratmannen und Bürgermeister) als ratsfähig galt und ausschließlich und mit jeder Wahl von neuem das Sagen in der Stadt hatte. Die Ratsherren und ihre Familien besaßen von Anfang an Grundstücke in der Stadt und der Feldmark und bauten ihren Besitz ständig weiter aus. Sie hatten Rechte in den umliegenden Dörfern sowie alle zu dieser Zeit möglichen Vorteile und Privilegien (d. h. zu produzieren, Handel zu treiben, Bier zu brauen und auszuschenken, Mühlen zu betreiben, Stadt-, Markt-, Gebühren-, Innungsordnungen usw. zu erlassen bzw. zu kontrollieren u. v. a. m.).

Damit die Markgrafen zu »ihrem Geld« kamen, mußten sie sich auf adlige Dienstleute (Vasallen oder auch die ersten Beamten) stützen, die z. B. als landesherrliche Vögte Recht zu sprechen und Steuern einzutreiben hatten. Im Teltow saßen diese Vögte in Köpenick, Mittenwalde, Trebbin, (Wendisch) Wusterhausen und in Teltow (Stadt). Die im 12. und 13. Jahrhundert aus dem Westen nach Mittenwalde gekommenen Acker- und Weinbauern hatten anfänglich alle Freiheiten, die sie in den folgenden Jahrhunderten Zug um Zug verloren. Sie entwickelten sich zu den Abhängigen, die die meisten Abgaben zu leisten hatten. Dagegen wurden die Patrizier der Stadt immer reicher und erwarben »auf dem platten Lande« immer mehr Eigentum bzw. nahmen ganze Dörfer in ihren Besitz. Daß manche Bürger zu beträchtlichem Wohlstand gelangt waren, geht daraus hervor, daß im Karolinischen Landbuch verschiedene Patrizier, z. B. Bartholomäus, als Besitzer von Gerechtsamen auf dem platten Land genannt werden.

Was Mittenwalde mit der Einverleibung von Ragow machte, konnte der Markgraf schon lange mit ganzen Städten machen. Als 1412 Friedrichs Sohn Johann die Tochter des Kurfürsten von Sachsen mit Namen Barbara heirate, erhielt sie von ihrem Gemahl fünf Städte, darunter Mittenwalde, als Leibgeding, zur lebenslänglichen Nutzung. Wie schön!

Da die Landesherren wegen ihrer großen Verpflichtungen (umfangreiche Hofhaltung, Bestreitung der Kosten kriegerischer Auseinandersetzungen usw.) in latenter Geldverlegenheit waren, veräußerten sie ihre Rechte nach und nach für Geld oder verpfändeten sie »auf Zeit« vor allem an Adlige oder an Städte.

Im Erfinden immer neuer Steuern waren die Landesherren und ihre Vasallen am eifrigsten bei der Sache. Alles, was das Land an natürlichen Schätzen über und unter der Erde bot, unterstand den Rechten (Regalien) des Markgrafen. Demzufolge konnte er nach Belieben verkaufen, als Mitgift verschenken, ver-

Ablieferung des Zehnten durch einen Bauern, Schnitt von Schäufelin

pfänden, Nutzungsbeschränkungen aussprechen, Rechte bzw. Privilegien gegen Geld erteilen und diese wieder zurücknehmen, Steuern und Zölle erheben usw.

1280/81 kam es bereits zu Verträgen der Städte mit dem Markgrafen, die in beiden Jahren zu Michaelis außerordentliche Bedezahlungen garantieren sollten. Fortan kam es zu regelmäßigen Zahlungen einer Landessteuer, und zwar der Bede für das platte Land sowie der Orbede für die Sädte – und somit auch für Mittenwalde.

Gleichzeitig waren der Kirchenzehnt, die Pacht, Marktgebühren, Zölle, Wegegeld usw. üblich. Natürlich konnten auch die Rechte, derartige Abgaben einzutreiben, verkauft bzw. verpfändet und sogar auch weiterverkauft bzw. weiterverpfändet werden. Die schon genannten Holzungsgerechtigkeiten kosteten die Mittenwaldern viel Geld. Regelmäßige Einkünfte genossen die Kommandanten des »castrums« Mittenwalde von der Mittenwalder Mühle. Die Mittenwalder kassierten für die Stellung eines bewaffneten Geleitschutzes der Kaufleute und anderer Reisender auf den unsicheren Straßen fleißig ab. Einige Bürger unserer Stadt waren schließlich so vermögend, daß sie analoge Rechte in umliegenden Dörfern erwerben konnten, während andere ihre finanzielle Lage (Schulden, Hypotheken, Zinszahlungen u. a.) nicht mehr absichern konnten und schließlich verarmten.

Weil die Bürger und ihre Stadt ohne Finanzen »ein Nichts« sind, könnte der eine oder andere aus folgendem Geschichtsbeitrag eventuell noch lernen, wie man auch zu Geld kommen kann:

In die städtischen Finanzen gewähren uns Protokolle im Geheimen Staatsarchiv von 1614 einen trefflichen Einblick (Rep. 21, 98). Zwei von Köln zur »Visitation der incorporirten kleinen Städte« abgesandte Ratmannen erläutern hierin dem Kurfürsten, wieviel höher die Einnahmen der Stadt bei fleißiger Aufsicht und Haushaltung sein könnten, doch – eine Folge des oben (S. 184) berührten Ratswechsels – »schiebet es eine Regierung allezeit auf die andere«, und so seien die Stadtgebäude baufällig geworden, die Ziegelöfen eingegangen; die Schuldenlast beliefe sich auf 10.008 Taler 23 Groschen Hauptsumme und 1738 Taler 18 Groschen versessene Zinsen. Aus den gegenübergestellten Einnahmen und Ausgaben seien u. a. folgende genannt:

Bestimmte Einnahmen: Grundzins von Gärten, Wiesen, Angern und der Nassenheide 14 Tlr. 17 Gr., Rats- oder Martinischoß 12 Tlr. 2 Gr., Badstubenzins 6 Tlr., Hufen- und Höfezins von dem Wendischen Felde vor dem Berliner Tore 16 Tlr. 4 Gr. 2 Pf., Wagegeld »außerhalb der Jahrmärkte« 2 Tlr. 3 Gr., Zapfenzins vom Ratskeller 6 Tlr., Wasserzins von des Rats Seen und Fließen 6 Tlr., vom Schwarzfärber 4 Tlr., Miete vom Ratsgarten 2 Tlr., Schuster-, Bäcker- und Fleischerzins 4 Tlr. 8 Gr. 3 Pf., »Zins bei den Städten« 70 Tlr. 22 Gr. 3 Pf., Überschuß vom Schoße 273 1/4 Taler.

Unbestimmte Einnahmen: Aus der Schäferei, so an Gebäuden baufällig ist, vom Schäfer 100 Tlr., Kavelgeld von den Weichhölzern 16 Tlr. 15 Gr. 6 Pf., Strafgeld, Abschoß und Bürgerrecht 42 Tlr., Torzoll »in den 3 Jahrmärkten« 25 Tlr., Wagegeld in den Jahrmärkten 17 Tlr., Diestelpfennige, Stättegeld 20 Tlr., »2 Thaler 3 Gr. vom Tanzboden auffm Rahthause, weill ein jeder ohne Unterscheidt, so zu Rahthause in Hochzeiten gehet, davon einen halben Gülden geben muß«, aus den Ziesegefällen 50 Tlr., aus den Mühlen 1 Wispel 15 Scheffel Malz im Werte von 19 Tlr. 12 Gr., Einnahme von des Rats 2 Hufen 2 Wispel 18 Scheffel Roggen und 3 Wispel 8 Scheffel Gerste: 73 Tlr., von den Weinbergen 100 Tlr. (sonst haben 50 Tonnen Wein verkauft werden können; wegen Mangel an Mist, »so man aus der Schäferei und Meierei, wenn dieselben recht besetzt wären, haben könnte«, hat sich der Gewinn sehr ver-

ringert). Aus Ragow: Geldzinse 48 Tlr., Zehnt von allerlei Vieh 20 Tlr., Rauchhühner (29 Stück zu je 2 Gr.) 2 Tlr. 10 Gr., von 2 freien Höfen: a) Schulzengericht, mit 4 freien Hufen und wüsten Hofstätten auf der Feldmark Wirstorff, 3 Wispel Roggen und 2 1/2 Wispel Gerste Miete b) die Meierei, mit 3 Ragowschen und 3 Wirstorffschen Hufen, 5 Wispel Korn, halb Roggen, halb Gerste, an Miete – also zusammen 10 Wispel 12 Scheffel, »jeder Wispel zu 12 Taler gerechnet, thuet 126 Tlr.«, ferner von der Schäferei 166 Taler.

Ausgaben: Churf. Universitätengeld 3 Tlr. 12 Gr., Mahlziese der Geistlichen 3 Tlr., ewiger Zins zum Amte Zossen 20 Gr., den Ratsherren zur Besoldung 64 Tlr., den Dienern und Stadtschreiber 77 Tlr., dem Wagenknechte 15 Tlr., dem Weinmeister und zum Weinberge 40 Tlr., für die Stadtgebäude 200 Taler, 6 Tlr. Legat für die Armen, 60 Taler »zu den Churfürstlichen Reisen mit den beiden großen Pferden«, u. a. m. Obwohl den etwa 1268 Talern Einnahme nur 689 1/2 Taler Ausgaben gegenüberstanden, war die Finanzlage wegen der jährlich zu zahlenden 1738 2/3 Taler an Zinsen sehr ungünstig! Doch die von den Visitatoren vorgeschlagenen Reformen konnten wegen des jetzt bald ausbrechenden 30jährigen Krieges nicht ins Werk gesetzt werden.

Die unterschiedlichsten Bezeichnungen der Arten von Einnahmen und Ausgaben geben gleichzeitig einen Aufschluß über die in der Stadt herrschenden gesellschaftlichen Verhältnisse.

Mittenwalde ist reich und verleiht mehrmals Geld – und dies sogar auf Nimmerwiedersehen

Lassen wir gleich Fakten sprechen, die des öfteren schon die Gemüter der Mittenwalder erregten, wobei ein müdes Lächeln über diese ganze Sache angezeigter ist, als sich darüber aufzuregen, da diese Geschichte sowieso nichts mehr bringt.

Daß Mittenwalde nicht immer knapp bei Kasse war, hört sich so an:

Mittelalterliche Urkunden haben sich, im Unterschied ganz besonders zu Cöpenick, in Mittenwalde selbst gar nicht erhalten, wohl infolge der vielen Brände! Die ältesten Dokumente entstammen daher erst dem 16. Jahrhundert. Laut einer schon sehr beschädigten Urkunde von 1503 bestätigte Joachim I., des »Heiligen Römischen Reiches Ertzcammerer und Churfürst«, die alten Freiheiten und Gerechtigkeiten der Stadt. Sein Sohn Joachim II. nahm im Jahre 1549 bei seinen »lieben getreuen Bürgermeistern und Ratmannen«, wie aus einem »manu propria« von ihm unterschriebenen Dokument erhellt, 700 Gulden auf und versprach, von jedem Hundert alljährlich 6 Gulden Zins zu geben.

Ob jemals Zinsen gezahlt und auch die 700 Gulden wieder zurückgegeben wurden, ist nicht bekannt, jedoch nicht anzunehmen. Joachim I. und II. hinterließen riesige Schuldenlasten, und die Geldgeber konnten sich ihre Kredite in den Rauch schreiben oder wurden unter Johann Georg z. T. mit Gewalt dazu gebracht.

In ganz ähnlicher Beziehung wie der Landesherr standen damals Berlin und Köln zu Mittenwalde, denn, wie eine dritte Pergamenturkunde von 1562 besagt, hatten die Bürgermeister und Ratmannen beider Städte 400 Gulden brandenburgischer Landeswährung, »je 18 Groschen auf einen Gulden gezählt«, von den »ehrbaren und weisen Bürgermeistern und Ratmannen der Stadt Mittenwalde« entliehen. Alljährlich, so gelobten sie in dem am Tage Corporis Christi ausgestellten Pergament, würden sie 24 Gulden Zins zahlen.

Ob und wann diese Summe an die Stadt zurückgezahlt wurde, läßt sich urkundlich nicht mehr feststellen. Dies hatte den Grund, wie ein Mittenwalder Schelm glaubhaft machen wollte, daß der 10. Oktober 1582 als Termin der Rückzahlung vereinbart wurde. Da jedoch zu dieser Zeit Papst Gregor XIII. seinen noch heute gültigen »Gregorgianischen Kalender« einführte, wurden einmalig 10 Tage übersprungen und folgte auf den 4. Oktober am nächsten Tage schon der 15. Oktober, also gab es keinen 10. Oktober.

In der »Berliner Zeitung« vom 2. Januar 1991 findet sich ein von Rolf Liebold verfaßter Artikel mit der Überschrift in fetten Lettern: »Wann bezahlt die Hauptstadt ihre Schulden? Bürger von Mittenwalde warten seit 1562 auf verpumptes Geld mit Zinsen/Umgehungsstraße soll herausspringen«. Aus verschiedener Sicht (historischer wie auch aktueller) scheint ein vollständiger Abdruck dieses Beitrages angebracht zu sein, der sich allerdings nur mit den damals Berlin und Cölln geliehenen und nicht zurückgezahlten 400 Gulden beschäftigt.

»Wann bezahlt die Hauptstadt ihre Schulden?

Bürger von Mittenwalde warten seit 1562 auf verpumptes Geld nebst Zinsen/Umgehungsstraße soll herausspringen

Die Residenzstadt an der Spree muß früher recht arm oder habgierig gewesen sein. Sonst wären die Ratmannen von Berlin/Cölln am 28. Mai 1562 gewiß nicht auf die Idee gekommen, sich von ihren Amtsbrüdern in Mittenwalde (Mark Brandenburg) 400 Gulden zu pumpen. Mittenwalde, 1170 durch Kolonisatoren aus dem Rheinland gegründet, ist älter als Berlin. An traditionsreichen Handelsstraßen gelegen, florierte zwischen seinen Mauern das Geschäft, und die Stadtkasse füllte sich. Später lebten in diesem Flecken unter anderem General Yorck zu Wartenburg und der Nestor evangelischer Kirchenmusik, Paul Gerhardt. Bis in die Nachkriegszeit gab es sogar eine Berlin-Mittenwalder-Eisenbahn, deren Stillegung die Bewohner der Stadt am Notte-Kanal heute noch bedauern.

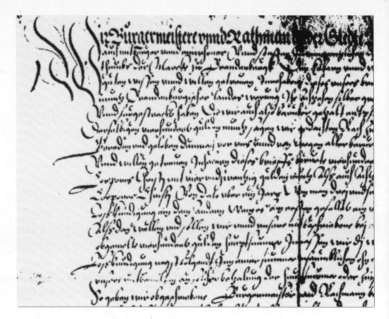

Anfang der Krediturkunde von 1562

Kein Verlaß auf die Brüder aus der Hauptstadt.
Die Berliner erwarben sich allerdings hier den Ruf, keine besonders zuverlässigen Kreditnehmer zu sein. Sie vergaßen nämlich, das Säckchen voll Geld zurückzuzahlen. Dadurch steht die deutsche Hauptstadt noch heute bei den 2.000 Bürgern im vierzig Kilometer entfernten Vorort, der zum Kreis Königs Wusterhausen gehört, ganz schön peinlich in der Kreide. Nach einer Urkunde, die im Landesarchiv Potsdam aufbewahrt wird, mußte die einstige Pumpsumme mit sechs Prozent pro Jahr verzinst werden. Somit hat sich die Schuld mit Zins und Zinseszins in jeweils zwölf Jahren immer wieder verdoppelt. Eine verzwickte Situation.
Ortschronistin Vera Schmidt, die in der Märkischen Agrargenossenschaft (ehemals LPG) als Ökonomin arbeitet, hat sich näher mit der Angelegenheit befaßt: »Die Mittenwalder wußten mehr als dreihundert Jahre lang selber nicht, welch bedeutende Hypothek auf der preußischen und später deutschen Hauptstadt lag. Ein Zufall ließ sie im Jahre 1893 dahinterkommen.
Damals ließ ein Herr Daur, seines Zeichens Bürgermeister, den Dachboden des Rathauses aufräumen, wobei 14 alte Pergamente gefunden wurden. Darunter befand sich die erwähnte Schuldschrift, die der Mittenwalder Stadtrat sogleich und erfolgreich beim Kaiserlichen Zivilkabinett auf Echtheit überprü-

fen ließ. Nach Vorlage des Gutachtens witterten die Gläubiger sofort einen großen Goldsegen für unser Städtchen, zogen zum Gericht, nahmen sich den besten verfügbaren Rechtsanwalt und verklagten die Stadt Berlin. Die preussische Presse hatte tagelang ihre Skandalgeschichte und machte sich über unsere ›Dörfler‹ lustig. Der Prozeß allerdings ging für die Kläger verloren. Die Berliner fanden sich nicht mal symbolisch bereit, Wiedergutmachung zu leisten.«

1975 rollte der Seemann Uwe Pfeiffer, der damals auf dem DDR-Handelsschiff »Werner Seelenbinder« fuhr, den Fall erneut auf. Ein Bordkamerad verstand etwas von Numismatik. Die Matrosen errechneten damals als Schuld Berlins an Mittenwalde eine Summe, die dem 22fachen des DDR-Nationaleinkommens entsprach.

Zwölf Jahre später (die Summe hatte sich nun abermals verdoppelt) wandten sich pfiffige Mittenwalder Bürger an Ostberlins Oberbürgermeister Krack. Berlin feierte gerade sein 750jähriges Jubiläum, -zig Millionen Mark aus der ganzen Republik flossen zu diesem Zweck in die »DDR-Metropole«, und die Absender wollten eigentlich nur ein ganz klein wenig an diesem Geldsegen teilhaben. Schließlich hatten sie ihre guten Gründe dafür. Die Berliner schütten zum Teil schon jahrzehntelang ihren ganzen Müll auf die Deponie Schöneiche, und die liegt nur paar Kilometer von Mittenwalde entfernt in der Hauptwindrichtung. Der Ost-OB untersagte seinem Finanzstadtrat, auf das Anliegen in irgendeiner Form einzugehen. Er verstand wohl keinen Spaß und auch nicht den ernsten Background der Sache.

Dioxinschleuder und Radau auf den Straßen

Inzwischen hat Mittenwalde eine neue Stadtregierung. Der Bürgermeister (CDU-Mitglied) heißt Uwe Pfeiffer, einst Fahrensmann der DDR-Seereederei. »Schauen Sie doch mal um die Ecke!« sagt er. »Alle drei Minuten rumpelt ein großer Müllaster aus Berlin über unser Pflaster. Die Anwohner halten das schon bald nicht mehr aus.« Von den zwei Deponien (eine für Ost- und eine für Westexkremente) mag er schon gar nicht reden. Er weiß durchaus, daß die nicht von heute auf morgen zu schließen sind.

Aber ob die neue Sondermüll-Verbrennungsanlage wirklich so wenig Dioxine ausspuckt wie in Expertisen behauptet wird – da ist er nicht so sicher. »Obendrein«, beklagt er, »ist die Bausubstanz in unserer Stadt äußerst marode. An den Häusern fällt alles aus den Angeln. Und obwohl Berlin schon seit hundert Jahren seine Abwässer auf die benachbarten Rieselfelder pumpt, haben wir noch nicht mal 'ne eigene Kanalisation.« Gemeinsam mit sechs Dörfern der Umgebung soll die irgendwann gebaut werden und könne 60 Millionen DM kosten. Doch woher nehmen?

Sei es, wie es sei: Die Mittenwalder wären schon froh, wenn sich das wiedervereinigte Berlin entschlösse, sie im Rahmen des heute Möglichen von den unmittelbaren Belästigungen des nationalen Müll-Tourismus zu befreien. »Das staubt und stinkt und läßt die Wände vibrieren. Wir haben Unfälle und umgefahrene Bäume. Eine Umgehungsstraße ist deshalb das Mindeste, was für uns herausspringen müßte«, erklärt das Stadtoberhaupt.

Bürgermeister Pfeiffer hofft nun auf das Verständnis seines Parteifreundes, des designierten Regierenden Bürgermeisters von Berlin, Eberhard Diepgen.

Die Berliner Zeitung erkundigte sich schon mal im christdemokratischen Etagenflügel des Rathauses, wie die Aktien der Mittenwalder bei der Landesregierung von Berlin stünden. Man werde die Gäste wohl empfangen, hieß es aus Diepgens Umgebung. Auch habe der Berliner CDU-Vorsitzende gewiß Verständnis für die Nöte seiner südlichen Nachbarn. Vereinbarungen, die Geld kosten, könnten allerdings nicht bei einer Tasse Kaffee getroffen, sondern müßten zwischen Berlin und dem Lande Brandenburg vertraglich geregelt werden.

Unterdessen fahren weiter die Zwölf- oder Mehrtonner mit dem Berliner Müll durch die Straßen der Kleinstadt. Zwanzig in der Stunde, wohl zweihundert am Tag. Vor 280 Jahren noch frönte der Soldatenkönig Friedrich Wilhelm I. hier seiner Jagdleidenschaft. Er soll diese Stadt geliebt haben, lag sie doch – wie schon der Name sagt – »mitten im Walde«. Heute befindet sie sich mitten im Dreck. Und der ist nicht hausgemacht. Rolf Liebold

Die Hohenzollern festigen ihre landesherrliche Gewalt auf Kosten der Städte der Mark Brandenburg

Fahren wir in der Mittenwalder Geschichte fort und erfreuen uns mit unseren Vorfahren der Tatsache, daß mit den Hohenzollern nun endlich »Zucht und Ordnung« in Brandenburg einzogen und vor allem den Landfriedensbrechern der Mark ihr unheilvolles Handwerk gelegt werden konnte.

Solange Jobst von Mähren wie ein Glücksspieler über die Mark verfügen konnte, änderten sich auch nicht die beschriebenen Zustände, trotz laufender Beschwerden der Städte – wie auch Mittenwaldes – selbst beim Kaiser. Erst nach dem Tode des Jobst bestellte 1411 König Sigismund den Burggrafen von Nürnberg, Friedrich VI. aus dem Hause Hohenzollern, zum Obersten Hauptmann und Verweser der Mark Brandenburg. 1412 bis 1414 unterwarf dieser in harten Kämpfen den rebellierenden Adel (das Raubrittertum).

Am Donnerstag nach St. Margarete 1413 nahm Burggraf Friedrich von Nürnberg »als oberster Häuptling und Verweser der Mark Brandenburg« die

Huldigung von Mittenwalde entgegen (Sp, 89). Nachdem König Sigismund ihm am 30. April 1415 die Mark endgültig übertragen hatte, huldigte ihm die Stadt aufs neue am 26. Oktober 1415 und erhielt die Bestätigung ihrer Rechte, Besitzungen und Privilegien (V. Raumer, Cod. continuatus I, 76; über die Huldigung für die Markgräfin Barbara vgl. Lk, Rep. 78. 2, fol. 12).

Am 14. Mai 1414 belehnte er Heinrich Pilgrim mit Hebungen in der Mühle zu Mittenwalde. Nachdem ihm 1415 von Sigismund die markgräfliche und kurfürstliche Würde eingeräumt wurde, wurde er am 18. April 1417 als Friedrich I. förmlich mit der Mark Brandenburg und der Würde des Reichserzkämmerers belehnt. Er regierte bis 1426, es folgte dann bis 1437 sein Sohn Johann (der Alchemist) und danach bis 1470 der zweite Sohn als Kurfürst Friedrich II. (der Eiserne bzw. Eisenzahn).

1432 wurde die Mark erneut durch den Hussiteneinfall Kriegsschauplatz, wobei Mittenwalde noch glimpflich davonkam.

Zur Geschichte der Hohenzollern ist bekannt, daß das 1061 erstmals erwähnte schwäbische Grafengeschlecht der Zollern drei bis fünf Jahrhunderte später »Hohenzollern« genannt wurde und der Aufstieg dieses Geschlechts 1192 mit dem Amt des Burggrafen von Nürnberg begann. Die ersten Hohenzollern in der Mark hatten zu Mittenwalde einen vielfältigen Kontakt. Markgraf Johann belehnte am 24. Januar 1426 Peter Fleischhauer, Richter zu Mittenwalde, mit dem Dorf Miersdorf. Am 21. August 1427 erfolgte seitens des Markgrafen Johann ein Rechtsspruch in Sachen der Bürger zu Mittenwalde gegen Klaus Heißen wegen der Buße des letzteren, »weil in seinem Hause Feuer ausgekommen ist«.

Wenn auch noch 1434 Mittenwalde zu den mittelmärkischen Städten gehörte, die sich vereinigten, um ihre Bürger vor dem heimlichen Gericht in Westfalen zu schützen und zu verhindern, daß sie von den Freigrafen vor den Freien Stuhl geladen wurden, – eine Vereinigung, zu deren Kosten Berlin und Köln zusammen 30, Spandau 12, Mittenwalde 6 und »Postamp« gar nur 4 Gulden beizusteuern sich verpflichteten (R, Supplem. 279) –, so war dieser Bund eine vereinzelte Erscheinung und nur möglich, weil der Kurfürst außer Landes weilte. Mehrere Urkunden aus der Folgezeit erweisen dagegen, wie die Zügel der markgräflichen Gewalt angezogen wurden.

Dagegen wehrten sich die Städte mit allen Mitteln. Die bisherigen Privilegien der Städte gingen jedoch in Kämpfen mit der landesherrlichen Gewalt (den Markgrafen bzw. Kurfürsten) mehr und mehr verloren. Trotzdem unterstützten die Städte ihre Landesherrschaft mit Heereskontingenten und Krediten zur Sicherung der Mark gegen die äußere Gefährdung, d. h. der Kämpfe mit den Nachbarn der Mark. Im Gegensatz zur Ritterschaft verstanden es die meisten Kommunen aber nicht, daraus politisches Kapital zu schlagen, bis auf die Gemeinden Mittenwalde,

Lychen, Cottbus, Rathenow, die ihre wirtschaftlichen Privilegien weiter stärken konnten.

Als Beispiele dafür gelten:

Kurfürst Friedrich II. bestätigt der Stadt Mittenwalde am 22. April 1441 erneut ihre Privilegien.

Kurfürst Friedrich II. verleiht am 10. Juli 1441 dem Heinz Kunz das von Otto von Schlieffen gekaufte Schulzengericht zu Mittenwalde.

Als Berlin durch engeren Zusammenschluß mit Cölln (1432) seine selbständige Stellung gegen den Kurfürsten zu bewahren suchte, jedoch 1442 und 1447/48 (Berliner Unwille) Friedrich II. unterlag, waren bereits 1447 die Mittenwalder Ratsherren in die Spreestädte gegangen, um den »Ersamen, wisen Borgermeistern unde Rathmannen« in ihrem Streit mit dem Kurfürsten mit Rat zur Seite zu stehen (R. XI, 245). Alle Vermittlungsvorschläge waren jedoch vergeblich (Sp, 102).

Am 6. April 1448 verspricht der Rat zu Mittenwalde den Ratleuten zu Berlin und Cölln, ihnen in der Streitsache mit Boytin und sonst nach Kräften förderlich zu sein.

Von 1450 zu 1451 erwirbt Mittenwalde das Dorf Ragow zum Eigentume.

Im Jahre 1455 übereignete Friedrich II. der Stadt, deren Gerechtsame er bei seinem Regierungsantritte schon bestätigt hatte (Lk, Rep. 78, 9, fol. 14), die »Molen negst bey derselben Stat am Tore gelegen, zu einem rechten ewigen Eygenthumb«, jedoch mit der Verpflichtung, die auf ihr ruhenden Abgaben zu leisten (Lk, Rep. 78, 11, fol. 133 i. d.; vgl. R XI, 245 und 238). Am 1. Mai 1460 verpfändete er dem zu seinem Hofgesinde gehörigen Siegmund Nynnerschrakk den Mittenwalder Zoll sowie 3 Wispel Abgaben aus der Mühle, »Mollenpacht in der Mole«, für 110 Schock Groschen (StA, Urk. märk. Ortschaften, Mittenwalde, Nr. 2; vgl. R XXIV, 442).

Nachdem Kurfürst Friedrich II. 1442 bis 1448 die widerspenstige Doppelstadt Berlin-Cölln unterworfen und damit die märkischen Städte – also auch Mittenwalde – in den Verband des fürstlichen Territorialstaates eingegliedert und somit um viele ihrer alten Rechte und Freiheiten gebracht hatte, kam es zu grundlegenden Veränderungen in allen Bereichen des gesellschaftlichen Lebens. In allen Städten – und so auch in Mittenwalde – waren landesherrliche Grundrechte und die Interessen einer städtischen Bevölkerung nur schwer auf einen Nenner zu bringen, allein schon, was das ständige Kriegführen betraf.

Kriegerische Einwirkungen hatte Mittenwalde schon des öfteren zu verkraften. Die an Hauen und Stechen und mit Erfindung des Pulvers an Schießen reich gesegnete Geschichte des gegenseitigen Umbringens der Menschen aller Länder ließ auch die Mittenwalder nicht zur Ruhe kommen.

In den Jahren bis 1477 war Ungarns Macht unter Matthias Corvinus so angestiegen, daß er die böhmischen Nebenlande Mähren und Schlesien einverleiben und das umstrittene Herzogtum Niederschlesien-Glogau-Crossen an Hans von Sagan übergeben konnte. Dieser drang mit ungarischen Truppen bis zur Zauche vor, worauf sich die Pommern mit ihm verbündeten und im Frühjahr 1478 bis nach Küstrin vorstießen. Ende Juni 1478 traf der brandenburgische Kurfürst Albrecht Achilles mit fränkischen Heeren in Berlin ein, stieß weiter zur Oder vor, ließ seinen Sohn nach Süden (Mittenwalde) hin sichern und drängte die Pommern im Gefecht mit dem Ergebnis einer Waffenruhe zurück.

Ungleich größere Gefahren drohten zu dieser Zeit jedoch im Süden. Hier hatte die Lausitz unter den Kämpfen bereits empfindlich zu leiden gehabt. Im Oktober 1478 konnte Albrechts Sohn, Markgraf Johann, Hans von Sagan bei Crossen in offener Feldschlacht zwar besiegen, jedoch nicht verhindern, daß die ungarischen Heere Ende 1478 bei Mittenwalde ein märkisches Aufgebot von 600 Mann aufrieben und zersprengten.

Auf dem 1479 am Mittwoch nach Lätare in Berlin stattfindenden Landtag verlangte Kurfürst Albrecht zur Sicherung der Grenzen, besonders gegen Pommern, 1.000 Pferde und 1.000 Trabanten, und zwar sollten nach Mittenwalde 40 Pferde und 140 Trabanten gelegt werden; da z. B. Treuenbrietzen nur mit 40 Reitern und 50 Trabanten, Potsdam gar nur mit 10 Mann besetzt wurden, ersieht man, wie große militärische Bedeutung man der Stadt, die noch 1473 »Port gegen das Land zu Lusitz und Schlüssel des Landes« genannt wurde, beimaß (v. Raumer, Cod. contin., II, 38; vgl. Sp, 118).

Wohl dem, der bisher im Krieg nicht unter die Toten und Verwundeten geriet, konnte er doch bereits im Februar 1479 von Kriegs- und Todesangst befreit aufatmen, alldieweil die Rechnung des Kurfürsten über ein Ehebündnis seines Sohnes Friedrich mit Sophie, einer Schwester Wladislaws von Polen, aufging. Wenn nicht Mord und Totschlag, so war doch diese Art von Diplomatie insofern erfolgreich, da er sich mit Wladislaw von Polen und Matthias Corvinus von Ungarn verständigen und im Frieden von Olmütz am 21. Juni 1479 überaus günstig für ihn und somit für Brandenburg einigen konnte. Inzwischen

Kriegszug bei Mittenwalde, 1478

suchte zu weiterem Unglück der Mittenwalder ein Brand nach dem anderen die Stadt heim.

Unter der Regierung des Kurfürsten Albrecht Achilles traf 1473 die Stadt, deren Einwohner zum größten Teil nach Köln zum Markt gezogen waren, ein so vernichtendes Brandunglück, daß der Magistrat den kurfürstlichen Kanzler Sesselmann, Bischof von Lebus, um Erlaß der 11 Schock Groschen betragenden Urbede anging (R XI, 247). Doch diese Steuer war »der alten Frawen«, nämlich Katharina von Sachsen, der Gemahlin des verstorbenen Kurfürsten Friedrich II, »zu Leipgeding verschrieben«, und daher schlug der Kanzler die Bitte ab, denn die alte Frau hätte so wenig, daß sie unmöglich die 11 Schock entbehren könnte.

Am 22. März 1480 erteilte der erste in der Mark heimisch gewordene Hohenzoller, Markgraf Johann (Cicero), der Stadt Mittenwalde wegen erlittener Brand- und Kriegsschäden einen Indult von 2 Jahren. Damit war den Bürgern der an Johann (Albrechts Sohn und Vertreter) zu entrichtende Zins für 2 Jahre erlassen.

Am 11. November 1491 gewährte Johann, seit 1486 Kurfürst, da die Stadt durch Feuersnot ausgebrannt und zu Verderben gekommen war, erneut einen Steuererlaß (Lk, Rep. 78. 16, fol. 355).

Und nicht genug damit: Es brannte wieder, und die am 27 März 1507 vom Kurfürst Joachim I. abgegebene Remission und Indultserteilung für einige durch Feuerbrunst heimgesuchte Bewohner von Mittenwalde sah so aus, daß die Bürger Kossyn, Gortze, Ekart, die Hentzyn, Koster, Dalman, Boldenick, Zymerman, Frick, Lubenow, Juncker, Schultin, Golick und Zymermann wegen dieses Brandes eine zeitweilige Befreiung von Orbede und Biergeld erhielten (Lk, Rep. 78. 4, fol. 222; R XI, 249 f.). Man kann ruhigen Gewissens sagen, daß jetzt erst die Hohenzollern so richtig – und wie wir sehen werden – endgültig mit der Mark Brandenburg verwachsen waren. Sie kümmerten sich um alles. Beispielsweise waren sie auch darauf bedacht, innerhalb der Stadtmauern Lehnsmannen ansässig zu machen, die ein Freihaus erhielten, dafür aber nötigenfalls zu Kriegsdiensten verpflichtet waren. So wurden 1496 durch Kurfürst Johann die Gebrüder »Gorigen und Curt Leschennbrandt« mit einem Freihaus belehnt (Lk, Rep. 78. 16, fol. 195).

Mit ihrer städtefeindlichen Politik brachen die Hohenzollern die Selbständigkeit der märkischen Städte. Kurfürst Johann führte 1488 eine von den Städten zu zahlende Biersteuer ein, wogegen der Adel davon befreit war. Demzufolge konnte sich dieser im Brauen und Vertreiben von Bier eine Monopolstellung schaffen und dieses z. T. bedeutendste Gewerbe in den Städten und somit auch diese selbst ruinieren. Gleichzeitig verloren die Städte ihr Privileg, das die Bauern zwang, ihr Getreide nur auf städtischen Märkten zu verkaufen. Anfang des 16. Jh. durfte der Adel sogar eigenes Getreide zollfrei ausführen, wogegen die Städte Zoll zahlen mußten.

Handel und Gewerbe in den Städten gelangten immer mehr in adlige oder sonstige außerstädtische Hände. So nahmen auch in Mittenwalde die Rechte des Rates und der Bürgerschaft ständig ab und die der Landesherren im gleichen Maße zu (Städteordnung Joachim I. von 1515). Polizeiverordnungen aus jener Zeit hatten die Herrschaft des ersten Standes gegenüber den drei folgenden Ständen nach Herkunft und Besitz zu sichern. Untertanen wurden zur gottgewollten Untertänigkeit erzogen. Jede Regung nach mehr Rechten für den »gemeinen Haufen« wurde im Keime erstickt: »Wir wollen monarchicum statum erhalten wissen und können daher democraticum gar nicht dulden« war und blieb Maxime der Churfürstlichen Durchlauchten. Ursprünglich zum ersten Stand gezählte Mittenwalder, die sogenannten »alten Geschlechter«, Ratsherren, Patrizier

Gericht und Hinrichtung gefangener aufständischer Bauern, zeitgenössischer Holzschnitt

Die Bauern wurden zu Hunderten aufgehängt

usw., verloren ihren Status und wurden 1604 durch kurfürstliche Landreiter, Hofleute, Beamte u. a. in den Ständeordnungen ersetzt.

Die latente Schmälerung angestammter freiheitlicher Bürgerrechte durch immer schärfere Städte-, Polizei-, Stände-, Kirchen-, Gerichts- und sonstige Ordnungen entsprang natürlich auch der Angst und Furcht der Landes- und Kirchenherren, die Folgen der lutherischen Kirchenreform und die Schrecken des Großen Deutschen Bauernkrieges könnten zu ihrem Nachteil auf ihre Herrschaftsbereiche übergreifen.

In den Landen, wo Not und Verzweiflung der von einer unbarmherzigen Obrigkeit geknechteten Untertanen in Wut und Aufruhr mündeten, zerstörten die Bauern mehr als tausend Klöster, Burgen und Schlösser und kamen über hunderttausend Menschen auf eine für unser heutiges Empfinden unvorstellbare grausame Art und Weise ums Leben.

In den Jahren um 1525 blieb dies alles noch den Mittenwaldern erspart, doch mußten sie die Auswirkungen der nicht zustande gekommenen großen Volkserhebung über hundert Jahre später im Verlaufe des Dreißigjährigen Krieges mit gleicher Brutalität am eigenen Leibe erfahren.

Ende des 15. Jahrhunderts erweiterten und festigten die Hohenzollern ihren Besitz im Teltow und somit in der Mark Brandenburg. Sie erwarben u. a. die zur Lausitz gehörenden böhmischen Lehnsherrschaften Zossen und Teupitz, die nunmehr zum Teltow gehörten und ihn damit erheblich vergrößerten. Dadurch verlor Mittenwalde seine bisherige Funktion als »Port der Mark gen die Lusitz« und auch an politischer und wirtschaftlicher Bedeutung als Grenz- und Handelsstadt. Das gleiche Schicksal ereilte auch Zossen als bisherige Grenzfeste »gen Brandenburg« mit dem Berliner Tor in der Mittenwalder Vorstadt ausgangs Zossen in Richtung Mittenwalde. Was die »herre czu dem Tuptz« (Teupitzer Herren) betrifft, stellten sie sich zu Zeiten der Hussitenkriege sowie der Streitigkeiten mit der Stadt Mittenwalde und der Fehde mit den Torgows auf Zossen mal unter brandenburgischen, mal unter sächsischen Schutz, bis sie sich 1443 endgültig für Brandenburg entschieden. Was waren aber schon einige Burgen im Vergleich zu ganz Brandenburg, was waren schon die einzelnen hohenzollernschen Kurfürsten gegenüber der brandenburgischen Bevölkerung – allerdings von noch nicht mal einer halben Million Menschen? Geschichte wird dann und dort gemacht, wann und wo Interessen und Zielsetzungen der Herrschenden und der Masse der Beherrschten übereinstimmen sowie mit Hingabe unterstützt werden. So nimmt es auch nicht wunder, daß von 1486 bis 1618 durch die mit allen möglichen Mitteln betriebene Festigung der Landesherrschaft zwar die Städte auf der Strecke blieben, jedoch Brandenburg zum Kernland ehrgeiziger Expansions-Machtpolitik wurde. Damit war die Grundlage für die spätere preußische Großmacht geschaffen. Zu diesen Mitteln und Methoden gehörten beispielsweise:
– Taktieren mit den Konfessionen (siehe auch bei Paul Gerhardt),
– Aufstieg des Adels zum maßgeblichen Stand (Militärs, Beamte),
– wirtschaftlich bedingter Niedergang der märkischen Städte,
– Wandlung alter Bauernfreiheiten in Schollenpflichtigkeit und Erbuntertänigkeit,
– Zunahme der dienstpflichtigen Bauern auf den Rittergütern der Junker (adlige Gutsbesitzer),
– Entwicklung eines Verwaltungsstaates, in dem die Innen- und Außenpolitik durch ein gut funktionierendes Militär-, Beamten-, Wirtschafts-, Finanz- und

Sozialsystem und natürlich durch Staatsräson im monarchistischen Absolutismus getragen wurde,
- Rasseln mit dem Säbel bis hin zu immer neuen Kriegen, die allerdings mehr von z. B. England und Frankreich als von Preußen bzw. Deutschland vom Zaune gebrochen wurden.

Kurfürst Friedrich I.
(1372/1415–1440)

Kurfürst Friedrich II.
der Eiserne
(1413/1440–1470)

Kurfürst Albrecht III.
Achilles
(1414/1470–1486)

Kurfürst Johann Cicero
(1455/1486–1499)

Kurfürst Joachim I.
Nestor
(1484/1499–1535)

Kurfürst Joachim II.
Hektor
(1505/1535–1571)

Kurfürst Johann Georg
(1525/1571–1598)

Kurfürst Joachim Friedrich
(1546/1598–1608)

Kurfürst Johann Sigismund
(1572/1608–1619)

Das Fürstenhaus von Hohenzollern (1415-1619)

Kulturhistorische Zeugnisse einer mittelalterlichen Stadt

*Vergangene und noch vorhandene Baudenkmäler sowie
andere Anlagen, Stätten und Einrichtungen*

In diesem Kapitel sollen ehemalige und noch vorhandene Zeugnisse der Geschichte der Stadt Mittenwalde von ihren Anfängen bis zum heutigen Zeitpunkt genannt und beschrieben werden. Sehen wir uns zuerst das einmal an, was dazu alte Aufzeichnungen der Teltower Geschichte zu sagen haben:

Der Name der Stadt weist auf den ehemaligen Waldreichtum der Gegend hin, in der auch Flurnamen wie Frauenbusch und Hoheholz vertreten sind. Südlich der über die Notte führenden Brücke steigt der Mühlenberg empor, dessen obere kreisrunde Kuppe etwa 30 Schritt im Durchmesser mißt und als letzter Ausläufer eines von Südosten heranziehenden Höhenrückens in die Niederung der Notte- und Gallunfließe hineinragt. Westlich des Gallunfließes zieht sich der Ottowerder – oder der »große Plan«, wie es auf der Schmettauschen Karte aus der friderizianischen Zeit heißt (StA) – hin, so daß es schwer hält, von Südwesten her der Anhöhe sich zu nähern. Ein Hinweis darauf, daß eine ältere Siedlung südlich der Notte, oder wie sie früher hieß, Sane oder Säne, gelegen war, scheint zu sein, daß der größere Teil der Feldmark südlich dieses Fließes liegt.

Der Name »Altstadt« haftet freilich nicht an diesem Gelände, sondern an einem Teil der Gemarkung, der sich hinter dem Schützenhaus westlich nach Telz zu erstreckt. Hier lag auch der »Pennigsberg«, so genannt, weil man, als man ihn im Jahre 1813 zum Teil abtrug, außer vielen Fuhren Fundamentsteinen auch mehrere Münzen fand. Von der Umwallung des 800 Schritt noch darüber hinaus gelegenen Burgwalles ist, im Unterschied zu dem Burgwall bei Trebbin, nichts mehr vorhanden, und nur der Name hat sich erhalten. In nordwestlicher Richtung, einige hundert Meter von der Stadt entfernt, liegt der sog. Vogelsang, ein heute bereits bebauter Ackerfleck von etwa 11 Morgen, der seit alten Zeiten »Dorfstelle« genannt wird und vielleicht der letzte Rest eines untergegangenen slawischen Zeidlerdorfes ist. So gibt die Vorgeschichte der Stadt mancherlei Rätsel auf, die bei dem Mangel an literarischen Quellen unlösbar sind; nur das eine steht fest, daß schon in der vorchristlichen Zeit hier Siedlungen und Befestigungen bestanden, die Deutschen also keine Neusiedlungen vornahmen, sondern sich auf einem von primitiver Kultur vielfach durchfurchten Gebiet niederließen.

Gerade diese letzte vor etwa 100 Jahren gezogene Schlußfolgerung fand in jüngster Zeit ihre Bestätigung, indem an der Peripherie der Stadt auf mehreren Stellen verschiedenartige archäologische Funde von Gegenständen der Ur- bzw. Frühgeschichte gemacht werden konnten und noch weitere derartiger Fundplätze zu vermuten sind. Beim Lesen dieser Zeilen zur rätselbehafteten Vorgeschichte der Stadt tauchten immer wieder die sich hartnäckig haltenden Vermutungen alteingesessener Mittenwalder auf, daß die Burgen, Kirche, Befestigungsanlagen usw. durch unterirdische Gänge verbunden gewesen wären. Legende oder Tatsache – eine nach wie vor ungeklärte Frage.

Mit den Askaniern hatte ihr Stützpunkt am nördlichen Notteufer das Übergewicht erhalten, während die südlich gelegene Burg mit ihrer Ansiedlung langsam verfiel. Was nördlich der Notte an Burg, Stadt (Kirche, Markt, Gassen u. a.) und sonstigen Anlagen schon vorhanden war, wurde systematisch ausgebaut und um ein Netz regelmäßiger Straßenzüge mit Haus- und Hofgrundstücken planmäßig erweitert.

Bereits mit dem »Landbuch der Mark Brandenburg« des Kaisers Karl IV. von 1375, das alle Einkünfte und Register des Landes ordnete, entstand auch für Mittenwalde eine bedeutende Quelle geschichtlicher Zeugnisse jener Zeit. Das alles zusammenzutragen, was an sichtbaren Dingen mal einen Namen und Klang hatte bzw. heute noch hat und hoffentlich noch recht lange haben wird, ist ein schwieriges Unterfangen.

Versuchen wir es und lassen wir uns davon leiten:

Ob nun historische Baudenkmäler oder Plätze, Friedhöfe oder Bahnhöfe, Kanäle oder Berge, Flurnamen oder Gedächtnistafeln – egal, ob Untergegangenes oder noch Vorhandenes, ob uralt oder neu entstanden, alles was in und um Mittenwalde das Auge erspäht oder sich der Verstand vom Hörensagen vorstellen kann, ein jedes Ding, ein jeder Ort, ein jedes Haus hat seine Geschichte, die beschreibenswert wäre, wenn man sie wüßte und wenn man dies auch wollte. Dabei kann und soll kein Anspruch auf Richtigkeit und Vollständigkeit erhoben werden. Vieles hat sich seit altersher verändert, hat einen neuen Namen, befindet sich an anderer Stelle oder existiert nicht mehr; jedoch fließen viele dieser Bezeichnungen z. T. mehrfach in die folgenden Darlegungen mit ein bzw. werden einige bedeutsame Zeugnisse der Stadtgeschichte Mittenwaldes bis in die Gegenwart hinein ausführlicher beschrieben.

Auch andere Städte aus askanischer Zeit weisen gleichnamige bzw. ähnliche Bezeichnungen von Anlagen, Flurstücken usw. auf, aus denen auf ihre Tradition zu schließen ist.

Wer vom Galgenberg spricht, sieht dort vor seinem geistigen Auge keine blühenden Gärten, sondern Galgen mit strangulierten Übeltätern, um die sich Krähen und Raben mehr kümmern als trauernde Hinterbliebene.

Galgenberg

Zuerst ein Verzeichnis der jetzigen Straßen, Plätze u. a. der Stadt Mittenwalde:
- Abzweigung, Am Kanal (Straße/Haus am Kanal), Am Ostbahnhof, Am Scheunenviertel, Am Telzer Damm, Am Tonberg/Am Tonsee, Am Zülowkanal, Am Weinberg, Am Frauenbuschacker, Angerweg
- Bahnhofstraße, Baruther Vorstadt, Bergstraße, Berliner Chaussee, Berliner Vorstadt
- Chausseestraße
- Dahmestraße
- Eichenweg
- Galluner Chaussee, Gewerbegebiet Hechtstücke
- Hausgrabenberg, Hinter der Mauer, Hohes Holz, Holzstraße
- Jüdenstraße
- Katharinenstraße, Kirchstraße
- Loickstraße

- Mauerstraße, Millingsweg, Mühlenfließweg
- Rathausplatz, Rohrlake
- Salzmarkt, Schäfereiplatz, Schenkendorfer Chaussee/Flur, Schützenstraße, Schöneicher Plan
- Umgehungsstraße
- Vogelsang
- Yorckstraße
- Zossener Chaussee
- Zülowstraße

Nicht mehr vorhanden:
- Abdeckerei
- Amtsgericht
- Arreststätte des Deserteurs Kronprinz Friedrich
- Bahnhof Mittenwalde Nord
- Brauerei
- Burg bzw. Burgen
- Burgstraße
- Burgwall
- Dampfwäscherei
- Druckerei »Julius Siegmann«
- Feldbahnbrücke über den Nottekanal (vom Tonsee zur Ziegelei)
- Freibad »Fenne« am Weinberg
- Friedhöfe (alte)
- Garnison
- Gasanstalt
- Hausgrabenberg (als Berg = abgetragen)
- Hospital des hl. Laurentius, Georg und Nikolaus
- Innentor des Berliner (Köpenickschen) Tores
- Kaiser-Friedrich-Denkmal
- Kaufhaus Levy
- Kavaliershaus für Offiziere
- Kreiskrankenhaus
- Kriegerdenkmal
- Molkerei
- Mühlentor
- Ölmühle
- Pennigsberg (als Berg = abgetragen)
- Propstei (alte)
- Rathäuser

- Schießstand der Schützengilde auf dem Schützenplatz
- Schleuse, Pferdeschwemme
- Schloß
- Siechen- und Armenhäuser
- Sommerlaube des späteren Soldatenkönigs auf dem Hausgrabenberg
- Stadtmauer und -gräben
- Wassermühle mit Mühlenfließ, Windmühlen
- Ziegeleien
- Zugbrücke (Galluner Kanal)

Noch vorhanden:
- Bahnhof Mittenwalde-Ost, Bauern- und Bürgerhäuser sowie Scheunen (z. T. aus dem 18. Jahrhundert), Berliner (Köpenicksches) Tor, Brücken über den Zülowkanal (am Stadtpark und Richtung Ragow)und Nottekanal
- Dampferanlegestelle
- Ehem. Amtsgericht/Rathaus, Eisenbahnbrücke über die Notte und über den Galluner Kanal
- Friedhof (der dritte), Friedrich-Ludwig-Jahn-Denkmal mit Jahn-Eiche auf dem Salzmarkt
- Hotel Yorck
- Paul-Gerhardt-Haus (ehem. Kreiskrankenhaus, jetzt Amtsverwaltung Mittenwalde) mit großem Park, Propstei
- St.-Georg-Spitalkapelle, St.Mauritius-(Moritz-Kirche), Schleuse Nottekanal, Schleuse Galluner Kanal, Schützenplatz, Sportplatz, Stadtpark, Straßenbrücken
- Wasserwerk

Auswahl früherer bzw. heute noch bekannter Orts- und Flurnamen:
- Alte Asche, Altstadtgärten, Am Seechen, Angerbusch, Anteil, Auf der Altstadt
- Dammgärten, Dammstücke, Dammwiesen, Das große Luch, Denewand, Der Burg, Dorfstätte, Der Otto Werder - auch Große Plan
- Eichengrund
- Fiskuswiesen, Fliegenhorst, Frauenbusch, Frauenbuschacker
- Galgenberg, Galluner Plan, Galluner Seechen, Große Luch
- Hausgrabenberg, Hechtstücke, Hinterfeld, Hof- (Höfe-) gärten – auch Garten vor den Höfen, Hoheholzanger, Hohes Holz - auch Hoheholz, Hufen vor dem Berliner Tor, Hütungsanteil am Machnower Weinberg, Hütungsanteil auf dem schmalen Strich, Hütungsanteil nach Brusendorf
- Im Luch, Im Torfluch, Ins Dunkelsche
- Kabbe, Kleine Bleiche, Kleine Luch, Klippe, Klippgarten, Königswiesen, Kreuzfließwiesen, Krummenseer Luch

- Lange Kaveln
- Muder, Mudergräben, Mühlenberg (Flächennaturdenkmal)
- Nachtbucht, Nasse Heide, Neederstücke, Neue Wiese, Niederung des Notte- und Gallunfließes (LSG, Feuchtgebiete mit geschützten Biotopen)
- Pennigsberg, Pittchenmühle
- Ragower Kavel, Ragow'scher Plan, Rieselfeld, Rohrstücke, Rohrwiesen, Röthenanteile
- Sandstücke, Schäferfeld, Scheunenviertel – auch Scheunen vor dem Mühlentore (Denkmalgeschützt), Schweinebrieten, Schöneicher Plan, Slammenden Seechen
- Telzer Damm, Telzer Kanal, Telzer Plan, Torfstiche
- Vierruthenberg, Vogelsang, Vor dem Berliner Tore, Vor dem Mühlentor, Vorderfeld
- Wendischragow, Wendisch-Ragow'sches Feld, Weidehütung, Weinberg (Groß Machnower Weinberg, NSG, Fenne), Wierichsdorf – auch Wirikstorff, Wericksdorf, Wirstorff
- Ziegeleigelände

Die St. Moritzkirche

Weit sichtbar sich in den Himmel reckend, und damit den Weg in die noch mittelalterlich gebliebene Stadt Mittenwalde weisend, erhebt sich wie eine Glucke über ihre Küken die mächtige Gestalt der St. Moritzkirche über die geduckten Häuser. Schon vielfach wurde gelästert, daß eine derartig stattliche Kirche eigentlich gar nicht so recht in das Stadtbild niedriger, kleiner Häuser passe.

Mit dem Bau einer Kirche waren die Deutschen nach Einnahme eines slawischen Ortes schnell bei der Hand, galt es doch Germanisierung und Christianisierung zugleich zu betreiben, zur Sicherung und Festigung der weltlichen und geistlichen Macht im Zeichen von Schwert, Kreuz und Pflug.

Nachdem also die Wettiner 1157 die Sprewanische Grenzburg und Siedlung Bart = Mittenwalde in ihren Besitz gebracht hatten, begannen sie mit dem Bau dieser Kirche, der ab 1245 unter askanischer Herrschaft fortgeführt bzw. vollendet wurde. Der Kirchenbau begann mit Feldsteinquadern (Feldsteinunterbau und -mauern) im romanischen Stil, und ging danach in eine dreischiffige Hallenkirche aus Backsteinen im gotischen Baustil über. Unter dem neugotischen Turmbau verbirgt sich noch der Westquerturm des 12./13. Jahrhunderts, an den sich die an dessen Schmalseiten fluchtenden Umfassungen der dreischiffigen Halle anschließen. Als noch vor 1300 entstanden gelten die ersten vier

Joche sowie die danach angebauten Strebepfeiler außen und Sechseckpfeiler mit Halbsäulenvorlagen innen.

So gehen die im romanischen Stil begonnenen und heute noch vorhandenen sowie gut erkennbaren Bauten aus Feldsteinquadern des 13. Jahrhunderts fließend in gotische und neugotische Backsteinauf- und -anbauten über. Während also die unteren Partien des dreigeteilten, querrechteckigen Westturms über die ganze Breite des Kirchenschiffes sowie die unteren Teile der Seitenwände des Langhauses und Hallenumgangschores aus Feldsteinquadern bestehen, entstanden die oberen Teile, die Strebepfeiler, die spitzbogigen Schiffsfenster mit ihren feinen Kantenstäben u.a. aus Backsteinen. Der aus dem Anfang des 15. Jahrhunderts stammende jüngere Chor besitzt Fenster mit einfachen geschrägten Leibungen.

Über Schiff und Chor erstreckt sich ein einfaches Satteldach.

Neben dem stattlichen Haupteingang (s. Foto) konnte man das Kircheninnere durch die Sakristei (südlich am Kirchenschiff) und vom Salzmarkt kommender Besucher durch eine kleine, an der nördlichen Seite eingefügte Nebentür erreichen bzw. verlassen. Von dieser Nebentür machten zu damaligen Zeiten solche stadtbekannt gewordenen Gottesdienstbesucher regen Gebrauch, die trotz eiligen Schrittes immer wieder zu spät kamen. Die Mittenwalder bezeichneten sie als »die Wenden«, denn nach der Übernahme »Middenwoldes« durch die Deutschen vor etwa 850 Jahren wurden zwar die Slawen/Wenden christianisiert (getauft), doch mußten sie noch lange Zeit danach den Nebeneingang benutzen.

Am Haupteingang der St. Moritzkirche

Was den Namen dieser Kirche angeht, erhielt sie den Namen St. Mauritius (St. Moritz), wie auch die Kirche des Erzbistums Magdeburg heißt.

Seit wann und von wem der Kirche des Archidiakonats Mittenwalde dieser Name verliehen wurde, ist nicht genau bekannt, aber eine Namensgebung vor 1239 unter wettinischer Hand ist anzunehmen. Verbrieft ist der Tatbestand, daß Mittenwalde mit seiner Kirche bereits zu Zeiten wettinischer Herrschaft, also zum Bistum Meißen, und dieses wiederum zum Erzbistum Magdeburg gehörend, den Status eines Archidiakonats hatte.

Wer war nun der heilige Mauritius, dem diese Kirche geweiht ist? Mauritius war ein afrikanischer Offizier der sogenannten Thebaischen Legion aus Ägypten. Seine aus 6.600 christlichen Soldaten bestehende Truppe weigerte sich, blutige Aktionen gegen einen christlichen gallischen Stamm durchzuführen. Auf Befehl des Kaisers Maximilian wurde diese Legion mehrfach dezimiert und schließlich vollständig niedergemetzelt. Dieses historisch verbürgte Ereignis geschah etwa um 300 u. Z. Der Ort St. Maurice, südlich des Genfer Sees, erinnert noch daran. St. Mauritius wurde der Schutzpatron des von Otto I. im Jahre 937 gegründeten Erzbistums Magdeburg.

Nachdem 1245 die brandenburgischen Markgrafen Johann I. und Otto III. Mittenwalde von den Wettinern erobert hatten, regelten sie mit ihrer Urkunde vom 9. Dezember 1255 den Rechtszustand der erworbenen Gebiete bzw. Orte sowie Kirchen und Burgen. Mittels dieser Urkunde schenkten die markgräflichen Brüder dem Domkapitel zu Brandenburg die Pfarreien zu Ketzin, Knobloch und Mittenwalde sowie das an Köpenick und Mittenwalde geknüpfte Archidiakonat. Damit bezogen sie u. a. Mittenwalde fest in den territorialen und kirchenorganisatorischen askanischen Machtbereich ein. Das hatte zur Folge, daß sich Kirche und Archidiakonat Mittenwalde zum Mittelpunkt der ganzen Region entwickelten.

Aus einer anderen Quelle findet sich der Hinweis auf das Wirken des Bischofs Dietrich von Brandenburg, der am 23.April 1376 festlegte, daß die Einkünfte aus der Parochie zu Mittenwalde zur Tafel des Domkapitels in Brandenburg gewidmet würden sowie am 25. Mai 1377 bestimmte, daß die Einkünfte aus der Kirche zu Mittenwalde zur Reparatur der Domkirche in Brandenburg zu verwenden seien. Da der ursprünglich nur 38 m hohe Kirchturm häufig durch Blitzschlag, Sturm und Brand Schaden nahm, wurde er in dieser Zeit in seinem oberen Teil wiederholt umgebaut. Das bezieht sich auch auf andere Teile der Kirche, u. a. auf eine neue Aufführung des damals verhältnismäßig nachlässig zusammengesetzten Granitfindlingsmauerwerks unter Benutzung älterer Reste an ihrer Westseite.

Um etwa 1500 ist der Anbau der Sakristei zu datieren. Diese wurde in Form einer zweigeschossigen Kapelle an der Südseite des Chores errichtet. Als Decke der darunter liegenden Sakristei zeigt sich ein herrliches Sterngewölbe.

Um auf die mehrfache Umgestaltung des bereits zu dieser Zeit schon markant und erhaben wirkenden Turmaufbaus zurückzukommen, eine solche führte 1771/73 J. C. Barnick aus Spandau aus. 1860 bis 1861 wurde die Kirche durch Brecht restauriert. Der 178 Fuß hohe Mittelturm wurde nach Entwürfen des Professors an der Berliner Bauakademie Eduard Jakobsthal (zugleich Professor für Baugeschichte an der Technischen Hochschule Berlin-Charlottenburg) 1877/78 mit einem Kostenaufwand von 600.000 Mark hinzugefügt und danach seiner Bestimmung übergeben.

Die alte Kanzel aus Holz beseitigte man damals schon. Bei dem von Professor Jakobsthal gestalteten mächtigen und reich gegliederten Turmaufbau der ansonsten schlichten gotischen Kirche hatte er das Bild der Liebfrauenkirche in Brügge vor Augen. Dabei ist die Absicht des Architekten Jakobsthal (oder auch Jacobsthal) voll zur Geltung gekommen, bei dieser Gelegenheit nicht nur sich selber ein Denkmal zu setzen, sondern vor allem einen stadtbild- und landschaftsbeherrschenden hohen und in der Nottenniederung weithin sichtbaren Turm im neugotischen Stil nach flandrischem Vorbild zu schaffen. Inwieweit dem Turmbauer Jakobsthal seine Zielstellung gelungen ist, der Nachwelt einen Turm zu schenken, der tatsächlich dem alten Turm der Liebfrauenkirche im flandrischen Brügge nachempfunden ist, wird von den nachfolgenden Generationen unterschiedlich bewertet.

Zum äußeren Bild der Kirche auch deren Abmaße:
Der Turm ist 67 m hoch
bis zur Balustrade 50 m
Turmhelm 14 m
Kugel 1 m
Kreuz 2 m
Länge des Schiffes 36 m
Breite des Schiffes 17 m
Höhe des Gewölbes 9 m.

Nach der politischen Wende zur deutschen Einheit wurde das Äußere und Innere der Kirche umfassend rekonstruiert. Aber lassen wir dazu einen Artikel der Berliner Morgenpost vom 25. Juli 1992 sprechen:

Auf der Kirchturm-Spitze strahlen vergoldete Kugeln
Sanierung von St. Moritz kommt voran
Mittenwalde – Nach gut einjähriger Bauzeit sind die Gerüste am 67 Meter hohen Glockenturm der St.-Moritz-Kirche in Mittenwalde (Kr. Königs Wusterhausen) gefallen. Eine Baufirma aus der Region hat den morschen Dachstuhl erneuert und mit einer kupfernen Dachhaut überzogen. Die Kugeln der Kirchturmspitze wurden vergoldet. In luftiger Höhe ziert ein

neuer Adler das ehrwürdige Bauwerk. Mit diesen Arbeiten wurde ein erster wichtiger Bauabschnitt zur Restaurierung einer der schönsten Kirchen im Land Brandenburg geschlossen.

Die Kirche war noch in den letzten Tagen des Zweiten Weltkrieges unter russischen Artilleriebeschuß geraten. Wetterstürme und mangelnde Bereitschaft der DDR-Behörden, Geld und Material für die dringend notwendigen Renovierungsarbeiten bereitzustellen, hatten dem historischen Bauwerk arge Wunden geschlagen.

Die Stadtkirche von Mittenwalde wurde im 13. Jahrhundert im romanischen Stil mit Felssteinunterbau errichtet. In den nachfolgenden Epochen wurde sie nach dem Muster norddeutscher Backsteingotik umgestaltet.

Später wurde die Mittenwalder Kirche zum Propstsitz auserkoren. Der Berühmteste war der Kirchenliedschöpfer Paul Gerhardt, der vom 30. November 1651 bis zum 6. Juni 1657 in Mittenwalde wirkte.

Zu den Kostbarkeiten des Gotteshauses gehört ein gotischer Schnitzaltar, der aus dem Jahr 1514 stammt. Kurfürstin Elisabeth hatte ihn der Kirche gestiftet.

Mit großer Geduld und viel Initiative hat Pfarrer Manfred Koch das Kunststück fertiggebracht, das Wahrzeichen der Stadt vor weiterem Verfall zu retten. Es gelang ihm, für ein Finanzmodell bei den Kirchenbehörden, der Kommune und der Landesregierung Unterstützung zu finden. H. Wawzyniak

Da im vorstehenden Zeitungsartikel von einem »Felssteinunterbau« die Rede ist, ist wohl auch die überlieferte Annahme erlaubt, daß es sich gleichermaßen um einen »Feldsteinunterbau« handeln kann. Weiterhin heißt es dort, »Später wurde die Mittenwalder Kirche zum Propstsitz auserkoren«. Da dieser Hinweis in Verbindung mit Paul Gerhardt im nächsten Satz erfolgt, ist diese Aussage historisch falsch, da Mittenwalde bereits von frühdeutscher Zeit an als Archidiakonat, also Propstei fungierte.

Bevor wir uns der Innenausstattung der St. Moritzkirche zuwenden, sollen die folgenden Anmerkungen aus alten Quellen die kirchlichen Verhältnisse in Mittenwalde ausgangs des Mittelalters verdeutlichen:

Wie eng die Beziehungen der Stadt zu ihrem geistlichen Oberhirten, dem Bischof von Brandenburg, und seinem Kapitel waren, erweisen zwei Urkunden. Nach der einen, von 1377, bestimmte Bischof Dietrich die Einkünfte der Pfarrkirche zur Wiederherstellung des Brandenburger Doms, laut der anderen Urkunde vom Jahre 1392 übertrug das Kapitel dem Kanoniker Markward Krummensee das Mittenwalder Pfarramt, das er als Vikar verwalten sollte (R XI, 234 f.).

Ebenso wie in vielen märkischen Städten gab es auch in Mittenwalde eine Gesellschaft, die sich an den Kalenden, d. h. dem ersten Tage eines jeden Monats, zu versammeln pflegte und deshalb Kaland genannt wurde; schon durch eine Urkunde von 1394 ist sie bezeugt, laut der Nikolas Lubbert, der Dekan, und die Kämmerer Johannes Cuntze und Peter von Schenkendorf samt den übrigen Brüdern erklärten, daß der Vorsteher der dem Körper und Blut Christi und den Aposteln Bartholomäus und Matthäus geweihten Altäre in der Pfarrkirche alljährlich dem Brandenburger Domkapitel Abgaben leisten solle (R XI, 235). Hier wie allerwärts bestanden zahlreiche kirchliche Stiftungen zum Schmucke der Kirchen und zur würdigen Ausgestaltung des Gottesdienstes. Der den Heiligen Erasmus und Sebastian geweihte Altar in der St. Moritzkirche wurde am 4. Januar 1441 von dem kurfürstlichen Rat Otto von Schlieben und seinen Brüdern mit drei Groß-Machnower Hufen ausgestattet; dem Vorsteher dieses Altars, dem hierdurch eine hohe jährliche Rente – von jeder Hufe je 3 Scheffel Roggen und Gerste und ferner 2 Schillinge – zuflossen, legte man ans Herz, derer von »Sliwen« im Kirchengebet zu gedenken (Lk, Rep. 78, 7, fol. 7; vgl. R XI, 243). Nach Steuerregistern des Bischofs von Brandenburg aus den Jahren 1527 bis 1529 gab es insgesamt 8 Altäre, deren einer den 10.000 Märtyrern geweiht war. Das Patronat stand dem Domkapitel zu Brandenburg zu. Vier Dörfer, nämlich Gallun, Krummensee, Pätz und Telz, waren eingepfarrt (Vgl. Cu, 449: mit einem Hinweis auf die Konsistorialakten von 1543, Sup. Zossen, Sp, d. 1).

Wie gesagt, hatte die St. Moritzkirche zu Mittenwalde ursprünglich eine bedeutend reichere Innenausstattung, als das heute noch der Fall ist.

Erhalten hat sich bis heute der große Flügelaltar als Schnitzaltar von 1514. Dieses Jahr ist das Herstellungsjahr, welches am Fensterbrett im Gemälde der Verkündigung an Maria am Außenflügel (auf der Rückseite eines Schreinflügels) als solches datiert ist.

In die Mittenwalder Stadtkirche gelangte dieser Flügelaltar als Hauptstück des Kircheninneren nicht unmittelbar nach seiner Herstellung, sondern erst einige Jahre später, da er vorübergehend in der Berliner Dominikanerkirche gestanden haben dürfte. Daß dieser Altar in die Mittenwalder Kirche kam, ist der Kurfürstin Elisabeth, der Gemahlin des von 1499 – 1535 regierenden brandenburgischen Kurfürsten Joachim I., zu verdanken. In diesem der St. Moritzkirche geschenkten bzw. gestifteten Altar sind im rahmenden Beiwerk des Schreins die Wappen von Brandenburg und von Dänemark markiert, da Elisabeth vor ihrer Heirat mit Joachim I. dänische Prinzessin war; das Wappen der drei Kronen erinnert an den nordischen Ursprung dieser Fürstin. Interessant ist hierbei auch die Tatsache, daß die Kurfürstin Elisabeth im Schrein dieses Altars ein neues Mittelteil einsetzen ließ, welches in Antwerpen gefertigt wurde.

Der Flügelaltar mit seinem spätgotischen holzgeschnitzten Schrein stammt noch aus katholischer Zeit; er wird in der Fachliteratur als ein einmaliges kulturhistorisches Denkmal mit zunehmender Bedeutung für die Kirchengeschichte des Landes gewertet.

Das Mittelstück und die Malerei auf der Rückseite des Altarflügels sind Werke der Frührenaissance. Die Malerei dürfte aus einer Wittenberger Schule und das Schnitzwerk des übrigen Altars aus dem sächsischen Raum stammen. In diesem geöffneten spätgotischen, holzgeschnitzten Mittelschrein ist in der Mitte – sozusagen in einem gesonderten Schrein – eine geschnitzte Beweinungsszene »Kreuzabnahme Christi« aus einem Antwerpener Altar (und somit »Antwerpener Art«) eingebaut. Diese Beweinungsszene ist von großen, geschnitzten Heiligenfiguren flankiert, und zwar (vom Betrachter von vorn gesehen) wie folgt: Die Mönchsgestalt links ist wahrscheinlich Bernhard von Clairvaux (1090–1153), einer der größten Theologen des Mittelalters, es könnte auch Thomas von Aquin[1] (Kirchenlehrer 1235–1274) sein, und rechts die heilige Katharina von Alexandria,[2] die im Jahre 307 unter Kaiser Maximilian den Märtyrertod erlitt, wobei sie erst gerädert und dann enthauptet wurde.

Im rechten Flügel steht der hl. Dominicus (1170–1221), der im Jahre 1215 den Dominikanerorden gründete. Der linke Flügel enthält das Andachtsbild der heiligen Anna selbdritt mit ihrer Tochter Maria und ihrem Enkel, dem Jesusknaben. Damit sollten den gläubigen katholischen Betrachtern der Heiland, die Mutter Gottes und die hl. Anna gleichzeitig vor Augen stehen.

Noch vor Jahren war an der sechseckigen Säule rechts vom Altar eine um 1510 entstandene spätgotische, lebensgroße Holzfigur eines heiligen Papstes befestigt. Die sich bei geschlossenem Schrein zeigenden Gemälde haben einen Cranachschen Einschlag. Die Flügelrückseiten des geschlossenen Altars zeigen in der Mitte die Verkündigung an Maria durch den Erzengel Gabriel, in der ihr mitgeteilt wird, daß sie die Mutter des versprochenen Retters und Heilands der Welt werden soll. Auf dem linken Standflügel ist die hl. Elisabeth von Thüringen (1207-1231), die Tochter des ungarischen Königs Andreas II., und auf dem rechten die hl. Barbara zu sehen.

Die Predella zeigt das Schweißtuch der hl. Veronika mit dem dornengekrönten Christuskopf (dem Haupt Jesu Christi in Paul Gerhardts Lied »O Haupt voll Blut und Wunden«). Über dem Ganzen steht auf merkwürdigen Sockeln –

---

[1] Thomas von Aquin (Aquino) gilt nach wie vor als ein unter den Heiligen eingereihter Fürst der Theologen als Autorität für die gesamte Philosophie und Theologie; andererseits rechtfertigte er aber auch die Ausrottung der Ketzer mit allen Mitteln der Inquisition. Daran sollten Betrachter des Altars denken, wenn sie der katholischen Kirche gegenüber objektiv bleiben wollen.
[2] Womöglich ein Grund für die Namensgebung: »Katharinenstraße« in Mittenwalde.

Sterngewölbe (oben) und Sakristeitür (unten)

sozusagen als Bekrönung des Altars – ein feingliedriges Gesprenge mit hohen und schlanken Figuren, und zwar folgendermaßen: Im zentralen Blickpunkt des Gesprenges (in der Mitte) steht die hl. Katharina von Siena (1347-1380), links und rechts daneben steht jeweils ein musizierender Mönch und wiederum links und rechts davon als Außenfiguren ein Abt und ein Bischof. Über allen Heiligen- und Engelsfiguren des Gesprenges steht hoch aufwärtsragend der siegreiche Schmerzensmann in Gestalt Christi, der auf seine Seitenwunden zeigt. Da weiterhin mehrere Dominikanermönche als Schnitzfiguren dargestellt sind, könnte es sich auch um einen Altar einer Klosterkirche handeln.

Zum alten Bestand der Mittenwalder Propsteikirche gehören bzw. gehörten fernerhin verschiedene Altare, eine Sandsteinkanzel mit Bildnissen der Reformatoren, eine Rokoko-Orgel, mehrere Gemälde und bemalte Epitaphien (so z. B. das Ölbild »Verspottung Christi« von 1628), ein Porträt des Liederdichters Paul Gerhardt, die eisenbeschlagene Sakristeitür mit Lilien- und Blattbeschlägen (um 1520) und über alledem im Innern der dreischiffigen Hallenkirche über Langhaus und Chor ein reiches, einheitliches Sterngewölbe.

Besonders bewundernswert ist das schöne, volkstümliche, aus dem Anfang des 16. Jahrhunderts stammende Renaissance-Chorgestühl mit geradezu witzigen Darstellungen in Form geschnitzter und farbig getönter Flachreliefs und darunter die Hausmarken und Wappen der einzelnen Platzinhaber während der Gottesdienste. Vermutlich ist dieses sehr schön geschnitzte und unterschiedlich große bzw. breite Sitzflächen bietende Chorgestühl als Innungsgestühl mit seinen eigenartigen Gewerkschaftszeichen um 1530 in die Kirche gelangt, was auch dem spätgotischen Charakter der Inschriften (z. B. Gnothi seauton = erkenne dich selbst) zu entsprechen scheint. Diese sich an der Wand des Chores entlangreihenden originellen fünfundvierzig Kirchenstühle der alten Gewerks- und Innungsmeister enthalten die phantasievoll bemalten Flachschnitzereien sowie Figuren, Wappen und Hausmarken auf den Rücklehnen der Stühle. Sie stehen z. B. für Winzer, Jäger, Schneider, Schankwirte, Bäcker, Schlosser, Fischer u.s.w. und sind zusätzlich versehen mit Sonne, Mond, Tierkreiszeichen, Würfeln, Werkzeugen und sonstigen Geräten. Alles in allem eine ganz erhabene Welt, in der Kunst und Mythos des Mittenwalder Mittelalters manifestiert sind, was den heute lebenden Zeitgenossen als ein Mirakel mit starker Nachwirkung erscheint.

Theodor Fontane hat die im Halbkreis stehenden Stühle genau nachgezählt, Paul Gerhardt hat sie oft bewundert – als ein Prunkstück der Kirche, was sie bis heute für unvoreingenommene Besucher sowie Zeitungsreporter und Fernseh-Kamerateams geblieben sind.

In der Mittenwalder Sankt-Moritz-Kirche kann man eine Menge lernen über die Mark Brandenburg, über ihre Bitterkeit, Schönheit und Kauzigkeit. Bitter war Paul Gerhardts Zeit als Propst und Liederdichter nach dem Dreißigjährigen Kriege

Beispiele von Hausmarken und Innungszeichen des Chorgestühls

in Mittenwalde. Einmalig schön und alt sind beispielsweise der Altar und das Kirchenbuch und kauzig ist eben das aus dem 16. Jahrhundert stammende skurrile Chorgestühl, was in dieser verqueren Form mit seinen eigenartigen Schnitzereien darüber wohl in keiner anderen deutschen Kirche zu finden sein dürfte.

So sehen wir zwei verschieden breite Chorstühle, die für einen dicken und einen dürren Platzinhaber hergestellt wurden. Ausgehend von Cäsar, der nicht die Fetten, vielmehr die Bleichen, Hageren fürchtete, könnte man heute mit

Shakespeare sagen: »Laßt wohlbeleibte Männer um mich sein. Mit glatten Köpfen, und die nachts gut schlafen« (und mit Blick auf den dürren Nachbarn), »Der Cassius dort hat einen hohlen Blick, er denkt zuviel: die Leute sind gefährlich.«

Die im Schnitzwerk über den Köpfen der im Chorgestühl sitzenden Platzinhaber ornamental dargestellten Charaktermerkmale beziehen sich auf entsprechende Eigenschaften dieser Menschen in jener Zeit, deren Deutung uns heutzutage viele Rätsel aufgibt.

Einem phantasievollen Rätselraten sind also keine Grenzen gesetzt und ein ideenreiches Frage- und Antwortspiel könnte beitragen helfen, die Beweggründe aufzuhellen, die zur Herstellung dieses seltsamen Chorgestühls führten und was letzten Endes einige dieser farbig gehaltenen Schnitzwerksymbole für eine tiefere Bedeutung haben könnten.

Wer oder was könnte also eine derartig komische Darstellungsweise veranlaßt haben, den Stuhlinhaber unter einer Schnitzerei sitzen zu lassen, die einen Tierkörper zeigt, der versehen mit »Schweineschwänzchen« und »Hundeschnauze« zum »Schweinehund« wird?

Wollte etwa die Kirche einigen im Chorgestühl sitzenden Honoratioren der Stadt und Umgebung wegen ihrer unchristlichen Tugenden einen Spiegel vorhalten oder Denkzettel verpassen? Oder hatten die Stadtväter ähnliche Gelüste wie die Kirchenherren, einigen ihrer ach so honorigen Bürger in dieser Weise »Eins tüchtig auszuwischen«, was ja mit der Säkularisation Mitte des 16. Jahrhunderts auch im Brandenburgischen möglich geworden war? Gleichwohl, wer auch immer solche Ideen gebar und in die Tat umsetzen ließ, wer sich diesen eigenartigen Schnitzereien freiwillig oder unfreiwillig fügen mußte, wer unter einem durchsägten Herzen sitzen oder zwei sich streitende Personen (Mann und Frau) über seinem Kopf gefallen lassen mußte, diese mittelalterlichen Verkündigungen sollten die Menschenkinder so zeigen, wie sie waren, sind und ewig bleiben werden, nämlich unvollkommene Geschöpfe dieser Erde mit guten und schlechten Eigenschaften in einer Brust. Da nützt es auch nichts, sich die »schlechte Seite des Herzens« heraussägen zu wollen.

Mit Nestroy würde man heute sagen können: »Ich glaube von jedem Menschen das Schlechteste, selbst von mir, und ich habe mich noch selten getäuscht.«

Es ist anzunehmen, daß mit diesem originellen Schnitzwerk zugleich auch eine Verbildlichung des Denkens und Handelns einiger im 16. Jahrhundert lebender Mittenwalder unter Einbeziehung zum damaligen Zeitpunkt schon bekannter Schriften und geflügelter Worte erreicht werden sollte wie z. B.

»Was du nicht willst, das man dir tu,
das füg' auch keinem andern zu.«

»Wie du mir so ich dir, Auge um Auge,
Zahn um Zahn, Hand um Hand, Fuß um Fuß.«

»Es kann der Frömmste nicht in Frieden leben,
wenn es dem bösen Nachbar nicht gefällt.«
»Eifersucht ist eine Leidenschaft, die mit Eifer sucht, was Leiden schafft.«
»Eine Hand wäscht die andere.«
Wenn dem heutigen Betrachter dieser Schnitzereien Bilder entgegentreten, dessen Sinn und Zweck sich vielsagend deuten lassen, dann waren und bleiben diese Zeugnisse mittelalterlichen Zeitgeistes unter dem Denkspruch eines alten Tempels in Delphi für alle Zeiten menschlichen Daseins aktuell:
»Gnothi seauton« also »Erkenne dich selbst!«
Im sonstigen Kirchengestühl waren die Namen der Platzinhaber (siehe Bild oben: wer wo zu sitzen hatte) dauerhaft verewigt – und dies aus gutem Grund.
Freie Platzwahl auf Erden wie im Himmel ist nun mal mit der ach so freien Natur des Menschen unvereinbar. Erst eine feste »Kirchengestühlsitzordnung« konnte handfeste Auseinandersetzungen auf Rang und Würde bedachter dickköpfiger Mitglieder der Mittenwalder Kirchengemeinde um »ihre Plätze« vermeiden, was wiederum Klagen der Beteiligten beim Amtsgericht zu Mittenwalde mit all ihren Mühen und Kosten ersparte.
Unter den Besuchern auf ihren namentlich gekennzeichneten Stammplätzen der vor über 100 Jahren stets vollen Kirche sitzend, befand sich allsonntäglich auch die Schwiegermutter des Landwirts Adolf Ruhland, Auguste Hofmeister, geborene Heckert, der wir eine zeittypische Begebenheit verdanken, die für lange Zeit zu einem geflügelten Wort in Mittenwalde wurde.

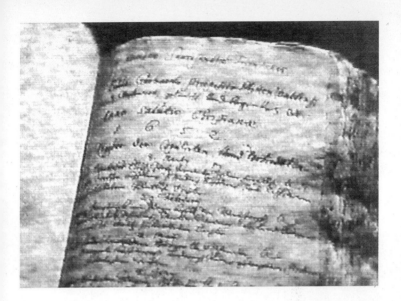

Der Gottesdienst war noch gar nicht so richtig in Schwung gekommen, als bereits die alte, ausgemergelte Frau in einen tiefen Schlaf versank, der in ein grauenhaftes Schnarchen mündete. Immer wieder versuchten die um die arme Frau herumsitzenden Kirchenbesucher, sie vom Einschlafen und nervenzerreißenden Schnarchen abzuhalten, und wie oft der Propst Sandmann bei seiner Predigt gebot, doch endlich Ruhe zu halten, ist nicht bekannt. Bekannt aber blieb lange Zeit der sich stets wiederholende Ausspruch der alten, abgehärmten Mutter Hofmeister, den sie nach energischem Wachrütteln seufzend im Mittenwalder Dialekt über ihre Lippen brachte: »Nu laß mi doch schloppen, der Kirchenschlopp is där eenzige, dän ick hebbe.« Und die Moral von der Geschicht', wer in der Kirche schläft, der schnarche nicht!

Das Mittenwalder Kirchenbuch reicht bis 1573[3] zurück. Aus der ältesten Zeit sind in der Hauptsache die Namen der Pfarrer erhalten. Zu verschiedenen Jahren (1577, 1593, 1598, 1630, 1631, 1639, 1641) finden sich Daten über die Pest. Daß Beerdigungen in der Kirche selbst stattfanden, geht gleichfalls aus dem Kirchenbuch hervor, doch baugeschichtlich wertvolle Daten enthält es nicht.

Dieses vermutlich älteste Kirchenbuch der Mark Brandenburg enthält von 1651 bis Neujahr 1657 laufende Eintragungen von Paul Gerhardt. Fontane

---

3 Rudi Möhring spricht an anderer Stelle dieses Buches von kirchlichen Eintragungen ab 1279 bis 1612 und wieder ab 1641/42 bis zur Gegenwart. (vgl. S. 243)

äußerte sich über die Schriftzüge Paul Gerhardts: »Seine Handschrift ist fest, dabei von Schwung und Schönheit«. Und da wir bei Fontane sind, seine persönlichsten Eindrücke zum »Inneren« der Mittenwalder Kirche erscheinen in einem gesonderten Abschnitt dieses Buches zu seinen »Wanderungen durch die Mark Brandenburg«.

Wie Fontane darin auf das Jahr 1781 als Entstehungsjahr des modernen neugotischen Turms kam, kann er uns nicht mehr sagen. Vielleicht ein Druckfehler? 1771/73 wurde zwar am Turm gebaut, seine heute noch bestehende moderne Form erhielt er jedoch erst 1877/78, nach Fontanes Aufenthalt in Mittenwalde.

Zwischen 1350 und 1450 entstanden durch Anbau bzw. Neubau der Chor (die Apsis), der als halbes Zehneck errichtet wurde, und das Sterngewölbe. Dazu heißt es in authentischen Quellen wie folgt:

Anfang des 15. Jh. kommt es zu umfangreichen Um-, An- und Neubauarbeiten mit erheblichen Erweiterungen an dieser Kirche. Es entstanden in der Halle ein neuer Umgangschor (Apsis) bei gleichzeitiger Erweiterung desselben mit einem als halbes Zehneck gebauten Chorumgang sowie der einheitlichen Gestaltung des hohen Kreuzgewölbes und dessen musterhafter Abdeckung in Form von Stern- und Netzrippengewölben. Die ersten vier Joche der heutigen Kirche mit nachträglich angebauten Strebepfeilern außen und Sechseckpfeilern mit Halbsäulenvorlagen innen gehen auf den ersten Bau aus dem 12./13. Jh. zurück.

Was bisher gesagt worden ist, war und bleibt deutsche Kirchengeschichte, und zwar unabhängig von weltanschaulichen Differenzen. Malereien, wie die von Riemenschneider bzw. seiner Schule am Altar, der Christuskopf auf dem Schweißtuch der hl. Veronika, der Paul Gerhardt inspirierte zu: »O Haupt voll Blut und Wunden/ Voll Schmerz und voller Hohn/ O Haupt zum Spott gebunden/ Mit einer Dornenkron«, und alle seine weiteren großartigen Lieder wurden zum unverzichtbaren Bestandteil deutscher Kulturgeschichte. Die besten seiner in Mittenwalde entstandenen Lieder wirken im Volke weiter; sie sind nicht mehr aus den Gesangbüchern sowie der Literatur- und Sprachgeschichte wegdenkbar.

Mehr über das Wirken Paul Gerhardts in Mittenwalde wissen und erfahren zu wollen, verlangt ein aufmerksames Lesen des ihm gesondert gewidmeten Abschnitts dieses Buches. Hier nur noch soviel, wie das die Ausstattung der Kirche betrifft. Das Bildnis Paul Gerhardts, von dem Fontane sprach, ist eine von einer gewissen Emma Mathieu gemalte Kopie. Das Original befindet sich in der Haupt- oder Stadtkirche (jetzt Paul-Gerhardt-Kirche) von Lübben. Die Kopie wurde der Mittenwalder Kirche 1827 von König Friedrich Wilhelm III. – wie es so schön heißt – geschenkt, tatsächlich jedoch vom Kulturministerium gestiftet, und befindet sich seit 1829 in dieser Kirche. Von den verschiedenen Epitaphien sei das Kinderepitaph (Grabtäfelchen) der kleinen Maria Elisabeth erwähnt, daß

Diese Inschrift ist von vier Engelsgesichtern eingerahmt

in der Nähe des Paul-Gerhardt-Bildnisses unweit der Sakristeitür hängt und nach einer älteren historischen Quelle (andere Quellen weisen geringfügige Abweichungen auf) wie folgt lautet:

Eine Grabtafel, die im Chor der Mittenwalder Kirche hängt, redet eine wahrhaft ergreifende Sprache. Die Inschrift lautet: »Maria Elisabeth Pauli Gerhardts damahligen Probstes allhier zu Mittenwalde und Anna Maria Bertholdin erstgebornes herzliebes Töchterlein, So zur welt kommen den 19. May Ao. 1656, und wieder abgeschieden den 14. January Ao. 1657, Hat allhier ihr ruhebettlein und dieses Täfflein zum gedächtnüß von ihren lieben Eltern. Genes. 47, V. 9. Wenig und böse ist die Zeit meines lebens.«

Eine Kirche wie die Mittenwalder ohne Orgel wäre genauso unvorstellbar wie eine Suppe ohne Salz. Der Prospekt der Orgel im Rokkoko-Stil aus dem Jahre 1787/88 stammt von dem Orgelbauer Grüneberg aus Brandenburg. Die Orgel selbst wurde 1959 durch Bau einer neuen mit 23 Registern, ausgeführt von der Firma Hermann Mule aus Bautzen, ersetzt.

Zitieren wir nochmals die genannte Quelle, dann heißt es dort:

Die Orgel, vor der ein schöner Renaissancekronleuchter mit dem Doppeladler hängt, zeigt die reizvollen Formen des 18. Jahrhundert. Von den Glocken war die eine 1480 gegossen worden, die andere von 1591 trug die Inschrift:

Ordnung

des Festgottesdienstes

anläßlich der

Einweihung von Kanzel, Taufstein und Orgel

in der St. Moritzkirche zu Mittenwalde (Mark)
am 27. September 1959

Bläser:	Eröffnungsstück . . . . Melchior Franck
Chor:	Lob Gott getrost mit Singen . . A. Gumpelzhaimer

Orgelweihe

Orgel: Deutsche Toccata . . . . Joh. Seb. Bach
Gemeinde: Nun jauchzt dem Herren, alle Welt!
Kommt her, zu seinem Dienst euch stellt,
kommt mit Frohlocken, säumet nicht,
kommt vor sein heilig Angesicht!
Erkennet, daß Gott ist unser Herr,
der uns erschaffen ihm zur Ehr,
und nicht wir selbst; durch Gottes Gnad
ein jeder Mensch sein Leben hat.
Er hat uns ferner wohl bedacht
und uns zu seinem Volk gemacht,
zu Schafen, die er ist bereit
zu führen stets auf gute Weid.
Die ihr nun wollet bei ihm sein,
kommt, geht zu seinen Toren ein
mit Loben durch der Psalmen Klang,
zu seinem Vorhof mit Gesang.
Dankt unserm Gott, lobsinget ihm,
erhebt seinen Nam'n mit lauter Stimm,
lobsingt und danket allesamt!
Gott loben, das ist unser Amt.
Liturg: Im Namen des Vaters und des Sohnes und des heiligen Geistes.
Gemeinde: Amen.
Liturg: Unsere Hilfe steht im Namen des Herrn,
der Himmel und Erde gemacht hat.
Psalmgebet
Chor: Ehr sei dem Vater und dem Sohn und dem Heiligen Geist.
Gemeinde: Wie es war im Anfang, jetzt und immerdar und von Ewigkeit zu Ewigkeit. Amen.
Chor: Kyrie eleison; Gemeinde: Herr, erbarme dich.
Chor: Christe eleison; Gemeinde: Christe, erbarme dich.
Chor: Kyrie eleison; Gemeinde: Herr, erbarme dich über uns.

Chor: Ehre sei Gott in der Höhe
Gem.: und auf Erden Fried, den Menschen ein Wohlgefallen.
Chor: Wir loben dich, wir beten dich an . . .
Liturg: Der Herr sei mit euch.
Gem.: Und mit deinem Geist.
Liturg: Gebet. Gemeinde: Amen.
Liturg: Verlesung der Epistel.
Chor: Halleluja, Halleluja, Halleluja. Ich will den Herren loben allezeit; sein Lob soll immerdar in meinem Munde sein.
Gem.: Halleluja, Halleluja, Halleluja!
Chor: Dir, dir, Jehova, will ich singen . . . . Joh. Seb. Bach
Gem.: Zeuch mich, o Vater, zu dem Sohne, damit dein Sohn mich wieder zieh zu dir; dein Geist in meinem Herzen wohne und meine Sinne und Verstand regier, daß ich den Frieden Gottes schmeck und fühl und dir darob von Herzen sing und spiel.
Chor: Verleih mir, Höchster, solche Güte . . .
Gem.: Denn der kann mich bei dir vertreten mit Seufzern, die ganz unaussprechlich sind; der lehret mich recht gläubig beten, gibt Zeugnis meinem Geist, daß ich dein Kind und ein Miterbe Jesu Christi sei, daher ich „Abba, lieber Vater" schrei.
Was mich dein Geist selbst bitten lehret, das ist nach deinem Willen eingericht' und wird gewiß von dir erhöret, weil es aus dem Namen deines Sohns geschicht, durch welchen ich dein Kind und Erbe bin und nehme von der Gnad um Gnade hin.
Liturg: Ankündigung der Evangeliums.
Gem.: Ehre sei dir, o Herre.
Liturg: Verlesung des Evangeliums.
Gem.: Lob sei dir, o Christe.
Liturg und Gemeinde: Glaubensbekenntnis.
Chor: Herr Christe, zu mir geben . . . . . . Johann Eccard
Predigt: Generalsuperintendent D. Braun.
Gem.: Ich selber kann und mag nicht ruhn,
des großen Gottes großes Tun erweckt mir alle Sinnen;
ich singe mit, wenn alles singt und lasse, was dem Höchsten klingt, aus meinem Herzen rinnen.

Abkündigungen.
Gem.: Welch hohe Lust, welch heller Schein wird wohl in Gottes Garten sein! Wie muß es da wohl klingen, da soviel tausend Seraphim mit unverdroßnem Mund und Stimm ihr Halleluja singen.
O wie ich da, o süßer Gott, o süßer Gott, vor deinem Throne und trüge meine Palmen;
So wollt ich mit nach der Engel Weis' erhöhen deines Namens Preis mit tausend schönen Psalmen.
Doch gleichwohl will ich, weil ich noch hier trage meines Leibes Joch, auch nicht gar stille schweigen;
mein Herze soll sich fort und fort an diesem und an allem Ort zu deinem Lobe neigen.
Hilf mir und segne meinen Geist mit Segen, der vom Himmel fleußt, daß ich dir stetig blühe;
gib, daß der Sommer deiner Gnad in meiner Seele früh und spat viel Glaubensfrücht erziehe.
Mach in mir deinem Geiste Raum, daß ich dir werd ein guter Baum, und laß mich Wurzel treiben;
verleihe, daß zu deinem Ruhm ich deines Gartens schöne Blum und Pflanze möge bleiben.
Liturg: Fürbittegebet.
Liturg und Gemeinde: Vaterunser.
Gem.: Weil denn weder Ziel noch Ende sich in Gottes Liebe findt, sich, so holt sich meine Blöde zu dir, Vater, als dein Kind, bitte, wollst mir Gnade geben, dich aus aller aller meiner Macht zu umfangen Tag und Nacht hier in meinem ganzen Leben, bis ich dich nach dieser Zeit lob und lieb in Ewigkeit.
Liturg: Segen.
Gem.: Amen, Amen, Amen.
Orgel: Choralfuge „Allein Gott in der Höh' sei Ehr'
Joh. Seb. Bach

(Die Gemeinde wird gebeten, erst nach Anhören dieses Stückes die Kirche zu verlassen.)

»verbum domini manet in aeternum« (vgl. v. Ledebur, Märkische Forschungen, VI, 122 f.), doch beide hat man leider 1876 umgegossen.

Indes wollen wir bei den Kirchenglocken von 1876 nicht stehen bleiben.

Im Laufe des Zweiten Weltkrieges wurde das Problem der Behandlung von Glocken zum Zwecke des Einschmelzens zu »Kanonen statt Butter« einfach so gelöst: sie wurden aus den Kirchen gestohlen. Als Schulbuben staunten wir nicht schlecht, als um 1940 mittels eines vor der Kirche errichteten Holzturmes die Kirchenglocken heruntergeholt und abbefördert wurden, während man diese Glocken durch ein großes Eisenrohr ersetzte. Tage später lag dieser Holzturm vom Sturm umgerissen in Trümmern vor der Kirche – leider waren die Glocken schon über alle Berge. Fortan hörten die Mittenwalder anstelle der großartig klingenden Kirchenglocken nur noch ein jammervolles Gebimmel des Eisenrohres, welches zugleich auch die geschlagenen Zeiten der Turmuhr akustisch zu verkünden hatte. Schließlich gab auch die weithin sichtbare Kirchturmuhr ihren Geist auf und das Gescheppere der Glockenschlägel am Eisenrohr erwies sich noch über lange Jahre als ein unzumutbarer Nervenkitzel und natürlich für die zum Gottesdienst gerufenen Gläubigen als eine pure Beleidigung.

Vom starken Beschuß der Mittenwalder Kirche in den letzten Kriegstagen durch die Rote Armee und den Folgen dieses Beschusses hörten wir bereits. Aber nicht nur die Kirche trug arge Beschädigungen davon, sondern auch eine Reihe Mittenwalder Häuser. Einige Menschen wurden getötet bzw. verletzt. So erlitt beispielsweise die Mutter von Wilfried Fischer durch einen von der Kirche herabsausenden Granatsplitter eine glücklicherweise nicht lebensbedrohende Verletzung der Brust.

Natürlich ist den älteren Einwohnern Mittenwaldes und Umgebung noch in guter Erinnerung, daß sich eingangs der Kirche Gedenktafeln für die in den Kriegen (z. B. 1812/13) gefallenen Bürger befinden.

Kehren wir nochmals kurz in vergangene Zeiten zurück, sind doch die Begebenheiten im Zusammenhang mit Ausstattungsgegenständen der Kirche zu Zeiten des Dreißigjährigen Krieges besonders erwähnenswert. So sind mehrere künstlerisch wertvolle Altarleuchter aus Messing, in den typischen Formen des 17. Jahrhunderts, die verschiedenen Kelche aus Silber und nicht zuletzt die messingne, 1632 von der Familie Suasius gestiftete Taufschlüssel zu nennen.

Im Jahre 1637 ist Mittenwalde von den Schweden völlig ausgeplündert worden. Dabei wurde der Mittenwalder Propst Gallus Lutherus, als er vor den marodierenden Landsknechten wertvolles Kirchengut retten wollte, vor dem Altar erschossen.

Ein Jahr später brannte die Stadt bis auf sechs Häuser vollständig nieder. Die Blütezeit der Stadt und die Bedeutung der Kirche als Zentrum der ganzen Region, die Mittenwalde vor dem Dreißigjährigen Kriege erlebte, waren damit unwiederbringlich dahin. Was sonstige bzw. neue oder veränderte Ausstattungsstücke der Kirche betrifft, wären dazu noch zu erwähnen: die Kanzel von 1579 und die Taufe von 1620 (mit Taufschale von 1632), die der Renovierung in den Jahren von 1862 bis 1877 zum Opfer fielen, und die jetzige Kanzel, die 1959 vom Bildhauer Albrecht Scheck aus Frankfurt/Oder entworfen und geschaffen wurde.

Der derzeitige Taufstein wurde nach dem Entwurf des Kirchenoberbaurats Richter gleichfalls im Jahre 1959 vom Mittenwalder Steinbildhauer Heinz Fluthwedel hergestellt. Das Material, aus dem Kanzel und Taufe ausgeführt sind, ist Pirnaer Elbsandstein.

Die neuen Paramente (Behänge) entstammen in Entwurf und Ausführung der Hand von Frau Dora Kargel aus Frankfurt/Oder.

Die modernen, figürlich verglasten Chorfenster sind von Gerhard Olbrich geschaffen und von der Firma Franz Lehmann aus Berlin-Weißensee 1955 hergestellt worden. Das Thema der Fenster ist der dreifache Dienst der Kirche, und

Aus dem Konfirmationsblatt von 1939

Altarkelche

zwar: Mittelfenster, rote Grundfarbe = Gebet (Leiturgia), linke Fenster, blaue Grundfarbe = Zeugnis (Martyria) und rechte Fenster, grüne Grundfarbe = Dienst (Diakonia).

*Die St.-Georg-Spitalkapelle dankt ihrer Entstehung
dem nördlich der Stadt wüst gewordenen Ort »Wierichsdorf«
(deserta villa Wiritstorp)*

Vor dem Köpenickschen (Berliner) Tor wurde 1394 ein seit alters bestehendes Hospital der Hl. Laurentius, Georg und Nikolaus sowie die Spitalkapelle St. Georg erneuert bzw. neu gebaut.

Also zwei verschiedene Dinge.

Wenn vom Hospital gesprochen wird, dann besteht dieses nicht mehr, so wie auch ähnliche alte Einrichtungen (wie z. B. Siechenhäuser, Armenhäuser).

Schenken wir dem alten Hospital trotzdem noch einige Bemerkungen: Es wurde zeitgleich mit dem Bau der Spitalkapelle im Jahre 1394 erneuert. In einer alten Quelle heißt es weiter:

Das Protokoll über eine Visitation des Stadthospitals zu Beginn der Regierung Johann Georgs (1571-1598) besagt, viele kranke Leute wurden auf den Gassen und Straßen gefunden. Die Visitatoren verordneten, man sollte »notdürftiglich« für ihren Unterhalt sorgen und, wenn sie sterben, so-

viel als zum Begräbnis die Notdurft erfordert, aus dem »gemeinen Kasten« nehmen (Sp. 165).

Aus damaliger politischer Sicht war der Landbesitz städtischer kirchlicher Institutionen, besonders der Spitäler, eine Vorstufe städtischen Territoriums und damit ein »Faustpfand« zur Erhöhung der städtischen Einflußsphäre im Kampf gegen die weltlichen Grund- bzw. Stadtherren.

Dazu muß man wissen, daß die Praxiswirksamkeit der Kirche vor der Reformation zum überwiegenden Teil aus zahlreichen Schenkungen und Stiftungen resultierte.

So gab es damals fast in jeder Stadt außerhalb ihrer Mauern Hospitäler mit dazugehörenden Spitalkapellen. Als »gesunder« Bürger in der Stadt wollte man mit Elend, Armut, Gebrechen, Krankheit und Siechtum der davon betroffenen Menschen vor den Toren der Stadt nichts gemein haben. Ursprünglich hatte das Mittenwalder Hospital noch die kanonische und bruderschaftliche Zweckbestimmung, allen Notleidenden – den Einheimischen wie Fremden – unentgeltlich offen zu stehen. In späterer Zeit änderte sich diese Funktion, indem dieses Spital dann nur noch der städtischen Wohlfahrtspflege für die eigenen Bürger zu dienen hatte, die sich allerdings ihre Pflege- bzw. Altersplätze erkaufen mußten, sofern sie dazu noch in der Lage waren.

Die Giebel der St. Georgskapelle, die auch als »Siechen-Kapelle« galt und in der als »St.-Georgen-Spital-Kirche« auch Gottesdienste gehalten wurden, kann heute auf eine 600jährige bewegte Geschichte zurückblicken.

Frühzeitig war die Gemarkung des schon im 14. Jahrhundert laut Landbuch (Lb 39) wüst gewordenen Dorfes Wirikstorff, auch Wierichsdorf genannt, dessen Name heute noch auf Flurkarten fortlebt (vgl. Be II, 517), zu der Stadt geschlagen worden. Die Einkünfte der dortigen, ganz verfallenen Kirche verlieh 1394 Bischof Heinrich von Brandenburg auf Ansuchen des Rates an eine vor der Stadt zu erbauende Kapelle (R XI, 236).

»Der Rat zu Mittenwalde gründet und dotiert am 17. August 1394 eine Hospitalkapelle« vermerkt dazu die Chronik und weiter heißt es in alten Quellen darüber:

Die Siechenkapelle war außerhalb des Tores, das man das »Kopenicksche Dur« nannte, zu Ehren der Heiligen Lorenz und Georg, des Bischofs Nikolaus und der heiligen Jungfrauen Barbara und Dorothea 1394 neu errichtet worden, und zwar auf einem mit Obstbäumen bestandenen Gartengelände, das in der Urkunde als horti frondium seu pomorum bezeichnet wird; die Ländereien des untergegangenen Dorfes Wierichsdorf wurden als Ausstattung überwiesen (R XI, 236).

Interessant, welche Namen dieser Kapelle aus unerfindlichen Gründen noch in anderen Quellen fälschlicherweise zugebilligt werden, wie z. B. »Heilig-Geist-

Kapelle« oder »St.Jürgenkapelle« und in welche Zeit ihr Bau gelegt wurde, so z. B. erst ins 15. Jahrhundert. Hospitalkapellen wurden allerorts Märtyrern geweiht, in unserem Raum besonders dem heiligen Georg, dem Schutzpatron der Reisenden, so auch in Mittenwalde.

Wer aufmerksam durch das Berliner Tor stadtauswärts späht, sieht im Hintergrund einen aufragenden Giebel, der seine eigene Geschichte hat. Dieser dort unweit vor dem Berliner Tor gelegene kleine spätgotische Backsteinbau mit blendengeschmücktem Ost- (Zier-)giebel und geradem Chorschluß aus dem Jahre 1394 ist die ehemalige Spitalkapelle St. Georg, die heutzutage als Friedhofskapelle genutzt wird und 1993/94 rekonstruiert wurde. Danach soll diese Kapelle wie ehemals wieder ein im Grundriß rechteckig angelegter Bau werden, bei dem der Verband der Backsteine im sog. Klosterformat ebenso wie bei den noch erhaltenen Befestigungswerken der Toranlage einen ziemlich regelmäßigen Wechsel von 2 Läufern und einem Binder zeigt.

Die Georgskapelle sah schlimme Zeiten. So wurden die Mittenwalder Seuchenleichen während bzw. nach Seuchenepidemien in dieser Spitalkapelle aufgestapelt und viel später beerdigt. Erst mehrere Jahre nach dem Ende des Dreißigjährigen Krieges wurde die Erdbestattung der sterblichen Überreste der Pestopfer aus dieser Zeit vorgenommen.

Diese Kapelle benutzten dann die Franzosen als Strohmagazin, späterhin wurden hier Bretter aufbewahrt. Erst im Jahre 1874/75 wurde sie zu einer Leichenhalle ausgestaltet, wobei man die Reste mittelalterlicher Freskomalerei mit Darstellungen biblischen Inhalts übertünchte. Die Kreisverwaltung hat seinerzeit Sorge getragen, daß der Anblick der Stadt, den man von dieser Kapelle aus hat, nicht allzusehr verunstaltet werden kann, denn sie hat das Grundstück westlich vor dem Berliner Tor angekauft und diesen Platz dem Staate geschenkt, unter der Bedingung, daß das hier neu zu errichtende Amtsgericht sich der Gesamtstimmung anpaßt.

In ihrem Artikel »Die Hospital-Kapelle St. Georg und das Hospital in Mittenwalde« im Heimatkalender 1996 geht Frau Vera Schmidt (Vorsitzende des Heimatvereins Mittenwalde) noch ausführlicher auf die vorstehende Thematik ein.

Heutige Besucher dieses Platzes brauchen viel Phantasie über das Aussehen der Flur nördlich der Stadt und somit der Baustelle der Spitalkapelle vor 600 Jahren.

Nördlich vom Berliner Tor liegt eine geschlossene, zur Stadt gehörige Feldmark von 26 Hufen – zu je 30 Morgen – mit einer 23 Morgen großen wüsten Dorfstelle. Der Name »das Wendisch-Ragowsche Feld« läßt darauf schließen, daß hier einst ein Dorf Wendisch-Ragow gelegen war, im Gegensatz zu dem das heute noch bestehende Ragow den Beinamen »Deutsch« führte. Frühzeitig hatte die Stadt sich in den Besitz des letzteren Ortes ge-

setzt, indem sie hierin dem Beispiele vieler anderer märkischer Städte, die oft sogar mehrere Dörfer erworben hatten, folgte. Daher beginnt das Schoßregister von 1451 mit den Worten: »Rogow hort der Stat Mittelwalde« (SchR, 262).

Darüber, daß das Baugelände einstmals zur Pfarrkirche des wüst gewordenen Ortes Wierichsdorf gehörte, wurde bereits zuvor berichtet, so daß nur noch die Frage erlaubt bleibt, was man unter »Wüstwerden« zu verstehen hat. Die Ursachen für das Wüstwerden ganzer alter wie auch neuer Orte waren zu damaligen Zeiten fast nur in wirtschaftlichen Zwängen zu suchen (karger Sandboden mit zu geringen Erträgen). In folgenden Jahrhunderten konnten aber ganze Landstriche mit ihren Ortschaften infolge kriegerischer Ereignisse »wüst« werden. Noch heue erinnern solche Ortsnamen, wie z. B. »Wüstemark« an derartige Ereignisse. Wenn wir etwas weiter von der Kapelle aus in nördliche Richtung gehen, wo wir den Zülowkanal überbrückend Pittchenmühle und das heutige Ragow erreichen, finden wir in ihm einen Ort, der bald Mittenwalde zu seiner südlichen Vorstadt machen könnte, früher jedoch einmal Mittenwalde gehörte.

Die Burg als »dat nuwe Hus vor Middenwolde« und das landesherrliche Schloß existieren nicht mehr

Die nach 1157 unter den Wettinern in Mittenwalde entstandene frühdeutsche Burg hatte einen slawischen Vorläufer, und zwar nördlich des Nottefließes auf dem Pennigsberg. Darüber hinaus weisen alte Quellen darauf hin, daß auch südlich des Grenzflusses Notte als Gegenstück zur anderen Seite burgähnliche Befestigungsanlagen (ursprünglich des slawischen Stammes der Lusizi und dann der wettinischen Markgrafen der Lausitz in Meißen) auf dem Mühlenberg vorhanden waren. Der Kampf zwischen den Wettinern und Askaniern um das »castrum Middenwolde« endete mit einem Sieg der Brandenburger, in dessen Ergebnis 1245 (Ende des Teltowkrieges) Mittenwalde endgültig und für immer brandenburgisch wurde. Die Grenzburg auf dem Mittenwalder Hausgrabenberg wurde als »Port der Mark gen die Lusitz« Mitte des 14. Jahrhunderts neu erbaut oder nur als ehemalige slawische bzw. frühdeutsche Burg erneuert. Feststellungen darüber in der Geschichte des Teltow besagen:

Die Burg war wahrscheinlich links der Notte, an der Südseite des Mauerringes, dort, wo sich ehedem der – heute abgetragene – Hausgrabenberg erhob, gelegen. Ebenso wie in Rathenow, Perleberg und anderen Städten der Mark haben sich auch hier von diesem urkundlich mehrfach bezeugten castrum keinerlei Spuren erhalten. Um die Mitte des 14. Jahrhunderts wurde anscheinend die Burg neu erbaut, und ausdrücklich wird in einem Vergleiche zwischen den bayerischen Markgrafen und den Städten und Mannen der Mark ausgemacht, daß die Berliner »dat nuwe Hus vor Middenwolde« besetzen sollten (Fidicin, Hist.-dipl. Beiträge IV, 34); also lag hier vermutlich ein mit Warten versehenes, von Wall und Gräben umgebenes Haus, das einer Verteidigungsmannschaft Unterkunft und Schutz zu gewähren vermochte.

Als die Stadt im Laufe der Zeit ihre Befestigungen weiter ausbaute, verlor das »Haus« immer mehr seine eigentliche Daseinsberechtigung und geriet in steigenden Verfall. Schon im 16. Jahrhundert scheint es dem Erdboden gleich gewesen zu sein, und nur der Name Burgstraße erinnerte eine Zeitlang daran. Doch selbst noch in den Akten des 18. Jahrhunderts kehrt der Ausdruck Burglehen wieder, und in den Tagen des Soldatenkönigs behauptete der General Freiherr von Schlabrendorff, der ein Haus in der Stadt gekauft hatte, deshalb steuerfrei zu sein, weil sein Grundstück die Eigenschaft eines Burglehens habe: so war dies eine letzte Erinnerung an das mittelalterliche »Castrum« (StA, Rep. 21, 98).

Wenden wir uns von der Burg dem Schloß zu, welches auch auf dem Hausgrabenberg gelegen und dem Kaiser Karl IV. gedient haben soll. Überliefert sind darüber folgende Aussagen:

Im landesherrlichen Besitz befand sich das Schloß zur Zeit der Abfassung des Landbuches Kaiser Karls IV., um 1375. Seine Einkünfte, gegen frühere Zeiten sehr geschmälert, bestanden in 5 Wispel Roggen aus den Mühlen, 12 Schock Groschen vom Zoll, ferner in der Bede von den Dörfern Tempelhof, Mariendorf, Marienfelde und Jühnsdorf. Diese 4 Ortschaften hatten zusammen mit Lichterfelde und Rudow Wagendienste, deren Wert auf ein Schock Groschen angeschlagen wurde, zu leisten. In der Stadt selbst besaß der Markgraf das oberste Gericht, außerdem an Hebungen 5 Talente vom Rathaus (pretorium consulum) und 10 Mark Silber an Orbede. Die Summe aller landesherrlichen Einkünfte belief sich auf etwa 55 Schock Groschen, die dem Burgkommandanten Dominus Hanco zuflossen, mit Ausnahme der Einnahmen aus der Orbede und dem Zoll oder dem Geleit, die sich der Markgraf vorbehalten hatte (Lb 20, 29; vgl. Sp, 69). Mehrfach nahmen hier fürstliche Herrschaften vorübergehend Aufenthalt. Verschiedene Rechnungen sind erhalten, aus denen hervorgeht, daß z. B. am Sonnabend vor Misericordiä 1344 und am darauffolgenden Sonntag Markgraf Ludwig der Ältere aus Wittelsbachischem Hause mit seinen Räten (Dominus marchio cum suis consiliariis) zum Frühstück, ferner in Küche und Stall, an Wein, Brot und Bier für 37 Talente und 4 Schilling verbrauchte. Ein anderes Mal befand er sich ebendort in Gesellschaft des Burggrafen Johann von

Nürnberg (Burggravius de Norinburg), eines Vorfahren der späteren Hohenzollernschen Markgrafen, wobei die Kosten des Unterhalts der Herrschaften auf 12 1/2 Pfund 3 Schilling 2 Pfennig angegeben werden (vgl. R, C I, 17 f.).

Das Berliner Tor mit Rundturm

Wenn wir uns heute vergegenwärtigen, wie vor knapp 100 Jahren die alte Torbefestigung auf der Nordseite der Stadt beschrieben aber auch baulich verbessert wurde, bietet der folgende Text darüber eine bemerkenswerte Studie:

Freilich die noch um 1850 »beträchtlich hohe, von großen Geschieben aufgeführte Mauer« ist bis auf ihren letzten, vor anderthalb Jahrzehnten noch erhalten gewesenen, etwa 10 m hohen Rest leider verschwunden, und nur die Niederung mit ihren Gärten erinnert noch an sie. Von der alten Torbefestigung auf der Nordseite der Stadt hat sich nur ein kleiner Rest der ursprünglich sehr umfangreichen Anlage erhalten, nämlich die nördliche Stirnwand des Außentores, ferner 2 seitliche, den Weg zwischen Außen- und Innentor säumende Mauerreste und ein zugehöriger Rundturm. An dem noch erhaltenen Teile des Außentores ist der Unterbau mittelalterlich, die obere Hälfte wurde 1865 z. T. wieder hergestellt und weist einen mit 2 spitzbogigen Blenden und Maßwerk geschmückten Giebel sowie zwei nur unvollständig erhaltene Ecktürmchen auf. Der Rundturm wurde, da er, wie aus der Abbildung in Bergaus Kunstdenkmälern (S. 529) erhellt, sehr stark in Verfall geraten war, vor einem Jahrzehnt durch den damaligen Provinzialkonservator Bluth völlig ausgebaut, unter Hinzufügung eines Zinnenkranzes und einer Kegelspitze.

Aufnahmen von vor ca. 100, 50 oder nur wenigen Jahren lassen auffallende Veränderungen an diesen Denkmalen in nur einem Jahrhundert erkennen. Was muß sich alles an und mit diesen Bauten abgespielt haben, wenn wir dem letzten Jahrhundert die etwa fünf Jahrhunderte gegenüberstellen, in denen zuvor Tor, Turm und Stadtmauer Geschichte schrieben? Tatsächlich sind vom eigentlichen Stadttor in seiner ursprünglichen Gesamtanlage nur noch das Vortor, eine Mauer und der Hauptturm übriggeblieben. Der Zahn der Zeit nagte mit Erfolg an den großen Feld- und Backsteinen und hinterließ bis vor Jahren sichtbare Spuren des Verfalls.

Glücklicherweise wurde hier unter denkmalpflegerischen Gesichtspunkten restauriert und kundigen Besuchern zeigt sich wie eh und je neben vielen anderen Details der sogenannte Wetter- oder Regenstein, an dem Eingeweihte das Wetter drei Tage im voraus vorhersagen können.

Das Berliner Tor in ungewöhlicher Perspektive

Ob wir uns dem Berliner Tor und seinem Hauptturm, dem sogenannten Pulverturm zuwenden, der einst zum nicht mehr erhalten gebliebenen Haupttor gehörte und im Mittelalter zur Verwahrung elender Schurken und Verbrecher als »Stadtgefängnis« diente oder anderen Resten aus mittelalterlicher Zeit, überall begegnen wir der alten Geschichte der Stadt und ihrer Bewohner.

Sehen wir uns den Rest der mittelalterlichen Stadtbefestigung näher an, läßt sich dazu folgendes sagen: Das Berliner Tor (Vortor) ist ein rechteckiger, zur Stadtseite offener spätgotischer Backsteinbau des 15. Jahrhunderts mit aufgesetzten Ecktürmen und einem Giebel, der als Ziergiebel zwischen den Rundtürmen ausgebildet wurde. Der Pulver- oder Mauerturm entstand bereits als ein zum nicht mehr vorhandenen Innentor dieser Anlage gehörender spätmittelalterlicher Rundturm aus dem 14. Jahrhundert (Baumaterial: Findlinge und darauf Backsteine). Der mächtige runde Turm des ehemaligen Haupttores erhielt 1898/99 endgültig sein heutiges Aussehen, indem ihm Zinnenkranz und Kegel-

Pulverturm und Berliner Tor

dach aufgesetzt wurden. Auf einem alten Bild sehen wir ihn noch ohne Dachabschluß.

Die Mauer zwischen Turm und Vortor verkörpert den Verlauf der alten Zwingermauer. Eine dort befindliche Bank, auf alten Tonnen stehend, läßt auf diesen Daten der Mittenwalder Stadtgeschichte erkennen. Das Vortor läßt sich als ein riegelartig die Straße sperrender Bau begreifen. Da bereits vom hübschen Ziergiebel des Vortores die Rede war, bliebe noch zu ergänzen, daß dieser, von drei Ziertürmchen mit Maßwerk gekrönt, dem Bau über den beiden schlanken niedrigen Rundtürmen einen würdigen und den Blick fesselnden Abschluß gibt. Wer näher hinschaut: Überreste ehemaliger »Pechnasen« über dem noch sehr gut erhaltenen Tor und mit etwas Phantasie auch von der Stadtmauer mit dem »Wehrgang« zeugen als Reste alter Verteidigungseinrichtungen von der mittelalterlichen Wehrtüchtigkeit längst vergangener Städtebürgerschaften.

Wer vor allem in den letzten Jahren Presse, Rundfunk und Fernsehen verfolgte, konnte so einiges zur Historie Berliner Umlandstädte erfahren. In fetten Lettern und tollsten Bildaufmachungen wurde und wird weiterhin als Wahrzeichen von Mittenwalde das mittelalterliche Stadttor (also das Berliner Tor) und der Pulverturm als wuchtiger Hauptturm des Berliner Tores vorgestellt.

Auf dem Markt sind sogar Bücher über historische Sehenswürdigkeiten der Mark Brandenburg mit Berliner Tor und Mauer- oder Rundturm an diesem Tor von Mittenwalde auf der Titelseite in Großformat erschienen, ohne über die Stadt und diese Denkmäler selbst im Buch etwas auszusagen. Das Motiv scheint frappierend für solch eine ins Auge springende Verlagswerbung zu sein. Und in der Tat, im Vergleich zu westdeutschen Gefilden weist die an kulturhistorischen mittelalterlichen Bauten arme Mark Brandenburg bis auf Ausnahmen sehr wenig auf. Diese Ausnahme ist die Stadt Mittenwalde, die ihren mittelalterlichen Charakter im wesentlichen bis in die Neuzeit noch erhalten konnte – und dies nicht nur mit Tor und Turm.

Zur Geschichte des Mühlentores

An altertümlichen Bauten Interessierte erwarten an dieser Stelle, den Blick gen Süden wendend, Antworten auf: Wie war das nun mit dem Mittenwalder Mühlentor, wo stand es, wie sah es aus, wann wurde es abgerissen und warum?

Herr Dieter Fraubach verfaßte darüber den folgenden Beitrag, den ich gern hier ungekürzt wiedergeben möchte:

Stadt-Torgeschichten – Ein Beitrag aus der Heimatgeschichte Mittenwaldes
Seit einigen Monaten ist das Stadttor von Mittenwalde eingerüstet. Der Verkehr wird um den mächtigen Pulverturm herumgeführt. Fleißige Bauleute sind dabei, das Berliner Tor oder auch Köpenicker Tor, wie es früher einmal hieß, unter denkmalpflegerischen Gesichtspunkten zu restaurieren. Die großen Ziegelsteine sind durch den Zahn der Zeit abgenagt und werden erneuert bzw. wo noch möglich, frisch verfugt. Durch dieses Stadttor und die noch vorhandenen mittelalterlichen Stadtmauerreste nimmt Mittenwalde eine Sonderstellung unter den Städten des ehemaligen Teltow ein. Als Cöpenicker Tor wurde die Wichtigkeit der Straße zwischen Mittenwalde und dem Spreeübergang nach Berlin in diesem Namen verkörpert.

Vom eigentlichen Stadttor ist leider in der Hauptsache nur das Vortor, ein Stück der Mauer und der Pulverturm erhalten geblieben. Vielen Touristen und einheimischen Bürgern erläuterte der Ortschronist und Heimatforscher von Mittenwalde, Herr Rudi Möring, in den 60er und 70er Jahren Besonderheiten z. B. des Wettersteins, der in den Pulverturm eingelassen ist und an dem Kundige das Wetter 3 Tage im voraus vorhersagen können. Vielen Mittenwalder Bürgern ist dies bekannt. Doch wer von den heute Lebenden kann sich eine Vorstellung vom Aussehen des an der gegenüberliegenden Stadteinfahrt gestandenen Mühlentores machen?

Als ehemaliger Mittenwalder Bürger fühle ich mich der Geschichte dieses Städtchens sehr verbunden, und möchte Interessenten das mir Bekannte nicht vorenthalten.

Das Mühlentor im Jahre 1838

Die einzige Abbildung der Reste des Mühlentores in Mittenwalde ist nach einer Original-Pastellzeichnung angefertigt (s. unser Foto). Herr Dr. W. Hoppe berichtete über das Auffinden dieser Zeichnung im Teltower Kreiskalender folgendes: »Nun spielt uns ein günstiger Zufall eine Pastellzeichnung in die Hände, die uns von dem Mühlentor Kunde aus dem Jahre 1838 gibt.« Herr Bruno Mertens in Mittenwalde schreibt zu dem stimmungsvollen Bilde beachtenswerte Zeilen: »Ich erhielt das Bild vor 30 Jahren von einer alten Dame, deren Familie über 70 Jahre in dem Hause meiner Väter gewohnt hat und nehme an, daß ein Besucher des Hauses zum Zeitvertreib es verfertigte.«

Das Bild zeigt rechts die Stadtmauer, sie würde heute in die Mühlengasse hineinragen, und dahinter das ehemalige Mittenwalder Armenhaus, das 1850 wegen Baufälligkeit verkauft wurde. Davor ist das neuerbaute Mühlengebäude nicht zu übersehen. Die alte Mühle ist 1833 durch ein Feuer zerstört worden. Auf der linken Seite befand sich in Richtung des Hausgrabenbergs das Steuerhaus.

Die Stadtmauerreste, etwa 30 cm lang, fielen aus Anlaß der Errichtung des ersten Hauses an der Baruther Vorstadt, dessen damaliger Besitzer der praktische Arzt Herr Dr. Schönberg wurde.

Das Torgebäude soll die gleichen Abmaße wie die des Berliner Tores gehabt haben; die Durchfahrt in Höhe und Breite nur 3,12 cm. Das war der wichtigste Grund für den Abriß des Stadttores im Jahre 1853. Das geschichtsträchtige Mühlentor mußte dem wachsenden Verkehr weichen. Jedoch verblieben noch bis 1883 zwei einfache Torpfeiler, die im selben Jahre niedergelegt wurden und somit das Mühlentor gänzlich verschwunden war. Mit dem Tor verschwanden nach und nach auch alte Stadtmauerreste bis auf den Teil am Berliner Tor. In der Gaststätte »Zur Post« Yorckstraße 55, in Mittenwalde, hängt eine farbenprächtige Zeichnung des Mühlentores, die Herr Rudi Möring dem Besitzer Herrn Heyme gestiftet hat.

Die sparsame Wirtschaft der Stadtväter von Mittenwalde war übrigens die Ursache für das Verschwinden der Stadtmauer. Brauchte die Stadt zu irgendwelchen Zwecken Steine, so wurden sie der Stadtmauer entnommen. Um 1850 war nur die Große Straße, die heutige Yorckstraße, gepflastert. Alle übrigen Straßen wurden zur damaligen Zeit mit den Steinen der Stadtmauer befestigt. Etwa die Hälfte der noch vorhandenen Mauer wurde abgerissen, um 1861 die Chaussee zwischen Mittenwalde und Groß Machnow zu bauen.

Wie massiv und ergiebig die Mittenwalder Stadtmauer einst war, läßt sich daran ermessen, daß noch 1876 für den Bau der Straße von Mittenwalde nach Königs Wusterhausen Steine abgegeben werden mußten.

Gut erkennbar auf der Abbildung des Mühlentores ist die einfache Gestaltung des Sankt Moritz-Kirchturmes. Heute ist er gleichfalls eingerüstet und wird restauriert. Außerdem werden die Schäden des Zweiten Weltkrieges behoben. Dieser in seiner heutigen Ansicht weithin grüßende mächtige Kirchturm wurde erst 1878 durch einen Neubau ersetzt.
Dieter Fraubach (1992)
Anm.: Der von Herrn Fraubach genannte Herr Möring schreibt sich mit »h«.

Das Jahn-Denkmal auf dem Salzmarkt

Betrachter dieser alten Ansichtskarte sehen auf dem fast dreieckigen Mittenwalder Salzmarkt das, jetzt unter Denkmalschutz stehende, steinern-wuchtige, aus Muschelkalk gefertigte Jahndenkmal vor der riesigen uralten »Jahneiche« von 1816 (zum Gedenken an die Befreiung von napoleonischer Fremdherrschaft), im Hintergrund die Paul-Gerhardt-Straße, am linken Bildrand das damalige Rathaus mit Sitz des Bürgermeisters und der Stadtkämmerei sowie an der rechten Seite das älteste Haus der Stadt.

Viele Besucher dieses historischen Salzmarktes, auf dem am 13. Juni 1539 Paul Stolz hingerichtet wurde, werden mehr über den Mann wissen wollen, dem zu Ehren die Mitglieder des Mittenwalder Männerturnvereins »Friedrich Ludwig

Mittenwalde-Mark, Salzmarkt mit Jahn-Denkmal

Jahn« aus Anlaß seines 50jährigen Bestehens 1913 das genannte Denkmal geschaffen haben.

Über General Yorck, dessen Büste über der Eingangstür des Hauses in der Yorckstraße 45 steht, ist ja einiges bekannt; indes erinnert man sich am Jahndenkmal bestenfalls daran, daß er als »Turnvater« in die Geschichte einging und an den Turnerwahlspruch »Frisch, frei, fröhlich und fromm – ist des Turners Reichtum«.

Ob nun Yorck oder Jahn, beide waren Zeitgenossen der Befreiungskriege und beide verband, aber trennte auch viel. Bei beiden Männern gärte die Empörung gegen die napoleonische Fremdherrschaft, wie bei den meisten Menschen der unterdrückten Völker Europas überhaupt. Yorck war kein dem Fortschritt verbundener Reformer, eher ein konservativer preußischer Offizier, der jedoch 1812/13 – ähnlich wie die Männer des 20. Juli 1944 – als preußischer Heerführer handelte, indem er aus eigener patriotischer Verantwortung heraus mit der Konvention von Tauroggen das preußische Hilfskorps unter Napoleon gegenüber den Russen neutralisierte und mit diesem Schritt den Stein los trat, der die Lawine der Befreiungskämpfe ins Rollen brachte. Für die DDR und besonders ihre Jugend war Yorck ein Patriot und ein Beispiel deutsch- (richtigerweise preußisch-) russischer Waffenbrüderschaft und der »Yorcksche Marsch« wurde fleißig in der DDR gespielt.

Friedrich Ludwig Jahn (1778-1852), seit 1810 Gymnasiallehrer in Berlin, begann 1811 mit seinen Schülern auf der Hasenheide systematisch Turn- und Geländespiele durchzuführen, die primär der paramilitärischen Ausbildung dienten. Sein Franzosenhaß zeitigte extreme Auswüchse und in seinen Veröffentlichungen wimmelte es nur so von Begriffen, wie z. B. Volkstum, volkstümlich, Volkstümlichkeit, natürlich in Verbindung mit »Deutsch« und bezogen auf »das Gemeinsame des deutschen Volks, sein innewohnendes Wesen, sein Regen und Leben« – eine Denk- und Sprachweise, die vom Faschismus gierig aufgegriffen wurde. Wenn auch der übermäßig politisierende Jahn von den gebildeten Berliner Kreisen nicht sehr hoch geschätzt wurde und Schleiermacher einmal sagte: »Jahn ist nicht mein Mann«, so war es schließlich doch Jahn, der unablässig seine Ideen mit praktischen Taten und somit seinen Namen untrennbar mit der Turnbewegung in Berlin verband. Schließlich hatten doch Jahn und Friesen unabhängig von staatlicher Bevormundung 1811 den ersten Turnplatz auf der Hasenheide in Berlin eröffnet, und nahmen die waffenfähigen Turner mit Jahn im III. Bataillon des Freikorps Lützow am Befreiungskrieg teil, wobei Friesen fiel. Schulfreie Zeiten boten für Jahn und seine ständig wachsende Schülerzahl Möglichkeiten, in Gottes freier Natur mit gezielten Übungen die verlorengegangene Einheit von Körper und Geist wiederherzustellen und insbesondere auch eine kameradschaftliche, ritterliche Gesinnungsbildung sowie die Überbrückung sozialer Unterschiede zu erreichen.

Mit Goethe möchte man diesen Beitrag zum Jahn-Denkmal in Mittenwalde schließen: Es sei doch bedauerlich, wenn sich in das Turnen allerlei Politisches eingeschlichen habe und die Behörden sich genötigt sahen, es zu verbieten. Dennoch hoffe er, daß man das Turnen wieder herstellen möge. »Denn«, wie aus einem Gespräch mit Eckermann hervorgeht, »unsere deutsche Jugend bedarf es, besonders die studierende, der bei dem vielen geistigen und gelehrten Treiben alles körperliche Gleichgewicht fehlt und somit jede Tatkraft zugleich.«

Nachdenkenswerte Worte angesichts eines uns eher nur gefühlsmäßig ansprechenden steinernen Denkmals. Eingedenk seiner Geschichte und woran sie uns ständig ermahnen will, sollten wir dieses Denkmal hegen und pflegen, das in Stein Eingemeißelte wieder lesbar machen und uns der Erinnerung daran hingeben, denn Denkmal heißt auch anders gesehen und geschrieben: »denk mal« – und das tut jedem von uns öfter mal gut.

Das Paul-Gerhardt-Haus zu Mittenwalde

Vom Denkmal des Turnvaters Jahn zum Paul-Gerhardt-Haus von 1908, dem ehemaligen Kreiskrankenhaus und jetzigen Sitz der Amtsverwaltung Mittenwalde – ein großer Sprung.

Nahezu 90 Jahre lang machte das Mittenwalder Krankenhaus von sich reden. Von nah und fern kommende Patienten erwarteten bzw. erhofften, ihre Leiden loszuwerden. Wurde bis zu Beginn des Zweiten Weltkrieges im »Ops« noch fleißig operiert (neben allen anderen zur Behandlung anstehenden Fällen, vor allem innere Krankheiten betreffend), so wurde bald nach Kriegsende dieses Krankenhaus ein landesweites Zentrum für lungenkranke Menschen (Tbc).

Allein die Geschichte dieses Krankenhauses würde wegen der vielen persönlichen Erlebnisse, Erinnerungen und Überlieferungen von traurigen, aber auch vergnüglichen Ereignissen ein Büchlein für sich ergeben.

Wenn uns als Kinder der damalige Oberarzt Dr. Holtz noch einen gewissen Respekt einflößte, sahen wir den langjährigen Chefarzt Dr. Gerhard Oberländer einige Jahre später schon als einen guten Bekannten an. Nicht minder bekannt waren den Mittenwalder Burschen die häufig wechselnden hübschen Krankenschwestern. Mit einigen Assistenzärzten konnte man Pferde stehlen, aber mit anderen, wie beispielsweise Dr. Brandt, zugrunde gehen. Solche Typen, wie der immer emsige Krankenpfleger Linsener oder »Dr. Unblutig« in Gestalt des Arzthelfers Marx, werden den damaligen und heute noch lebenden Zeitgenossen immer in guter Erinnerung bleiben, genauso wie Oberschwester Elisabeth oder Nachtschwester Magda, Chefarztsekretärin Hertel oder Verwaltungsleiterin Völkel.

Im Zusammenhang mit der Entstehung dieses Krankenhauses, dessen Eingangstür das Bild des Mannes schmückt, nach dessen Namen dieses Haus benannt wurde, wäre noch aus alten Aufzeichnungen ergänzend hinzuzufügen:
Alle Wandlungen innerhalb der fünf letzten Jahrzehnte hat Propst Sandmann miterlebt, der – ein wohl einzig dastehender Fall in der gesamten Mark – von 1861 an hier seines Amtes waltete. Auf die Tradition, die an seinen Amtsvorgänger anknüpft, kam man zurück, als der Kreis den Namen Paul Gerhardts dem hier 1908 errichteten Kreiskrankenhaus gab, zu dem am 12. März 1907 bei der Feier des 300. Geburtstages des Kirchenliederdichters der Grundstein gelegt war.

Wenn eben der Propst Sandmann genannt wurde, sollten auch die Honoratioren der Stadt und des Kreises erwähnt werden, die sich um den Bau und weiteren Ausbau dieses Krankenhauses verdient gemacht haben. Ohne solche Persönlichkeiten, wie den damaligen Bürgermeister von Mittenwalde, Richard Daur, und vor allem den Landräten von Stubenrauch und von Achenbach, wäre keine derartige Verbesserung der Versorgung kranker Menschen in jener Zeit erreicht worden. Endlich konnten in Mittenwalde die für Kranke unwürdigen Zustände, z. B. in Form einer primitiven Krankenstube oder Heilung versprechender Quacksalber, Starstecher, Bruch- und Steinschneider, Barbiere u. a. überwunden werden.

Es war höchste Zeit, den Menschen ein längeres Leben zu ermöglichen, denn Kirchenbuchauswertungen aus damaliger Zeit belegen eine für heutige Verhältnisse unvorstellbare hohe Sterblichkeitsrate bei Kindern von 60%. Nur jedes zweite Kind wurde fünf Jahre und älter. Das durchschnittliche Sterbealter gut situierter Bürger betrug 31 und das in der Mittel- und Unterschicht 20 Jahre. Der gepflegte Park des ehemaligen Paul-Gerhardt-Krankenhauses trug vielfach nicht unerheblich zur Genesung Heilung suchender Menschen bei. Dieser Park war und ist hoffentlich auch künftig Beweis dessen, wie von Menschenhand das Landschaftsbild günstig bereichert werden kann.

Der Weinberg galt damals mal als »Teltower Schweiz«

Wer die Zülowkanalbrücke aus der Stadt kommend in Richtung Groß Machnow passiert, den grüßt linkerhand keine zwei Kilometer weiter der »Weinberg«. Wer aus Richtung Groß Machnow kommt, sieht rechterhand schon von weitem den Weinberg.

Der Name »Weinberg« rührt aus uralter Zeit her, als schwäbische und fränkische Siedler in Mittenwalde im 12./13. Jahrhundert den Weinbau einführten. Dieser besaß tatsächlich daselbst – wie auch an anderen Orten der Mark – bis in die Mitte des 16. Jahrhundert für die brandenburgischen Weintrinker eine relativ große Bedeutung.

Ein selten schönes Kleinod in der Teltower Region. Mit Recht ist seit 1936 der »Groß Machnower Weinberg« im Nordwesten der Stadt Naturschutzgebiet (NSG). Diese über 80 m hohe und sich markant zur weiten Fläche abhebende Stauchmoräne wurde deshalb NSG, weil sich dort eine seltene Tier- und Pflanzenwelt erhalten hat.

Fenne am Weinberg, 1935

Dabei handelt es sich im wesentlichen um eine wärmeliebende Steppenvegetation an seinen Südosthängen sowie um zahlreiche Insekten (seltene Hautflügler, wie verschiedene Wespenarten), die sonst kaum noch in der Mark vorkommen.

Zwischen diesem pontischen Hügel (Weinberg) und der Stadt sind noch einige Großtrappen anzutreffen, die man dort mittels eines LSG halten will. Damit erhält dieser Teil der Mittenwalder Gemarkung eine europaweite Bedeutung für den Schutz bzw. die Erhaltung dieser vom Aussterben bedrohten größten flugfähigen Vögel der »Alten Welt«. Zählte man 1939 in Deutschland noch über 4.000 Großtrappen, sind es heutzutage in etwa nur noch 300!

Vielen Mittenwaldern, aber auch Besuchern aus der Umgebung, insbesondere aus Berlin, war die damalige Gaststätte »Woinke«, am Fuße des Weinbergs und unmittelbar an der Chaussee von Mittenwalde nach Groß Machnow gelegen, ein Begriff für »Naherholung«, zumal sich einige hundert Meter weiter die beliebte Badestelle an der »Fenne« befand. Wo das Restaurant »Woinke« mal lag, steht heute ein exklusives »Hotel-Restaurant«, während von der Badestelle nur noch der Name in Erinnerung blieb.

Den Weinberg verlassende Besucher glauben, der Berg winkt ihnen nach, sie drehen sich um und winken freundlich zurück. Wer das bis dahin noch nicht wußte: »sein Anblick bringt die Bezeichnung ins Gedächtnis zurück, wie ihn vor langer Zeit die »Eingeborenen« stolz und liebevoll nannten, nämlich »die Teltower Schweiz«.

Der historische Stadtkern steht unter Denkmalschutz

Aus slawischer und frühdeutscher Zeit stammende Burgen und andere Bauten sind vergangen und ihre Erhebungen/Hügel (Pennigsberg und Hausgrabenberg) abgetragen. Mit diesen Burgen entwickelte sich zugleich ein frühstädtischer Siedlungsansatz auf den Flurstücken »Alte Stadt« bzw. »Altstadt« sowie »Altstadtgärten« als ursprünglichster Teil Mittenwaldes und somit als Vorläufer der Stadt.

Auf der Mittenwalder Burg herrscht (1295 erwähnt) ein landesherrlicher Hauptmann »Dominus Sparro de Middenwalde«, sagt uns die Chronik.

Unter den Wettinern und Askaniern sowie den folgenden Landesherren erfolgten Erweiterungen dieses Kerns durch Anlage eines rechteckigen Straßengitters, den Bau der Kirche, einer neuen Burg, des Schlosses, von Wohnhäusern, Scheunen, Stallungen usw. sowie durch die Schaffung von Befestigungs- bzw. Verteidigungsanlagen um den Stadtkern herum (Mauer, Tore, Türme, Wassergräben u. a.).

Da die vom Norden zum Süden verlaufende Hauptachse zwischen Brandenburg und der Lausitz durch Mittenwalde führte, erhielt deren Durchfahrtstraße (die heutige Yorckstraße und frühere Große Straße) im Norden der Stadtmauer das Köpenicksche Tor (das heutige Berliner Tor) und im Süden das Mühlentor.

Im Mittelalter hatte die arme Stadtbevölkerung kaum Besitztum und somit auch keine Rechte: Die Mittenwalder waren überwiegend Ackerbürger. Außerhalb der befestigten Stadt hatten sie ihre kleinen Flurstücke und in Stallungen neben ihren Wohnhütten (strohgedeckten Holz- bzw. Fachwerkhäusern) mehr oder weniger Haus- und landwirtschaftliche Nutztiere. Diese verdreckten nicht nur die engen Innenhöfe, sondern auch die engen Gassen zwischen den Behausungen. Die Ackerbürgerhäuser wiesen von der Straße aus Toreinfahrten zu den kleinen Innenhöfen und fast immer baufälligen Wirtschaftsgebäuden (Stallung, Scheune, Futterkammer, Waschküche, Abort usw.) auf, und der kleine Innenhof mußte noch den Platz für den Misthaufen und die Jauchegrube hergeben.

Wer sucht, wird auch fündig und entdeckt noch viele der teilweise erhaltenen Fachwerkhäuser oder -scheunen (so z. B. die an den Hofgärten und auch unter Denkmalschutz stehenden), deren Wände Holzbalkenskelette haben und deren Räume zwischen den Balken vor allem mit Lehm, Ton und Bruchsteinen ausgefüllt sind, unter Beimischung von Stroh, Schilf u. ä.

Reiche Kaufleute und Zunfthandwerksmeister, Besitzer kleiner Werkstätten, Adlige, Ratsherren, Geistliche usw. galten als Patrizier der Stadt. Sie bewohnten die inzwischen entstandenen Steinhäuser im Umfeld der Kirche, des Rathauses, des Salzmarktes, in den Vorstädten und in der Großen Straße mit Provinzarchitektur aus Hermes- und Mars-Stuck. Man kann davon ausgehen, daß in Mittenwalde, wie in anderen Städten des Kreises Teltow auch, gegen Ende des 17. Jahrhunderts die ersten Steinhäuser errichtet wurden. Einige dieser Häuser (z. B. in der Baruther Vorstadt) stehen auf großen, im sumpfigen/torfigen Untergrund eingerammten Holzpfählen. Daneben bestanden noch lange strohgedeckte Fachwerkbauten. Mit dem Fortfall der Akzise wurden die Stadtmauern und -tore nicht mehr gebraucht, und wie wir am Beispiel des Mühlentores im Beitrag des Herrn Fraubach lesen konnten, abgerissen. Mit den gewonnenen Steinen wurden die immer noch grundlosen Straßen des Teltow befestigt. Demzufolge stammen die ältesten noch vorhandenen Bürgerhäuser (z. T. mit klassizistischem Stuck) aus dem 18. und frühen 19. Jahrhundert, die als meist zweigeschossige, schlichte Wohnhäuser das Straßenbild der Stadt dominieren. Trotz verheerender Auswirkungen der großen Stadtbrände auf alles Brennbare, aber auch auf die Linienführung der Straßen und Plätze, wurden die Häuser immer wieder weitgehend auf dem mittelalterlichen, d. h. dem aus frühdeutscher Zeit vorgegebenen Stadtgrundriß errichtet. Bis zum Bestehen und Funktionieren der Mittenwalder Stadtbefestigungsanlagen war ein Überschreiten dieses durch die Stadtmauer gebotenen Rahmens und damit eine extensive Erweiterung der Stadt überhaupt nicht möglich.

Das älteste noch erhaltene Haus der Stadt steht auf dem Salzmarkt. Die alte Propstei entstand 1740, das Hotel »Yorck« 1806. Aber verdeutlichen wir diese Situation anhand alter Aufzeichnungen aus der Zeit um 1900 etwas näher:
Die hervorragendsten Privathäuser in der Stadt tragen vielfach das Gepräge des ausgehenden 18. Jahrhunderts; ein in gefälligen Barockformen gehaltenes Haus nahe der Kirche trägt die Jahreszahl 1787 (vgl. Abbildg. bei Klöppel, Heimische Bauweise in der Mark, Tafel XX). In der »Großen Straße« liegt gegenüber der alten Propstei ein Haus, das, wie aus den Grundbuchakten ersichtlich, General Yorck an Stelle eines niedergerissenen, ehemals dem General des Granges gehörigen Hauses fest und dauerhaft erbauen ließ. Freilich, viele der Barockbauten haben den Platz räumen müssen, auch das Rathaus, in dem der »Deserteur Fritz« noch mit großer Zuversicht auf die Fragen der kriegsgerichtlichen Kommission am 1. September 1730 antwortete, hat sich nicht erhalten (vgl. Koser, Friedrich der Große als Kronprinz, S. 233: Fo. S. 279).

Am Eingang des derzeitigen Wohnhauses in der Yorckstraße 39 (Ecke Jüdenstraße) bezeichnete eine vor langer Zeit entfernte Hinweistafel die Stelle des Gebäudes, das dem unfreiwilligen hohen Gast unserer Stadt als Arreststätte diente. Vielleicht ließe sich diese Gedenktafel dort wieder anbringen.

Betrachter einer alten Ansichtskarte von Mittenwalde, und zwar der Kirchstraße mit Kirche und Kriegerdenkmal, werden aus heutiger Sicht bemerken, daß weder das Kriegerdenkmal mit der Straßen-Gaslaterne zur rechten noch das Kaufhaus Levy mit dem riesigen Baum davor zur Linken vorhanden sind. Jüdische Kaufhäuser (Levy) wie Kriegerdenkmale (Landwehrmann mit Fahne und dem Reliefbild Wilhelms I. am Sockel) paßten nicht in vergangene politische Landschaften. Vor dem Zweiten Weltkrieg wurde das Kaufhaus durch einen Sparkassenneubau ersetzt. Die riesenhaften Bäume der Großen bzw. dann Yorck-Straße wurden im Zuge des Ersatzes des Katzenkopf-Straßenpflasters durch die heute noch vorhandene moderne Straßendecke durch junge Bäume ersetzt.

Inzwischen kennen wir kaum noch das Aussehen und Funktionieren der alten Straßenlaternen, die mit Stadtgas aus der hiesigen Gasanstalt versorgt und damit zum Leuchten gebracht wurden, da heute eine elektrische Straßenbeleuchtung Licht spendet. Altmittenwalder Einwohner erinnern sich noch an Erd- und Tiefbauarbeiten um die und an der Kirche, wobei Totenschädel und menschliche Gebeine zutage kamen, die von den Kindern nicht nur bestaunt wurden. Kann man so mit dem umgehen, was Überbleibsel eigener Vorfahren früherer Zeiten sein könnten? Sollten kommende Generationen ein gleiches Erlebnis haben wie die unseren, die bewußt erleben mußten, wie mit den Toten im und nach dem Zweiten Weltkrieg in Mittenwalde umgegangen wurde? Aber über ihre Gräber

Paul-Gerhard-Straße 16 (1936)

weht der Wind und »unvergessen« ist ein großes Wort auf kleinen, ehernen Denkmalen und Gedächtnistafeln. Da diese recht bald wieder verschwanden, geht das Gedenken nur ausnahmsweise mittels Erinnerungen über Generationen hinaus. Wer kennt noch die Geschichte der Mittenwalder Friedhöfe, wer weiß noch etwas von dem Friedhof vor dem Mühlen-Tor, älter als es der Stadtfriedhof neben der Kirche war, wer interessiert sich denn heutzutage überhaupt noch für derartig Vergangenes?
Abgesehen von den meist zweigeschossigen Häusern der Yorckstraße wird das Bild der Nebenstraßen von derartig niedrigen Häusern bestimmt (siehe Foto oben), daß man dort – bösen Zungen folgend – problemlos aus der Dachrinne »saufen« könne.

Geschichtsträchtiges bietet Mittenwalde noch mit seinem Salzmarkt. Im Mittelalter wurde auf diesem Marktplatz vor allem mit Salz gehandelt bzw. wurde dort das weiße Gold während seines Transports in ferne Länder umgeschlagen und verzollt; ein gewinnbringendes Geschäft für die Landes- und Stadtherren. Schließlich war Salz zur damaligen Zeit eine sehr begehrte, teure und gängige Handelsware.

Aber der Salzmarkt bot uns Kindern und Jugendlichen mehr. Die großen Vieh- und Jahrmärkte der dreißiger Jahre waren zwar lang herbeigesehnte, interessante Betätigungsfelder, allerdings nur von kurzer Dauer. Einer ständigen Inanspruchnahme unsererseits erfreute sich der Salzmarkt – und vor allem

Conditorei-Café Sparr

durch die Umwohnern des Platzes – durch lautkreischendes »Zeckspielen«, aber vor allem als zentraler Punkt von Mittenwalde für das Austragen von »Murmelmeisterschaften« am laufendem Band. Innerlich fiebernd, ergriffen von der magischen Ausstrahlung der herrlichen bunten kleinen Kugeln aus Ton oder Stein sowie der farbenprächtig eingefärbten »Glasbucker« mit ...zigfachem Wert einer einfachen Murmel, wurde jedes Spiel zu einem persönlichkeitsbildenden Wettbewerb.

Ohne Feilschen über Spielregeln, ohne den Wert und Gegenwert der unterschiedlichen Murmelarten auszuhandeln und ohne die Größe des Murmellochs mit Abstand zu diesem beim Einwurf einer Handvoll Kugeln zu bestimmen usw. ging nichts. Mit Verhandlungsgeschick, Fingerfertigkeit und Konzentration konnten schließlich auch unsportliche bzw. spott- und hohnlaufende Kinder im Ergebnis erfolgreicher Murmelspiele zu hohem Ansehen gelangen. Und immer wieder ging es mit der Murmel darum, besser als alle anderen zu sein, was schon die »alten« Griechen und Chinesen zu schätzen wußten. Nachdem die Murmelleidenschaft infolge des Angebotes immer komplizierter und teurer werdenden technischen Spielzeugs auf der Strecke blieb, tun heute die in die Vereinsamung treibenden Gameboys und Computer bei vielen Eltern und ihren Sprößlingen ein Übriges, um sich wieder alter persönlichkeitswertschaffender Spiele zu erinnern.

Wie eh und je finden Gäste in einschlägigen Häusern am Rande des Salzmarktes Bewirtung mit allem, was gute Restaurants bzw. Konditoreien für Leib und Seele zu bieten haben.

Als ein historisches Zeitdokument mit einer besonders intensiven Ausstrahlungskraft erscheint dem Betrachter die Mittenwalder Kirche vom Schäfereiplatz aufgenommen, mit Brunnen und daneben stehender Zisterne im Vordergrund.

Als in den dreißiger Jahren ein Wasserwerk gebaut und Wasserleitungen installiert wurden, konnten die an den Straßenrändern und Plätzen stehenden Wasserpumpen (Tiefbrunnen) sowie die daneben befindlichen, auf Kufen befestigten und der Brandbekämpfung dienenden Wasserkübel entfernt werden. Die hier abgebildete Postkarte aus den ersten Jahren des 20. Jahrhunderts veranschaulicht am besten das eben Gesagte. Natürlich hatten die meisten Grundstücke noch die sogenannten »Plumpsklos« oder »Donnerbalken« im Freien; inzwischen wurde aber auch das Wort »Kanalisation« in Mittenwalde groß geschrieben. Und selbstredend hatten nur wenige Bewohner ein Bad in ihrer Wohnung. Verständlich die begeisterte Annahme der nach 1945 im Hause der Poliklinik geschaffenen öffentlichen Badekabinen, in denen die Badewannen allwöchentlich als »gute Bekannte« mit lautem »Hallo« begrüßt wurden.

Leider sind in den vergangenen Jahrzehnten viele erhaltenswerte Häuser Mittenwaldes mehr und mehr verfallen. Der Denkmalschutz der DDR hatte nicht die Möglichkeiten und finanziellen Mittel, mehr als einzelne Bauten

Wohnhaus Yorckstraße 47 Anfang des 20. Jahrhunderts – mit Wasserpumpe, Wasserzisterne, alten Straßenbäumen und ehemaligem Kopfstein-Straßenpflaster, (Geburtshaus des Verfassers dieses Buches)

Mittenwalder Kirche vom Schäfereiplatz aufgenommen

unter Schutz zu stellen und zu erhalten. Nach der Wende soll das mit einer Denkmalssatzung anders werden. Der Einbau von unpassenden modernen Fenstern und Türen ist untersagt. Auch der Verschandelung mit Parabolantennen an den Häuserfronten soll damit ein Riegel vorgeschoben werden.

Besonders reizvoll im Ensemble der Altstadt ist die Katharinenstraße. Sie wird in dem ovalen Stadtgrundriß Mittenwaldes als frühe Umgehungsstraße gewertet, da sie sozusagen um die Hauptstraße herumführt. Dort findet man hauptsächlich einstöckige Wohnhäuser aus dem 18. und 19. Jahrhundert. Geprägt wird der Charakter der Straße auch durch das Kopfsteinpflaster. Störend in dieser Übereinstimmung wirken die riesigen »Peitschenlampen«, die teilweise sogar die Wohnhäuser überragen. Trotzdem ist die Straße für Besucher sehr sehenswert.

Anliegen der inzwischen beschlossenen Denkmalssatzung ist es, den Stadtkern als historisches Ensemble zu erhalten, also den ältesten Bauten in Mittenwalde erhöhte Aufmerksamkeit zu schenken. Wenn Besucher der Stadt die den Einwohnern längst vertrauten jammervollen Zustände der Straßen und Häuser sehen und darüber ins Grübeln kommen, wie lange daselbst noch Menschen wohnen bleiben werden bzw. wollen, dann hört sich das seit Jahren offiziell Versprochene über den Aus- und Aufbau der Stadt für abertausende zusätzlicher Einwohner in neuen Häusern und mit gesicherten Arbeitsplätzen schon wieder wie ein »Märchen aus alten Zeiten« an. Vor allem auch deshalb, weil die Mieten schon jetzt über dem Niveau von Großstädten liegen, für Mittenwalde unverständlich und unverschämt zugleich.

Die in der Presse veröffentlichten Beiträge der letzten Jahre mit solchen fettgedruckten Überschriften über Mittenwalde, wie die folgenden, werden sich in der Praxis kommender Jahrzehnte wohl kaum umsetzen lassen bzw. erst als real beweisen müssen:
»*Mittenwalde soll Perle in Brandenburg werden*
Alter Kern der Stadt steht unter Denkmalschutz/
Älteste Bauten werden auch in diesem Jahr weiter saniert«
oder
»*Sehenswerte Gemäuer erinnern an Mittenwalder Stadtgeschichte*
Wehrtüchtigkeit der mittelalterlichen Ackerbürgerschaft/
Handel mit dem weißen Gold florierte zu jener Zeit auf dem historischen Salzmarkt«
oder
»*Altstadt von Mittenwalde soll schrittweise saniert werden*
Fördergeld vom Land liegt brach«
oder

»Mittenwalde macht sich schön: ›Kur‹ für Stadttor und Pulverturm/Umfangreiche Ortssanierung schließt auch Brücken-Neubau und Kanalisation ein«
oder
»Alter Stadtkern Mittenwaldes soll saniert werden – Kosten von 50 Millionen Mark – Experten-Kommission gibt Tips«
oder
»Städteporträts aus der Mark Brandenburg – Heute: Mittenwalde hat immer noch den gleichen Grundriß wie vor sieben Jahrhunderten. Längst nicht mehr »Mitten im Walde«
oder
»2.000-Einwohner-Stadt im Landkreis Königs Wusterhausen wird demnächst zur Großbaustelle«
usw. usf.

Natürlich ist im Vergleich zu der langen DDR-Zeit in den wenigen Jahren nach der Wende schon viel gemacht worden und einiges befindet sich in der Phase der Vorbereitung, inzwischen aber laufen benachbarte Städte und Dörfer der alten ehrwürdigen Stadt Mittenwalde den Rang ab. Wer da anderer Meinung sein sollte, muß sich nur einmal die Entwicklung des Baus neuer Häuser sowie der Einwohnerzahlen vor Augen führen. Lebten zu Zeiten des Zweiten Weltkrieges noch ca. 3.500 Menschen in Mittenwalde, so sind es heutzutage nicht mal mehr 1.900.

Dieser Einwohnerschwund war gerade in den letzten Jahren besonders groß, was jedoch einer besonderen Gilde alteingesessener Mittenwalder völlig egal oder sogar recht zu sein scheint. Selbst der Mittenwalder Bürgermeister der dreißiger und vierziger Jahre, ein gewisser Herr Dr. Segebade, zog es vor, nicht am Ort seines Wirkens, sondern in Zossen bzw. am Mellensee zu wohnen.
Dazu soll eine alte aus der Stadtgeschichte überlieferte Meinung wiedergegeben werden, die die Mittenwalder Misere treffend beschreibt.

»Mittenwalde ist die einzige Stadt des ehemaligen Kreises Teltow, die sich noch einen auf das Mittelalter hinweisenden Charakter bewahrt hat. In Zossen hat der Brand von 1671 mit dem Alten aufgeräumt, Teltow sank vom 14. Jahrhundert an zu einem Flecken herab. Trebbin und Teupitz waren von jeher nur offene kleine Städte, doch Mittenwalde, schon im 13. und 14. Jahrhundert ein militärisch wichtiger Platz und Mitglied Märkischer Städtebünde, hat sich vorerst noch ziemlich frei von dem nivellierenden Einfluß der Großstadt erhalten, von weitem gesehen wie auch im Innern. Den Hauptbestand der Bevölkerung bildeten in alter Zeit und auch heute die Ackerbürger. Bauern jedoch pflegen am Althergebrachten zu hängen, und so scheuen sie bis zum jüngsten Tag auch alle Veränderungen in ihrer ange-

stammten Heimat in ähnlicher Weise, wie der Teufel das Weihwasser in der Kirche«.

Dem ist nichts weiter hinzuzufügen, wenn man sieht, was aus der Stadt geworden ist, und wie sich das Wirken von Verantwortlichen für das Wohl und Wehe der Stadt offenbart. Ein diese Situation richtig beschreibender Spruch, den sich der Architekt und Baumeister Max Koschel in den dreißiger Jahren im Putz seiner Neubauvilla anbringen ließ, lautete sinngemäß:

»Ich bestell mein Feld
und bau mein Haus
und seh auf die verrückte Welt
gemütlich zum Fenster hinaus.«

Verständlich, daß die Nazis jener Zeit die Beseitigung eines derartigen Verses verlangten. Ihr »Tausendjähriges Reich« war doch schließlich keine »verrückte Welt«. Könnte etwa eine solche Aussage auf die derzeitigen Zustände zutreffen? Da dieser Spruch nicht mehr existiert, stellt sich ja auch diese Frage nicht weiter, oder doch?

Die verkehrsmäßige Erschließung der Stadt und Umgebung von Mittenwalde

*Von Knüppeldämmen zu Handels-,
Heer- und Poststraßen sowie Chausseen und Autobahnen*

Seit frühdeutscher Zeit lag Mittenwalde bereits an der bedeutendsten Landverbindung zwischen der Mark Brandenburg und der Lausitz. Auf diesem Landwege wurden auf schwerfälligen Karren Handelswaren aller Art und natürlich auch Menschen und Tiere bewegt, sofern letztere nicht geführt bzw. getrieben wurden. Hohe Herren mit ihrem Gefolge sowie Händler und Kaufleute brauchten diesen grundlosen, schlecht befestigten und durch natürliche Einflüsse zeitweise kaum passierbaren Damm zur Ausübung ihrer Profession ebenso, wie Bauern, Pilger, fahrendes Volk und nicht zu vergessen in bösen Zeiten auch Landsknechte, Raubritter, Wegelagerer usw.

Krieg und Frieden und somit auch unsichere und relativ sichere Straßen hielten sich in etwa die Waage. Als 1320 die Herrschaft der Askanier in der Mark ein Ende hatte, sorgten die Raubritter unter den Wittelsbachern und Luxemburgern für immer unsichere Verhältnisse auf den Brandenburger Straßen. Erst unter den hohenzollernschen Kurfürsten konnten wieder Landesherrschaft und -frieden gefestigt werden. Reisende, die auf dem Wege von der Lausitz nach Berlin auf Geleit angewiesen waren, passierten u. a. auch Mittenwalde. Die Stadt war verpflichtet, für den Schutz der Reisenden Bedeckungsmannschaften zu stellen, und die Reisenden mußten für den gewährten Schutz »Geleitabgaben« zahlen, was für die Mittenwalder eine gute Einnahmequelle bedeutete.

Da jedoch am 31. Oktober 1361 Markgraf Ludwig der Römer auf Grund nachgewiesenen Herkommens die Bürger zu Luckau von der Entrichtung der Geleitabgaben zu Mittenwalde befreite, hörte diese Quelle auf zu fließen.

Im Todesjahr Friedrichs des Großen 1786 führten von Berlin aus 21 Verbindungen in alle Himmelsrichtungen, wobei die über Mittenwalde mit am längsten bestand. Außerdem erreichte man von Mittenwalde aus auf einer Abzweigung über Telz die Stadt Zossen und des weiteren auf leichten Wagen, mit der sogenannten Karriolpost, über Töpchin und Egsdorf die Orte Teupitz, Halbe und Wendisch-Buchholz. Auf der Dresdner Poststraße über Mittenwalde ging es über Baruth und Luckau, einmal in der Woche auch über Dahme und Herzberg, nach Dresden, sowie nach Wendisch-Buchholz, Lübben und Baruth, Luckau, Görlitz.

Mittenwalde war eine vielbesuchte Poststation. Im Sommer wurden oft Extraposten für die nach Karlsbad Durchreisenden benötigt. Die Gespanne haltenden Bürger zogen aus diesen Reisefahrten erheblichen Nebenverdienst, so im Jahre 1798 nahezu 2.000 Taler (StA, Gen.-Dir. Kurmark, Tit. CCLIV, Nr. 14) .In Motzen steht heute noch eine alte preußische Postmeilensäule mit einer Inschrift: »5 Meilen bis Berlin«.

Die Poststraße von Berlin nach Dresden durchzog noch nach 1800 Mittenwalde und Baruth und war im Fahrpostverkehr nach festgelegten Tarifen zu benutzen. Eine Fahrt nach Dresden kostete 7 Taler, 7 Silbergroschen und 6 Pfennige.

Die ersten derartigen Verbindungen hatte bereits der Große Kurfürst 1647 einrichten lassen. 1697 kam noch die Schnellpost dazu.

Von 1821 an konnte man in der Posthalterei Mittenwalde exakter und übersichtlicher die Abfahrts- und Ankunftszeiten der reitenden und fahrenden Posten aus dem »Historisch-Genealogischen Kalender« ersehen. 1838 sind die verschiedenen Postdienste einheitlich der neuen Personenpost übertragen worden. Abgesehen von Schnellposten für drei oder sieben Personen, wie u. a. nach Breslau, fuhr die Post zu dieser Zeit (nach 1827) zweimal wöchentlich die Linie über Mittenwalde-Baruth nach Dresden sowie die Linie über Mittenwalde-Buchholz nach Lübbenau. Mit der Fertigstellung der Chaussee Berlin-Zossen-Baruth-Luckau im Jahre 1838 war dann Mittenwalde passé, alldieweil der gesamte Postverkehr über diese neue Strecke bzw. auch über Potsdam, Treuenbrietzen und Jüterbog, statt über Mittenwalde geleitet wurde. Mittenwalde blieb lediglich noch durch Karriolposten mit Lichtenrade, Zossen und Königs Wusterhausen verbunden.

Sechs Hauptfernstraßen durchliefen von Berlin aus die Provinz. Sie wurden seit 1829 vom Kandelaber vor dem Berliner Schloß aus vermessen, verkürzten die Fahrzeiten (z. B. von Berlin nach Dresden von 41 auf 36 Stunden) und Pferdewechsel der Post auf etwa 20 Minuten. Sie verloren 1875 die hohen Einnahmen der Hebestellen (Chausseehäuser) an Wege- bzw. Chausseegeldern.

Die alte Straße von Cölln über Mittenwalde nach Sachsen war bis 1820 Poststraße. Sie führte über den Rixdorfer (Kottbuser) Damm und berührte die Rollberge, den dortigen Gasthof »Damm- oder Rollkrug« sowie die heutige Hermannstraße (damals noch Feldmark) und verlief quer durch den Teltow.

Wie auch die späteren Eisenbahnfernverbindungen verliefen damit Fernstraßen – unsere heutigen Bundesstraßen – abseits von Mittenwalde über Zossen bzw. Königs Wusterhausen.

Das Straßennetz Preußens war eingeteilt in drei Klassen, und zwar in die Staatsstraßen, die Provinzial- und Bezirksstraßen und die Kreis-, Gemeinde-, Bergwerks-, Privat- und Aktienstraßen. 1875 gingen die Staatsstraßen an die Provinzialregierungen über. In Preußen setzte sich allmählich der Chausseebau nach französischem Vorbild durch. Mit Hilfe der der Mittenwalder Stadtmauer entnommenen Feldsteine wurden die sich gemächlich durch die märkische Heide schlängelnden Sandwege, die sich zu bestimmten Jahreszeiten bzw. unter natürlichen Einflüssen so gut wie grundlos erwiesen, in möglichst gerade verlaufende Landstraßen mit Kopfsteinpflaster oder auch mit fester Lehmdecke verwandelt.

Nicht nur die Mittenwalder mußten aber noch lange warten, ehe die die Stadt berührenden Chausseen eine Asphaltdecke bekamen und die diese Chausseen säumenden Sand-Sommerwege für die Verbreiterung genutzt wurden. Zum Glück für die Menschen, jedoch zum Leidwesen für eine besondere Sorte von Autofahrern, blieben die Chausseebäume an Ostdeutschlands Straßen bis heute stehen, herrliche Alleen, um die uns arm an Natur gewordene Menschen beneiden.

Die Mittenwalder Bauern belieferten auf den Wegen und Straßen die wachsende Großstadt Berlin mit allem, was ihre Wirtschaften hergaben. Schon lange vor Sonnenaufgang fuhren schwerbeladene Ackerwagen Gemüse, Obst, Kartoffeln, Eier, Milch, Federvieh usw. nach Rixdorf. Wer Kasse machen wollte, mußte nicht nur frühmorgens der erste Händler sein, sondern zugleich auch garantieren, daß seine landwirtschaftlichen Erzeugnisse die ersten und frischesten, die besten und größten (beispielsweise Möhren, grüne Bohnen und neue Kartoffeln), die geschmackvollsten und schönsten Äpfel und Birnen, die süßesten Pflaumen usw. usf. waren.

Glücklicherweise lagen die meisten Mittenwalder Bauernwirtschaften an gepflasterten Straßen, die dann bis Berlin ihren Weg nahmen. Bauern, die erst lange sandige Wege bis zur Chaussee zu passieren hatten, brauchten bis dorthin einen Vorspann. Nach Erreichen der festen Fahrbahn trabten die abgespannten Vorspannpferde meistens allein wieder nach Hause, wenn nicht schon Kinder der Bauern vor ihrem Schulbesuch das Zurückbringen der Pferde übernehmen mußten. Kein Wunder, daß sie dann dort schlafenderweise aus der Schulbank fielen. (Heutzutage passiert das gleiche, nur der Grund ist der , daß diese Kinder bis Mitternacht fernsehen.)

Aber nicht nur Pferde- oder Ochsengespanne der Bauern befuhren die Feldwege und Chausseen um Berlin, sondern auch die von Menschen und Hunden gezogenen Handwagen sowie die von armen Hausierern bzw. Trödlern geschobenen zweirädrigen Schubkarren belebten den Verkehr.

Die heute im Herbst ihres Lebens stehenden Mittenwalder werden sich an den »Pindel-Krause« noch recht gut erinnern können, wie auch an weitere »Fahrende bzw. Fliegende Händler« (z. T. ohne Gewerbeschein) aus der Stadt.

Aus verständlichen Gründen legen die Einwohner Mittenwaldes Wert auf die Erwähnung des Zusammenhangs des Baues der Reichsautobahnen in den 30er Jahren mit dem Leben in ihrer Stadt. Hunderte von Autobahnarbeitern suchten und fanden in Mittenwalde Quartier, alldieweil jung und alt der Bürgerschaft den unweit Mittenwalde entlangführenden gigantischen Autobahnbau bestaunte und mit erhabenem Gefühl registrierte. Schließlich war eine Autobahnab- und -auffahrt »Mittenwalde« vorgesehen und der motorisierte Straßenverkehr stieg sprunghaft an. Sonntags war auf der Yorckstraße schon kaum noch ein Parkplatz zu finden – natürlich in der Gaststätte »Cafe Kaiser« auch kein Platz mehr – und die Jugendlichen waren mit dem Notieren von Autonummern und -marken beschäftigt, um sich damit gute Ausgangspositionen für die vielfältigsten Preisausschreiben der Autofabriken zu sichern.

Abgesehen vom Baubeginn der ersten Autobahn überhaupt, der AVUS in Berlin im Jahre 1913, war ein Autobahnbau bereits seit der Weimarer Zeit geplant, aber erst Hitlers Arbeitsbeschaffungsmaßnahmen sorgten dafür, daß auf der Grundlage des Gesetzes über den Bau von Reichsautobahnen vom 27. Juni 1933 nach dem ersten offiziellen »Hitlerschen Spatenstich« am 23. September 1933 südlich von Frankfurt am Main, mit dem Bau am 1. Oktober 1933 begonnen werden konnte.

Am 25. August 1933 war die Gesellschaft Reichsautobahn als Zweigunternehmen der Deutschen Reichsbahn gegründet worden. Am 1. Juni 1938 wurde sie dann direkt dem Reich unterstellt.

Jährlich sollten etwa 1.000 km entstehen, ein ehrgeiziges Ziel, dessen Erreichung eine solche zentrale und straffe Organisation voraussetzte, wie sie derzeit die Deutsche Reichsbahn hatte.

Als die Mittenwalder 1936 mit der unweit an der Stadt vorbeiführenden Reichsautobahn ihre erste Bekanntschaft machen konnten, wurde im selben Jahr am 27. September der 1000. Kilometer in Betrieb genommen. Herzstück des Autobahnnetzes war der Berliner Ring. Dieser wurde auf Brandenburger Gebiet weiträumig um Berlin herumgeführt, konnte aber bis 1945 nicht geschlossen werden. Von diesem Autobahnring aus führten die Bahnen nach Frankfurt, Breslau, Halle/Leipzig/Nürnberg und Magdeburg. Die Strecke nach Breslau passierte Mittenwalde in ca. 2 km Entfernung und sollte gemäß einer alten Karte Mittenwalde unmittelbar berühren. Zu dieser Zeit waren sich die Planungsstrategen noch nicht ganz einig, wie die Trassenführung von Mittenwalde aus weiter verlaufen sollte.

Wer nun glaubt, mit dem Bau der »Reichsautobahn« war die Wirtschaftskraft Deutschlands ausgeschöpft, irrt insofern, weil gleichzeitig die bestehenden Straßen-, Eisenbahn- und Wasserstraßennetze weiter ausgebaut wurden. Dies alles im Zusammenhang mit dem Aufbau der Wirtschaft und insbesondere der Rüstungsindustrie – was nur wenige als Gefahr für den Frieden sahen, – motivierte die Menschen in Stadt und Land. Die Art und Weise, wie dieser Mechanismus funktionierte, wie »schnell und schön die Straßen des Führers« enstanden, beeindruckte auch das Ausland. Für die Deutschen wirkte dies alles als Motor, dabeizusein, das Gefühl zu haben, was Bedeutsames zu schaffen und das Leben meistern zu können.

*Die große Bedeutung des Nottekanals
für Mittenwalde, den Teltow und Berlin*

Mittenwalde in der Mark hätte auch Mittenwalde an der Notte heißen können, denn ohne dieses Fließ aus uralten Zeiten gäbe es keine versumpfte Niederung, keinen strategisch wichtigen Platz (nur dort war eine passierbare und somit leicht kontrollierbare Stelle vorhanden), also keine Grenzlinie, keine Burg und auch keine Stadt Mittenwalde.

Die Notte, früher als Sane oder Säne bezeichnet, verbindet den Mellensee mit der Dahme/Spree und damit die Städte Zossen, Mittenwalde und Königs Wusterhausen auf dem Wasserwege. Das Wasserstraßennetz des Landes gestattet die an Dahme/Spree anschließende Verbindung zum einen zur Ostsee, zum anderen zur Nordsee. In der im Verlaufe der Eiszeit entstandenen Mittenwalder Landschaft mit Mooren und Sümpfen sowie Stauchmoränen und Dünen (Berge) regulierten sich die Strömungsverhältnisse der Bäche, Fließe und Flüsse im Ensemble der Seen, Tümpel, Fennen und Rinnen in der Weise, daß das Gebiet des Teltow a) zur Spree und b) zur Havel entwässert wird: durch den Zülowkanal = Rangsdorf-Mittenwalde, den Nottekanal = Zossen-Mittenwalde-Königs Wusterhausen, den Galluner Kanal = Motzen-Mittenwalde sowie durch Bäke oder auch Telte (Teltowkanal) und Nuthe. Obgleich sich auf den genannten Kanälen kaum noch etwas abspielt, ganz im Gegensatz zu früheren Zeiten, ist und bleibt der Nottekanal zusammen mit dem Galluner- und dem Zülowkanal als Vorfluter von großer Wichtigkeit.

1559 wird die Notte zum ersten Mal nachweislich als »Kanal« bezeichnet. Bis dahin war die Rede von einem Nottefließ, an dem sich bei Mittenwalde das Gallunfließ bis zum Motzener See anschließt.

Wie gesagt, die älteste Nachricht über den Nottekanal stammt aus dem Jahre 1559: »*Der Bruder des Schenken von Landsberg, Herr zu Wusterhausen, wandte sich damals mit einer Beschwerde an den Kurfürsten, in der er behauptete, der Schiffsgraben durch das Schenkenländchen schade den Wiesen. Amtshauptmann Eustachius von Schlieben und der kurfürstliche Rat von Thümen untersuchten die Beschwerden mit negativem Ergebnis. Auch der Nachfolger Schliebens, Wolff von Closter, erhielt Beschwerden über den Kanal. Die Schleusen seien baufällig. Man erwähnte nicht, daß die Wiesen durch den Kanal entwässert wurden. Die kurfürstlichen Behörden forderten die Stadt Mittenwalde immer wieder auf, die Gräben bei den Schleusen zu räumen. Die Müller von Mittenwalde wollten jedoch den Wasserstand möglichst hoch halten, um ihre Wassermühlen betreiben zu können. Die Bauern brauchten niedrigen Wasserstand, damit ihre Wiesen nicht sauer wurden. Sogar das Berliner Kammergericht mußte sich mit diesen Streitigkeiten befassen.*«

Der Nottekanal diente schon zu dieser Zeit der Abfuhr des Sperenberger Gipses. Nach dem Dreißigjährigen Krieg war der Kanal versandet, und deshalb befahl der Kurfürst am 23. Juni 1683 die Wiederherstellung der Wasserfahrt von Sperenberg über Mittenwalde und Wendisch-Wusterhausen bis in die Dahme/Spree, also die Schiffbarmachung der Notte für Gipstransporte aus Sperenberg nach Berlin. *Ärger gab es oft an der Mittenwalder Schleuse, weil »die Durchfahrt durch Steine und Pfähle versperrt war, die im Wasser lagen. 1690 wollte man den Kanal verlängern. Er reichte bisher von der Spree über Wendisch-Wusterhausen bis zum Mellensee. Nun sollte er für 4.000 Taler bis zu den Gipsbergen am Sperenbergschen See geführt werden. Die Klausdorfer, die bisher den Gips an den Mellensee gefahren hatten, fürchteten um ihren Verdienst. Zu ihrem Glück zerschlug sich das Vorhaben. Die Mittenwalder beschwerten sich wiederholt über den Kanal, die einen, weil sie ihr Vieh dort nicht tränken konnten und die anderen, weil das Wasser wegen der Holzverschalung und Verunreinigung durch Tiere nicht zum Bierbrauen taugte.« Auch soll der Ausrufer von Bekanntmachungen immer wieder die Einwohner ermahnt haben: »...heute nicht in die Notte zu scheißen, da morgen Bier gebraut wird«.*

Wer weitere alte Quellen über die Notte liest, erkennt deren Bedeutung für die Region des südlichen Teltow und Berlin sowie deren wirtschaftlichen Aufschwung anhand vieler Tatsachen. Dabei ist es in diesem Zusammenhang interessant, daß es zu starken Interessengegensätzen der Nutznießer kam. Was für die Mühlenbesitzer und Fischer vom Vorteil war, gereichte den Bauern und Bierbrauern zum Nachteil. Lassen wir deshalb alte Aufzeichnungen sprechen:

Das Nottefließ war damals nur zur Zeit des höheren Wasserstandes von Oktober bis Juli schiffbar, und zwar höchstens für Schiffsgefäße mit 2 1/2 Fuß Tiefgang (vgl. v. d. Knesebeck und Klehmet, Die Meliorationen der Niederungen der Notte und ihrer Zuflüsse, Berlin 1865, S. 29). Um die Mitte des 19. Jahrhunderts nahm die Schiffahrt bedeutend ab, denn 1841 passierten 1.190 Kähne und 70 Holzflöße die Schleuse, 1846 aber nur noch 352 bzw. 10. Einen Teil der Schuld trug die Mittenwalder Mühle, die erst vom 1. Mai ab verpflichtet war, den Sommerwasserstand zu halten. Vielfach finden sich in Urkunden, Akten und Registern des Amtes Zossen aus dem 16. und 17. Jahrhundert Bestimmungen darüber, wann der Wassermüller die Schützen aus der Freiarche auszuwerfen habe. Friedrich Wilhelm I. hatte schon einmal im Jahre 1734 geplant, »um die Remise bei Gallun desto trockener zu machen«, die dem Müller Johann Friedrich Matthias gehörige Erbmühle eingehen und den Besitzer anderweitig entschädigen zu lassen. Doch der Plan zerschlug sich, und so standen viele Wiesen oberhalb der Stadt vom März an viele Monate unter Wasser. Die Mühle ist uralt. Schon 1373 hatte

Kaiser Karl IV. seinen Lehnsmannen v. Kummeltitz eine Hebung von jährlich 5 Wispel Roggen »in der Mollen« bestätigt (StA, Urkunden märkischer Ortschaften, Mittenwalde Nr. 1; vgl. R XI, 232).

»Ein Gutachten von 1740 besagte, daß die Notte zu flach für die Schiffahrt sei. Man wollte Holz aus dem Sperenberger Forst nach Berlin flößen. Dazu mußte das Wasser drei Fuß tief sein (etwa 1 m). Die Notte erreichte diese Tiefe jedoch nur bis unterhalb des Prierowsees. Ihr Bett wurde vertieft und die Schleusen wurden geräumt. Zu neuen Schwierigkeiten kam es zwischen 1831 und 1852, als die Notte verschiedentlich über ihre Ufer trat und die Wiesen verdarb. Daraufhin unterbreitete das Landesökonomie-Kollegium der Regierung 1851 Berichte des Landwirtschaftlichen Vereins Zossen, aus denen hervorging, daß nicht nur die Schiffahrt auf der Notte verbessert werden mußte, sondern die ganze Niederung der Entwässerung bedurfte!«

Dank der Anregung des Landrats v. d. Knesebeck, der die Niederungsinteressenten bereits im Juni 1854 zu einer Versammlung nach Zossen behufs Gründung eines Verbandes eingeladen hatte, bewilligte endlich die Regierung eine größere Summe und gab die Ermächtigung zur Ausgabe von Obligationen bis zum Betrage von 200.000 Talern. Im Frühjahr 1856 wurde das Werk in Angriff genommen, und das Fließ erhielt nunmehr einen geradlinigen Lauf und ein angemessenes Gefälle sowie eine Mindesttiefe von rund 3 Fuß. Die Mühle ging in den Besitz des Notteschauverbandes über und wurde vollständig umgebaut; auch eine Schleusenmeisterei entstand. Die Folge war, daß der Verkehr von 327 Schiffsgefäßen im Jahre 1859 auf über 3.000 im Jahre 1863 stieg, deren Tonneninhalt etwa dreimal so groß war wie zuvor (v. d. Knesebeck und Klehmet, S. 41). Während früher die Hauptfrachten talabwärts Fische und vor allem Gips waren, werden heute hauptsächlich die in Schöneiche gewonnenen Ziegel flußabwärts der Hauptstadt zugeführt; aufwärts geht der Rüdersdorfer Kalk, dessen die Zossener Zementwerke benötigen. Anläßlich des Brückenneubaus wurde die Schleuse 1909 etwa 100 Meter flußaufwärts verlegt«.

Von den über 1.300 Ziegeleien im Brandenburgischen im Jahre 1865 sind heutzutage nur noch etwa 8 Ruinen übriggeblieben. Von diesen Ziegeleien (also auch um Mittenwalde) gelangten jährlich zwei Milliarden Klinker auf dem Wasserweg (also auch über die Notte) nach Berlin.

Wenn in den vorliegenden alten Aufzeichnungen von »heute« gesprochen wurde, dann geschah dies alles vor etwa 100 Jahren.

»Nach jahrelangen Vorbesprechungen kam es 1856 zur Gründung des Verbandes zur Regulierung der Notte. Im gleichen Jahr begannen die Arbeiten, die 1,2 Millionen Mark verschlangen. Die Niederung wurde auf Kosten der Interessenten entwässert, was sich schon bald durch höhere Ernteerträge be-

zahlt machte. Der Kanal erhielt drei Schleusen. In der Folgezeit gab es regen Schiffsverkehr durch Transporte von Zement, Ziegeln und Torf nach Berlin. Nach dem Bau der Eisenbahn verlagerten sich die Transporte auf die Schiene. Seitdem beschränkte sich die Schiffahrt auf der Notte auf den Ausflugsverkehr. Dazu trägt auch die geringe Tiefe des Kanals bei, die nur Schiffen mit Finowmaß die Durchfahrt gestattet.«

Die Berichterstattung über alte Zustände an und auf der Notte wäre unvollständig, wenn nicht auch auf die »Schiffergilden« eingegangen werden würde. Was die märkischen Schiffergilden im Teltow betrifft, geht deren Ursprung bis ins Mittelalter zurück. So stiftete die Neuzittauer Schiffergilde bereits um 1344 der Nikolaikirche zu Berlin einen Altar. 1716 wurde der Zusammenschluß aller kurmärkischen Schiffergilden angeordnet. Die Schifferinnung von Mittenwalde wurde 1889 gegründet. Zu ihrem Bereich gehörten Gallun, Motzen, Kleinbesten, Gräbendorf, Groß-Köris, Königs Wusterhausen, Senzig, Pätz, Zernsdorf, Zeuthen und Schmöckwitz sowie einige Orte aus dem Kreise Beeskow-Storkow. Aufgabe der Innung (wie auch aller anderen Innungen) war es, Meister-, Schiffer- und Steuermannsprüfungen abzunehmen, Zeugnisse auszufertigen, Streitfälle zu schlichten und sich um die Interessen des Schiffergewerbes, dessen Mitglieder und deren Angehörige zu kümmern.

Nachdem die Notte ihre ursprüngliche Bedeutung als Grenzfluß verloren hatte, konnte der 22 km lange schiffbar gemachte Nottekanal über Jahrhunderte die Funktion erfüllen, die dann der Eisenbahn- und später auch Kraftverkehr übernahm.

Da sich der Abbau von Gips im großen Stil bei Sperenberg in der Mittelmark und seine Beförderung nach Berlin per Schiff über den Mellensee sowie die Notte, Dahme und Spree besonders gut lohnten (was auch die Ausnützung dieser Schiffe zurück von Berlin zum Mellensee mit anderen Ladegütern betraf), profitierten die an der Notte liegenden Städte und Dörfer davon – also auch Mittenwalde. In dem Maße, wie die schnell wachsenden Eisenbahnverbindungen den Gipstransport von den Lastkähnen in ihre Waggons übernahmen, stiegen der Bedarf an Gips und das Angebot an Beförderungsleistungen per Bahn, und gingen schließlich die Gipstransporte auf der Notte ein. Einen gewissen Ausgleich konnte jedoch die steigende Ziegelproduktion durch die Beförderung ihrer Steine per Schiff von an der Notte gelegenen Ziegeleien nach Berlin schaffen. Zu diesem Zweck wurde also 1856 der Nottekanal ein weiteres Mal zu einer ganzjährig befahrbaren Wasserstraße für die alteingesessene Ziegelproduktion in und um Mittenwalde ausgebaut. Berlin schrie förmlich in den Gründerjahren nach dem gewonnenen deutsch-französischen Krieg 1870/71 nach immer mehr Ziegelsteinen. Dank der umfangreichen Ton- und Lehmvorkommen im Umfeld der Notte, der Initiative von Unternehmern, die sich in den Besitz von Ziegeleien brachten und des Fleißes der ortsansässigen und ins Land geholten Ziegeleiarbeiter bekamen die weitbekannten Rathenower Ziegel durch Teltower Ziegelsteine Konkurrenz.

Die sprungartig allerorts entstandenen Ziegeleien (z. B. um Mittenwalde und Schöneicher Plan) konnten über den Nottekanal verkehrsgünstig erschlossen und bezüglich der Transportkosten wirtschaftlich betrieben werden. Selbst Klausdorfer Ziegelsteine wurden mit Pferdefuhrwerken zur Schiffsverladung zum Mellensee gebracht, um sie von dort aus über den Nottekanal sowie die Dahme und Spree nach Berlin zu schippern. Umgekehrt kam Rüdersdorfer Kalkstein über den Nottekanal per Schiff in Zossen an, wo er gelöscht und zu Portlandzement verarbeitet wurde.

Ältere Mittenwalder können sich noch an die Erzählungen ihrer Eltern und Großeltern aus einer Zeit erinnern, die über 150 Jahre zurückliegt, eine harte und für viele auch grausame Zeit, wo es keinen Unterschied machte, ob Menschen oder Tiere schwerer sowie alltäglich von früh bis spät arbeiten mußten.

Seit 1730 fanden regelmäßige Räumungen und Vertiefungen der Notte statt, so daß eine durchgängige Schiffbarkeit gewährleistet werden konnte. Das gigantische Meliorationsprojekt verwandelte die versumpfte Nottenniederung mit ihren Wiesen bis in die Mitte des 19. Jahrhunderts in fruchtbares Ackerland.

Die Notte wurde jedoch nicht nur von Lastkähnen befahren. Seit altersher wurde von den Menschen zwar an und auf der Notte hart gearbeitet, aber auch Erholung gesucht und gefunden. Wer die Wege am Nottekanal per pedes oder Fahrrad benutzt, was eigentlich zu jeder Jahreszeit möglich ist, oder wer diesen Kanal mit eigenem Boot als Wasserwanderer oder als Passagier eines Ausflugdampfers befährt, kommt so oder so auf seine Kosten. Übrigens, was die Personenschiffahrt auf dem Nottekanal betrifft, begann diese ab 1820 mit sogenannten Moabiter Gondeln, die wie Spreewaldkähne gestakt wurden und bis zu 70 Personen Platz boten.

Diese Gondeln befuhren den Nottekanal zwischen Königs Wusterhausen und Mittenwalde täglich mehrmals hin und her. Hier wurden sie anfangs sogar von Hunden und dann später von Pferden vom Ufer aus gezogen. Die jeweils eine Stunde dauernde Fahrt wurde zur Volksbelustigung, vor allem für große Scharen von Berlinern.

Es ist anzunehmen, daß bereits vor dieser Zeit Wasserpartien (Pläsierfahrten) auf der Notte in sogenannten »Wassersänften« durchgeführt und als bedeutend angenehmer empfunden wurden, als in z. B. klapprigen Postkutschen auf den noch vorherrschenden sandigen und stuckrigen Landstraßen bzw. -wegen fahren zu müssen. Diese schon damals überdachten Gondeln wurden von je zwei Pferden auf dem Treidelweg entlang der Ufer gezogen. Im Volksmund hießen sie danach auch bald »Treckschuten«. Im Vergleich zu vergangenen Zeiten liegt heute der Nottekanal so ruhig und zufrieden in seinem künstlichen Flußbett, daß sich immer weniger Angler, Liebespaare und Radfahrer trauen, ihn zu stören. Noch nach dem Zweiten Weltkrieg konnte man von Berlin-Treptow mit dem kleinen Passagierschiff »Fritz III.« nach Mittenwalde bzw. Motzen und zurückschippern. Heute bietet eine Schiffahrtslinie nur noch sonnabends und bei Bedarf Fahrten durch den Nottekanal nach Mittenwalde und zurück an. Na denn: »Schiff ahoi«. Und dies im klaren, um zwei Gewässergütestufen besser gewordenen Wasser, nachdem das Königs Wusterhausener Abwasser, welches bis 1990 schaumbildend über die Ufer hinweg bei Schenkendorf in den Nottekanal floß, 1991 zum neuen Klärwerk bei Waßmannsdorf übergeleitet werden konnte.

Privatbahnen verbinden Mittenwalde mit Berlin,
Königs Wusterhausen und Töpchin sowie später noch mit Zossen

Jeder zweite Altberliner oder -teltower denkt indes nicht nur an die Autobahnabfahrt Mittenwalde, wenn in irgendeiner Weise die Sprache auf die Verkehrsanbindung dieser Stadt kommen sollte, sondern auch an die damaligen Kleinbahnstrecken, die Mittenwalde mit Berlin, Königs Wusterhausen und Töpchin sowie Zossen ein hohes Menschenalter lang verbanden.

Nachdem also Mittenwalde weder die Reichsbahnstrecke nach Cottbus noch die nach Dresden abbekommen hatte, war nur noch die Möglichkeit gegeben, sich eine private Nebenbahnverbindung in und durch die Stadt zu holen. Und das war dann schon reichlich spät und auch alles. Während die Görlitzer Strecke über Königs Wusterhausen am 31. Dezember 1867 und die Dresdner Strecke über Zossen 1875 den Betrieb aufnehmen konnten, entstanden die Königs Wusterhausen-Mittenwalde-Töpchiner Kleinbahn 1893/95 (am 2. November 1894 fand mit einer den Namen »Stubenrauch« tragenden und festlich geschmückten Kleinbahnlok die feierliche Teileröffnung der Strecke von »Königs Wusterhausen West« bis nach »Mittenwalde Ost« statt) und die Rixdorf-Mittenwalder-Eisenbahn 1900 mit ihrer Betriebseröffnung am 28. September.

Wer nun aber glaubt, diese Bahnen wären für den Personenverkehr geschaffen worden, irrt wiederum, da diese Bahnbauten anderen Zwecken zu dienen hatten, als die Mittenwalder in die weite Welt hinauszulassen.

Vor über 100 Jahren versuchte man in Schenkendorf Braunkohle abzubauen. Je tiefer man kam, desto mehr Erdmassen fielen an, zu deren Abtransport nach einer Eisenbahn gerufen wurde. Also wurden Schenkendorf, Mittenwalde und Töpchin eisenbahnmäßig mit Königs Wusterhausen verbunden. Später leistete diese Kleinbahn gute Dienste für den Personen- und Güterverkehr. Die Beförderung von Munitionstransportzügen zur und von der Heeresmunitionsanstalt Töpchin auf dieser Strecke war jedoch kein Gewinn für die Menschheit.

Als die Rixdorf-Mittenwalder Bahnlinie 1900 in Betrieb ging, diente sie vornehmlich der Abbeförderung des Berliner Mülls nach Mittenwalde und der Rückbeförderung von Ziegelsteinen für die Stadt, die sich als deutsche Hauptstadt immer mehr mauserte. Um dichter an die Müllgruben und Ziegeleien heranzukommen, verlängerte man die Strecke von Mittenwalde bis zum Schöneicher Plan – und dies bereits schon 1903 – für 360.000 Mark. Die Bahnlinie von Rixdorf nach Mittenwalde war Ergebnis eines zweiten Projektes von 1898 (der erste Plan von 1896 kam nicht zum Tragen) und kostete mit Grunderwerb und Ausstattung der Bahn zwei Millionen Mark. An der Rixdorf-Mittenwalder Eisenbahn-AG beteiligten sich der Kreis Teltow und die Gemeinden, die an dieser Strecke mit Bahnhöfen bzw. Haltestellen bedacht wurden, also Rixdorf, Britz, Buckow, Rudow, Schönefeld, Selchow, Groß Kienitz, Brusendorf und Mittenwalde. Betriebsführerin wurde – und blieb es auch – die Firma Vering & Waechter, Eisenbahn-Bau- und Betriebs-Gesellschaft m.b.H. & Co.K.G. in Berlin-Dahlem, dann auch später für die Königs Wusterhausen-Mittenwalde-Töpchiner Kleinbahn (ab 1943 Eisenbahn).

Beide eingleisigen Bahnlinien mit Regelspurweite wie Staatsbahnen, immer in privater Hand (wenigstens bis nach dem Zweiten Weltkrieg), hatten zwar als nicht reichseigene Bahnen nach dem Ersten Weltkrieg den Charakter von Kleinbahnen, aber ohne Einschränkung dem öffentlichen Personen- und Güterverkehr zu dienen. Und das taten sie dann auch ohne Abstriche, wie wir noch hören werden.

Die Neukölln-Mittenwalder Eisenbahn endete neben dem S-Bahnhof »Hermannstraße« und hatte somit Anschluß an den Berliner S-Bahn-Ring (s. auch Karte des Berliner S-Bahnnetzes von 1931).

Was den Anschluß in Königs Wusterhausen betrifft, fuhren zwischen KW und Grünau bzw. Görlitzer Bahnhof derzeit noch dampfbetriebene Vorortzüge. Erst nach dem Zweiten Weltkrieg wurde das elektrisch betriebene S-Bahnnetz von Grünau bis nach Königs Wusterhausen erweitert. In Töpchin war Endstation (Kopf- bzw. Sackbahnhof), woran sich die Heeres-Munitionsanstalt anschloß.

Greifen wir auf eine Aussage der alten Stadtgeschichte Mittenwaldes zurück, so heißt es dort: »*Durch den Bau der Chaussee über Zossen und die Anlage der beiden Ferneisenbahnen, die Mittenwalde nicht berührten, sank dieses von seiner Höhe herab und hat seitdem als einfaches Ackerstädtchen ein bescheidenes Dasein geführt, auch die Kleinbahnen haben bisher wenig zum Aufblühen des Ortes beigetragen.*«

Formulieren wir es heute schließlich doch etwas anders, etwa so, daß ohne diese Kleinbahnen seit Beginn dieses Jahrhunderts bis zum heutigen Tage aus

Mittenwalde eine inzwischen »wüste Stelle« in der Teltower Landschaft und somit ein »weißer Fleck« auf der Landkarte geworden wäre.

Gelang es den alteingeborenen Mittenwaldern, sich jedem Fortschritt zu verschließen und sich den Eisenbahnfernverkehr mit Erfolg vom Leibe zu halten, so kam dieser stockkonservativen Haltung dann mehr oder weniger das zugute, was mit der lokalen Kleinbahnverbindung doch noch über »ihre Heimatstadt« hereinbrach oder noch besser, sich über die Bahnstationen und Orte bis hin nach Töpchin ergoß, nämlich ein Strom erholungssuchender und nahrungsverbessernder Berliner. Mittenwalde wurde den Berlinern der verträumte, ruhige, stille, verschlafene Ort, wo man der Hektik der Großstadt zum Wochenende entfliehen, dieses beschauliche Städtchen und seine Umgebung genießen und den »Füchsen dann auch noch gute Nacht« sagen konnte.

Es würde den Rahmen dieses Buches sprengen, allein nur das alles zu Papier zu bringen, was diese beiden Bahnen an »liebevollen Spötteleien« und natürlich auch »beleidigenden Bemerkungen« bis hin zur »vernichtenden Kritik« haben aushalten müssen.

In einer alten Illustrierten der 30er Jahre lesen wir zu den romantisch beschriebenen Bildern: »Die Kleinbahn in die Weltstadt« (Ein Beitrag zur Sendung des Reichssenders Berlin »Vivat die Eisenbahn! – Die ungleichen Brüder: D-Zug und Sekundärbahn«):

»Nach Mittenwalde, das nicht mit dem Dorf der Geigenbauer Mittenwald zu Füßen des Karwendels verwechselt werden darf, fährt heute noch ein

Suchbild – Welches Gleis nehmen wir heute?

Eisenbähnle, das uns an die gemütliche und deshalb sprichwörtlich gewordene schwäbische Eisenbahn erinnert. Dieses Dampfroß, das seinen Stall an der Peripherie der Stadt hat, führt uns in kurzer Zeit hinein in eine saftige, ländliche Welt. Man ist beglückt, an ihr nicht mit dem D-Zug vorüberbrausen zu müssen.«

Und weiter geht's im Text so recht nach dem Geschmack romantiksuchender Zeitgenossen: »Lustig und vergnügt fährt das Bähnchen in den Abend hinein«, oder »Fauchend geht's an Kornfeldern vorbei – und das alles in der nächsten Nähe von Berlin«, usw. usf.

»Fahrt mit mir ins Schenkenländchen« war Werbeslogan der Fahrpläne und Streckenführungs-Landkarten. Bis zu Beginn des Zweiten Weltkrieges konnten immer mehr Reisende die in den Sommer- und Winterfahrplänen mit steigender Tendenz und verringerten Fahrzeiten ausgewiesenen Zugfahrten bei gleichbleibenden billigen Fahrpreisen und Fahrpreisermäßigungen benutzen. Vergleichsweise verkehrten zehn Jahre zuvor täglich nur vier Züge in beiden Richtungen, die für die 8,2 km lange Strecke zwischen Königs Wusterhausen und Mittenwalde jeweils noch 24 Minuten (1939 als Triebwagen 16 Min.) benötigten.

Wer nicht gerade in Mittenwalde Verwandte, Bekannte oder ein Grundstück hatte, fuhr über die Verbindung der Mittenwalder Bahnhöfe Nord und Ost weiter, um in Märchenwiese seinem FKK-Verein am Motzener See einen Besuch abzustatten oder verließ den Zug in Motzen-Seebad, einem wegen seiner Golfanlage inzwischen weltweit bekannt gewordenen Ort.

Viele Zugnummern im Fahrplan aus dem Jahre 1939 waren mit einem »T« = Triebwagen gekennzeichnet. Und tatsächlich befuhren diese Strecken kleine, aber moderne Triebwagen der Bauart »Wismar« als »Schienenzep« unter Zurücklassung der Dampflok-Urahnen aus der Gründerzeit in ihren Lokschuppen. Dazu heißt es in der damaligen Eisenbahnerzeitung: »*Ende eines Kleinbahnidylls – Die Mittenwalder Kleinbahn, das letzte Stück Kleinbahnidyll Berlins, wird in wenigen Tagen ganz verschwunden sein. Die Strecke wurde motorisiert, und zwei neue Triebwagen werden die Verbindung zwischen dem Bahnhof Hermannstraße in Neukölln und den Ortschaften an der Strecke nach Töpchin übernehmen*«.

Der zunehmende Güterverkehr brauchte Dampfloks. An allen Ecken und Kanten entstanden Betriebe, Niederlassungen und sonstige Firmen im Weichbild der Bahnstrecke, die wiederum Bahnanschlußgleise brauchten.

Für die mehr als 100 Gleisanschlüsse wurden in Hochzeiten beider Bahnen ständig von der Reichsbahn Güterzüge übernommen und wieder übergeben, und zwar in Königs Wusterhausen und Neukölln. Beispielsweise wurden allein vom Güterbahnhof Teltowkanal aus über Anschlußgleise ca. 70 benachbarte Fabriken bedient. Geschlossene Müllpendelzüge nach Schöneicher Plan wie auch Motzenmühle befuhren täglich mehrmals die Strecken. Das Hin und Her mit »Pulver-Flagge« gekennzeichneter Munitionszüge auf der Strecke nach Töpchin – im Krieg dann vornehmlich nachts – konnte schon den mitfahrenden Eisenbahnern bzw. den Rangierern der Bahnhöfe eine Gänsehaut aufkommen lassen.

Zur Bewältigung steigender Transportanforderungen wurden leistungsfähigere Loks in Betrieb genommen, als es die den ersten Dampfloks (»Adler«, »Saxonia«, »Komet« u.a.) ähnelnden Urahnen von Borsig, Henschel und Sohn,

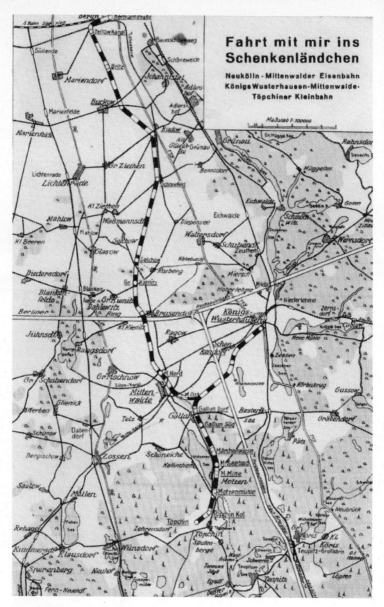

Streckenführungs-Landkarte

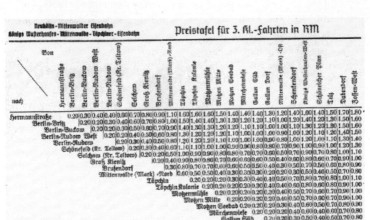

Hartmann usw. aus der Zeit um 1900 der Mittenwalder Kleinbahnen waren und bis nach dem Zweiten Weltkrieg für den Personenverkehr auch blieben.

»Räder müssen rollen für den Sieg« – diese vor allem an den Tendern der Loks stehende Durchhalteparole galt dann besonders auch für die als »kriegswichtig« eingestuften Privatbahnstrecken, und viele Eisenbahner blieben den Krieg über »uk-gestellt«. Fehlende Kräfte wurden durch ausländische Zwangsarbeiter sowie Kriegsgefangene und dienstverpflichtete Frauen und Mädchen ersetzt. Aus persönlichem Erleben dieser Zeit seit 1943 als Eisenbahner in Königs Wusterhausen und Mittenwalde könnte ich schon nur zur Geschichte dieser beiden Bahnen ein Buch schreiben.

Wer sich dafür besonders interessiert, kann sich beim Rudower Heimatverein auf jede Frage eine Antwort holen, der sich auch als Gast des Mittenwalder Heimatvereins mit Vorträgen zur Geschichte der Neukölln-Mittenwalder-Eisenbahn engagiert.

Wie diese Bahn das Ende des Zweiten Weltkrieges er- bzw. überlebte, erfährt man beim Lesen der folgenden Seiten. Wenn diese Zeit bereits die Zeit des Lesenden war, werden diese Zeilen alte Erinnerungen an den April 1945 wecken.

Im nachstehenden Bericht, der inzwischen eine gewisse historische Bedeutung erlangt hat, weil es sich um ein einmaliges Dokument handelt, wimmelt es von Abkürzungen. Da er jedoch so, wie er im Original vorliegt, an dieser Stelle erstmalig veröffentlicht wird, erfolgt anschließend eine Erläuterung von Begriffen, Abkürzungen usw.

Bericht über die historische Entwicklung der Lage im Bahnbereich der K.M.T.E. vom Kampfbeginn (20. April) bis heute (Ende Oktober 1945).

Die Kampfhandlungen näherten sich erstmals unserem Bahnbereich am 20. April d. Js. Schnelle russische Verbände drängen vom Süden kommend in die Heeresmuna Töpchin ein und besetzten sie im Laufe des Vormittags. Damit war die Bedienung der Anschlussbahn Heeresmuna Töpchin unterbrochen. Am 21. April konnte noch der Frühzug 21 vom Bahnhof Töpchin nach Königs Wusterhausen West abgelassen werden. Die Rückfahrt des P 22 von KW nach Ti konnte jedoch nur noch bis Motzenmühle durchgeführt werden, weil inzwischen der Bahnhof Töpchin von der russischen Wehrmacht besetzt worden war und die Front sich bis zur Linie Töpchiner See-Töpchin-Kolonie-Kallinchen vorgeschoben hatte; er wurde daher nach KW West zurückgenommen. Dadurch und wegen der Tieffliegerangriffe war die Betriebseinstellung auf dieser Strecke Mio-Ti bedingt. Am 21 April wurden lediglich einige Wehrmachtszüge zwischen KW West und dem Abstellbahnhof Schenkendorf gefahren. Da auch im Laufe des 21. April auf der Reichsbahnstrecke der Gesamtverkehr ins Stocken gekommen war, wurde uns vom Reichsbahnhof KW um Stde 20 der letzte Wehrmachtszug übergeben und mit einem auf dem Abstellbahnhof Schenkendorf abgestellt gewesenen Munzug vereinigt, mittels einer von der Oberzugleitung gestellten Rblok um Stunde 21 über Mittenwalde Ost durch den Unterzeichneten als Lotse nach Neukölln geleitet, dort am Sonntag, 22. April, in den Morgenstunden an die Reichsbahn übergeben.

Durch das weitere Vordringen der russischen Wehrmacht und Verlagerung der Fronten bis vor Mittenwalde (Mark) bezw. vorbei war es dem Unterzeichneten nicht mehr möglich, nach KW West zurückzukehren. Die erforderlichen betrieblichen Anordnungen konnten noch bis 22. April mittags fernmündlich nach Mio und KW gegeben werden, dann riss die Verständigung ab und war damit die Beriebseinstellung auch der letzten Rangierarbeiten auf Bf. KW West bezw. Abstellbahnhof Schenkendorf gegeben.

Die gesamten Geschäftsunterlagen, Akten und dienstlicher Schriftverkehr der Bahnverwaltung waren vorsorglich am 21. April zur Betriebsverwaltung Tempelhof in den Magazinkeller verlagert. Sie sind uns dadurch vollkommen erhalten geblieben und konnten im Laufe des Mai d. Js. wieder nach KW zurückgebracht werden.

Von den Betriebsmitteln konnten ebenfalls noch am 21. April 2 Loks und 1 Packwagen, 1 G- und 3 O-Wagen nach Tf überführt und sichergestellt werden. Sie sind wie auch der am 21. April nach KW zurückgeholte Personenzug (1 Lok und 9 Personenwagen) von den Kampfhandlungen unberührt geblieben.

Die in der Triebwagenhalle Töpchin abgestellten Triebwagen 1 u. 2 haben empfindlich gelitten. Die Innenarmaturen und die 4-13/50 Fordmotore einschl. Getriebe sind von der russischen Wehrmacht ausgebaut und auch 1 Reservemotor, der in der Betriebswerkstatt KW gelagert hatte, mitgenommen. Desgleichen wurde der neue Dienst-Pkw M 82893 verschleppt und der ältere Dienst-Pkw IE 138933 vernichtet.

Der bei der NME auf Bf. Tkl. abgestellt gewesene Packwagen 600, G-Wagen 112 sowie die O-Wagen 109, 115, u. 116 sind dort später abhanden gekommen und bisher nicht wieder aufgetaucht.

Die Dienstgebäude der Bahnhöfe Töpchin, Mittenwalde Ost, Kgs. Wusterhausen und das Verwaltungsgebäude KW haben die Kampfhandlungen mehr oder weniger gut überstanden. Die Aufräumungsarbeiten und Behebung der meist äusserlichen Schäden wurden sofort nach Beendigung der Kampfhandlungen durch die Belegschaft in Angriff genommen und zum grössten Teil behoben. Am schwersten hat das Wohndienstgebäude »Klausenhof« in Töpchin gelitten, wo 3 Granaten - bzw. Durchschläge im Ostgiebel die hochparterre gelegene Wohnung des Oberschaffners Lehmann 2 und von der des Lokheizers Otto Lehmann 3 im 1. Stock 1 Zimmer unbewohnbar gemacht haben. Die Instandsetzungsarbeiten sind hier noch nicht beendet. Die Diensträume der Bfe Ti, Mio, KW West und der Betriebswerkstatt KW waren vollkommen verwüstet und das Rechnungsmaterial sowie Drucksachen überwiegend vernichtet. Die Beriebswerkstatt KW einschl. Stellmacherei und Dreherei, Schmiede, Lokschuppen, Lager und Malerwerkstatt sind vollkommen ausgeraubt. Sämtliches Handwerkzeug und erhebliches Inventar und Material fehlt. Ein besonders schwerer Verlust ist durch den Raub der neuen Schnelldrehbank entstanden.

Die Bahn- und Gleisanlagen sind im grossen und ganzen unbeschädigt geblieben. Die Streckenfernsprechleitung war überwiegend zerstört und musste teilweise erneuert werden.

Die Schwellenbestände der Bahnmeisterei haben erheblich gelitten. Nach den vorläufigen Feststellungen sind ca 1.000 Stck. neue Schwellen und 80 Stck. Fernsprechmaste abhanden gekommen.

Nachdem die Bahnanlagen und Betriebsmittel wieder betriebssicher hergestellt waren, wurde mit Zustimmung des örtlichen Kriegskommandanten und des Herrn Oberbürgermeisters in Kgs. Wusterhausen am 28. Mai d.Js. der Eisenbahnbetrieb wieder auf der Gesamtstrecke zwischen Töpchin und Kgs. Wusterhausen zunächst mit 2 Zugpaaren aufgenommen. Der schnell ansteigende Personenverkehr und das Bedürfnis einer direkten Verbindung nach Berlin über Mio machten die Verstärkung des Zugverkehrs auf unseren wie auf der NME-Strecke mit 4 direkten Zugpaaren bezw. Anschlüssen in Mio nach und von Berlin-Neukölln sowie Durchführung direkter Früh- und Spätzüge zwischen KW West und Bln.-Nkn. ab 4. Juli 45 erforderlich. Bereits in den ersten Tagen zeigte sich, dass diese direkte Verkehrsverbindung zwischen Kw und Bln.-Nkn. über Mio unsere Erwartungen weit übertraf. Der Personenverkehr hat sich bis heute weiter fortentwickelt. Der allgemeine Güterverkehr ruht zur Zeit noch. Die Wiederaufnahme der Mülltransporte über die NME zum Müllplatz Motzen steht für die nächsten Tage in Aussicht. Auf der Strecke Kw - Ti ist zur Zeit reger Munzverkehr zur Muna Ti im Gange, der von der russisch. Wehrmacht mit Rb-Personalen gefahren wird. Für den Rangierbetrieb in der Muna Ti müssen wir 1 Lok mit Personal und das Rangierpersonal stellen. Über diese Leistungen unserseits werden die erforderlichen Aufschreibungen gemacht, die zur gegebenen Zeit auf Reparationskonto verrechnet werden sollen.

Am 1. September 1945 kam es im Streckenabschnitt Kw West-Mio in km 4,0 + 1,0 zu einem Zugzusammenstoss zwischen P 25 u. russ. Sz., bei dem 3 Personen sofort getötet, bisher 9 schwer und 10 weniger schwer verletzt gemeldet wurden. Von den Schwerverletzten sind noch nachträglich 2 Personen, darunter Res. Lokf. Paprotka, ihren Verletzungen erlegen.

Die Schuldfrage ist noch nicht geklärt. Die beteiligten Betriebspersonale wurden durch die russische Wehrmacht in Haft genommen und zur Vernehmung nach Cottbus gebracht.
Personelles:
1.) Am 20. Juni 1945 wählte die Belegschaft den neuen Betriebsrat und als Obmann den Fahrdienstleiter in Mio., Fritz Wander.
2.) Oberlokführer Richard Gottwald, Töpchin, starb plötzlich nach einigen Krankentagen und wurde am 20. Juni 1945 in Töpchin beigesetzt.
3.) Der Unterzeichnete wurde am Abend des 26. Juli d. Js. durch die deutsche Polizei in Haft genommen und der russ. Kommandantur übergeben. Der Verhaftungsgrund ist ungeklärt geblieben. Der Haftbefehl wurde am 1. September 1945 aufgehoben.
Kgs. Wusterhausen, den 30. 10. 45　　Bahnvexwelter
　　　　　　　　　　　　　　　　　　　　　(Unterschrift)

Anm.: In der SBZ war der Eisenbahnbetrieb laut Befehl Nr. 8 zurückgegeben worden. So fand auch der Prozeß in Sachen des o. g. Bahnbetriebsunfalls vom 1. September 1945 vor dem Amtsgericht Königs Wusterhausen mit günstigeren Ergebnissen für die angeklagten Eisenbahner statt, als dies von einem sowjetischen Militärtribunal zu erwarten war.

K.M.T.E.	Königs Wusterhausen-Mittenwalde-Töpchiner Eisenbahn
Heeresmuna	Heeresmunitionsanstalt
P	Personenzug
Kw	Königs Wusterhausen
Ti	Töpchin
Mio	Mittenwalde-Ost
Munzug	Munitionszug
Rblok	Reichsbahnlok
Lotse	ein mit nicht streckenkundigem Lokführer mitfahrender streckenkundiger Betriebseisenbahner
Loks	Lokomotiven
G-Wagen	gedeckter Güterwagen
O-Wagen	offener Güterwagen
Tf	Tempelhof
Munzverkehr	Verkehr mit Munitionszügen bzw. -wagen
Muna Ti	Munitionsanstalt Töpchin (unter russischem Kommando)
NME	Neukölln-Mittenwalder Eisenbahn
TKL	Teltowkanal
Rb.-Personale	Reichsbahnpersonale, die die Züge bis Ti fuhren
P 25	Personenzug Nr. 25
russ. Sz	russischer Sonderzug
Res. Lokf	Reserve-Lokführer
Russ. Wehrmacht	Rote Armee

Eine der legendären 52 Kriegsloks aus Wildau, mit denen nach dem Ende des 2. Weltkrieges die Neukölln-Mittenwalder Eisenbahn Kohlenzüge aus dem Senftenberger Raum über Mittenwalde nach Berlin fuhr

Nicht minder interessant ist der Weg beider Bahnen nach 1945. Wie zu lesen war, hatten die Betriebsmittel und -anlagen durch Kriegshandlungen unterschiedlich schwer gelitten, jedoch insgesamt nur soviel, daß die Schäden schnell beseitigt und der Bahnbetrieb wieder aufgenommen werden konnten – eher, als das streckenweise der Reichsbahn gelang.

Erstaunlicherweise brachte es die Fa. Vering & Waechter als erste Bahnverwaltung mit ihrer Neukölln-Mittenwalder Eisenbahn fertig, Ganz-Kohlebrikett-Züge aus dem Senftenberger Revier über Königs Wusterhausen, Mittenwalde bis nach Berlin zu transportieren und mit Leerzügen wieder zurückzufahren. Sowjetische Kommandanten unterstützten diese Transporte dringend benötigter Kohle für Berlin und ließen als eine erste Maßnahme zur Wiederherstellung des Verkehrs in Berlin durch ihre Pioniere eine Eisenbahn-Behelfsbrücke über den Teltowkanal schlagen. Die erste Brücke war in Tempelhof vom Landkreis Teltow gebaut worden (1904) und erlitt im April 1945 das Schicksal aller Berliner Brücken – sie wurde von Deutschen gesprengt.

Dank dieser Behelfsbrücke konnte wieder ein »friedensmäßiger« Verkehr aufgenommen werden, der jedoch ein ganz anderes Gesicht erhielt. Wie schon gesagt, wurden die riesenlangen und von schweren Lokomotiven gezogenen

Kohlezüge von den Anwohnern der Privatbahnstrecken nicht nur bestaunt – sondern auch nach Kräften bestohlen. Bald fuhren wieder die ersten Personenzüge, die an Wagenzahl immer mehr zunahmen. Das hatte seinen Grund im Andrang von Fahrgästen, die zum Überleben zu Nahrungsmitteln kommen mußten. Unbeschreibliches spielte sich in, auf und an den Zügen sowie auf den Bahnsteigen ab. Überall Menschen, von Kindern bis zu alten Mütterchen, mit rauszu leeren und reinzu vollgefüllten Behältnissen aller Art – »Ernährungsverbesserer = Hamsterer« oder wie man sie damals noch bezeichnete. Im Vorteil waren natürlich die Berliner, die den »armen« Bauern noch was zu bieten hatten, und so wechselte Nichteßbares (Pelz- und Ledermäntel, Geschirr, Schmuck, Besteck, Teppiche, Zigaretten, Spirituosen usw.) gegen alles Genießbare vom Lande seine Besitzer. Beneidenswert waren die Personen, die noch bei Kräften waren und riesenhafte Säcke, Koffer u. a. schleppen und auf dem Trittbrett des Eisenbahn-Personenwagens bis nach Berlin gut festhalten konnten. Was für ein Trauerspiel und Elend mußten wir Eisenbahner erleben, als diesen hungernden Menschen das ergatterte, eingetauschte oder auch tags wie nachts geklaute Gut (ausgesetzte Saatkartoffeln vom Feld z. B.) von den »Armband-Polizisten der Gemeinden« wieder abgenommen wurde.

Im Herbst wurde die Mittenwalder »Bimmel-Bahn« zum »Pilzexpreß« befördert und in den Wäldern um Töpchin blieb der Pilzreichtum dann nur noch eine Legende. Wer sich an den Winter 1945/46 erinnern kann und dank des »Brennholzexpresses« das letzte Stückchen Holz aus der Umgebung der Mittenwalder Eisenbahn ungeschoren nach Berlin und in seine Wohnung brachte, brauchte nicht zu erfrieren – so einfach war die Frage nach Sein oder Nichtsein – für die heutigen Generationen unvorstellbar.

Schließlich wurde diese Bahnverbindung immer mehr Berliner Petri-Jüngern zum Ausgangspunkt ihres Angelsports in den seenreichen Feldern und Wäldern dieser auch heute noch schönen und anmutigen Gegend, nach Berliner Schnauze »J. w. d.« – Janz weit draußen.

Mit der Überschrift »Loblied auf die alte Kleinbahn – eine romantische Verbindung mit der Mark Brandenburg ging verloren« in einer über 40 Jahre alten Zeitung aus Neukölln wird der Teilung der Bahnstrecke an der Berliner Stadtgrenze bei Schönefeld in Ost und West gedacht. Im Oktober 1948 fanden die »Blumenpflücken während der Fahrt verbotenen« Fahrten des wieder dampfenden, fauchenden, bimmelnden und pfeifenden »Hermännle« nach und von Mittenwalde ein jähes Ende. Beide Bahnen waren ja im Bereich der SBZ am 4. Oktober 1947 enteignet und – wie alle anderen Privatbahnen auch – zu den »Landesbahnen Brandenburg« zusammengefaßt worden. Zu diesem Zeitpunkt aber fuhr man noch – in West privat und in Ost verstaatlicht – beiderseits bis Schönefeld, um nach Tausch der Loks und des Personals jeweils in entgegengesetzter Richtung wieder davonzufahren. 1949/50 gingen die Landesbahnen zur Deutschen Reichsbahn über und mit dem »handfesten Grund« des Ausbaus des »Südlichen Güteraußenrings« der Reichsbahn zwischen Schönefeld und Waßmannsdorf waren plötzlich und in aller Stille die Streckengleise zwischen Brandenburg und Berlin »verschwunden«.

Von den 29 km von Hermannstraße nach Mittenwalde Ost blieben der Neukölln-Mittenwalder Eisenbahn nur noch 11 km Streckenlänge übrig. Zählt man jedoch alle der Privatbahn gehörigen Gleisanlagen, vor allem der über 80 Anschlußgleise zu den Firmen zusammen, so kommt man auf stolze 36 km.

Nachdem 1948 für die Westberliner Eisenbahnfreunde der »Mittenwalder Bimmelbahn« hinter Rudow die mit Brettern vernagelte Welt ein Ende hatte, mußte 1955 wegen Unwirtschaftlichkeit der Personenverkehr eingestellt werden. Trotzdem hatte diese Bahn ihre Überlebenschance im Güterverkehr. Auftrieb gab die Übernahme der Kohletransporte in das Kraftwerk Rudow. 1973 wurden etwa 739.000 t Güter befördert, was der Anzahl von 739 regulären Güterzügen entspricht und von fünf Dieselloks bewältigt wurde. Von den Dampfloks ist nur eine in »Reserve« versetzt worden, die, wie schon früher, in Filmaufnahmen ihre alte Rolle spielen darf. Wie überhaupt des öfteren die primitiv wirkenden und an Spielzeugbahnen erinnernden Betriebsmittel (Loks, Waggons u. a.) und Bahnanlagen (Bahnhöfe, Gleise, Bahnsteige, Wasserkräne, Signale usw.) zur Herstellung von Filmen genutzt wurden. Das Bahnhofsschild »Mittenwalde Ost« bekam ein Plakat mit dem Namen »Immensee« vorgesetzt, der Kleinbahnzug kam extra »Dampf« machend aus Richtung Königs Wusterhausen an den Bahnsteig gerollt, blieb kreischend stehen, ein paar Schauspieler und Komparsen stiegen aus bzw. ein, Vorsteher Ebert oder Haschke kam mit der roten Mütze (Blutblase) würdevoll zum Vorschein, rief »Immensee, Immensee« so laut er konnte und dann »Einsteigen bitte«, hob den Befehlsstab (die Kelle oder auch Fliegenklatsche), pfiff auf seiner Trillerpfeife das Abfahrtsignal, der Zug ruckte polternd an und die Aufnahme war im Kasten. Bahnverwalter Herrmann rieb sich erfreut die Hände, hatte er doch für diese Szene 1.000 Mark in bar einstreichen können.

Als diese Bahnen noch dicke mit der jährlichen Beförderung von Millionen Berlinern oder besser Ausflüglern, Kleingärtnern, Angler- und Gesangsvereinen und dann den sogenannten »Hamsterern« Kasse machten, ahnte kaum jemand von denen, die die Toilette des Bahnhofs Neukölln-Hermannstraße passierten, daß sich in dieser Toilette im Jahre 1906 der Schuster Wilhelm Voigt als »Hauptmann von Köpenick« nach seinem Gaunerstück die hierzu benutzte Offiziersuniform wieder auszog. Somit hat also auch der stille Ort auf dem Bahnhof Hermannstraße seine Geschichte, wie jeder Bahnhof, jedes Anschlußgleis, jede Weiche sowie jedes Ereignis, welches naturgebunden und bzw. oder personenbezogen in die Eisenbahn-Annalen beider Bahnen einging.

Nicht nur politische Ereignisse machten Furore, wie z. B. der Streik der UGO in Westberlin mit Blockade der Sicherungsanlagen in Lichtenrade und der damit verbundenen Umleitung aller Züge der DR über Selchow, Mittenwalde, Schöneicher Plan, Telz bis Zossen im Jahre 1949 (die Reisenden in den D-Zügen staunten nicht schlecht, als sie plötzlich neue Bahnhofsnamen an der Fernbahnstrecke lasen), sondern auch Betriebsstörungen, Unfälle mit z. T. stundenlangen Verspätungen, einschließlich der verschiedenartigen Reaktionen der beteiligten Reisenden und Eisenbahner.

Als 1948 die Neukölln-Mittenwalder Eisenbahn an der Stadtgrenze durch die Sowjets unterbrochen worden war, wurden zwischen Schönefeld und Grünau Anschluß-Ersatzverbindungen geschaffen und mit Triebwagen befahren. Bis 1949 erfolgte der Ausbau der Bahnhöfe Selchow, Brusendorf und Schenkendorf zu Kreuzungsbahnhöfen sowie der Gleise von Schöneicher Plan über Telz bis nach Zossen als Entlastungsstrecken für reguläre Züge der Reichsbahn – und natürlich aus strategischen Gründen, um sich von Westberlin abnabeln zu können. 1951/52 plante man, den Außenring über Mittenwalde zu führen, verzichtete jedoch darauf, stellte 1952/53 den Personen- und Güterverkehr zwischen Mittenwalde Nord und Berlin-Grünau ein und riß schließlich die ehemaligen Privatbahngleise auf DDR-Gebiet gänzlich ab.

Ob nun die Menschen die Zeiten oder die Zeiten die Menschen ändern – die Zeit der Mittenwalder Eisenbahnen ist unwiederbringlich dahin. Erinnerungen daran verblassen mehr und mehr. Erwartungen auf Wiedereinrichtung dieser ehemaligen Privatbahnstrecken beschränkten sich schließlich auf Hoffnungen und selbst diese nimmt kaum jemand noch ernst. Auch millionenschwere Eisenbahnfans könnten ihre wehmütigen Gedanken und Vorstellungen nicht zur Realität werden lassen, und sei das Nostalgische an der Sache noch so stark. Wo sollten die 150.000 Fahrgäste herkommen, die jeden Monat in der Nachkriegszeit befördert wurden? Rechnet man die Hamsterer ab, würden immer noch die Kassen klingeln. Allerdings muß man die Siedler abrechnen, von denen es auf den Bahnsteigen nur so wimmelte, also diejenigen, die früh am Morgen hinausfuhren und abends, mit vollen Erntekörben bepackt, von ihren »Kleinlandwirtschaften« zurückkehrten. Blieben selbst dann noch genügend Erholungssuchende, Angler und Golfspielbegeisterte gen Motzen übrig, wären diese, bis auf wenige Ausnahmen, als Autofahrer ebenfalls abzuschreiben. Die letzten paar Dutzend echter Touristen wie auch die »Eingeborenen« in den Orten entlang der Bahnstrecke (letztere haben selber einen Wagen oder fahren mit dem Bus) würden beim besten Willen angesichts der wahnsinnig hohen Fahrpreise dieses idyllische Vergnügen nicht finanzieren können. In schlechten Zeiten glichen die Mehreinnahmen im Güterverkehr die Mindereinnahmen im Reiseverkehr aus. Man fuhr kleine Triebwagen, die weniger Diesel verbrauchten als ein Bus, und man hing an Güterzüge Personenwagen an (Gmp = Güterzug mit Personenbeförderung). Die Fahrpreise waren seinerzeit vergleichsweise billig und Notzeiten machten erfinderisch. Also betreiben wir Menschen heutzutage soviel Unfug, daß wir systematisch wieder »schlechte« Zeiten ansteuern werden, um dann wieder nach ... billig mit der Eisenbahn fahren zu können bzw. zu müssen. Wer weiß das so genau?

Zahlte man für Bahnfahrten in der 3. Klasse für 5 km pro Person vor 125 Jahren noch 1,70 Mark, konnte man dafür bis nach dem Ende des Zweiten Weltkrieges 36 km und noch dazu in der 2. Klasse, also von Berlin-Neukölln-Hermannstraße bis nach Motzen fahren. Kleingärtner-, Sonntagsrückfahrkarten u.a. waren so stark ermäßigt, daß viele Reisende sich erst gar nicht die Mühe machen wollten, dafür an der Fahrkartenausgabe anstehen zu müssen – sie brachten die Zugschaffner beim Nachlösen ins Schwitzen oder fuhren »schwarz«. Die nach dem Zweiten Weltkrieg um 100 Prozent erhöhten Fahrpreise blieben dann in Ostdeutschland bis zur Wende konstant.

Also heißt es wehmütig »Abschied davon nehmen«, was in der letzten Strophe im »Siedlerlied vom Motzener See« über die Mittenwalder Kleinbahn gedichtet und gesungen wurde:

Eine Kleinbahn bringt Dich langsam
Aber sicher an das Ziel,
Deine Nerven werden stärker
Schon bei ihrem Räderspiel.
Nur Verrückte habens eilig,
Unser »Hermann« fährt durchs Land,
Wenn Dir Deine Ruhe heilig,
Fahr mit ihm zum Motzner Strand.

Inzwischen ist die Motzener Golfanlage weltweit bekannt, und mit ihrer Inbetriebnahme sorgte der DB-Chef Heinz Dürr dafür, daß Besucher internationaler oder ähnlich bedeutsamer natio naler Spiele daselbst mit Sonderzügen direkt von Berlin über Königs Wusterhausen und Mittenwalde nach Motzen und wieder zurückfahren können.

Mittenwalde auf den Weg vom Dreißigjährigen Krieg ins 20. Jahrhundert

Der Große Krieg trifft Mittenwalde besonders schwer

Von 1619 bis 1640 regierte Kurfürst Georg Wilhelm die Mark Brandenburg, d. h. er versuchte durch Paktieren mit den Kriegsparteien das Beste für sein Land und die gequälte Bevölkerung im Verlaufe des Dreißigjährigen Krieges (1618-1648) zu tun, was jedoch nicht möglich war. Erst seinem Nachfolger Friedrich Wilhelm von Brandenburg (dem Großen Kurfürsten) gelang es in seiner Regierungszeit von 1640 bis 1688, mit den Kriegswirren und -wunden erstaunlich schnell fertig zu werden.

Aus der Mittenwalder Geschichtsschreibung erfahren wir noch mehr:
Nach dem Musterregister von 1583 war Mittenwalde zur Gestellung von 43 Fußknechten verpflichtet. Die Bürger klagten nun freilich, Rathaus und Bürger seien in Armut verfallen, Häuser ständen wüste, daher könnten sie nur 32 zu Fuß und ein Pferd aufbringen, und mehr hätten sie auch nicht geleistet, als die Stadt in »Flor« gestanden. Auch mit »Rüstwagen« pflegten die Städte zu den Musterungen auf dem Platze zu erscheinen, daher hatte Mittenwalde 4 Pferde für ein solches mit Kriegsgeräten zu beladendes Fuhrwerk zu stellen (Sp, 168, 214). Wenn auch eine Schützengilde begründet worden war, deren Privileg von 1593 stammt, blieb der kriegerische Geist erschlafft, und die Stadt spielte während der 30 schrecklichen Kriegsjahre, soweit wir hören, lediglich eine leidende Rolle. Der Bürgersinn des Mittelalters schien erloschen, und an seine Stelle war noch nicht treue Anhänglichkeit an das Herrscherhaus und starkes Zusammengehörigkeitsgefühl mit den übrigen Teilen der Mark getreten; auch die Beziehungen zum Teltow waren höchst locker, nur einmal, im Jahre 1601, wird Mittenwalde beiläufig als Ort der Zusammenkunft des teltowischen Adels genannt, wobei als kurfürstlicher Kommissar der Kammergerichtsrat Christof von Behren erschien und mit der Ritterschaft über die Aufbringung einer Türkensteuer und den Erlaß einer Polizeiordnung verhandelte (Sp, 208). Von einem Zusammenschluß der Teltowstädte war in den nun hereinbrechenden Kriegszeiten keine Rede, denn schon längst hatten sich die Städtebünde überlebt. Im Jahre 1628 war eine Kompagnie kaiserlicher Kriegsvölker hier in Quartier. Der in der Nachbarschaft angesessene, zum Kriegskommissar bestellte Ernst Ludwig v. Thümen hatte die Abführung der Lebensmitel und Gelder an die Kriegsvölker zu vermitteln (Sp, 224). 1633 ließ hier der Kurfürst zwölf durch

den Herzog Franz Karl von Sachsen-Lauenburg geworbene Kompagnien mustern. Vier Jahre darauf plünderten die Kaiserlichen das Städtchen »totaliter« und raubten 1.500 Stück Rindvieh, 700 Schafe und nahmen 1.200 Tonnen Bier hinweg. Dazu brach dann am 4. September 1634 »durch Gottes Verhängnis« eine Feuersbrunst aus, die der Stadt »das Gahraus machte« und 96 Häuser vernichtete. Zu allem Unglück kam noch die durch die Kaiserlichen eingeschleppte Ungarische Krankheit hinzu, ferner die Pest, der im Jahre

Kurfürst Friedrich Wilhelm
der Große Kurfürst
(1620/1640–1688)

Kurfürst Friedrich III.
König Friedrich I.
(1657/1688–1713)

König Friedrich Wilhelm I.
(1688/1713–1740)

König Friedrich II.
der Große
(1712/1740–1786)

König Friedrich Wilhelm II.
(1744/1786–1797)

König Friedrich Wilhelm III.
(1770/1797–1840)

König Friedrich Wilhelm IV.
(1795/1840–1861)

König Wilhelm I.
(1797/1861–1888)

Kaiser Wilhelm II.
(1859/1888–1918/1941)

Das Fürstenhaus von Hohenzollern (1640-1918)

1641 laut Kirchenregister insgesamt schon 3.000 Menschen zum Opfer fielen (Sp, 248); eine Grabplatte unten im Turm der Pfarrkirche erinnert an den damals, 1638, verstorbenen Bürgermeister Andreas Hertzberg. So bot die Stadt ein Bild des Verfalls, als 1648 »das edle Fried- und Freudewort« erscholl, wie Paul Gerhardt in seinem Lied auf den Westfälischen Frieden singt.

Unvorstellbares Leid erfuhren die Mittenwalder wiederum, als sie voller Todesangst, Wut und Verzweiflung, aber ohnmächtig, die vorstehend erwähnte totale Plünderung ihres Städtchens durch die Kaiserlichen über sich ergehen lassen mußten. Um das Maß vollzukriegen und Kriege aus tiefstem Herzen hassen zu lernen, taten Kanonen, Musketen, Brandschatzung, Pestilenz usw. das Übrige.

Ganze Ortschaften und Landstriche wurden verwüstet. Jedoch konnten im Mittelalter noch nicht, was heutzutage jederzeit möglich ist, die Existenzgrundlagen der gesamten Menschheit vernichtet werden.

Die Mittenwalder haben indes aus der Geschichte ihrer Stadt gut gelernt, was zu tun und zu lassen ist. Zum Glück für ihre heranwachsende Generationen würden die gestandenen Mittenwalder wohl kaum wieder in Mode kommende Nachstellungen alter Traditionen in Form kriegsverherrlichender historischer Ereignisse in ihren Mauern zulassen. Wenn es jedoch darum geht, Vergangenes wohldurchdacht aufzuarbeiten und es erzieherisch gegen jegliche Gewalt und Brutalität zu nutzen, sowie als menschenwürdige Tugend bzw. Tradition zu bewahren, dann hätte auch die Inszenierung kriegerischen Treibens ihre Berechtigung.

Aus der Mittenwalder Geschichte ließen sich viele Ereignisse originalgetreu und vor historischer Kulisse gestalten, was schon die Ufa der dreißiger Jahre in Teilen einiger ihrer zweckbestimmten Spielfilme zu nutzen verstand. Um so mehr sollten gegenwärtig und künftig die Mittenwalder an die guten alten freiheitlichen und demokratischen Traditionen ihrer Stadt und Vorfahren anknüpfen, zumal Mittenwalde eine der ältesten Städte Brandenburgs überhaupt ist. Beispielsweise wäre 1993 das 400 Jahre alte Privileg der Mittenwalder Schützengilde und 1995 die 750jährige Zugehörigkeit der Stadt zu Brandenburg zu würdigen gewesen. Vielleicht begnügt sich aber auch die Mittenwalder Bürgerschaft mit einer kleinen Feier am 31. Dezember 2000 zum Gedenken an den Tag vor 200 Jahren, als der spätere General der Befreiungskriege von Yorck am Silvesterabend 1800 die Mittenwalder Garnisonsbühne als ihr neuer Kommandeur betrat, um auf dieser mehr zum Leidwesen als zur Freude der »Königlichen Feldjäger zu Fuß« und der Bewohner der Stadt unablässig das Kriegshandwerk zu üben und zu zeigen was Gehorsam, Zucht, Ordnung, Genügsamkeit, Gerechtigkeit und ähnliche preußische Tugenden sind. Aber gemach, in den nächsten Jahren bieten sich ja auch noch für jeden Geschmack viele andere runde Gedenk- bzw. Jahrestage an.

Nach Ende des Dreißigjährigen Krieges waren 2/3 der Bauern- und Kossätenstellen im Teltow nicht mehr besetzt, und in den Städten fehlten bis zu 60 % der Einwohner. Viele alteingesessene Mittenwalder Familien waren infolge mehrmaliger Pestwellen, der großen Stadtbrände, der fünfmaligen Plünderungen und sonstiger kriegerischer Ereignisse bzw. auch durch Flucht aus der Stadt vollständig ausgerottet bzw. vertrieben worden. Dagegen kamen viele Flüchtlinge von überall schutz- und existenzsuchend in die Stadt, was zu einer starken Vermischung der Bevölkerung führte. Entsprechende Kirchenbucheintragungen (nach Unterbrechung wieder ab 1641 beginnend) bestätigen den Prozeß der Herausbildung einer qualitativ neuen Einwohnerschaft im Ergebnis ihrer über Generationen verlaufenden Durchmischung. Wie wir im nächsten Kapitel noch lesen können, betrifft dieser Vorgang einige altbekannte Mittenwalder Familien, u. a. auch meine eigene, die im Verlaufe dieses Krieges in der Stadt seßhaft wurde.

Da sich der Krieg »aus dem Lande ernährte« und kaum noch Land bestellt wurde, waren Naturalleistungen für Mensch und Tier zum Überleben wichtiger als Geld. Trotzdem hielt man am Gelde fest und erhob seit 1626 als neue Steuer die »Kontribution«, die später in Akzise umgewandelt wurde. Um die ständigen Forderungen der Kaiserlichen und der Schweden im wechselnden Rhythmus erfüllen zu können, hatten »Kriegskommissare« das Sagen. Im Teltow war dies 1628, als die Kaiserlichen sich in Mittenwalde einquartiert hatten, ein gewisser Ernst Ludwig von Thümen. Von ihm wurde als Maßeinheit der Besteuerung »die Hufe Land« den Eigentümern zu Grunde gelegt.

Mit einem »Restitutionsedikt« des katholischen Kaisers Ferdinand II. sollten die im Zuge der Reformation eingezogenen Kirchengüter wieder an ihre früheren Eigentümer zurückgegeben werden. Als dann ein schwedisches Heer mit König Gustav Adolf auf deutschem Boden erschien, jubelten die Brandenburger und ließ der Kurfürst Hilfstruppen für die Schweden anwerben, die in Zossen und Mittenwalde gemustert wurden. Hatte Mittenwalde einige Jahre zuvor (1627) lediglich zwei Pferde zur Musterung nach Berlin gebracht, war das neuerliche Musterungsergebnis auch nur mager. Der miserabel, teils nur mit Sensen bewaffnete und bunt zusammengelaufene Haufen konnte gegen Wallensteins und Tillys Landsknechte wenig ausrichten. Nachdem Gustav Adolf 1632 in der Schlacht bei Lützen gefallen war, stellte sich 1635 Kurfürst Georg Wilhelm erneut auf die Seite der Kaiserlichen und zusammen mit den Sachsen ging es nun wieder gegen die Schweden. Die Schweden hatten »ihren Grund« sich zu rächen. Überall wo sie auftauchten, verwüsteten sie in den folgenden Jahren die Städte, Dörfer und Ländereien und brachten sie deren Bewohner um.

Je länger dieser Krieg währte, desto grausamer wurde er. Wie bereits erwähnt, wurde 1637 der Mittenwalder Propst ermordet, und was die entmenschte Soldateska an Mord und Totschlag, Brandschatzung und Plünderung, sowie mit dem berüchtigten »Schwedentrunk« in der Stadt nicht schaffte, bewirkte die Pest. Die Leichen wurden nur notdürftig verscharrt, verseuchte Häuser wurden vernagelt und erhielten ein auffallendes weißes oder anderenorts ein rotes Kreuz angemalt, sofern sie nicht abgefackelt wurden. Viele Menschen nahmen sich das Leben, andere flüchteten – nur weg, egal wohin. Überall herrschte das Kriegsrecht, Felder konnten nicht mehr bestellt werden, das letzte Vieh, Getreide und Geld waren bereits allerorten herausgepreßt, und die Menschen verfielen in eine tiefe Verzweiflung, sie wurden depressiv.

Neben den alle Greuel verbreitenden regulären Truppen zogen immer mehr mordende und sengende Marodeure durch die Lande, die auf eigene Faust Krieg führten. Als 1648 endlich die Friedensglocken läuteten, lebten in Mittenwalde von 1.240 Einwohnern im Jahre 1624 nur noch etwa 200 Menschen, war ihr Land verwüstet und alles lebende wie tote Inventar, vor allem Vieh, Behausungen, Scheunen, Stallungen, Ackergeräte, persönliches Hab und Gut usw., bis auf wenige Reste vernichtet. Andere Quellen bezeugen zum Kriegsende nur noch die Anwesenheit von 7 Familien in den etwa noch 6 bewohnbaren Häusern in der Stadt.

»Gott Lob! Es ist erschollen
Das edle Fried- und Freudenwort,
Daß nunmehr ruhen sollen
Die Waffen und des Krieges Mord
Ach laß Dich doch erwecken,
Wach auf, wach auf, verstockte Welt
Bevor dich neuer Schrecken
Gleich einem Wetter überfällt.«
Paul Gerhardt

Es brauchte über hundert Jahre, die Bevölkerungszahl auf den Vorkriegsstand zu bringen sowie die materiellen Verluste auszugleichen. 1730 hatte Mittenwalde erst wieder 952 Einwohner.

Mittenwalde unter der Herrschaft des Großen Kurfürsten

Ein Wiederaufbau des von Menschen entleerten Landes konnte ohne neue Ansiedler nicht gelingen. Das erkannte der Große Kurfürst, und begann, niederländische und friesische Bauern ins Land zu holen.

Mit dem Potsdamer Edikt des Großen Kurfürsten von 1685 öffnete sich Brandenburg/Preußen für Einwanderer aus allen Landen, insbesondere für

Glaubensflüchtlinge aus Frankreich. Allein 20.000 Réfugiés kamen nach Brandenburg/Preußen. Um 1700 war jeder vierte Berliner ein Franzose. Frankreich war auf dem Höhepunkt seiner politischen und wirtschaftlichen Machtentfaltung. Brandenburg/Preußen war ein armer Agrarstaat mit nur wenig Manufaktur (ein Notstandsgebiet sozusagen, aber mit ehrgeizigen Landesherren aus dem Geschlecht der Hohenzollern). Die Franzosen waren dem Großen Kurfürsten und allen seinen Nachfolgern hochwillkommen und dankbar. Sie waren Handwerker, Baumeister, Offiziere, Diplomaten, Wissenschaftler, Kaufleute und Bauern, die allesamt was von ihrem Fach verstanden. Mit ihnen blühte das geschundene Land wieder auf. Sie brachten neue Technologien und Bewirtschaftungsmethoden, aber auch mehr abendländische Kultur mit feineren Sprach-, Eß- und Lebensgewohnheiten in das karge Land und unter die rauh und sittenlos gewordene Bevölkerung unseres Landes.

Ex- und Import kamen wieder in Schwung, und neues Geld floß in die märkischen Lebensadern.

Wüst gewordene Grundstücke mußten 1660 wieder bebaut werden, andernfalls drohte als Strafe die Enteignung. Die durch Krieg und Stadtbrand vernichteten 96 massiven Häuser in Mittenwalde wurden in den folgenden Jahrzehnten wieder aufgebaut.

Unter dem Großen Kurfürsten hielt die Akzise ihren Einzug, und fortan wurde der gesamte Verkehr an den Toren der scharfen Kontrolle staatlicher Beamter unterstellt, auch die 8 »Freibrauen« der Schützen hörten auf; im Besitz des Zossener Magistrats befinden sich die Protokolle des Steuerkommissars über die Mittenwalder Akziseeinnahmen.

Für alle die Mittenwalder Stadttore passierenden Waren wurden Zölle und die Akzise erhoben. Die bisherigen Verteidigungsanlagen (Tore, Türme und Stadtmauer mit Wassergräben) dienten der Bekämpfung des Schmuggels.

Zwischen Rat und Bürgerschaft, aus deren Reihen Klagen darüber ertönten, daß die Flasche mit dem Branntwein stets parat auf dem Tische des Bürgermeisters stände, herrschte gegen Ausgang des 17. Jahrhunderts das denkbar schlechteste Verhältnis (vgl. Akten vom 1702, Rep. 21, 98, StA), so daß der Landesherr leichtes Spiel hatte, als er die Stadt unter seine Vormundschaft nahm und den Zänkereien, die selbst schon zur Anwendung des Spanischen Mantels seitens des Rates gegen querulierende Bürger geführt hatten, ein Ende machte.

Allgemein bekannt war, daß in den Räten der Städte Cliquenwirtschaft herrschte und auch der Richter in Mittenwalde regelmäßig betrunken war. Schließlich mußte die Regierung Stadtschreiber und Richter ernennen, weil der Rat der Stadt keine brauchbaren Männer vorschlagen konnte. Diese Erscheinungen waren dem sittlichen sowie geistig-kulturellen Tiefstand der Menschen als Folge des Dreißigjährigen Krieges geschuldet.

Nachdem der Große Kurfürst ein stehendes Heer geschaffen hatte, wurden auch 17 Soldaten in Mittenwalder Bürgerhäuser einquartiert, was nicht ohne Komplikationen ablief. 30 Jahre Krieg mit hin- und herwogenden Söldnertruppen reichten den übriggebliebenen Einwohnern der Stadt, sie befürchteten nun doch Garnison zu werden.

Nachfolger des Großen Kurfürsten (1640-1688) wurde der Kurfürst Friedrich III., der sich als der erste (1701 in Königsberg gekrönte) Preußenkönig »Friedrich I.« bezeichnete und dann noch als solcher bis 1713 regierte.

Interessanter für Mittenwalde wird die Zeit des Soldatenkönigs von 1713-1740 (Friedrich Wilhelm I.) und die Zeit Friedrich II. (des Großen bzw. des Alten Fritzen) von 1740-1786, wie dies aus den folgenden Abschnitten hervorgeht.

Der Soldatenkönig und »sein« Mittenwalde

Mit den letzten Resten der inneren Selbständigkeit der Stadt war es von den Tagen des Soldatenkönigs an vorbei. Das alte Geschlecht der Hertzberg, an das noch heute ein in der Pfarrkirche hinter dem Altar befindliches, Ao. 1650 »aus Pietät« von Christian Hertzberg gestiftetes Bild sowie eine – aus Mittenwalde entfernte – Gedenktafel im Märkischen Museum erinnert, hatte endgültig seine Rolle ausgespielt, und fortan waren der commissarius loci, der königliche Steuerrat, und die ihm unterstehenden, in der Stadt wohnenden Akzisebeamten die Herren im Hause: mit des Kommissars »Gutbefinden« setzte der Rat die Ziegelscheune wieder in Stand. Untertänigst meldete er jede Veränderung in seinem Kollegium nach Berlin und erbat Konfirmation, so z. B., als im Jahre 1715 der Apotheker Küster die durch den Tod des Bürgermeisters Suasius erledigte Stelle eines »ordinären Ratsverwandten« erhalten hatte (Rep. 21, 98, StA). Der jährliche Ratswechsel (vgl. oben S. 184) wurde beseitigt. Daß diese staatliche Bevormundung trotz mancher ihr anhaftender Mängel, wie z. B. Ämterkauf, der Stadt zum Segen gereichte, ersieht man daraus, daß die »wüsten Stellen« innerhalb der Mauern im Verlaufe des 18. Jahrhunderts gänzlich verschwanden, und schon eine kleine Anzahl geschmackvoller massiver Häuser entstand. Diese vermehrten sich von 177 im Jahre 1719 auf 250 im Jahre 1800, die außerhalb der Mauern verlegten Scheunen und Ställe im selben Zeitraum von 21 auf 100. Die Bevölkerung schritt freilich nur langsam vorwärts: während sie beim Regierungsantritt des großen Königs 930 betrug, zählte sie um 1800 gegen 1.200, worunter aber 200 bis 300 Mann Militär waren.

Anfang des 18. Jahrhundert war es also mit der Selbstherrlichkeit der Räte und Bürgermeister vorbei. Untertänigst hatten sie sich in jeder Angelegenheit um das geneigte Wohlwollen ihrer Obrigkeiten zu bemühen. Ob Monarchie, Diktatur oder Demokratie – im Räderwerk von Regierungen, Landrats- und Finanzämtern, Amtsverwaltungen und Großgemeinden gingen die kleinen Kommunen, die Dörfer und Ortsteile bisher immer nur als zweiter Sieger hervor.

Weitbekannt ist die enge Verbindung des Soldatenkönigs mit seinem Schloß und Tabakskollegium in (Wendisch) Wusterhausen. Den Namen »Königs« Wusterhausen erhielt der Ort erst 1717. Von hier aus regierte der gottesfürchtige und zugleich grausame König Friedrich Wilhelm I. (1713-1740) spartanisch das Land.

Weniger bekannt ist jedoch die Tatsache, daß er vor allem in seiner Kronprinzenzeit viele Jahre das einfache Leben im stillen Mittenwalde dem prunkvollen Leben am Hofe in Berlin vorzog.

Auf dem Mittenwalder Schützenplatz begann er mit der Ausbildung der später weltbekannt gewordenen »Langen Kerls von Potsdam«, also hatte Mittenwalde schon dazumal den Charakter einer Garnisonsstadt der dort stationierten »Roten Grenadiere«. Der berühmt-berüchtigte preußische Drill mit solchen drakonischen Strafmaßnahmen, wie sie heute noch in übertragener Bedeutung gebräuchliche Redensarten beinhalten (z. B. unter der Fuchtel stehen und Spießruten laufen oder auf Tod und Leben laufen) und bereits bei der geringsten Insubordination angewandt wurden, feierte unter dem Soldatenkönig wahre Orgien. Beispielsweise befand sich auf dem Salzmarkt der sogenannte »Soldatengalgen« als ein »Mittel« der Abschreckung von Desertion. Der König sparte, ja er geizte an allen Ecken und Kanten, alles war ihm zu teuer, bis auf seine einzige Passion, die dem Land immer kostspieliger wurde: die Anwerbung bis hin zur gewaltsamen Entführung möglichst hochgewachsener Männer für seine Garde. Lange Kerls könnten die Vorderlader mit ihren langen, also treffsicheren Läufen leichter und schneller laden, war sein Argument, seine geradezu kindliche Lust an solch langen und geputzten Soldaten des Potsdamer Garderegiments, der Riesengarde, zu überdecken. Man will es heutzutage einfach nicht glauben, daß sich die Preise der großen Männer nach ihrer Länge richteten. Gemessen wurde nach Fuß und Zoll (1 Fuß = 31,4 cm) und gezahlt wurde mit blanken Talern. 5 Fuß 6 Zoll große Männer wurden für 700 Taler gehandelt, 6 Fuß Körpergröße brachten 1.000 Taler und bei noch längeren Riesenmenschen stieg der Preis um ein Vielfaches.

Was also dem späteren Soldatenkönig bereits als Prinzregent in Mittenwalde recht und teuer war, blieb ihm bis zu seinem Tode in Potsdam mit seiner »Riesen-Spielzeug-Leibgarde« als kostenaufwendigste Staatsausgabe nicht billig. Beispiele belegen unvorstellbar hohe Ausgaben für die längsten »Kerls« aus aller Herren Länder, wobei dem König jedes Mittel bis zum Rand von Kriegen für die Hetzjagd auf lange Männer genehm war.

Zwölf baumlange Afrikaner wurden gegen Rückgabe von Kolonien und 7.650 Taler »geworben«. Ein besonders langer Ire kostete einmal allein schon 7.553 Taler und für den 2,16 m messenden Schotten James Kirkland wurden 8.162 Taler gezahlt. Der norwegische Schmiedeknecht Jonas Erichsson maß 2,68 m und von etwa 2.900 Mann seiner Riesen-Leibgarde war keiner unter 6 Fuß (= 1,90 m) groß. Schon 1712, zur Kronprinzenzeit Friedrich Wilhelm I., lief die Jagd auf lange Kerls für seine Garnison in Mittenwalde auf volle Touren und mit seinem Regierungsantritt sowie der Verlegung seiner Leibgarde in die neue Garnison Potsdam gab es für ihn zur Durchsetzung seiner damit verbundenen »Macht-Wahn-Vorstellung« bis zu seinem Tode keinerlei Skrupel. Diese neue Garnison Potsdam war 1713 noch ein Dorf mit kaum 400 Einwohnern, zählte aber bereits 1733 als Garnisons- und Residenzstadt 20.000 Einwohner. Davon war meist jeder dritte ein aus dem Ausland stammender Soldat, wie auch die meisten Bürger und Bauern in und um Potsdam (ähnlich wie in und um Berlin) sogenannte Kolonisten aus fremden Ländern waren. Beispielsweise kamen unter dem Soldatenkönig allein 4.000 Schweizer nach Potsdam. Seitens dieses Königs wurden besonders lange Männer mit langen Frauen kopuliert, um lange Kinder zu erhalten. Erst sein Nachfolger, Friedrich II., machte diesem Spuk ein Ende.

Aber zurück nach Mittenwalde. In den Stadt- bzw. Kirchenarchiv-Annalen finden sich Eintragungen, die Friedrich Wilhelm I. und seine Gemahlin in Taufregistern als Paten von Kindern seiner Leibgardisten ausweisen. Die Mittenwalder (die »Hohen« und die »Niedrigen«) hatten zu ihren hohen Mitbewohnern ein »herzliches« Verhältnis. So bauten sie ihnen auf dem Hausgrabenberg eine Sommerlaube aus Birkenholz. Seinen Offizieren verschaffte der Kronprinz ein standesgemäßes Kavaliershaus, in dem sie zusammenkommen und sich unter Anwesenheit ihres Prinzregenten in preußischer Disziplin und Mannszucht üben und ansonsten auch ihre Feste feiern konnten. Nach seinem Machtantritt mußte der König Mittenwalde aufgeben, konnte es aber nicht vergessen. Sein Jagdschloß Königs Wusterhausen war ja nur einen Katzensprung weit weg, und von dort kommend war er als Teilnehmer vieler Entenjagten um Mittenwalde auch oft noch Gast dieser Stadt.

Friedrich Wilhelm I. verbot 1719 die Ausfuhr von Wolle und befahl andererseits den Regimentern des Heeres, Textilprodukte künftig ausschließlich bei Einheimischen zu kaufen. Schon vorher war begonnen worden, die Montierungslieferungen unter die Tuchmacherstädte aufzuteilen.

Weil wir allergnädigst intentioniret, Unsere Regimenter von denen Tuchmachern in Städten montiren und einer jeden Stadt gewisse Regimenter an-

weisen zu lassen, Wir aber zu solchem Ende zu wissen verlangen, welche von denen Euerer Inspection anvertraueten Städten im Stande seyn, vor gantze oder wann zwey Städte nahe bey einander liegen und zusammen stehen können, zur Helffte vor ein gantzes Regiment die Montirung zu lieffern, als habt Ihr Uns eine exakte Specification sothaner Städte, welche unter Euerer Inspection stehen, so bald es immer möglich, einzusenden.

(Erhalten ist nur der Bericht des Steuerrats Horn vom 20. März 1717 darauf:)
E. K. M. haben aus landesväterlicher Vorsorge vor das Aufnehmen der Städte, insbesondere der darin sich befindenen nahrlosen Tuchmacher, sub dato den 5. hujus allergnädigst resolviret, die Regimenter von denen Tuchmachern mondiren zu lassen und zu solchem Behuff einer jeden Stadt gewisse Regimenter anzuweisen. Wann ich nun dieses Gewerck in allen denen unter meiner Inspection stehenden Städten, (Beeskow, Storkow, Mittenwalde, Potsdam, Köpenick), als worinnen insgesamt 123 Tuchmacher laut beygehender Specification befindlich, hierüber vernommen, so haben dieselben sich allerunterthänigst erbothen, vor 2 gantze Regimenter tüchtige Mondirung jedesmahl unfehlbar zu lieffern und solcherhalb sich zusammen zu vereinigen, auch alle verlangende Versicherung desfalls zu stellen. Sie ersuchen aber hierbey E. K. M. allerdehmühtigst, der vorigen noch diese sonderbahre Gnade hinzu zu setzen und den Preis der Wolle allergnädigst zu determiniren.

(Acta Borussica. Die Wollindustrie in Preußen unter Friedrich Wilhelm I., Berlin 1933, S. 363/64)

1733 ließ der König Preußen in Kantone mit je etwa 5.000 Feuerstellen (Haushalte in etwa) aufteilen. Diese wurden zur Grundlage der zahlenmäßigen Stärke zugeordneter Regimenter, von Garnisonen und von Einquartierungen. Mit 14 Jahren mußten sich Bauernsöhne, Knechte, Dienstboten usw. bereits enrollieren (für das Militär anwerben bzw. sich in Musterungslisten eintragen) lassen.

Schließlich sorgte er auch für Schulen in den Dörfern, wenn sie auch meistens von Schneidern geführt wurden. In den Städten, wie Mittenwalde, befanden sich von altersher Schulen.

Wie die weltlichen wandelten sich unter dem Soldatenkönig auch die geistlichen Anschauungen, und die sich daraus ergebenden Richtungs- und Flügelkämpfe der Brandenburger Kirchen mit personellen Konsequenzen hinsichtlich der Besetzung einflußreicher Positionen im Laufe der Zeit ständig. Beispielsweise wurde ein gewisser Michael Roloff, ein Schüler August Hermann Franckes, einst Feldprediger beim Regiment des Kronprinzen, 1712 als Propst nach Mittenwalde berufen. Von dort avancierte er aber bald zum Konsistorialrat und Propst der Berliner Nikolaikirche. Dabei ist an dieser Tatsache weniger der Name Michael Roloff als der Umstand bedeutsam, daß zu dieser Zeit die einflußreichsten Vertreter reformistischer Ansichten und Methoden im Kirchen- und Schulwesen zur Durchsetzung der pietistischen Theologie und Pädagogik im Lande natürlich »ihre« Leute bei den Stellenbesetzungen bevorzugten.

Ergebnisse dieser aus zutiefst persönlich-religiösem Erleben schöpfenden Aktivitätstheologie des Pietismus des 18. Jh. zeigten sich vor allem in der Schaffung von Waisenhäusern sowie der Verbesserung des Armenwesens in der Mark, also auch in Mittenwalde.

Da zu Beginn dieses Abschnittes vom »alten Geschlecht der Hertzbergks« in Mittenwalde die Rede war, erscheint die nachfolgend wiedergegebene »Abschrift...« als ein besonders aussagefähiges Zeitdokument:

(Abschrift zweier Holztafeln mit geschnitzter Inschrift, z. Z. gelagert in der Propstei).

I.

Im Rath Stuel zu Mittenwalde
sind gewesen vom AD 1526:
Bartholomae Hertzbergk u zwar
36 Jahr Burger Meister als von AD
1552 biß 1586 / Sein Sohn
Frideric Hertzbergk war Burg.-Mstr.
von 1608 biß 1621 / dessen Sohn
Andreas Hertzbergk B. Mstr. bis 1638
dessen Bruder als der 2te Sohn Friderici:
Frideric Hertzbergk B. Mstr. von 1638
biß 1648: Andreae Sohn:
Christian Hertzbergk B. Mstr.
von 1642. biß 1683. Friderici Sohn
Andreas Hertzbergk Raths-Cämerer
biß 1689. Dessen Sohn anitzo
Christian Friderich Hertzbergk als
AD 1699, Raths-Verwandter

Hertzbergische Töchter haben
zur Ehe gehabt von AD 1604:
Laurentz Schmid Stadt-Schreiber biß 1620
Chrysostom. Nüsler Stadt-Schreiber und
Organist von 1621 biß 1632.
Stephan, Weber Raths-Verwandter
von AD 1639 biß 1655.
Johann Berte (?) Not. Publ. Cael. (?)
& p.t. Consul Regens, AD 1699

II.
Den letzten Willen Frauwen
CATHARINE GERICKIN
BMstr. Christian Hertzberges
Wittben/fleissigst zu volbringen;
So ist dieses Bey-Chor erbawet
worden zum guten andengken
Ihres Vatern / HERREN
Bartholomaei GERICKENS
Bmstr. u. Lehn-Richters in Potsdam
dann Ihrer Mutter FRAWEN
ANNEN SCHÖNE-VÖC ... (?)
und Ihrer Kinder als (1) Andreae
(:jurium & bonar.art: Cult:)
(2) Christiani, (3) H.(?) Elisabethae,
so den Bischoff zu Reval D. Jacob
Hellwigen zur Ehe gehabt und
also ihrer Kindeskinder.

Insonderheit ist der Raum des
alten Schüler-Chores hiermit
denen Studiosis u. Musicis
wie auch hiesigen Schuel- und
Stadt-Kindern zu gute erhöhet
u. vergrössert worden. AD:1699

Friedrich der Große und sein gestörtes Verhältnis
zu Mittenwalde, der Siebenjährige Krieg und das Wrühebuch

Friedrich der Große erinnerte sich höchst ungern an Mittenwalde und mied diese Stadt, so gut er konnte, und dies aus ganz erklärlichen Gründen.

Kronprinz Friedrich hatte es nämlich im Jahre 1730 (18jährig) gewagt, seinem grausamen Vater (dem Soldatenkönig) mit einer Flucht ins Ausland davonzukommen. Er wurde jedoch dingfest gemacht und verbrachte als Gefangener seines Vaters auf dem Wege nach Küstrin mehrere Tage und Nächte in sicherem Gewahrsam und unter Verhören in Mittenwalde. Dort erfuhr er auch, was ihn wie ein Keulenschlag traf, daß Katte in Berlin verhaftet worden sei, von dem er glaubte, er hätte sich noch rechtzeitig in Sicherheit bringen können. Friedrich bat seine Begleiter daraufhin inständig, sie mögen seinem Vater übermitteln, daß er der Schuldige und Leutnant von Katte nur ein Verführter sei, der, wenn er seinetwegen sterben müsse, die Ruhe seiner Seele für immer nehmen würde. Der Vater des Kronprinzen Friedrich hatte das Todesurteil seines Sohnes wegen Desertion bereits unterschrieben. Das in Köpenick tagende Kriegsgericht entschied jedoch über den Kronprinzen zu seinem Gunsten und damit zu Preußens Gloria – aber dies auch mit viel Schatten.

Im Mittenwalder Abschnitt der von Theodor Fontane verfaßten »Wanderungen durch die Mark« ist diese Begebenheit ausführlicher beschrieben, so daß an dieser Stelle darauf verzichtet werden kann.

Aus der Tatsache, daß der »Soldatenkönig« die Grundlage für den militärisch-politischen Aufstieg des preußischen Staates legte, läßt sich die Feststellung ableiten, daß er bereits als Prinzregent in Mittenwalde für diesen in die Geschichte eingegangenen typisch preußischen Entwicklungsweg erste Voraussetzungen schuf. So gesehen hatten seine Mittenwalder Maßnahmen ihren Ausgangspunkt für das laut Fontane » gleich sehr zu hassende und zu liebende Preußen«, welches von seinem Sohn Friedrich mit hohem Leistungswillen und unter unsagbaren Opfern an Lebensglück seiner Bewohner, aber auch infolge von Zufällen und Kriegsglück, zu einer Großmacht geführt werden konnte.

Zu den allgemeinen Lasten der ständig in Kriegs- und Nachkriegszeiten notleidenden Mittenwalder gesellte sich noch als Nachteil hinzu, daß die Stadt 1746 für »Feldjäger zu Fuß« Garnison wurde. Ein Umstand, der erst wieder nach 1806 ein Ende hatte.

Mit dem Siebenjährigen Krieg kamen auf weite Teile des Teltow ähnliche Schrecken zu, wie sie im Dreißigjährigen Krieg nicht anders sein konnten. Mehrfach zogen Russen und Österreicher quer durch den Teltow, eine Spur von Verwüstung und Brandschatzung hinterlassend. Mittenwalde, wie auch Köpenick und Teltow, ereilte das Schicksal mehrmaliger Ausplünderung.

Aus entsprechenden Eintragungen im Wrühebuch der Mittenwalder Ackerbürgergilde erhalten wir noch detailliertere Kenntnisse über diese Vorgänge:

In Mittenwalde bildeten – wie auch anderwärts – die Ackerbürger eine Ackergilde, die »Wrühe«, die übrigens noch heutzutage ihre Feste feiert. Bis auf die Zeit König Friedrich Wilhelms I. gehen die Eintragungen in das noch erhaltene Wrühebuch zurück. Hauptsächlich betreffen sie die Instandhaltung der Brücken, Besoldung der Feldhüter, Verbrauch bei den gemeinschaftlichen Sitzungen, wobei dann z. B. zu den Jahren 1783/84 der Schreiber kummervoll bemerkt, es wären das eine Mal 15, das andere Mal 16 Reichstaler vertrunken worden, gänzlich »wider den Endzweck«, nach welchem diese Gelder zu »Gehegen und Brücken« verwendet werden sollen. Allgemeineres Interesse beanspruchen die Eintragungen aus den Jahren des Siebenjährigen Krieges, wie z. B. 1757 am 15. Oktober 315 österreichische Husaren einbrachen und

*»unter Bedrohung mit Feuer, Schwert und scharffer Plunderunge«
541 Reichstaler Brandschatzung erpreßten. Drei Tage darauf ließ es sich Rittmeister Graf von Quadigani mit einem kleinen Detachement gütlich sein.
Am 3. Oktober 1760 quartierte sich ein Kommando Russen von 68 Kosaken
auf 2 Wochen hier ein, ließ sich über 1.000 Reichstaler bezahlen, außerdem
Hafer, Stroh, Bier, Brot und Branntwein liefern. Dem Oberstleutnant und
seinem Adjutanten mußten die Bürger noch ein besonderes »Douceur« von
180 Reichstalern geben.*

Trotz großer Verluste an Menschen im Siebenjährigen Krieg kam es im Zuge ständigen Landgewinns, besonders durch Einheimsung annektierter Gebiete, aber auch im Ergebnis der schon erwähnten »Kolonisation« zu einer regelrechten Bevölkerungsexplosion. Hatte Preußen noch im Jahre 1715 lediglich nur 1,67 Millionen Einwohner, so waren es 1740 2,2 Mio. (davon 80.000 Soldaten) 1786 5,5 Mio. (davon 190.000 Soldaten) und 1816 10,4 Mio. Einwohner. 90 - 80 % dieser Zahlen machte die Landbevölkerung aus und 1/3 davon gehörte zu den Immigranten bzw. ihren Nachkommen. Dies waren insbesondere Hugenotten, Pfälzer (deren Vorfahren z. T. schon vor hundert Jahren aus Flandern kamen), Glaubensflüchtlinge aus Böhmen und Mähren, Sachsen, Schweizer und Polen. In Zossen siedelten Thüringer, in Mittenwalde Württemberger. Ein für die Mittenwalder besonders interessantes Kapitel war die Bewirtschaftung ihrer nördlich gelegenen Gemarkung. Der »Alte Fritz« wollte Wüstungen wieder für die Landwirtschaft nutzbar machen, wie u. a. auch das an Ragow und Mittenwalde angrenzende spätestens 1395 wüst gewordene »Wiriksdorf«, dessen ehemaliges Ackerland von Ragowern und Mittenwaldern bewirtschaftet wurde. Die darauf aufmerksam gemachten königlichen Behörden bewirkten beim Rat von Mittenwalde, Nachforschungen anzustellen und Kriegsrat Brand stellte fest, daß die dieses Land bewirtschaftenden Bauern darauf zu Gunsten landarmer Kossäten verzichten könnten. Er hielt es jedoch wegen des Wassermangels in dieser Gegend nicht für ratsam, auf dieser Wüstung wieder ein Dorf anzulegen. Er wollte Neusiedler oder wie man sie damals nannte Kolonisten (wie man diesen Prozeß im 17. und 18. Jahrhundert überhaupt als »Kolonisierung« bezeichnete), lieber in Ragow bzw. Mittenwalde seßhaft machen, was seinerzeit nicht auf Anhieb klappte. So wurden im April 1754 vier Pfälzer Familien von Kliestow nach Mittenwalde gebracht, alldieweil sie sich dort über ein Jahr lang vergeblich um eine Ansiedlungsmöglichkeit bemüht hatten. Aber auch in Mittenwalde brauchte es noch zwei Jahre, bis sie zu Neujahr 1756 in die für sie errichteten Häuser einziehen konnten. Im Jahr zuvor hatten sie je eine Hufe Land auf dem Acker von Wiriksdorf und eine halbe Hufe vom Ragower Acker erhalten. Inzwischen hatten sich bereits einige junge Männer in ihrer Verzweiflung zu den Soldaten gemeldet, was in damaliger Zeit bestimmt kein leichter Entschluß war. Da sich die »Kolonisten« als Neubauern den Winter über noch nicht selbst versorgen konnten, mußten sie sich in 2 bis 3 Meilen (15-22 km) Entfernung Arbeit suchen, sofern sie welche fanden. Ein Glück für sie, daß sie von den beim Militär dienenden Söhnen unterstützt werden konnten. Für die Aussaat und Ernte 1756/57 wurden für die Pfälzer Saatgut und Ackergeräte angeschafft, und sie durften die ganze Ernte für sich behalten. 1758 bekamen sie Weideland zugewiesen. Von Abgaben waren sie jedoch nur bis 1758 und von Diensten bis 1761 befreit. Auch wurden ihnen die vollen Besitzrechte an ihrem Land erst 1791 zugesprochen. Von den derzeitigen Einwohnern Mittenwaldes könnten einige von diesen pfälzischen Familien abstammen.

Um noch einmal auf die Mittenwalder Ackergilde (die »Wrühe«) zurückzukommen, feierten deren Mitglieder und Familien neben Erntedankfesten auch andere, nicht minder großartige Feste. Für Nichtmitglieder und Neider war dies oft Anlaß, Scheunen dieser wohlhabenden Bauern in Brand zu setzen, die sich mit ähnlichen Freveltaten rächten, sofern nicht aufgestellte Wachen dies zu verhindern wußten.

Über die Schulverhältnisse in der Zeit nach dem Siebenjährigen Kriege sind wir genau unterrichtet (PA). Die Einkünfte des Lehrers beliefen sich 1777 auf 152 Taler 18 Silbergroschen. Die Kantorstelle besetzte man 1791 mit einem »tüchtigen Subjekt«, nämlich dem Gymnasiasten Dickmann vom Grauen Kloster zu Berlin, trotz der Beschwerde des Generalmajors von Moller, der ihn als »Enrollierten« für das Heer in Anspruch nehmen wollte. Der Kantor pflegte an den Ersten Feiertagen – laut einem Berichte des Propstes Schröder von 1803 – die Jugend in der Schule zu sammeln, mit ihr das Festlied anzustimmen und sie singend in die Kirche zu führen.

Reformen und siegreiche Kriege bessern,
verlorene Kriege verschlechtern die wirtschaftliche Lage der Stadt

In den alten Überlieferungen findet sich eine Beschreibung wirtschaftlicher Zustände in Mittenwalde um das Jahr 1800.

Ein Abschnitt in Bratrings Statistisch-Topographischer Beschreibung der Mark vom Jahre 1805 (II, 339) unterrichtet trefflich über die Zustände am Ausgang der friderizianischen Epoche. Der in vier Viertel eingeteilte Ort hatte 2 Tore, außer dem Berliner noch das Mühlentor, neben dem sich ein zugemauerter Torturm befand. Die größtenteils von Feldsteinen aufgeführte Mauer war noch immer von »vorzüglicher Höhe«. Die drei Hauptstraßen führten die Namen Große-, Katharinen- und Ölstraße; hierbei sei erwähnt, daß der Name Katharinenstraße wohl mit einer in einer Urkunde von 1392 einmalig erwähnten ecclesia sancte Katherine zusammenhängt (R XI, 235). Die Pfarrkirche war »ein altes, gewölbtes Gebäude mit 12 Pfeilern und einem massiven Turm«. Das Rathaus in der Großen Straße barg im Untergeschoß die Ratswage, die Akzise und den Stadtkeller.

Die Einnahmen der Kämmerei, die hauptsächlich aus Ragower Pachten und Dienstgeldern bestanden, mehrten sich im Verlauf des 18. Jahrhunderts von 1.088 auf 1.875 Reichstaler. Die Ausgaben beliefen sich entsprechend auf 902 bzw. 1.290 Taler. Die Zolleinnahmen waren bis zum Jahre 1800 auf nur 290 Taler herabgesunken. Die Einnahmen aus der Akzise stiegen dagegen im Verlaufe des 18. Jahrhunderts von etwa 1.100 auf 3.730 Taler. Da der schwarze Boden sich von je durch Fruchtbarkeit auszeichnete, betrug zu Beginn des 19. Jahrhunderts der Ertrag des Ackerbaus 29 Wispel Weizen, 112 Wispel Roggen, 144 Wispel Gerste und 18 Wispel Hafer. Auch die Viehzucht war »bei den vielen und guten Wiesen« recht beträchtlich, zählte man doch 265 Pferde, 333 Kühe und 245 Schweine. Fabrikation und Manufakturwaren waren ganz unbedeutend, dagegen wurden über 1.000 Tonnen Bier alljährlich gebraut, da 70 Häuser die Braugerechtigkeit besaßen. Außerdem setzte man auch 4.500 Quart Branntwein an die zur Stadt »gewidmeten« Krüge ab.

Bestimmender Faktor der Ackerbürgerstadt war und blieb die Landwirtschaft. Um die Existenzfähigkeit der Bauern zu gewährleisten, führte das Prinzip der Unteilbarkeit der Höfe zur Gewohnheit der geschlossenen Hofübergabe bei Tod des Altbauern an den Hoferben (dies war in der Regel der erstgeborene Sohn) oder aber auch noch bei Lebzeiten über das Altenteil bzw. Ausgedinge.

Eine Bauernwirtschaft ohne Bäuerin war einfach undenkbar. Neben ihren Hausfrauenpflichten war sie Mutter einer großen Anzahl von Kindern, sofern sie über das erste Lebensjahr hinwegkamen. Außerdem verrichteten diese Frauen ähnlich schwere Arbeiten auf Hof und Feld wie ihre Männer auch. Natürlich arbeiteten Knechte und Mägde nicht minder schwer, die Mägde jedoch bei geringerem Lohn.

Gearbeitet wurde von vor Sonnenaufgang bis zum Sonnenuntergang. Einige schon vor über 50 Jahren über 80 Jahre alt gewesene Ur-Mittenwalder ließen erkennen, daß sie während der Mittagspause auf dem Feld im Schatten eines Baumes oder Strauches gezeugt worden sind, andere wollten wissen, daß sie von ihrer Mutter auf dem Felde entbunden wurden. Kinder mußten harte Arbeit bei kargem Essen leisten, ehe sie beten, schreiben und lesen lernten.

Nach 1806 zerbrach die altständische Ordnung der Mark Brandenburg unter dem Druck der napoleonischen Fremdherrschaft, was den Weg zu den dringend notwendig gewordenen Reformen in Preußen öffnete. Dabei verloren jedoch die Kommunen ihre letzten noch verbliebenen Rechte und Privilegien.

Alten Überlieferungen folgend heißt es: *Nach Beendigung der Befreiungskriege hat die nunmehr aus den Fesseln staatlicher Bevormundung gelöste Stadt, deren Rathaus 1840 neu erbaut wurde, ein wenig gestörtes Stilleben geführt. Berghaus bietet in seinem »Landbuch« (II, 810) manche Daten über die Zeit von 1850; das städtische Vermögen in Liegenschaften hatte damals einen Wert von 20.000 Talern (vgl. auch sub Ragow), denen an Schulden 9.000 Taler gegenüber standen. Der Viehbestand war im allgemeinen von 1801-1850 erheblich zurückgegangen, nur die Zahl der Schweine war von 245 auf 453 gestiegen. Dies hing wahrscheinlich mit der Zerstückelung der größeren Ackergüter in kleine Parzellen, auf denen größerer Viehstand nicht gehalten werden konnte, zusammen. Das Ackerland umfaßte 3.814, die Wiesen 2.500 Morgen, der Forstboden dagegen nur 21 Morgen. An Grund-, Klassen - und Gewerbesteuern wurden 752 + 1.650 + 411 Taler gezahlt (Boe 104).*

Was mit »Zerstückelung der größeren Ackergüter in kleinere Parzellen« gemeint ist, war die sogenannte Separation auf der Grundlage eines Abfindungsplanes mit dem Ziel, die gemeinschaftlich betriebene Dreifelderwirtschaft abzulösen, wovon die Mittenwalder sehr stark betroffen wurden. Modernere Ackerbaumethoden, neuer Pflanzenanbau (Kartoffeln), Zusammenlegung verstreuter Ackerstücke, Ablösung der Frondienste durch Geldzahlungen, Aufteilung der Allmende, Wiesen und Wälder und sonstige Regulierungsmaßnahmen über den Zeitraum mehrerer Jahrzehnte kamen einer Revolution der Landwirtschaft gleich. Noch heute spiegeln die Grundbücher der Eigentümer von Flurstücken der Gemarkung Mittenwalde die Ergebnisse dieser eben genannten Maßnahmen wider.

Berlin platzte, besonders nach dem deutsch-französischen Krieg, aus allen Nähten. Bebauungspläne liefen Gefahr, Zerstörungspläne von Wäldern und Parks im Umland und in der Stadt selbst zu werden. Die Infrastruktur (Eisenbahnen, Straßen, Wasserläufe, Fabriken, Wohnhäuser, Kanalisation bis zu den Rieselfeldern, Bahnen und Straßen zu den gigantischen Mülldeponien usw.) forderte gebieterisch ihre Vervollkommnung. Berlin lag 1920 mit ca. 4 Mio. Einwohnern an dritter und hinsichtlich seiner Flächenausdehnung an erster Stelle aller großen Weltstädte und war größtenteils doch noch Dorf.

In Mittenwalde platzte nichts »aus allen Nähten«, höchstens die Kragen der Einwohner, die aus dieser Entwicklung sowie der Vorbereitung, der Durchführung und den Folgen der beiden Weltkriege nur Nachteile hatten. Diese näher beschreiben zu wollen, würde ein geteiltes Interesse bei den Nachkriegsgenerationen finden. Offensichtlich wollen Heranwachsende nur aus eigenen Erfahrungen Lehren annehmen und nicht aus der Geschichte und dem Leben ihrer Vorfahren lernen. So konnte auch nach 1933 dem deutschen Volke der Weg in »herrliche Zeiten« über Stahl für Panzer, Zement für Bunker und irregeleitete »Volksgenossen« als Soldaten geebnet und schmackhaft gemacht werden – ein Weg geradezu in die größte Katastrophe der Menschheit.

Im Vergleich zu den großen Verwüstungen und hohen Menschenopfern im Verlaufe des Dreißigjährigen Krieges, waren die beiden Weltkriege für die Stadt und deren Bewohner noch glimpflich abgelaufen. Aber während sich Mittenwalde nach 1648 als Stadt langsam wieder erholen und zur Blüte kommen konnte, war ein solcher Aufschwung weder nach 1918 noch nach 1945 zu erreichen gewesen.

Berlin entwickelt sich auf Kosten
des Kreises Teltow und somit auch der Stadt Mittenwalde

Was den Kreis Teltow betrifft, sind hier noch einige Erläuterungen erforderlich. Der Name der Landschaft des »Teltow« ist uns seit dem 12./13. Jahrhundert überliefert und vermutlich aus dem Slawischen herzuleiten. Wer vom Teltow spricht, meint nicht die Stadt Teltow, sondern die alte Landschaft, die identisch ist mit einer Grundmoränenplatte zwischen den Niederungen der Spree, Dahme, Notte, Nuthe und Havel.

Auch der Teltowkanal, der bis zur Ausschachtung von 1900 bis 1906 als kleines Flüßchen Bäke bzw. Telte hieß, ist hier zu nennen. Der Teltow galt also gleichsam in früheren Zeiten als eine von Wasser, Sumpf und Morast umgebende, nicht so leicht einnehmbare Festung, gesichert mit Burgen an den wenigen

Stellen, wo diese natürlichen Hindernisse passierbar waren; er hat seine eigene Geschichte. Mittenwalder erinnern sich noch an ihren alten Teltow nördlich der Notte bis zur damaligen Stadtgrenze Berlins und daran, daß sich im Süden bei Mittenwalde die beiden Herrschaften Teupitz und Zossen anschlossen. Die Herrschaft Zossen hatte früher eine deutsche und eine wendische Seite. Zur östlich von Zossen gelegenen wendischen Seite gehörten Orte wie Telz, Schöneiche, Motzen u. a., zur deutschen Seite Dörfer wie Sperenberg, Wünsdorf, Nunsdorf usw. Alle diese Orte haben bis auf Telz und Nächstneuendorf, die überhaupt keine Kirche besitzen, nur Kirchen aus dem 18. Jahrhundert, also keine Kirchen aus dem Mittelalter.

Wie zuerst Mittenwalde wurde später auch Zossen im 13. Jahrhundert Grenzfeste auf der Grundlage einer slawischen Burg und damit das Gegenstück zu Mittenwalde als Bastion der Mark, lagen doch beide Städte als Grenzstädte zweier deutscher Länder an der alten Land- und Handelsverbindung (Knüppeldamm) von der Lausitz in die Mark Brandenburg über Zossen, Mittenwalde und Köpenick bzw. später Berlin-Cölln mit Anschluß an die West-Ost-Achse von der Elbe bis zur Weichsel. Aus damaliger Sicht war das alles nicht verwunderlich, da überall Grenzen waren und als Mittenwalde eine Stadtmauer »schmückte«, gab es nur zwei passierbare Stellen bzw. Stadttore, mit deren Hilfe alles kontrolliert und Zollwürdige abkassiert wurden.

Dutzende von Zollgrenzen in Europa, von Hamburg nach Wien beispielsweise allein 39 der verschiedensten Staaten und Ländchen, sowie Zollordnungen und Währungen waren die bestens sprudelnden Geldquellen der Herrschenden.

Wenden wir uns der Stelle zu, wo die Notte in die Dahme mündet, so befand sich daselbst eine 1375 im Landbuch Kaiser Karl IV. erstmals erwähnte befestigte Siedlung mit Namen »Wendisch Wusterhausen« (wusterhuse slavica mit castrum wusterhuse). Im Gegensatz dazu entstand das etwas abgelegene Straßendorf »Deutsch Wusterhausen« als askanische Siedlung. Eine Umbenennung vom »Wendisch« in »Königs« Wusterhausen erfolgte erst durch den »Soldatenkönig« 1717/18.

Verlassen wir jedoch den geographischen Teil des Teltow und wenden uns dem politischen Begriff zu. Nachdem die Hohenzollern im 15. Jh. die bis dahin böhmischen Lehnsherrschaften Zossen und Teupitz erwerben konnten, erweiterte sich der Teltow um diese Gebiete.

In den folgenden Jahrhunderten bildeten sich »Kreise« heraus, wobei Teupitz und Zossen gemeinsam mit der alten Vogtei Trebbin und der kurfürstlichen Herrschaft Wusterhausen slavica ein sog. »Ämterkreis« wurde. Der eigentliche »Hohe Teltow« hatte den Status eines »Hauptkreises«. Beide Kreise (Ämter- und Hauptkreis) zusammen umfaßten den Beritt eines Landreiters und fungierten als Unterkreis der mittelmärkischen Ritterschaft.

Von 1815 bis 1835 wurden der Teltow und das Land Storkow zu einem Kreis vereint. Danach schrumpfte der Teltow zugunsten des Wachstums Berlins gewaltig zusammen. Die im Speckgürtel Berlins gelegenen Städte und Dörfer schieden nach und nach aus dem Kreisverband des Teltow aus. Der Teltow verlor hohe Anteile der ortsansässigen Einwohnerschaft sowie Industrie mit entsprechendem Steueraufkommen, während der arg gebeutelte Teltow-Rest mit »Mann und Roß und Wagen« der Bedeutungslosigkeit verfiel.

Im Jahre 1890 war der Kreis Teltow mit 220.000 Einwohnern, großer Industrie und dem höchstem Steueraufkommen der bedeutendste in ganz Preußen. 1919 hatte der Kreis Teltow 537.000 Einwohner, 1920 bleiben nur noch 110.000 Einwohner übrig. Nachdem von 1875 bis 1907 Charlottenburg, Schöneberg, Rixdorf (Neukölln) und Wilmersdorf zu Berlin kamen, gingen 1920 mit der Stadt Köpenick noch weitere 25 Gemeinden und 7 Gutsbezirke an Berlin.

Die entscheidenden Grundlagen für alle strukturellen Veränderungen des Kreises Teltow wurden nach 1806, 1918, 1952 und 1990 gelegt.

Was Mittenwalde angeht, hört sich das aus alter Überlieferung (etwa 1911) so an:

Den Hauptbestandteil der Bevölkerung bildeten schon in alter Zeit und bilden auch heute noch trotz eines Rückgangs in den ersten Jahrzehnten des 19. Jahrhunderts (Be II, 510) die Ackerbürger, deren Arbeit bei dem trefflichen Boden stets gute Erträge bringt. Landwirte und Bauern pflegen an dem Althergebrachten zu hängen, und so eignet auch unserer Stadt, trotzdem sie sich seit 1893 und 1900 bereits zweier Bahnhöfe und des Anschlusses an zwei von Aktiengesellschaften betriebene Kleinbahnen rühmen kann, eine gewisse zähe Tradition. Weder scheint sie Neigung zu haben Farbrikstadt noch Villenvorort zu werden; auch »Professionisten« waren nie zahlreich vertreten. Der Wechsel ist hier eben nicht so rasch wie anderwärts, und nur sehr langsam aber stetig hat sich die Bevölkerung in den letzten 40 Jahren um die Hälfte vermehrt: zur Zeit des deutsch-französischen Krieges, an den das Kriegerdenkmal neben dem Rathause erinnert, zählte man 2.150, jetzt 3.200 Einwohner, während sie von 1800 bis 1850 von 1.188 auf 2.015 angewachsen war.

Vergleicht man die Entwicklung der Mittenwalder Einwohnerzahlen in den vergangenen 200 Jahren, hat zweifellos die Stadt zum gegenwärtigen Zeitpunkt einen absoluten Tiefpunkt erreicht. Bei Fortschreiten dieser negativen Entwicklung dürften wir bald wieder den Stand von 1800 mit ca. 1.200 Einwohnern erreicht haben.

Für alle, denen die Existenz Mittenwaldes als Stadt mit bedeutender Zukunft an der Schwelle des nächsten Jahrtausends ans Herz gewachsen ist, klingen doch die noch vor Jahren nach der Wende abgegebenen politischen Erklärungen zum

Wachstum dieser Stadt auf 8.000 Einwohner mittlerweile wie blanker Hohn. Selbst wenn in der etwa 2.000 ha großen Gemarkung in einigen Jahren 82 ha Gewerbe- und Industriegebiete entstanden sein dürften, müßten die zusätzlich in der Stadt wohnungsmäßig unterzubringenden Menschen in Baracken oder Zelten angesiedelt werden. Da bislang die dringend notwendige Erweiterung der Wohnraumsubstanz nur in einem unzureichenden Umfang erfolgte, – ganz im Gegensatz zu den benachbarten Städten und Dörfern, wo riesige Wohnparks entstehen –, dürfte auch die Hoffnung auf Veränderung dieser unheilvollen Situation lediglich ein frommer Wunschtraum bleiben.

Als ein positives Beispiel für Gemeinden im Aufwind ist die Entwicklung des Dorfes Ragow bei Mittenwalde hervorzuheben. Das uralte Bauerndorf mit dem Hanschenpuhl, den Turuden, den Schweinebrieten (auch Schweinewrieten), dem Wolfswinkel und anderen vor- und frühdeutschen Flurnamen in seiner Gemarkung hat sich über einen weitläufigen, modernen Wohnpark innerhalb der letzten Jahre von 430 auf mittlerweile 1.300 Einwohner erweitert. Auf 17,5 ha entstanden und entstehen weiterhin kleine, schmucke Doppel- und Reihenhäuser mit 650 Wohnungen von 93 bis 140 Quadratmetern. Diese verfügen alle über Stadtwasser, Kanalisation, Stadtgas, Autostellplätze sowie Grünflächen mit Gärten, Feuchtbiotopen und Kinderspielplätzen. Nachahmenswert sind die vielfältigen Initiativen der Ragower und ihrer Vereine, die alten und neuen Einwohner gemeinsam in ein aktives und interessantes geistig-kulturell-sportliches Dorfleben zu integrieren.

Wenden wir uns dagegen wieder der vergleichsweise armseligen – um nicht zu sagen: traurigen und verhängnisvollen – Entwicklung von Mittenwalde zu und insbesondere der im letzten Jahrzehnt, so ergibt sich folgendes Bild:

Jahr	Einw.	Wohnhäuser	andere Gebäude
1624	1.240		
1633		102 (massiv)	
1638		6 (Stadtbrand)	
1657	200		21 (außerhalb der Stadt)
1719	700	177	
1730	952		
1746	1.809		
1800	1.188 (1.200)	250	100 (außerhalb der Stadt)
1850	2.015		
1860	2.025 (2.085)	264	540
Jahr	Einw.	Wohnhäuser	Haushaltungen

1871	2.150		
1900	2.956	328	747 (kinderreich)
	(2.997)		
1905	3.059		
1910	3.152	361	818 (kinderreich)
	(3.185)		
1911	3.200		
1939	3.136		
1984	2.150		
1991	2.050		
1993	1.936		
1994/95	unter 1.900		958 (kinderarm)

(in Klammern = andere Quellen)

In diesem Zusammenhang ist anzumerken, daß parallel mit dem Einwohnerrückgang auch die Wohnhäuser nach dem Zweiten Weltkrieg zu Zeiten der DDR einfach nicht mehr bewohnbar gehalten werden konnten.

Der Vollständigkeit halber noch einige Fakten aus der Zeit nach 1945.

Nach der Auflösung Preußens am 25. Februar 1947 gemäß Beschluß des Alliierten Kontrollrates wird am 24. Juli 1947 das Land Brandenburg mit Potsdam als Regierungssitz gebildet. Am 7. Oktober 1949 wird Brandenburg ein Gliedstaat der DDR. Anstelle der bisherigen Länder und Kreise entstehen ab Juli 1952 neu gegliederte Bezirke und Kreise; Restbrandenburg geht in die Bezirke Potsdam, Frankfurt/Oder und Cottbus auf und der Teltow geht in die Kreise Potsdam-Stadt und -Land, Zossen, Luckenwalde und Königs Wusterhausen ein. Mittenwalde kommt zu Königs Wusterhausen. Mit dem Beitritt der DDR zur BRD am 3. Oktober 1990 kommt es zur Neubildung des Landes Brandenburg.

Im Zuge der Brandenburger Kreisgebietsreform entstehen ab 1993/94 neue Kreise und Ämter. Die historische Landschaft des Teltow wird aufgeteilt und den neuen Großkreisen Teltow-Fläming und Dahme-Spreewald zugeordnet.

Mittenwalde wird Bestandteil des Landkreises Dahme-Spreewald und Amtsverwaltung für die Gemeinden Brusendorf, Gallun, Motzen, Ragow, Schenkendorf-Krummensee, Telz und Töpchin. Im Landkreis Dahme-Spreewald leben derzeit über 142.000 Einwohner in 8 Städten und 138 Gemeinden auf einer Fläche von 2.260,71 km^2. Ursprünglich sollte ja der neue Großkreis mit Mittenwalde aus einem Verbund der ehemaligen Kreise Königs Wusterhausen, Zossen, Luckenwalde und Jüterbog gebildet werden. Königs Wusterhausen schaffte es als einziger Kreis im Land Brandenburg, sich davon abzukoppeln, mit Lübben und Luckau zusammenzugehen und damit eine Achse vom Berliner Speckgürtel zum

Das Bundesland Brandenburg nach der Neugliederung der Kreise 1993

Spreewald zu bilden. Heutzutage steht dieser Dahme-Spreewald-Kreis mit all seinen Vorteilen (Berlinnähe, gute Infrastruktur mit Auto- und Eisenbahnen, Bundes- und Wasserstraßen, Flughafen, Zuwachs an Bevölkerung, Arbeitsplätzen und Tourismus usw.) an siebenter Stelle aller Kreise der ostdeutschen Bundesländer. Was Mittenwalde angeht, bieten die dortigen über 150 Betriebe, Firmen, Unternehmen und Einrichtungen mehr Arbeitsplätze, als die Stadt Einwohner hat. Trotzdem gibt es selbst da auch noch Arbeitslose.

HAUPTSATZUNG DER STADT MITTENWALDE (AUSZUG)
Aufgrund der §§ 6 und 35 Abs. 2, Ziffer 2 der Gemeindeordnung (GO) für das Land Brandenburg vom 15. 10. 1993 (GVBl. 1, § 3981 erläßt die Stadt Mittenwalde eine Hauptsatzung. Sie wurde am 21. Februar 1994 durch die Stadtverordnetenversammlung beschlossen.

§ 1
Name, urkundliche Erwähnung und Gebiet der Gemeinde

(1) Die Gemeinde führt den Namen »Stadt Mittenwalde«.
(2) Für das Jahr 1307 ist die erste urkundliche Erwähnung als Stadt belegt. Die erste Erwähnung in einer Urkunde stammt aus dem Jahre 1255.
(3) Das Gemeindegebiet umfaßt die Gemarkung Mittenwalde mit allen Fluren.

§ 2
Wappen, Flagge, Dienstsiegel

(1) Die Stadt besitzt seit 20.10.1991 das erneute Recht zur Führung eines Wappens und einer Flagge.
(2) Das Wappen enthält folgende Darstellung: In Silber eine oben gegabelte bewurzelte grüne Linde mit herabhängenden Zweigen, unten von zwei schwarzen mit den Bärten nach oben und außen gewendeten Schlüsseln; oben von einem, roten Adler mit goldenen Fängen und Schnabel begleitet.
(3) Die Mittenwalder Stadtflagge ist eine Streifenflagge und hat die Farbe rot-weiß-grün.
(4) Die Führung des Dienstsiegels liegt beim Amt Mittenwalde(...)

§ 11
Inkrafttreten

(1) Die Hauptsatzung tritt am Tage nach ihrer Bekanntmachung in Kraft.
(2) Gleichzeitig tritt die Hauptsatzung der Stadt Mittenwalde vom 1. Dezember 1993 außer Kraft.

Kurzer	*U. Pfeifer*	*G. Hönow*
ehrenamt. Bürgermeister	*Amtsdirektor*	*Stadtverordn.*

Anmerkung: § 2 (2) der Hauptsatzung der Stadt Mittenwalde – dazu hieß es in einer alten Überlieferung: *Das Stadtwappen zeigt einen roten Adler mit ausgebreiteten Flügeln und einem Schild auf der Brust , auf welchem ein von zwei Schlüsseln umrahmter Baum steht; so weist es auf den alten Zusammenhang mit den askanischen Markgrafen hin.*

Was die Bedeutung der Farben des Mittenwalder Stadtwappens lt. mittelalterlicher Farbensymbolik angeht, so steht

Silber (Perle)/Untergrund für Reinheit, Keuschheit, Unschuld, Weisheit, Freude

Grün (Smaragd)/Lindenbaum für Freiheit, Fröhlichkeit, Hoffnung, Lieblichkeit, Gesundheit

Schwarz (Diamant)/Schlüssel für Standhaftigkeit, Demut, Frieden, Tod, Untergang, Trauer

Rot (Rubin)/Adler für Recht, Stärke, Tapferkeit, Würde, Liebe

Gold (Topas)/Fänge und Schnabel des Adlers für Herrlichkeit, Ansehen, Hoheit, Würde, Reichtum.

Ein gleiches ist auch den Farben der Mittenwalder Stadtflagge zuzuschreiben, wobei für »Weiß« das unter »Silber« Gesagte zu sehen ist.

Berühmte Persönlichkeiten in der Stadt

Der Theologe und ev. Kirchenlieddichter
Paul Gerhardt als Pfarrer und Propst in Mittenwalde

Als Paul Gerhardt sein erstes Pfarramt als Propst in Mittenwalde antrat, war von der mittelalterlichen Herrlichkeit der Stadt nach dem Dreißigjährigen Krieg nicht mehr viel übriggeblieben. Mittenwalde, an der Heerstraße von Berlin gen Süden gelegen, lag noch in Schutt und Asche; zu häufig kamen Tod, Hungersnot und Pestilenz in die Stadt, zu groß war das Elend der Menschen infolge von Plünderungen, Vertreibung und Armut. Brandschatzungen der Schweden und Kaiserlichen hatten den einstigen Wohlstand der Bürger völlig vernichtet.

Vielen Mittenwaldern sprach Paul Gerhardt aus der Seele, als er schrieb:

Wir gehen dahin und wandern/Von einem Jahr zum andern
Wir leben und gedeyen/Vom alten zu dem neuen
Durch soviel Angst und Plagen/Durch Zittern und durch Zagen
Durch Krieg und große Schrecken/Die alle Welt bedecken.
(Aus: »Nun laßt uns gehn und treten«, 1653)

Dieses Lied ließ General von Zieten in der Schlacht von Leuthen immer wieder von seinen Husaren singen, obwohl ihn der »Alte Fritz« davon abbringen wollte.

Am Ende des Dreißigjährigen Krieges lebten von ursprünglich 1.240 Bewohnern Mittenwaldes nur noch etwa 200 und waren nur noch sechs Häuser bewohnbar. Welch ein gütiges Geschick fügte es, daß gerade zu dieser Zeit der größten Not und Verzweiflung in dieser Stadt der nach Luther größte evangelische Kirchenlieddichter und bedeutendste deutsche Dichter des 17. Jahrhunderts überhaupt, Paul Gerhardt, sein Amt als erster Pfarrer und als Propst von elf Kirchengemeinden in und um Mittenwalde ausüben konnte. Im Verlaufe seiner sechsjährigen Amtszeit entstanden nicht nur seine schönsten Kirchen- und auch Volkslieder, sondern kam Mittenwalde mit inzwischen auf ca. 700 an der Zahl angewachsenen Einwohnern langsam, aber sicher wieder auf die Beine.

Eigentlich hätte die durch den Tod des Mittenwalder Propstes Göde freigewordene Stelle von seinem natürlichen Nachfolger, dem Diakon Allborn, besetzt werden müssen, aber nichts dergleichen hatte der Mittenwalder Magistrat im Sinn. Endlich konnten es die Ratsherren dem Allborn heimzahlen, hatte er doch Bürgermeister Hertzbergk wegen Zinswuchers öffentlich im Gottesdienst vor versammelter Gemeinde »abgekanzelt«.

Berlin zur Zeit Paul Gerhardts

Was bedeutete es schon, wenn ein Diakon in schwerster Zeit des Dreißigjährigen Krieges der grausam heimgesuchten und bitter leidgeprüften Gemeinde und damit dieser Stadt die Treue gehalten hatte, wenn er sich erdreistete, über seinen Bürgermeister die Wahrheit zu predigen? Wie eh und je, so gut wie nichts! Also fragte der Magistrat beim Brandenburger Konsistorium in Berlin an, ob es einen fähigen Mann für die Stelle des Propstes, bzw. eines Archidiakons, wie man früher sagte, für den Mittenwalder Kirchenbezirk empfehlen könne.

Die hauptstädtische Geistlichkeit schlug Paul Gerhardt mit nahezu rührenden Worten für dieses Amt vor, ein ehrlich gemeintes Hohelied auf einen aufrichtigen, guten und frommen Mann, was tatsächlich entgegen sonst geübter »Weglobe-Beurteilungs-Praxis« der Wahrheit entsprach.

Der Empfehlung folgend, wird Paul Gerhardt als eine Person qualifiziert, »die eines ehr- und friedliebenden Gemütes und christlich untadeligen Lebens ist, daher auch bei Hohen und Niedrigen ... lieb und wert gehalten wird, deren Fleiß bekannt, die eines guten Geistes und ungefälschter Lehre ist«. Diesem »ehrenfesten, wohlgelehrten Herrn Paulum Gerhardt, Kandidaten der Theologie«, vertrauten die Mittenwalder Ratsherren die vakante Stelle an, wohlwissend, zumindest aber vorausahnend, daß er die geschilderten Vorzüge seiner ganzen Persönlichkeit in der vergifteten Atmosphäre des neuen Amtes äußerst gut gebrauchen würde. Freudigen Herzens trat der so Gepriesene sein erstes selbständiges hohes Amt in Mittenwalde an, erfuhr jedoch recht bald, daß diese Pfarrstelle ohne sein Verschulden einer Geißel Gottes glich.

Knapp zwei Wochen vorher wurde er in der Berliner Nikolaikirche zum Propst ordiniert, nachdem er sich feierlich verpflichtet hatte, von den grundlegenden Schriften Augsburger Konfession keinen Zollbreit abzuweichen.

In seiner Mittenwalder Zeit erfuhr Paul Gerhardt alles das, was nur einem solchen Menschen, wie er es war, an Gutem und Bösem, an viel Glück, aber auch an mancherlei Anfechtung und Herzenskummer so widerfahren kann, wie wir noch lesen werden.

Mit ihren Gedanken bei Paul Gerhardt haben sich viele Menschen immer wieder gefragt, was er doch wohl für ein Mensch gewesen sei.

Inneres der Mittenwalder Kirche, der Wirkungsstätte Paul Gerhardts

Je mehr düsterer, erbärmlicher Alltag, desto mehr tiefsinnige geistliche Freude, je mehr Schicksalsschläge, Traurigkeit, ja Hoffnungslosigkeit, desto mehr fromme Ergriffenheit und innige Zwiesprache mit Gott. All dies schuf leise Töne der Poesie und Werke, die wie die besten deutschen Volkslieder in ihrer schlichten Schönheit bis heute als unwiederholbar und unvergänglich gelten.

Seine Lieder erreichten gerade in der damaligen schweren Nachkriegszeit bei den einfachen Menschen, die kaum oder gar nicht lesen und schreiben konnten, einen hohen Bekanntheitsgrad, wie unsere deutschen Volkslieder in besten Zeiten. Denken wir nur mal an solche im Stil von Volksliedern vertonten Gedichte, wie z. B. »Der Tag ist nun vergangen/Die güldnen Sternlein prangen/Am blauen Himmelssaal« oder »Geh aus', mein Herz, und suche Freud« oder »Nun ruhen alle Wälder«, dann gaben sie diesen Menschen eine Orientierungshilfe, spendeten Trost, halfen zum Leben und Überleben in jener furchtbaren Zeit.

Aus Paul Gerhardts gefühlsinniger Andachts- und Bekenntnislyrik sprechen – persönlich motiviert – Glaubenswahrheit, Gottvertrauen, Genügsamkeit, Freude an den kleinen Dingen des alltäglichen Lebens, Zugewandtheit zu den kleinen Leuten und Liebe zur Natur.

So denkbar ungünstig die Umstände seines geistlichen Amtes in Mittenwalde auch waren und so wenig Ruhe sein Amtsbruder, der Diakonus Allborn, auch gab (Allborn rächte sich mit fortwährenden kleinlichen Sticheleien dafür, daß nicht er, sondern Paul Gerhardt als Propst berufen war), in diesem sauren, aber gottergebenen Mittenwalder Dasein hatte Paul Gerhardt die schöpferischste Phase seines Lebens. Trotz des frühen Todes seines ersten Töchterleins und zunehmender Gemütskrankheit seiner Frau schuf er hier seine schönsten Lieder und Gedichte.

»Verfolgung, Haß und Neiden.
Ob ichs gleich nicht verschuld.
Hab ich doch müssen leyden.
Und tragen mit Geduld.«

Seine Liedschöpfungen wurden weit über die Landesgrenzen hinaus bekannt; sie sind bleibender Bestandteil der Weltkultur. In einem Brief an Mathilde von Rohr urteilte Fontane in seiner Verehrung des märkischen Dichters, daß eine einzige Strophe von Paul Gerhardt mehr wert sei als dreitausend Ministerialreskripte.

Inspiriert durch das Schweißtuch der hl. Veronika mit dem dornengekrönten Haupt Jesu Christi am Altar der Mittenwalder Kirche beglückt Paul Gerhardt aus der Verlassenheit der Mittenwalder Jahre die Christenheit mit dem erschütternden Passionslied »O Haupt voll Blut und Wunden« (1656). J. S. Bach nahm dieses Lied in die weltbekannte Matthäuspassion auf, die die oft zitierte Schlußzeile enthält: »Wer so stirbt, der stirbt wohl«.

Viele Verse Paul Gerhardts blieben im Volke lebendig, da sie Eingang in das ev. Kirchengesangbuch (Ev. KGB) fanden, so auch sein Morgenlied: »Wach auf, mein Herz, und singe« und sein Abendlied: »Nun ruhen alle Wälder«.

1647 enthielt das vom Nikolaikantor Johann Crüger verfaßte Gesangbuch »Praxis Pietatis Melica« achtzehn Lieder von Paul Gerhardt. In der Ausgabe von 1653 nehmen bereits 82 Lieder ein Sechstel des ganzen Buches ein. Sein gesamtes poetisches Werk umfaßt 137 deutsche Lieder und Gedichte. Noch heute sind über 30 seiner Lieder im Ev. KGB und viele davon auch im katholischen KGB enthalten.

Und das alles von einem Schüler, dessen »Sprachlicher Ausdruck« auf einem seiner Schulzeugnisse im sächsischen Grimma mit »erträglich« bezeichnet wurde – wer könnte jemals noch nach Paul Gerhardt seinen Stil und Ausdruck, ja überhaupt seine Sprache übertreffen?

Bekannt blieb uns auch aus dem Adventslied die Stelle: »Wie soll ich dich empfangen«. Und weiter: »Fröhlich soll mein Herze springen«, »Ich steh an deiner Krippen hier« (dieses Lied war Dietrich Bonhoeffer ein großer Trost vor seiner Hinrichtung am 9. April 1945), »Nun laßt uns gehn und treten«, »Du meine Seele singe«, »Ich singe dir mit Herz und Mund«, »Sollt ich meinem Gott nicht singen«, »Befiehl du deine Wege« (dieses Lied galt als Wegbegleiter Königin Luises in schwerer Zeit 1806 nach Ostpreußen) und noch andere mehr. Leider hat sich von seinen Mittenwalder Predigten nichts erhalten – im Gegensatz zu seinen späteren Berliner Predigten –, doch in seinen damals in Mittenwalde entstandenen Liedern offenbart sich die christlich-religiöse Gesinnung Paul Gerhardts in ihrer reinsten Form.

Wer Paul Gerhardts Liedschaffen und sein seelsorgerisches Wirken zum Wohle der Menschheit kennt und es zu schätzen und zu würdigen weiß, stimmt auch der Auffassung zu, daß erst durch ihn das Werk der Christianisierung des 13. und der Reformation des 16. Jahrhunderts seine eigentliche Weihe erhielt.

Theodor Fontane – bereits im Vorwort zitiert – schrieb in seinen Wanderungen durch die Mark Brandenburg:

»Tausende wallfahrten nach Gohlis, um das Haus zu sehen, darin Schiller das Lied ›An die Freude‹ dichtete. Mittenwalde besucht niemand, und doch war es in seinem Propsteigarten, daß ein anderes, größeres Lied an die Freude gedichtet wurde, das große deutsche Tröstelied: ›Befiehl du deine Wege‹.«

Wo gibt es ähnliche Verse, die unbedingtes und grenzenloses Gottvertrauen bezeugen, die den Glauben der Menschen an ihr Seelenheil festigen sowie ihre Zuversicht und ihren Lebenswillen kräftigen, als in diesem Lied?

Mitglieder des Mittenwalder Kirchenchors

Überliefert ist auch, daß sich Paul Gerhardt in seiner Todesstunde im Sessel sitzend mit einer Strophe aus seinem Lied: »Warum sollt ich mich denn grämen« getröstet habe.

Wenn die auf der vorherigen Seite abgebildeten Frauen und Männer des Mittenwalder Kirchenchores an der Wirkungsstätte von Paul Gerhardt inbrünstig von ihm gedichtete Lieder singen, wollen sie somit sein Andenken in Ehren halten. Über Paul Gerhardts reiches Liedschaffen und seine in Mittenwalde gedichteten Lieder befragt äußern sich einige Chormitglieder wie folgt: »Paul Gerhardt hat sehr viele schöne und lange Lieder und Gedichte geschrieben und davon die meisten und besten in Mittenwalde. Das ehrt uns Mittenwalder und wir danken es ihm, indem wir immer wieder seine wunderbaren Lieder singen.«

»In seiner Mittenwalder Zeit hat Paul Gerhardt viel Leid, Sorgen und Kummer erfahren müssen, was er alles nur mit Gottvertrauen, Kraft und Zuversicht sowie seinen sich daraus ergebenen Liedern verkraften konnte.«

»Als Anita Kolberg trete ich in die Fußstapfen meiner lieben Eltern und Großeltern, denen schon diese schönen Lieder in ihre Wiegen gelegt worden waren. Einige Lieder sang meine Mutter besonders gern. »Geh aus mein Herz und suche Freud...« sagt doch was aus, gerade auch in der heutigen schweren Zeit.«

»Damals lehnten viele Mittenwalder den Ortsfremden Paul Gerhardt ab, heute sind wir stolz, daß er über 6 Jahre als Propst in Mittenwalde gelebt hat. Das macht für unser Wirken im Chor schon eine ganze Menge aus. Schließlich ist er ja nicht unbekannt, wenn über ihn und seine Lieder gesprochen wird, die von uns dargebracht, viele Menschenherzen erfreuen und aufmuntern.«

»Es gibt wohl kaum noch aus einem halben Jahrhundert so viele schöne und bedeutungsvolle Lieder, wie die von Paul Gerhardt, die überall noch bekannt und in Kirchengesang- und Volksliederbüchern enthalten sind.«

Wer an mehr Wissen über die Lebensbahn Paul Gerhardts interessiert ist, kann sich dies an Ort und Stelle seines Wirkens in der Mittenwalder Kirche oder während des Lesens folgender Seiten erwerben.

Paul Gerhardt wurde am 12. März 1607 in Gräfenhainichen, Kurfürstentum Sachsen, geboren und mit 14 Jahren Waise.

Seiner Bescheidenheit entsprach sein Bestreben, der Nachwelt keine Aufzeichnungen aus seinem persönlichen Leben zu hinterlassen. Wie wir wissen, erwarb er ab 1622 in Grimma an der Mulde, in Schulpforta bei Naumburg und in St. Afra in Meißen eine höhere Schulbildung. Dabei wurde er auch mit dem Luthertum konfrontiert. 1628 schrieb er sich zum Studium der Theologie in Wittenberg ein, wo er es ausschließlich mit Lutheranern zu tun hatte. Bedingt durch den Dreißigjährigen Krieg verlängerte sich seine Studienzeit um Jahre. In der Zeit prägten sich, ob der schrecklichen Geschehnisse, zutiefst sittlich-religiöse Eigenschaften und Überzeugungen aus. Ohne kirchliche Anstellung mußte er sich durch Erteilung von Privatunterricht sowie als Hauslehrer in der Familie des Kammergerichtsadvokaten Andreas Berthold ab 1642/43 in Berlin kümmerlich durchs Leben schlagen. Mit 44 Jahren konnte er endlich sein erstes kirchliches Amt als Propst antreten, welches er im Kirchenbezirk Mittenwalde vom 30. November 1651 bis 6. Juni 1657 ausübte.

Im Februar des Jahres 1655 kehrte er auf kurze Zeit nach Berlin zurück. Im Hause des schon über 70 Jahre alten Advokaten Berthold, seines alten Gönners, erhielt der Bund, den er mit dessen Tochter Anna Marie geschlossen, durch den Berliner Propst, Magister Petrus Vehr, den Segen der Kirche. Das Paar hielt bald darauf seinen Einzug in die Mittenwalder Propstei. Am 19. Mai 1656 wurde ihm eine Tochter geboren, die den Namen Marie Elisabeth erhielt.

Ein Grabtäfelchen in der Mittenwalder Kirche läßt erkennen, daß das Mädchen schon am 14. Januar 1657 starb. »Wenig und böse ist die Zeit meines Lebens« (Genesis 47, Vers 9) endet der rührende Text auf der Gedenktafel der lieben Eltern für ihr herzliebes Töchterlein. Dieses Epitaph ist heute noch an alter Stelle im Kirchenschiff befestigt.

Wie eine Vorahnung: »Wenig und böse ist die Zeit meines Lebens« galt noch für drei weitere Kinder und auch für seine bereits 1668 verstorbenen Frau. Elf Jahre vor ihrem Tode siedelte Paul Gerhardt aus Rücksicht auf seine Gattin, die sich als Berlinerin nie richtig wohl in Mittenwalde fühlte, wieder nach Berlin um. Im Juli 1657 übernahm er an der Berliner Nikolaikirche das Amt als zweiter Diakonus, welches er bis 1666 als hervorragender Prediger ausübte.

Die in Mittenwalde übersprudelnde Quelle als Liederdichter versiegte in Berlin immer mehr, dafür engagierte er sich stärker ab 1662 als Wortführer der lutherischen Berliner Pastoren. Konfessionelle Streitigkeiten zwischen den Anhängern Luthers und den Reformierten bestimmten fortan fast ausschließlich seine Tätigkeit als Geistlicher. Als strenger lutherischer Theologe akzeptierte Paul Gerhardt zu keiner Zeit seiner Berliner Tätigkeit eine kurfürstlich angeordnete, calvinistisch beeinflußte Glaubensrichtung bzw. -formel, was letztlich zur Aufgabe seines Amtes im Jahre 1666 führte.

In unterschiedlichen Quellen heißt es zum einen, daß Paul Gerhardt am 13. Februar 1666 höchstpersönlich durch den Kurfürsten Friedrich Wilhelm seines Amtes als Prediger an der Nikolaikirche enthoben wurde, zum anderen wird darauf verwiesen, daß er als starrer Lutheraner sich nicht den Friedensvorschlägen seines Kurfürsten fügen konnte bzw. wollte und deshalb 1667 freiwillig seine Stelle aufgab.

In der Zeitschrift »Königs Wusterhausener STADT-JOURNAL«, Ausgabe 10/93, Seite 14, beschreibt der Pfarrer Arnold Niemann, der lange Zeit an der Kirche St. Mauritius (Moritz) in Mittenwalde tätig war, den Amtsverzicht des Paul Gerhardt in Berlin wie folgt: »*... der wird auch Wege finden ...*«

Demütigung zum Lebensende
Paul Gerhardts Leben und seine Lieder
Aber das genügte dem Kurfürst und seinen Ratgebern nicht. Die Gespräche, die von September 1662 bis April 1663 geführt wurden, mußten schließlich ergebnislos abgebrochen werden. Der Kurfürst wurde schärfer und schrieb im September 1664 (am 16. September) ein neues Edikt bzw. verfügte es (Stosch hatte es entworfen!), wo jede Auseinandersetzung mit der Gegenseite verboten wurde und jede Beziehung der anderen Seite, ja sogar das Wort Calvinisten, ein »Maulkorberlaß« also; und der Exorzismus bei der Taufe sollte weggelassen werden. In ihrer Gewissensangst fragten die Berliner Pastoren bei theologischen Fakultäten und anderen Stadtpfarrern an. Als der Kurfürst das erfuhr, reagierte er empfindlich. Er sei oberster Bischof seines Landes. Dieses Recht würde nun in Frage gestellt. Jetzt verlangte er einen Revers, eine kirchliche Loyalitätserklärung. Als die Pfarrer sich weigerten, diesen Revers zu unterschreiben, wurden die führenden Leute ihres Amtes entsetzt. Propst Lilie und Elias Sigismund Reinhardt, der so jung und temperamentvoll gekämpft hatte, als erste. Sie seien die Rädelsführer gewesen.

Schließlich wurde auch Paul Gerhardt aufgefordert. Ihn hielt der Kurfürst für die Seele des Widerstandes. Er hätte andere aufgehetzt. Am 13. Februar 1666 wurde er seines Amtes enthoben. Lilie lenkte ein, starb aber schon im Sommer 1666; Reinhardt ging nach Leipzig. Ein Jahr lang setzten sich Bürgermeister, Ratsherren und Stadtverordnete für Paul Gerhardt ein. Schließlich gab der Kurfürst nach und erließ ihm die Unterschrift; aber er ließ ihm durch seinen Geheimsekretär Sturm sagen: er hoffe, er würde sich auch ohne Unterschrift an die Edikte halten. Er hätte sie sicher nur nicht richtig verstanden. Er hatte sie nur zu gut verstanden. Doch das konnte Paul Gerhardt nicht versprechen. Darum verzichtete er lieber auf sein Amt, als ein nicht ehrlich gemeintes Versprechen abzugeben. Er wußte nur zu gut, was der Kurfürst wirklich gemeint hatte: Unterwerfung. So verzichtete er, wenn auch mit blutendem Herzen. »Es ist nur ein geringes Berlinerisches Leiden« sagte er dazu. Auch wenn es noch schwerer käme, er wäre bereit. Seine Gemeinde sorgte aber noch weiter für ihn. Soweit Pfarrer Niemann.

Suspendiert, gegangen worden oder von selbst gegangen – was macht das für einen Unterschied bei einem Kirchenmann mit dem Profil eines Paul Gerhardt?

Mit Paul Gerhardt kämpften zugleich alle aufrechten Lutheraner. Sie wiesen wie er die kurfürstlichen Eingriffe in Glaubensfragen und kirchliches Leben standhaft zurück. Viele Geistliche wurden ihres Amtes enthoben und verließen Berlin. Auch Paul Gerhardt, der über zwei Jahre ohne Amt und Würden war, zog ab Juni 1669 nach Lübben/Spreewald, um an der dortigen Stadt - bzw. Hauptkirche bis zu seinem Tode am 27. Mai 1676 als Archidiakon zu wirken. Während dieser Zeit entsprangen dem Herzen und der Feder Paul Gerhardts keine Lieder bzw. Gedichte mehr. In Lübben war Paul Gerhardt wieder im Land seiner Kindheit und Jugend angekommen, seinem damals noch herzoglich sächsischem Geburtsland (1635 kam die Niederlausitz zu Kursachsen und erst 1815 zu Preußen), um dort seinen Lebensweg zu vollenden. Seine Grabstätte befindet sich neben dem Altar der heutigen Paul-Gerhardt-Kirche zu Lübben, die 1930 noch Nikolaikirche hieß, wo auch das Original seines Porträts angebracht ist.

Wir wollen uns von ihm in seiner Wirkungsstätte Mittenwalde verabschieden, einer kleinen märkischen mittelalterlich gebliebenen Ackerbürgerstadt mit großen Traditionen.

Alles, was in alter Zeit das Bild dieser Stadt und der St.-Moritz-Kirche, des ehemaligen Propsteigebäudes mit Garten zur Stadtmauer hin und nicht zuletzt das Leben und Sterben der Einwohner prägte, hat Paul Gerhardt gesehen bzw. erlebt. Nichts störte ihn in der sorgfältigen Erfüllung seiner Amtspflichten und Führung des heute noch wohl erhaltenen ältesten Kirchenbuchs in der Mark Brandenburg. Vom 1. Januar 1652 bis zum Ausgang des Jahres 1656 trug er selbst in festen, schönen Schriftzügen alle Geburten, Trauungen und Sterbefälle ein.

Mit einem gewissen Trotz nehmen die Mittenwalder es hin, daß nicht ihre Kirche, sondern die im benachbarten Ragow den Namen Paul Gerhardts trägt. Dafür wollen sie ihm jedoch anläßlich seines 400. Geburtstages im Jahre 2007 in der Stadt ein Denkmal aufstellen.

Mittenwalde benannte zu seinem ehrendem Gedenken die damalige Ölstraße in Paul-Gerhardt-Straße um und gab dem 1908 fertiggestellten Kreis-Krankenhaus-Bau seinen Namen. Wenn man den wiederholt geäußerten Auffassungen bekannter Persönlichkeiten folgen würde, wäre für die Mittenwalder Kirche der Namen des Nestors evangelischer Kirchenlieder Paul Gerhardt sinnvoller als deren jetzige Bezeichnung nach dem heiligen Mauritius.

Gleichwohl trägt die Lübbener Kirche seinen Namen, wo er seine letzte Ruhestätte fand und sich das Original des wahrscheinlich erst nach seinem Tode gemalten lebensgroßen Ganzporträts befindet, eines gerade für die heutige Zeit beispielhaften Menschen. Wie schon erwähnt, zeigt uns in der Mittenwalder Kirche eine Kopie dieses Gemäldes den in die Mittenwalder Geschichte eingegangenen »Ehrenbürger« mit seinen jeden Betrachter anschauenden Augen, die nach Thomas Mann »mit einem seltsamen Ausdruck von Milde und Wissen« in die Welt schauen.

Viel mehr, als dieser auf uns gerichtete Blick, kann auch das von Friedrich Pfannschmidt zum 300. Geburtstag Paul Gerhardts am 12. März 1907 für die Stadt Lübben entworfene Denkmal nicht ausdrücken.

Es ist eine sich wiederholenden Geschichte: Der Kampf um kirchlichen Glauben, unverrückbare innerliche Überzeugung und zutiefst menschliches Gewissen zwischen landesherrlicher und geistlicher Macht hat ständige Parallelen. Genügte es noch, Mitte des 17. Jahrhunderts eine absolutistische und die Gewissensfreiheit einschränkende calvinistisch geprägte Kirchenpolitik des Großen Kurfürsten mit der Suspendierung Paul Gerhardts aus seinem Amt durchzusetzen, so mußten in der Zeit des Hitlerfaschismus in Deutschland viele der besten Menschen sterben, weil sie aus Gründen der Überzeugung und ihrer humanistischen Auffassung von Ethik und Moral, ihres festen christlichen Glaubens sowie der aus alledem resultierenden Denk- und Handlungsweisen das Mordbrennersystem des Dritten Reiches zutiefst verabscheuten.

Nehmen wir als paralleles Beispiel der macht- und blutgierigen Geschichte den allen älteren Mittenwaldern noch gut bekannten Pfarrer Freybe, dessen Predigten der damalige Stadtpolizist aufmerksam verfolgte und seiner Meinung nach »Verbotenes« registrierte und weitermeldete.

Ob nun Duplizität der Ereignisse oder Ironie des Schicksals, der vom SS-Staat nicht zu brechende Pfarrer Freybe der Mittenwalder Kirchengemeinde kommt Ende des Zweiten Weltkrieges nach Lübben und anschließend in einem KZ um sein Leben.

Christlich-soziale Gesinnung und Haltung in ihrer reinsten Form schienen endgültig unter die Räder menschlich-weltlicher Entwicklung gekommen zu sein.

Was die gefühlsansprechende Schilderung Fontanes über die Entstehung des Abendliedes: »Nun ruhen alle Wälder« betrifft, so ist dieses schöne Lied anderen Quellen zufolge nicht in Mittenwalde, sondern bereits einige Jahre früher (1647) in Berlin entstanden.

Wie dem auch sei, der Text dieses Liedes machte noch in einem anderen Zusammenhang von sich Reden. So ist überliefert, wie dieses von Paul Gerhardt verfaßte Abendlied »Nun ruhen alle Wälder« von Friedrich II, König von Preußen, abwertend bezeichnet wurde.

Der Alte Fritz hat damit einmal mehr deutlich gemacht, wo die Grenzen der Toleranz liegen und inwieweit wirklich jeder in seinem Staate nach seiner Fasson selig werden konnte. Als sich vier Berliner Gemeinden an ihn wandten, um gegen die Einführung eines neuen, z. T. veränderten ev. Gesangbuches zu intervenieren, entschied er am 18. Januar 1781: Es sei die Pflicht jedes guten Landesherren und Vaters, jedem Untertan »völlige Freiheit zu lassen, zu glauben und seinen Gottesdienst zu verrichten, wie er will, nur daß seine Lehrsätze und Religionsübungen weder die Ruhe des Staates noch der guten Sitten nachteilig sein müssen ...«. Eigenhändig fügte er diesem Schreiben hinzu: »Ein jeder kann bei Mir glauben, was er will, wenn er nur ehrlich ist. Was die Gesangbücher angeht, so

Die berühmte Randbemerkung Friedrichs des Großen die Freiheit der Religionen betreffend. »Die Religionen Müssen alle Tolleriert werden, und muß der Fiscal [die Staatsbehörde] mehr das auge darauf haben, das Keine der anderen abruch Tuhe, denn hier muß ein jeder nach Seiner Faßon Selich werden.«

stehet einem jeden frei zu singen: Nun ruhen alle Wälder, oder dergleichen dummes oder törichtes Zeug mehr ...«

    Schließen wir dieses Kapitel und verlassen die Plätze, die Paul Gerhardts Wirkungsstätten und Inspiration zugleich waren, mit der Gewißheit, daß die Mittenwalder und unzählige Menschen aus nahen und fernen Landen »ihren Paul Gerhardt« niemals vergessen werden, wie es auch die Gestaltung der Festwoche zum 390. Geburtstag Paul Gerhardts vom 12. bis 16. März 1997 in Mittenwalde eindrucksvoll beweist.

Festwoche zum 390. Geburtstag Paul Gerhardts

**Mittenwalde/Mark
12.-16.3.1997**

*Als der General der Befreiungskriege Yorck
von Wartenburg noch Kommandeur der Garnison zu Mittenwalde war*

Das lexikalisch über Yorck der Nachwelt Erhaltene ist zu knapp und zu nüchtern, um es dem gewünschten Zweck nutzbar machen zu können. Trotzdem soll dieses Kapitel damit beginnen:

Yorck von Wartenburg (Johann) Hans, David, Ludwig, Graf, * 26. 9. 1759 † 4. 10. 1830, preuß. General der Befreiungskriege; Führer des preuß. Hilfskorps bei der Armee Napoleons I. ; schloß am 30. Dezember 1812 auf eigene Verantwortung die Neutralitätskonvention von Tauroggen. Unter »Tauroggen s. Taurage« (Stadt in Litauen, nw. von Kaunas; 1939: 10.500 Ew.) heißt es: »Die Konvention von T. zw. Yorck u. dem russ. General Diebitsch am 30. Dezember 1812 gab den Anstoß zu Volkserhebungen 1813 in Dtschl. S. Befreiungskriege«.

Was hat es nun aber mit Yorck in Mittenwalde auf sich?

Von Yorck in Mittenwalde heißt, daß diese historische Persönlichkeit der Befreiungskriege von 1799 bis 1806 Kommandeur der seit 1746 bestehenden Garnison für das Jägerregiment zu Mittenwalde (Feldjäger zu Fuß) war.

Nach österreichischem Vorbild hatte Friedrich der Große schon vor dem siebenjährigen Kriege für Patrouillen- und Kundschafterdienste eine Abteilung Feldjäger zu Fuß formiert. Drei Kompagnien eines neu gebildeten Bataillons wurden in Mittenwalde, zwei in Zossen einquartiert. Später bildete man aus dieser Abteilung ein Regiment zu 10 Kompagnien, von denen 4 mitsamt dem Stabe in Mittenwalde lagen.[1]

Mittenwalde war zu dieser Zeit nicht nur Garnison, sondern auch Grenzstadt zu Sachsen. Exakt trat von Yorck am 31. Dezember 1799 als Kommandeur des Feldjägerregiments auf die Bühne der Garnisonsstadt Mittenwalde, indem er seine Offiziere bei der Silvesterfeier an der Schwelle eines neuen Jahrhunderts in ihrem Kavaliershaus mit seinem plötzlichen Erscheinen überraschte.

Im Jahre 1800 zählt Mittenwalde zusammen mit den Militärpersonen 1.300 Einwohner. Aus heutiger Sicht sind ihre Wohn- und Unterbringungsverhältnisse als äußerst primitiv zu beschreiben. Von Yorck selbst ließ sich zwar in der heutigen Yorckstraße 45 ein neues Wohnhaus erbauen, konnte dies aber kaum noch nutzen, da es erst Ende 1806 fertig wurde. So wurde lediglich seine Frau Bewohnerin dieses Hauses.

---

1 Die Feldjäger zu Fuß befanden sich im Brandenburgischen außer in Mittenwalde (durchgehend 1746-1806/09) noch für geringere Zeiträume in Zossen (1746-1755 und 1773-1806), Teupitz (1764-1772), Teltow (1746-1755), Trebbin (1746-1755), Beelitz (1796-1806), Fürstenwalde (1786-1787) und Müncheberg (1796-1806).

Das Ende seines Aufenthalts in Mittenwalde wird mit der vernichtenden Niederlage der preußischen Truppen am 14. Oktober 1806 bei Jena und Auerstedt gleichgesetzt. Während dieser Doppelschlacht wurde auch das Mittenwalder Feldjägerregiment nach »ruhmreichen Kampf« fast völlig aufgerieben.

Im Januar 1807 war von Yorck letztmalig in Mittenwalde. 1809 wurde das Regiment aufgelöst und Mittenwalde hörte auf, Garnisonsstadt zu sein.

Mit der Besetzung Preußens durch französische Truppen seit 1806 war eine völlig neue militärische Lage entstanden, und von Yorck wurde in Königsberg gebraucht. Nach dem Tilsiter Frieden war er Kommandeur von Memel geworden.

Was Zeitungen so schreiben:

»Das heutige Hotel Yorck hat der gleichnamige Kommandeur des Feldjägerregimentes zu Fuß zwischen 1799 und 1806 erbauen lassen. Gewohnt hat er jedoch nicht in dem Haus, wie es eine Tafel am Eingang fälschlicherweise verkündet. Bewohnt hat es lediglich seine Frau, da Yorck von Wartenberg, als es fertig war, in den Krieg mußte. Zu finden ist es in der Yorckstraße 45.«

Inzwischen stellt eine neue Gedenktafel den Tatbestand richtig dar.

(Nicht »von Wartenberg«, sondern »von Wartenburg«, wie Yorck aber noch nicht hieß, als er 1806 in den Krieg mußte, sondern erst ab 1813.)

Durch Order vom 6. November 1799 war Major von Yorck aus seiner Johannisburger Garnison nach Mittenwalde versetzt worden, um das Jägerregiment, »ein für die Armee sehr interessantes Korps«, so meinte der König, zu übernehmen.

Mit »sehr interessant« war allerdings der wilde und mit den Jahren verwahrloste Haufen bzw. Zustand des Mittenwalder Jägerregiments gemeint, dem solche Begriffe wie »Disziplin und Exerzieren« nur noch vom Hörensagen bekannt waren.

Die Mannschaften, fast ausschließlich »obligate« Söhne der Königlichen und Privatförster, traten als junge Jägerburschen ein und dienten meistens, bis sie im Forstdienst versorgt wurden, also unter Umständen bis zu höherem Lebensalter; sie fühlten sich als etwas Besseres als der gemeine Soldat der anderen Truppen, nannten sich untereinander »Herr« und hielten eifersüchtig auf ihre »Gerechtsame und Freiheiten«. Die Auffassung der Disziplin war dementsprechend eine ganz andere als in der übrigen Armee, denn ein besonderes Reglement für die Jäger gab es nicht. Diese konnten sich darauf berufen, daß Friedrich der Große noch in seinen letzten Lebensjahren das Regiment, dem der Chef mit großer Mühe einmal den reglementmäßigen Paradenmarsch beigebracht, mit harten Worten auseinandergejagt und wie bisher in regellosen Haufen, die Büchse am Riemen, ohne Tritt hatte vorbeiziehen lassen. So gesehen waren die Mittenwalder Feldjäger zu Fuß nicht das übliche zwangsrekrutierte Kanonenfutter, nur durch Sold und Korporalsstock bei der Fahne gehalten, sondern Freiwillige; und zwar ausnahmslos Forstleute, Jägerburschen, Förstersöhne. Anstatt zu exerzieren gehen sie viel lieber heimlich auf die Jagd und ergänzen die karge Speisekarte. Als wieder einmal Klagen kommen von den adeligen Gütern der Umgebung und die Forderung, ertappte Wilddiebe aus dem Regiment zu entlassen, entgegnet Yorck trocken: »Der König würde seine besten Leute verlieren.«

Yorck von Wartenburg

Der »Isegrimm« ging nun tatkräftig daran, zunächst straffere militärische Haltung und Exerzierdisziplin, soweit er es für notwendig hielt, einzubürgern; den scharf ausgeprägten Korpsgeist und die hohe Meinung, die die Jäger von sich hatten, zu brechen und zu unterdrücken, wollte er dabei nicht. Im Gegenteil: »Messieurs« redet der Oberstleutnant seine einfachen Soldaten an und bezeugt Respekt vor der Leistung jedes Einzelnen.

Andererseits wurden Offiziere, die in bequemer Gangart feiste Gäule reiten wollten, bis aufs Blut gehetzt. So glaubte ein etwas gemächlich gewordener Hauptmann auf ebenso gemächlicher Mähre seinen Ohren nicht zu trauen, als er den Wutentbrannten brüllen hört: »Reiten Sie, so reiten Sie doch. Brechen Sie sich den Hals, wenn es nicht anders gehen will!«

Wie wir also sehen können, ist nicht parademäßiger Drill in Reih und Glied das Anliegen des neuen Befehlshabers. Im Gleichschritt marsch mit Paukenschlag und Tschingderassassa – darauf kann er guten Gewissens verzichten. Ebenso auf das senkrechte Paradieren der Büchsen; mochte man sie einfach über der Schulter oder nach Försterart am Riemen tragen. »Die Waffe ist nicht zum Exerciren gemacht und die Bestimmung des Jägers ist nicht, zu exerciren«.

Unermüdlich übte Yorck den Felddienst. »Unabänderliche Regel« für die Jäger war hierbei, stets zu zweien vorzugehen. Dabei kam es ihm auf die besondere Gefechtsweise an. Nicht in dicht gedrängten, fest gefügten Formationen sollen seine Männer dem Feind entgegentreten, sondern in aufgelöster Linie. Unter geschickter Ausnutzung natürlicher Gegebenheiten in kleinen Gruppen operieren, sich heranpirschen, Kundschafterdienste leisten, Hinterhalte aushecken. Mittenwalder Gehölze, wie der Fliegenhorst, der Frauenbusch oder die Nasse Heide dienen dieser Taktik als vorzügliches Übungsgelände.

Von Yorck hat sein im geschmackvollen Barock errichtetes Wohnhaus nicht mehr bezogen, da er, bereits bevor es im Jahre 1806 unter Dach und Fach gebracht war, mit seinen Jägern in den Krieg zog. Die Erinnerungen an die schmucke Truppe, von deren Aussehen uns Bilder in der Bibliothek des Königlichen Zeughauses zu Berlin eine Vorstellung erwecken, sind noch vielfach lebendig. Noch 100 Jahre später hieß eine Empore in der Kirche »Offizierchor«, während ein Raum im Anbau der Kirche »Jägerchor« genannt wurde.

Später wurde Yorcks Haus als Hotel und Gaststätte genutzt, erhielt über der Eingangstür eine nach einem Modell von Christian Daniel Rauch gefertigte Büste von Yorck und darüber den in eigenwilligen Buchstaben gesetzten Namen »Hotel York« (ohne »c«).

In den Jahren nach der Wende 1990 hat sich in diesem Hause der Mittenwalder Heimatverein mit speziellen Ausstellungsräumen zur Geschichte der Stadt und eines seiner berühmtesten Bewohner etabliert. Übrigens veränderte sich der Straßennamen mehrmals in den letzten hundert Jahren in folgender Reihenfolge: Große Straße, Yorckstraße, Puschkinstraße und nach der Wende wieder Yorckstraße. (Puschkinstraße nach 1945 wohl deshalb, weil die damaligen eilfertigen Straßenumbenenner der Stadt Mittenwalde nur ungenügende Geschichtskenntnisse über die Rolle des Generals Yorck in den Befreiungskriegen und zur damaligen preußisch-russischen Waffenbrüderschaft hatten).

Dankbar erinnerten sich die Mittenwalder der Zeit ihres »Alten Yorck«, der sechs Jahre hinweg das Leben und Treiben in ihren alten Mauern beeinflußte. Noch heute sind viele handfeste Tatsachen seines Wirkens in der ehemaligen Garnisonsstadt überliefert, und es wird nicht nur durch die damaligen Mittenwalder Bürger bezeugt, welch Charakterzüge und -eigenschaften die militärische und menschliche Persönlichkeit Yorcks ausmachten.

Von Yorck war, wie der Mittenwalder Postmeister zu sagen pflegte, »stets ein Mann von viel Ehre«. Den Raufereien unter seinen Offizieren wußte er »mit edlem Anstand« bald ein Ende zu machen. Daß der Yorcksche Jägergeist in den Bürgern fortlebte, zeigte sich im Jahre 1813, denn die Mittenwalder traten zumeist bei den freiwilligen Jägern oder Gardejägern ein, wie aus den Buchstaben F J und G J auf den Gedenktafeln für die Gefallenen dieser Zeit in der Kirche hervorgeht und dies auch von Fontane hervorgehoben wurde.

Dem Beispiel des Jägerregiments zu Mittenwalde folgend, das sich heldenhaft mit der »Grande Armée« Napoleons 1806 bei Jena und Auerstedt schlug, nahm die Landwehr Mittenwalde aktiv an den Befreiungskriegen 1813-1815 teil. Ein Beobachter schrieb über den 13. April 1813, als das Gerücht, feindliche Truppen aus den Ortsfestungen zögen ins Landesinnere, die Bauern mobilisierte: *Bothen flohen von Dorf zu Dorf mit der Nachricht daß der Feind bei Beeskow über die Spree gegangen und schon in Königs-Wusterhausen angekommen sein sollte. Ich als Reisender war zu Fuß, auch in mir erwachte Kampfbegier, ich verfolgte die Straße nach Teltow. Doch alle Dörfer, die ich passirte fand ich schon leer von Männern; die zurückgebliebenen Frauen schafften die Vorräthe fort, das Vieh war versammelet um auf den ersten Wink es fortzutreiben. Ja sogar hörte ich eine Frau, eine wahre Spartanerin sagen, laßt uns alles Heu und Stroh zusammenbringen, und, naht der Feind, es verbrennen. Auch wunderten sie sich nicht wenig, daß ich als Nachzügler, so nannten sie mich, neugierig sie ansähe. Sie riethen mir nicht nach Teltow, sondern nach Kleinbehrend zu eilen wo die meisten Dörfer zusammentreffen würden. Ich floh nach, aber auch hier war alles leer, endlich erblickte ich auf der Straße nach Mittenwalde den Heereszug, denn eben dort wollten sich die Kreise vereinigen. In Düdersdorf wo diese Colonne halt machte erreichte ich sie. An der Spitze jeder Gemeinde stand der Prediger. Eben hatten sie sich geordnet und ihre Führer gewählt, welches Gutsbesitzer waren, die früher als Officiere gedient hatten. Darauf wurden einige Kriegsregeln verlesen und von allen angenommen... Während dessen recognoscirten die Berittenen die Gegend von Mittenwalde und die Schützen vertheilten sich als Vorposten. Plötzlich überbrachte ein Bothe die Nachricht daß der Feind gar nicht genaht sey und sie für diesmal nach Hause ziehen mächten. Alle standen da wie vom Schlage gerührt und wollten es ungern glauben, so bereit waren Alle zum Kampfe auf Leben und Todt.*

(Kotzebue, A.v. (Hg): Russisch-Deutsches Volks-Blatt, Nr. 12, Berlin den 27. April 1813)

Man muß es noch einmal sagen, die in der Mittenwalder Stadtkirche auf einer Gedächtnistafel verewigten Gefallenen dieser Zeit bestätigen die patriotische Gesinnung und Haltung vieler ihrer Bürger.

Letztlich war es doch »ihr alter General Yorck«, der den preußischen König Friedrich Wilhelm III. dazu zwang, wenn auch zögernd und widerwillig, für die Sache der Befreiung Deutschlands vom napoleonischen Joch Partei zu ergreifen. Vielleicht war es später auch ein gewisser Trost für Yorck, sich für eine als junger Leutnant vom König Friedrich II. erlittene Schmach Genugtuung verschafft zu haben, wohl wissend, daß Monarchen, gleich welcher Schattierung, ihm niemals seine Tat von Tauroggen bar jeglichen Gespürs für geschichtlich notwendiges und damit richtiges Handeln für »ihr Volk« verzeihen würden.

Graf Yorck hat in seinem Soldatenleben mehrmals einen ureigenen Kopf bewiesen. Als idealistisch gesinnter junger Leutnant wendet sich der Neunzehnjährige im Bayrischen Erbfolgekrieg 1778/79 gegen die persönliche Bereicherung eines Vorgesetzten – und erntet keinen Dank, er muß den Dienst quittieren. »Geplündert ist nicht gestohlen«, soll der König Friedrich II. gesagt haben, »der Yorck kann sich zum Teufel scheren!« Zuvor aber muß er noch ein Jahr Festungshaft absitzen, wegen «Insubordination«.

Erst nach dem Tode des »Alten Fritzen« kehrte der Ausgestoßene 1787 ins preußische Heer zurück. Zunächst als Capitain eines Füsilierbataillons im schlesischen Namslau, 1799 als Kommandeur des Jäger-Regiments in Mittenwalde.

Zuvor finden wir Yorck 1781 als Hauptmann in niederländischen Diensten, von 1783 bis 1784 in Ostindien und 1794 in Polen kämpfend.

Am 26. Oktober 1806 zeichnete sich der inzwischen zum Oberst beförderte Yorck mit seinem Mittenwalder Feldjäger-Regiment gegen die Franzosen auffallend erfolgreich aus, indem seine Truppe im Gefecht von Altenzaun unter hohen eigenen Verlusten den Rückzug der Preußen über die Elbe deckte. Bei Lübeck mit Blücher in Gefangenschaft geraten und mit diesem im Februar 1807 ausgetauscht, wurde Yorck dann Generalmajor und Kommandant der Festung Memel und 1811 Generalgouverneur der Provinz Preußen.

1806 war also für Preußen, Mittenwalde und seinen Garnisonskommandanten Yorck mehr als nur ein bedeutsames Jahr. Mit der Zerschlagung des preußischen Heeres durch Napoleon brach der von Friedrich dem Großen geschaffene Staat zusammen. Im folgenden Chaos im Lande unter französischer Besatzung und damit verbundener tiefster Erniedrigung Preußens begannen Blücher, Gneisenau, Scharnhorst, Yorck, Clausewitz u. a. auf der Grundlage der Reformen von Hardenberg, vom und zum Stein usw. eine neue Militärgeschichte zu schreiben.

Im Jahre 1806 hatte also Napoleon das besiegte Preußen besetzt und in seine Gefolgschaft gezwungen. Als 1812 die Grande Armée in der Weite des russischen Winters scheiterte, drängten ungestüme Offiziere des preußischen Hilfskorps auf einen Bruch der Zwangskoalition. »Ihr habt gut reden, ihr jungen Leute«, entgegnete Yorck und wies auf die zaudernde Haltung des Königs. »Mir Altem aber wackelt der Kopf auf den Schultern!«

Am 30. Dezember 1812 geht der zum Generalleutnant avancierte Yorck in die Geschichtsbücher ein. Keine siegreiche Schlacht hat er an jenem Tag geschlagen, kein gegnerisches Heer vernichtet. Lediglich ein Papier unterzeichnet! Doch mit dieser Unterschrift – gegen den Willen seines Königs – springt der markige Militär über den eigenen Schatten. Er meutert und begeht Hoch- und Landesverrat in den Augen der Monarchisten.

Historisch verbürgt ist die Tatsache, daß General von Yorck als Führer des preußischen Truppenkontingentes von über 23.000 Mann als Nordflanke der im Sommer 1812 in Rußland einfallenden französischen Armee, bestärkt durch ihren Rückzug nach langen innerlichen Kämpfen aus eigener Verantwortung und freiem Entschluß am 30. Dezember 1812 in der Poscheruner Mühle bei Tauroggen mit den nachdrängenden Russen unter dem General Hans von Diebitsch eine Konvention schloß, die seinen Truppenverband neutralisierte.

Natürlich war Yorck von dem vorübergehend in russischen Diensten stehenden Clausewitz sowie den Offizieren seiner Armee dazu gedrängt worden, diesen historisch wichtigen Schritt zu tun, aber die alleinige Verantwortung trug dafür General von Yorck als Oberbefehlshaber der zum russischen Feldzug gezwungenen preußischen Truppeneinheit.

Überliefert sind aufrüttelnde Worte an seine Soldaten: *»Meine Herren, das französische Heer ist durch Gottes strafende Hand vernichtet. Es ist der Zeitpunkt gekommen, wo wir unsere Selbständigkeit wieder gewinnen können, wenn wir uns jetzt mit dem russischen Heer vereinigen. Wer so denkt wie ich, sein Leben für das Vaterland und die Freiheit hinzugeben, der schließe sich mir an; wer dies nicht will, der bleibe zurück. Der Ausgang un-*

serer heiligen Sache mag sein, wie er will, ich werde auch den stets achten und ehren, der nicht meine Meinung teilt und zurückbleibt. Geht unser Vorhaben gut, so wird der König mir meinen Schritt vielleicht vergeben; geht es mißlich, so ist mein Kopf verloren. In diesem Fall bitte ich meine Freunde, sich meiner Frau und Kinder anzunehmen.«

Friedrich Wilhelm III. in Berlin bebte vor Zorn, als ihn die Nachricht von der eigenmächtigen Entscheidung seines Generals erreichte. Kündigt diesem Amtsenthebung an und Kriegsgericht, beteuert Napoleon fortdauernde Loyalität!

Doch die Sympathien des Volkes waren auf Seiten des patriotischen Haudegens; schon wenige Wochen später sieht sich der König genötigt, ebenfalls die Front zu wechseln. Preußen erklärt der französischen Fremdherrschaft den Krieg.

Wenn auch Yorck im nun entfesselten Freiheitskampf manch siegreiches Gefecht ausfocht, der Monarch sollte ihm den wohlbegründeten Ungehorsam – die »Insurrektion« von Tauroggen – nie verzeihen.

Ähnlich wie von Yorck bei Tauroggen handelte der Oberbefehlshaber des österreichischen Truppenverbandes der französischen Armee in Rußland, Feldmarschall Karl Philipp zu Schwarzenberg, bei Zeycz gegenüber den russischen Befehlshabern, allerdings mit dem Unterschied, daß Schwarzenberg entsprechende Direktiven aus Wien hatte. Yorck dagegen stand vor einem Problem, das in den Tiefen menschlichen Begreifens Heinrich von Kleist im »Prinz von Homburg« dichterische Gestalt gab.

Yorck handelte, wie gesagt, nach heftigem, innerem Ringen gegen den Befehl seines Königs. Dieser lief nach Bekanntwerden der aus preußischer Sicht urplötzlich und erstaunlich früh kommenden kaum glaubhaften Nachricht, daß gerade General von Yorck, als konservativ geltender und gegen Reformen eingestellter Offizier, sich mit den Russen verständigt und einen als Sonderfrieden anzusehenden Waffenstillstand geschlossen hatte, Gefahr in Berlin von den Franzosen festgenommen und nach Frankreich abgeführt zu werden. Der König enthob von Yorck seines Kommandos und begab sich auf Betreiben Hardenbergs ins sichere Breslau. Mit seiner mutigen und patriotisch hoch einzuschätzenden Tat brachte Yorck den Stein ins Rollen, der zur Lawine der Befreiungskriege vom Joch Kaiser Napoleons führte, der inzwischen die edle Sache seiner Revolution den Interessen der französischen Bourgeoisie geopfert hatte.

Yorck 1812 und Paulus 1943 – ob ähnlich gelagert oder nicht, sei dahingestellt. Auch General Paulus wurde von seinem Stab gedrängt, gegen Hitlers Befehl aus dem Kessel von Stalingrad auszubrechen. Doch Paulus wollte kein Befehlverweigerer, kein Meuterer sein und sah als Konsequenz eines solchen Ungehorsams Anarchie und Revolte seiner Armee, die die ganze Ostfront gefährden und die kein Deutscher gutheißen würde.

Der Stabschef entgegnete Paulus: »*Aber es wäre die Tat eines Yorck von Wartenburg! Der hat seinem König auch einmal den Gehorsam verweigert und dadurch Preußen gerettet.*«

Daraufhin Paulus: »*Ich bin kein Yorck von Wartenburg!*«

Leider war vom Yorckschen Geist weder bei Paulus noch bei fast allen anderen Armeeführern der Hitler-Wehrmacht eine Spur. Wie schade doch um das sinnlos geopferte Leben von Millionen junger Menschen des Zweiten Weltkrieges, insbesondere noch in den letzten Kriegsjahren.

Anfang 1813 blieben noch starke französische Kräfte in Berlin, denen gegenüber selbst die im März 1813 in Berlin eindringenden Kosaken als Befreier begrüßt wurden.

Als jedoch am 17. März 1813 General von Yorck mit seinen Truppen in Berlin einmarschierte, entfesselte das mit von Yorck endlich in Berlin gelangte »Signal von Tauroggen« alle bisher zurückgedämmten patriotischen Kräfte für die Befreiung vom napoleonischen Joch. Ohne die erbetene Zustimmung ihres Königs abzuwarten, bildeten die von Karl Freiherr vom und zum Stein einberufenen alten ostpreußischen Landstände u. a. eine Landwehr, der dann von Yorck und Clausewitz letzten Schliff gaben.

Und hier schließt sich der Ring zur vorstehend genannten Mittenwalder Landwehr, deren Männer z. T. im Alter mit 16 Lenzen im Geiste ihres »Alten Yorcks« mutig und unerschrocken fochten, oft Siege errangen, aber auch Niederlagen und Verluste hinnehmen mußten, bis endlich 1815 (nach Waterloo) die Siegesglocken über Napoleon läuten konnten.

So kämpfte Yorck am 2. Mai 1813 bei Großgörschen, am 20. Mai 1813 bei Bautzen und am 28. August 1813 an der Katzbach mit Geschick und Erfolg. Am 3. Oktober 1813 taucht im Leben des Generals Yorck erstmalig »Wartenburg« auf, d.h. der siegreich von Yorck umkämpfte Ort an der Elbe, der den erfolgreichen Verlauf der Völkerschlacht bei Leipzig überhaupt erst ermöglichte und der dann schließlich Yorck den Grafentitel »von Wartenburg« einbrachte.

Wer war der beim Volk und Militär als »grimmiger Eisenfresser« angesehene General von Yorck nun wirklich, der beständig ungewöhnliche Strenge mit Gerechtigkeit und Fürsorge für die ihm anvertrauten Truppen verband?

Einerseits wird er als charakterstarker konservativer Vertreter der preußischen Junkerklasse bezeichnet, der gegen Reformen und gegen die Aufgabe feudaler Privilegien aller Art wie ein Fels in der Brandung gesellschaftlichen Fortschritts wirkte, der seine Bauern als »Ungeziefer« zu bezeichnen pflegte, den Reformer vom Stein einen »Erzlumpen« nannte und nach dessen erzwungenem Rücktritt jubelte: »Ein unsinniger Kopf ist schon zertreten, auch das andere Natterngeschmeiß wird sich in seinem eigenen Gift auflösen«, womit er Gneisenau, Scharnhorst, Boyen, Grolman und Clausewitz meinte, der es bis nach

Weihnachten 1812 ablehnte, mit seinen zu den Russen (»zum Feind«) geflüchteten Landsleuten auch nur ein Gespräch zu führen, der später offen und hart gegen Gneisenaus bewegliche Armeeführung gegen Napoleon ob des elastischen »Hin und Her«, des »Vor und Zurück« der Truppe meuterte (aus seiner Sicht als General an der Front auch mit Recht, da seine Soldaten bei dieser Kriegsführung des Generalstabes die Grenze ihrer Belastbarkeit überschritten hatten), der von seinem Oberbefehlshaber Blücher (vom »Alten« bzw. nach Leipzig »Marschall Vorwärts« in Volk und Armee benannt) wegen seiner widerborstigen Haltung mit groben Worten den Kopf zurechtgesetzt bekommen mußte.

Andererseits schenkte er sich, seinen Offizieren und Soldaten in Bezug auf Disziplin, Gehorsam und Kampfmoral rein gar nichts. Dabei blieb der grimmigste Repräsentant der Befreiungsarmee, der »Eisenfresser« von Yorck zuerst und zuletzt Mensch. Beim Ausmarsch seiner Soldaten von Berlin schärfte er ihnen ein; daß »*ein edles, menschliches Betragen selbst gegen den Feind etwas Höheres als Tapferkeit, Ausdauer und Manneszucht sei*«. Wieweit anders war es dagegen mit einer Armee unter Hitler gekommen, deren Offiziere einst Undank statt Unehre gewählt hatten und im Verlaufe der Zeit nach dem 20. Juli 1944 massenhaft hingerichtet wurden; wie auch der Urenkel des alten Yorck von Wartenburg.

Der letzte Brief von Peter Graf Yorck von Wartenburg an seine Mutter. Der Jurist wurde als »Verschwörer« des 20. Juli am 8. August 1944 in Plötzensee hingerichtet.

Am Ende eines an Liebe und Freundschaft überreich gesegneten Lebens habe ich nur Dank gegen Gott und Demut unter Seinen Willen. Daß ich Dir diesen Kummer bereite, ist mir ein sehr großer Schmerz nach alledem, was Du an Traurigem erleben mußtest. Ich bitte Dich, mir das von ganzem Herzen zu vergeben. Ich habe über zwei Wochen Zeit gehabt, mich und mein Handeln vor Gott zu stellen, und bin überzeugt, in ihm einen gnädigen Richter zu finden. Das Ausmaß an innerer Not, das Menschen wie ich in den letzten Jahren zu durchleben hatten, ist gewiß nicht von denen zu verstehen, die ganz von ihrem Glauben beseelt sind, den ich nun einmal nicht teile. Dir darf ich versichern, daß kein ehrgeiziger Gedanke, keine Lust nach Macht mein Handeln bestimmte. Es waren lediglich meine vaterländischen Gefühle, die Sorge um mein Deutschland, wie es in den letzten zwei Jahrtausenden gewachsen ist, das Bemühen um seine innere und äußere Entwicklung, die mein Handeln bestimmten. Deshalb stehe ich auch aufrecht vor meinen Vorfahren, dem Vater und den Brüdern. Vielleicht kommt doch einmal die Zeit, wo man eine andere Würdigung für unsere Haltung findet, wo man nicht als Lump, sondern als Mahnender und Patriot gewertet wird. Daß die wunderbare Berufung ein Anlaß sein möge, Gott die Ehre zu geben, ist mein heißes Gebet.

Heutzutage fragen wir uns, was wäre wenn oder hätte es z. B. kein Tauroggen gegeben, dann könnte ... oder würde ..., also käme im Ergebnis eine Mischung von Tatsachen und Spekulationen zustande, die aus unterschiedlicher Sicht bestimmter gesellschaftlicher Interessengruppen und -anschauungen zur jeweils gewünschten und damit zweckbezogenen Geschichtsauffassung und -lehre entwickelt und erhoben werden.

»In der Politik sind die uns überkommenen Spielregeln der Moral außer Kraft gesetzt«, – sagte Treitschke. Das war so recht nach dem Geschmack der Verführer des Dritten Reiches, aber nicht, wie wir hörten, nach der Auffassung von Yorck und anderer Militärs eines gleichen Kalibers bis auf den heutigen Tag.

Ohne Tauroggen hätte es auch keine schlagkräftige schlesische Armee unter Blücher, Yorck und Gneisenau gegeben, und ohne diese Armee hätte am 3. Oktober 1813 auch Blüchers Unterführer Yorck bei Wartenburg den Übergang über die Elbe gegen die Truppen des französischen Armeeführers Bertrand nach hartem und fast aussichtslosem Kampf nicht erzwingen können.

Tatsache ist, daß die drei französischen Vorstöße gegen Berlin unweit Großbeeren, Hagelberg und Dennewitz am Widerstand preußischer Truppen scheiterten (laut Bülow sollten unsere Knochen vor und nicht hinter Berlin in der Sonne bleichen), daß Blücher in einem gewaltigen in die Geschichte eingegangenen und für die Franzosen verwirrenden »Rechtsabmarsch« gemeinsam mit der Yorckschen Truppe nach dem schwer errungenen Elbübergang bei Wartenburg mit den Verbänden des zaudernden schwedischen Kronprinzen engere Fühlung bekommen hatte, und daß mit dem erneuten Eindringen des österreichischen Heeres unter Schwarzenberg nach Sachsen (die Sachsen kämpften unter Napoleon) sich Napoleon mit seiner Armee zurückziehen mußte, wobei er schließlich in der Völkerschlacht bei Leipzig zum 13. Oktober 1813 auf drei Seiten umstellt war – und dann auch diese Schlacht vom 16.-19. Oktober 1813 verlor. (Der Begriff »Völkerschlacht« entstammt dem Armeebericht Nr. 9 vom 19. Oktober 1813. Auch von Yorck gebrauchte ihn in seiner Abschiedsrede am 7. Juli 1814: *»Die Völkerschlacht, durch die in den Ebenen von Leipzig Deutschlands Freiheit errungen wurde, sie ward von Euch, Soldaten des I. Korps, siegreich eröffnet.«*)

Die Mittenwalder wissen nur zu gut, daß ihr »Alter Yorck« zwar nicht die Völkerschlacht allein geschlagen und gewonnen hat, dies war nur möglich durch die ungeheuren Anstrengungen der verbündeten Armeen, aber sie wissen auch, daß dafür Yorck mit seinen Taten in Tauroggen und bei Wartenburg wesentliche Voraussetzungen schuf.

Immer noch fragen sich Geschichtswissenschaftler, und viel ist über die sogenannte Verschwörerszenerie geredet, geschrieben und gefilmt worden: »Konnte dies alles geschehen, ohne die geheime Billigung des Königs?«.

Doch König hin oder her. Das Bild dieses wankelmütigen, unentschlossenen Monarchen verblaßt gegen das Bild seiner Frau, der vom Volk geliebten Königin Luise. Und dies nicht nur, weil sie hübsch und anmutig, sondern auch klug und gesellschaftspolitisch weit ihrer Zeit voraus war.

Ihrem beharrlichen Einfluß auf Friedrich Willhelm III. ist es zu danken, daß die von ihr für notwendig gehaltenen und zum Teil selbst getroffenen personellen und sachlichen Entscheidungen auch zum Tragen kamen.

Diese erwiesen sich für den Ausgang der Reformen und Schlachten zur Befreiung vom napoleonischen Joch und damit letztlich für den Fortbestand von Preußen als historisch richtig – auch über die Zeit Luises hinaus, da sie schon 1810 im Alter von erst 34 Jahren verstarb.

Der König befand sich unter französischer Besatzung in Berlin. Er zauderte nicht nur, sondern tat nichts. Im Gegenteil, er verurteilte die Konvention von Tauroggen, verweigerte seine Zustimmung, nahm Yorck den Oberbefehl und vertraute das Korps den erzkonservativen General von Kleist an, der wiederum davon keinen Gebrauch machte. Also doch eine zumindest innerliche Verschwörung?

Alles mündet darin: Zu historisch rechter Zeit (wie anders doch im Ersten und Zweiten Weltkrieg!) saßen sich in Tauroggen mit von Yorck, dem General aus dem kassubischen Kleinadel, das alte, unverrückbare Preußen und andererseits Clausewitz als Vertreter der neuen Generation von hochrangigen Reformern gegenüber, und angesichts der ausweglosen Lage des preußischen Korps siegten als Gebot der Stunde und Glücksfall in der Geschichte in und mit von Yorck gegen alle alten preußischen Tugenden Vernunft und persönliche Verantwortung eines einzelnen Menschen in einer für das Schicksal Preußens und Deutschlands schweren Situation.

Ohne Tauroggen, ohne seine mit den größten politischen Auswirkungen verbundene Tat, wäre der zur antipatriotischen Junkerpartei gehörende General von Yorck ein längst vergessener Offizier geblieben, in Mittenwalde wie in aller Welt. Mit Tauroggen jedoch wurde von Yorck aus zweckbestimmten Gründen den verschiedensten Machthabern der wechselseitigen Geschichte nach Fontanes Zeiten so oder so gebraucht bzw. mißbraucht, hoch verehrt oder nicht zur Kenntnis genommen.

Beispielsweise wurde während der Hitlerzeit die Mittenwalder Volksschule in »Yorckschule« umbenannt, aber die Yorckstraße hieß nach 1945 bis zur Wende nach 1990 »Puschkinstraße«. Zur DDR-Zeit durfte der »Yorcksche Marsch« bei Militärparaden der NVA nicht fehlen, den kein geringerer als Ludwig van Beethoven komponierte, und heute heißt die Mittenwalder Puschkinstraße wieder wie zu alten Zeiten »Yorckstraße« (und sogar richtig mit »ck« geschrieben, was wiederum der »Hotel York« – Anschrift ohne »c« geschrieben – nicht zu stören scheint.). Ein Glück, daß anderenorts, wie z. B. in Berlin und Potsdam, die nach »Yorck« bezeichneten Straßen, Bahnhöfe u. a. sowie auch Denkmale mit Yorck die Zeiten überdauerten.

Nach seinen ruhmvollen Anteilen an den Befreiungskämpfen, insbesondere der Völkerschlacht bei Leipzig vom 16.-19. Oktober 1813, führteYorck in der Neujahrsnacht 1813/14 den erfolgreichen Rheinübergang der Preußen bei Kaub. Abschließend noch eine ANEKDOTE über Yorck: »ALLES TOT!

Im Jahre 1814 waren die unter dem Befehl des Feldmarschalls Graf Yorck von Wartenburg stehenden Truppen bei der Verfolgung der napoleonischen Armee in die Champagne eingerückt. Mehrere Regimenter belagerten die Festung Charlons-sur-Marne, deren Besatzung sich erbittert verteidigte. Da wurde das von Yorck befohlene Feuer von Tag zu Tag schwächer und hörte schließlich ganz auf. Ein in die Stellungen der Artillerie ausgeschickter Adjutant kam mit schreckensbleichem Gesicht zurück und meldete: »Alles tot, Exzellenz!«

Yorck war fassungslos. Vor Ort überraschte ihn ein seltsamer Anblick: Hunderte von Soldaten lagen umher, aus vielen Kehlen drangen gurgelnde Laute, der Boden war mit zerschlagenen Flaschen übersät. Des Rätsels Lösung: Die Soldaten hatten einen Champagnerkeller entdeckt und das »Bier«, wofür sie das Getränk irrtümlich hielten, in überreichem Maße genossen. Es war dies wohl der einzige Fall in der Geschichte, daß sich ein ganzes Armeecorps vor dem Feinde betrunken hat.«

Resümee in einem Satz: Wenn es endlich doch mal vor Ausbruch eines jeden Krieges mehr Champagner als Wasser geben würde.

Mittenwalde, Paul Gerhardt und Graf Yorck im Urteil Theodor Fontanes aus seinen Wanderungen durch die Mark

Als Fontane (1819-1898) zwischen 1859 und 1881 Land und Leute der einst verrufenen »Streusandbüchse« bei seinen Wanderungen durch die Mark Brandenburg kennen- und schätzengelernt sowie einfühlsam geschildert hatte, lag Mittenwalde als mittelalterlich gebliebene kleine Ackerbürgerstadt, aber im Vergleich zu früheren Zeiten bereits schon ohne Bedeutung, still und verträumt vor den Toren Berlins.

Mit den Augen eines kritisch-realistischen Betrachters und dem Herzen eines großen humanen Prosaschriftstellers beschrieb er liebevoll die Geschichte dieser Stadt und ihrer berühmten Bürger getreu seiner sozialen Grundauffassung zu den gesellschaftlichen Verhältnissen jener Zeit: »Ich bin die Mark durchzogen und habe sie reicher gefunden, als ich zu hoffen gewagt hatte. Jeder Fußbreit Erde belebte sich und gab Gestalten heraus ... Es ist ein

Buntes, Mannigfaches, das ich zusammengestellt habe: Landschaftliches und Historisches, Sitten- und Charakterschilderung – und verschieden wie die Dinge, so verschieden ist auch die Behandlung, die sie gefunden ...

Das Beste aber, dem du begegnen wirst, das werden die Menschen sein, vorausgesetzt, daß du dich darauf verstehst, das rechte Wort für den ›gemeinen Mann‹ zu finden ... Es ist mit der märkischen Natur wie mit manchen Frauen, ›auch die häßlichste‹ - sagt das Sprichwort - ›hat immer noch sieben Schönheiten.‹ Ganz so ist es mit dem ›Lande zwischen Oder und Elbe‹, wenige Punkte sind so arm, daß sie nicht auch ihre sieben Schönheiten hätten. Man muß sie nur zu finden verstehen. Wer das Auge dafür hat, der wag es und reise ... Es ist nicht nötig, daß die Stechline weiterleben, aber es lebe der Stechlin.«

Aus dieser Sicht halte ich es für geboten, an dieser Stelle wortwörtlich das wiederzugeben, was uns Fontane zu Mittenwalde im Teil IV (Spreeland, 1882) seiner Wanderungen durch die Mark hinterlassen hat:

Mittenwalde

Im allgemeinen darf man fragen: Wer reist nach Mittenwalde? Niemand. Und doch ist es ein sehenswerter Ort, der Anspruch hat auf einen Besuch in seinen Mauern. Nicht, als ob es eine schöne Stadt wäre, nein; aber schön oder nicht, es ist sehenswert, weil es alt genug ist, um eine Geschichte zu haben.

Es hat sogar eine Vorgeschichte: Sagen und Traditionen von einem Alt-Mittenwalde, das, in unmittelbarer Nähe der jetzigen Stadt, auf der westlichen Feldmark derselben gelegen war. Und in der Tat, unter Wiesen- und Ackerland finden sich an dieser Stelle noch allerlei Steinfundamente vor, und während das Auge des Fremden über Felder und Schläge zu blicken glaubt, sprechen die Mittenwalder vom »Vogelsang«, vom »Pennigsberg«, vom »Burgwall« etc., als ob all diese Dinge noch sichtbarlich vor ihnen stünden.

Daß hier früher, und zwar in einem eng gezogenen Halbkreis um die jetzige Stadt her, ein anderes Mittenwalde stand, scheint unzweifelhaft. Es finden sich beispielsweise allerlei Münzen am »Pennigsberg«, und als Ende der fünfziger Jahre Kanalbauten und Erdarbeiten am »Burgwall« zur Ausführung kamen, stieß man auf Eichenbohlen, die wohl drei Fuß hoch mit Feldsteinen überschüttet waren. Ersichtlich ein Damm, der früher – mitten durch den Sumpf hindurch – erst nach dem Burgwall und von diesem aus nach der inmitten desselben gelegenen Burg führte.

So die Traditionen, und so das Tatsächliche, das jene Traditionen unterstützt. Aber so gewiß dadurch der Beweis geführt ist, daß auf der westlichen Feldmark ein anderer, längst untergegangener Ort existierte, sowe-

nig ist dadurch bewiesen, welcher Art der Ort war und in welchem Verhältnis er zu der Burg und dem Pennigsberge stand. Wie verhielt es sich damit? War die Burg ein Schutz der Stadt oder umgekehrt ein Trutz derselben? Waren Stadt und Burg wendisch, oder waren sie deutsch? Befehdeten sie einen gemeinschaftlichen Feind, oder befehdeten sie sich untereinander? Alle diese Fragen drängen sich auf, ohne daß eine Lösung bisher gefunden wäre. Die Tradition scheint geneigt, einen alten Wendenort anzunehmen, der inmitten des »Burgwalls« seine Burg und auf dem »Pennigsberg« seine Begräbnisstätte hatte. Bevor Besseres geboten ist, ist es vielleicht am besten, dabei zu verharren. Ausgrabungen auf dem westlichen Stadtfelde würden gewiß zu wirklichen Aufschlüssen führen, aber diese Ausgrabungen werden in unbegreiflicher Weise vernachlässigt. Die Kommunen entbehren in der Regel des nötigen Interesses und unsere Vereine der nötigen Mittel.

Indessen lassen wir das vorgeschichtliche Mittenwalde, und wenden wir uns lieber dem mittelalterlichen zu, das, aller Verheerungen ungeachtet, in einzelnen Baulichkeiten immer noch existiert. Da haben wir die Mauer mit ihren Tortürmen, da haben wir die Propsteikirche, und da haben wir vor allem auch den »Hausgrabenberg«, von dessen Höhe herab, nach allgemeiner Annahme, »Schloß Mittenwalde« in die Mark und die Lausitz hinein blickte. Die Lage dieses »Hausgrabenberges« im Norden des zu verteidigenden Notteflüßchens, dazu das Fortifikatorische der an andere Hügelbefestigungen jener Zeit erinnernden Anlage würden es wie zur Gewißheit erheben, daß das Schloß an diesem Punkt und nur an diesem gestanden haben müsse, wenn nicht der eine Umstand, daß, soviel ich weiß, keine Spur von Steinfundamenten innerhalb des Berges gefunden worden ist, das Urteil wieder schwankend machte.

Gleichviel indes, was auf seiner Höhe gestanden haben mag, jetzt steht ein Häuschen auf demselben, das sich in Weinlaub versteckt und über dessen Dach hin, als ob es doppelt geschützt werden solle, sich die Wipfel alter Birnbäume wölben. Im Spätsommer, wenn die blauen Trauben an allen Wänden hängen und die goldgelben Birnen entweder vom Wind oder der eigenen Schwere gelöst polternd über das Dach hin rollen, muß es schön sein an dieser Stelle.

Der »Hausgrabenberg« hat ein reizendes Haus. Aber ein baulich größeres Interesse bietet doch der alte Torturm der Stadt, dem wir uns jetzt zuwenden. Er liegt nach Norden hin, auf dem Wege nach Köpenick und Berlin, und führt deshalb den Namen: das Köpenicker oder Berliner Tor. In alter Zeit, als Mittenwalde noch »fest« war, war dieser Torbau von ziemlich zusammengesetzter Natur und bestand aus einem quer durch den Stadtgraben führenden Steindamm, dessen Mauerlehnen hüben und drüben in einen Außen-

und Innenturm ausliefen. Von jenem, dem Außentor, steht noch die Front, ein malerisch gotisches Überbleibsel, das in seiner Stattlichkeit und reichen Gliederung mehr noch an die berühmten Torbauten altmärkischer Städte (beispielsweise Salzwedels und Tangermündes) als an verwandte Bauten der Mittelmark erinnert. Es scheint, daß es ein geräumiges und beinah würfelförmiges Viereck war, das an jedem Eck einen Rundturm und zwischen diesen vier Rundtürmen – und zugleich über sie hinauswachsend – ebenso viele mit zierlichen Rosetten geschmückte Giebel trug.

Aus dem 13. Jahrhundert stammt die Mittenwalder Propstei- oder St.-Moritz-Kirche. Die Kreuzgewölbe sind später. Man sieht deutlich, wie die mächtigen alten Pfeiler in bestimmter Höhe weggebrochen und die alten Tonnengewölbe durch neue von eleganterer Konstruktion ersetzt wurden. Um vieles moderner ist der Turm, dem übrigens mit Rücksicht auf das Jahr seiner Entstehung (1781) alles mögliche Lob gespendet werden muß. Er paßt nicht zur Kirche, nimmt sich aber nichtsdestoweniger gut genug aus. Ähnlich wie die schweren alten Steinpfeiler, die jetzt die Kreuzgewölbe tragen, unverändert dieselben geblieben sind, hat auch der Baumeister von 1781 die früheren Turmwände bis zu bestimmter Höhe hin als Unterbau fortbestehen lassen. Dadurch ist etwas ziemlich Stilloses, aber nichtsdestoweniger etwas Anziehendes und Malerisches entstanden. Die sich verjüngenden Etagen erheben sich auf dem mächtigen alten Feldsteinfundamente nach Art einer Statue auf ihrem Piedestal, und die Hagerosen und Holunderbüsche, die zu Füßen dieses aufgesetzten Turmes auf der Plattform des Unterbaues blühn, erfreuen und fesseln den Blick.

Und nun treten wir in das Innere der Kirche, die reich ist an Bildern und Grabsteinen und noch reicher an Erinnerungen. An den Wänden ziehen sich, chorstuhlartig, 45 Kirchenstühle der alten Gewerks- und Innungsmeister hin, jeder einzelne Stuhl an seiner Rücklehne mit den Gewerksemblemen geschmückt. Vor dem Altare liegen die Grabsteine von Burgemeister und Rat, der Altar selbst aber, ein Schnitzwerk aus katholischer Zeit und mit Bildern auf der Kehrseite seiner Türen, ist mutmaßlich ein Geschenk, das von Kurfürst Joachim I. der Mittenwalder Kirche gemacht wurde. Zwischen Altarwand und Altartisch, auf schmalem Raume, begegnen wir noch einem Christuskopf auf dem Schweißtuche der heiligen Veronika, die Teilnahme jedoch, die wir diesem Bilde zuwenden, erlischt vor dem größeren Interesse, mit dem wir eines Porträts ansichtig werden, das vom Seitenschiffe her und zwischen den Pfeilern hindurch in Lebensgröße herüber blickt. Es ist nicht das Bild als solches, das uns fesselt, es ist der, den es darstellt: Neben der schmalen Sakristeitür, in schlichter Umrahmung, hängt das Bildnis Paul Gerhardts.

Paul Gerhardt war Propst zu Mittenwalde von 1651 bis 1657.

Vor etwa fünfzig Jahren wurde dieses Bildnis Paul Gerhardts nach einem in der Kirche zu Lübben befindlichen Original angefertigt und der Mittenwalder Kirche, zur Erinnerung an die Zeit seines Wirkens allhier, zum Geschenk gemacht. Es ist ein gutes Bild; die Züge verraten viel Milde, doch nichts Weichliches, und die Unterschrift, ebenfalls dem Lübbener Original entnommen, lautet wie folgt:

Paulus Gerhardus Theologus
in Cribro Satanae tentatus et devotus postea,
obiit Lubbenae anno 1676, aetate 70.

(Der Theologe Paul Gerhardt,
in das Netz des Teufels verstrickt und später gläubig,
starb zu Lübben im Jahre 1676, siebzig Jahre alt.)

Rechts daneben befinden sich folgende Distichen:

Sculpta quidem Pauli viva est ut imago Gerhardi,
Cujus in ore fides, spes, amor usque fuit,

Hic docuit nostris Assaph redivivus in oris
Et cecinit laudes Christe benigne tuas:
Spiritus aethereis veniet tibi sedibus hospes,
Haec ubi saepe canes carmina sacra Deo.

Also etwa:
Ganz wie er lebte, sind hier Paul Gerhardts Züge zu schauen,
Draus nur Glaube allein, Hoffnung und Liebe gestrahlt;
Ja, er lehrte bei uns, ein wiedererstandener Assaph,
Und er erhob im Gesang, güt'ger Erlöser, dein Lob.
Hoch von den himmlischen Höhn steigt nieder der Heilige Geist uns,
Singen die Lieder wir oft, die er gesungen dem Herrn.

Paul Gerhardt, wie schon hervorgehoben, war sechs Jahre lang Propst an der Mittenwalder Kirche, und es ist höchst wahrscheinlich, daß einige der schönsten Lieder, die wir diesem volkstümlichsten unserer geistlichen Liederdichter verdanken, während seines Mittenwalder Aufenthaltes in Leid und Freud des Hauses und des Amtes gedichtet wurden.

Begleiten wir ihn auf seinem Ein- und Ausgang.

Paul Gerhardt kam spät ins Amt. Er war bereits 46 Jahr alt, als die Kirchenvorstände von Mittenwalde, wo der Propst Goede eben gestorben war, sich an das Ministerium der St.-Nikolai-Kirche zu Berlin wandten mit dem Ersuchen, einen geeigneten Mann für die Mittenwalder Propsteikirche in Vorschlag zu bringen. Die Kirchenbehörden von St. Nikolai waren schnell entschieden; sie kannten Paul Gerhardt, der seit einer Reihe von Jahren als Lehrer und Erzieher im Hause des Kammergerichtsadvokaten Andreas Berthold tätig war und durch Lieder und Vorträge längst die Aufmerksamkeit aller Kirchlichen auf sich gezogen hatte. Diesen empfahlen sie. Nach zwanzigjährigem Harren sah sich Paul Gerhardt am Ziele seiner innigsten Sehnsucht, und mit dem Dankeslied »Auf den Nebel folgt die Sonn,/Auf das Trauern Freud und Wonn« empfing er die Vokation und trat mit dem neuen Kirchenjahr 1651 ins Amt.

Freudig begann er es und voll guten Muts, all der Gegnerschaften und Widerwärtigkeiten Herr zu werden, an denen es von Anfang an nicht ermangelte. Neid, verletztes Interesse, gekränkte Eigenliebe – der seit Jahren an der Mittenwalder Kirche predigende Diakonus Allborn hatte darauf gerechnet, Propst zu werden – erschwerten ihm Amt und Leben, aber wenn er dann abends an dem offenen Hinterfenster seiner Arbeitsstube saß und über die Stadtmauer hinweg in die dunkler werdenden Felder blickte, während von der Propsteikirche her der Abend eingeläutet und eine alte Volksweise vom Turm geblasen wurde, dann ward ihm das Herz weit, und den Atem Gottes lebendiger fühlend, kam ihm selber ein Lied und mit dem Liede Glück und Erhebung.

Es war die Volksweise »Innsbruck, ich muß dich lassen«, die vom Turm herab allabendlich erklang, dieselbe alte Weise, von der Sebastian Bach später zu sagen pflegte, »er gäb all seine Werke darum hin«, und der fromme P. Gerhardt, der wohl wissen mochte, wie seine Gemeinde daran hing, trachtete jetzt danach, der schönen alten Melodie tiefere Textesworte zugrunde zu legen. So entstand das »Abendlied«:

Nun ruhen alle Wälder,
Vieh, Menschen, Städt und Felder,
Es schläft die ganze Welt –

jenes Musterstück einfachen Ausdrucks und lyrischer Stimmung, das durch einzelne daran anknüpfende Spöttereien (zum Beispiel die ganze Welt könne nie schlafen, weil die Antipoden Tag hätten, wenn wir zur Ruhe gingen) an Volkstümlichkeit nur noch gewonnen hat.

Glaub und Liebe richteten ihn wohl auf, wenn die Kümmernisse des Lebens ihn niederdrücken wollten, aber ein Gefühl der Einsamkeit blieb ihm, und sein Herz sehnte sich nach Genossenschaft, nach einem Herd. Im vierten Jahre seines Amts bewarb er sich um die Hand Maria Bertholds, der ältesten Tochter jenes frommen Hauses, in dem er so viele Jahre glücklich gewesen war, und Propst Vehr von St. Nikolai, der beide seit lange gekannt und geliebt hatte, legte beider Hände ineinander. Um die Mitte Februar 1655 zog Maria Berthold in die Mittenwalder Propsteiwohnung ein.

Innige Liebe hatte das Band geschlossen, und Paul Gerhardt glaubte nun den Segen um sich zu haben, der alle bösen Geister von seiner Schwelle fernhalten würde. Neu gekräftigt in seinem Glauben und neu gestimmt zur Dankbarkeit, war es um diese Zeit wohl, daß er den hohen Freudensang anstimmte:

Warum sollt ich mich denn grämen?
Hab ich doch
Christum noch,
Wer will mir den nehmen?
Wer will mir den Himmel rauben,
Den mir schon
Gottes Sohn
Beigelegt im Glauben?

Aber es war anders bestimmt. Die Freudigkeit des Gemüts sollt ihm nicht zufallen, er sollte sie sich erringen in immer schwerer werdenden Kämpfen. Ein Töchterlein, das ihm geboren wurde, starb bald, und die Kränkungen, die das Auftreten Allborns im Geleite hatte, zehrten immer mehr an Gesundheit und Leben seiner nur zart gearteten Frau. Nicht frohe Tage waren diese Mittenwalder Tage, selbst äußere Not gesellte sich, und als der auch jetzt noch in seinem Glauben und Hoffen unerschüttert Bleibende jenes Vertrauenslied anstimmte, das von Strophe zu Strophe die Worte wiederholt: »Alles Ding währt seine Zeit,/Gottes Lieb in Ewigkeit«, da war das Herz der sonst frommen Frau bereits klein und ängstlich genug geworden, um sich mißgestimmt und bitter fast von einer Glaubenskraft abzuwenden, die weit über die Kraft ihres eigenen schwachen Herzens hinausging. Tiefe Schwermut ergriff sie. Paul Gerhardt selbst aber, in jener Freudigkeit der Seele, wie sie das Vorgefühl eines nahen Sieges und endlicher Erhörung leiht, schlug seine Bibel auf und las die Worte des Psalmisten: »Befiehl dem Herrn deine Wege, und hoffe auf ihn: er wird's wohl machen.« Und einem Funken gleich fiel das Wort in seine Brust. Er mußte freier aufatmen, die Stube ward ihm zu eng, und auf- und abschreitend in den Gängen des alten Propsteigartens, entquollen ihm die ersten Strophen zu jenem großen Trostes- und Vertrauensliede: »Befiehl du deine Wege«.

Bewegt, aber auch erhoben ging er in das Haus zurück, empfand er sich doch als Träger einer Botschaft, der kein Herz widerstehen könne. Und siehe da, an der schwermütigen Stimmung seiner Frau erprobte das Lied zum ersten Male seine wunderbare Kraft. Alles Leid floß hin in Tränen, alle Trübsal wurde Licht, und eh noch der Rausch gehobenster Empfindung vorüber war, war auch schon die Hilfe da - ein Abgesandter, ein Brief, der den Mittenwalder Propst als Diakonus an die Berliner Nikolaikirche berief. Er reichte seiner Hausfrau das Schreiben und sagte ruhig: »Siehe, wie Gott sorget. Befiehl dem Herrn deine Wege, und hoffe auf ihn, er wird's wohl machen.«

Paul Gerhardt verließ Mittenwalde im Juli 1657. Dem weiteren Gange seines Lebens folgen wir an dieser Stelle nicht, aber die Frage drängt sich auf: Was ist der Stadt, in der einige seiner schönsten Lieder entstanden, aus der Zeit seines Lebens und Wirkens erhalten geblieben? Sind noch Plätze da, die von ihm erzählen, und welche sind es?

Die Stadt bietet nichts. Das Propsteigebäude, das noch vor einigen fünfzig Jahren bewohnt war, ist seitdem abgebrochen, und selbst der Garten, in dessen Gängen er mutmaßlich das »Befiehl du deine Wege« dichtete, liegt, wüst geworden, ohne Zaun und Einfassung zwischen zwei Nachbargärten.

Die Stadt bietet nichts mehr, wohl aber die Kirche. Dicht unter seinem Bildnis, dessen ich bereits ausführlicher erwähnte, sehen wir eine Steintafel in die Wand des Seitenschiffes eingelassen, die folgende Inschrift trägt: »Maria Elisabeth – Pauli Gerhardts, damaligen Propstes allhier zu Mittenwalde, und Anna Maria Bertholds erstgeborenes, herzliebes Töchterlein, so zur Welt kommen den 19. Mai Anno 1656 und wieder abgeschieden den 14. Januar Anno 1657 – hat allhier ihr Ruhebettlein und dieses Täflein von ihren lieben Eltern. Genesis 47, Vers 9: ›Wenig und böse ist die Zeit meines Lebens.‹« Ein grüner Kranz faßt die Inschrift ein, und Engelsköpfe schmücken die vier Ecken.

Neben Bildnis und Stein ist die Sakristeitür. In der Sakristei selbst finden wir das alte Mittenwalder Kirchenbuch, ein großes, nach Art der Bilderbibeln in Leder gebundenes Buch, etwa dreihundert Jahr alt. Die Registrierungen in diesem Buch aus der Zeit von 1651 bis Neujahr 1657 rühren alle von Paul Gerhardt selber her. Seine Handschrift ist fest, dabei voll Schwung und Schönheit. Seine Aufzeichnungen schließen mit dem 28. Dezember 1656.

Bild und Stein und Buch, sie mahnen an sein Wandeln und Wirken an dieser Stätte; fehlten aber auch diese Dinge, die seinen Namen oder die Züge seiner Hand tragen, die Kirche selber – im großen und ganzen dieselbe geblieben – sie würde dastehen zu seinem ehrendem Gedächtnis, der protestantischen Welt mehr eine Paul-Gerhardts- als eine Sankt-Moritz-Kirche.

Wenig Modernes hat sich seit zweihundert Jahren hinzugesellt, und wohin das Auge sich wenden mag, sein Auge hat darauf geruht. Veränderungen sollen vorgenommen werden; mögen sie mit Pietät geschehen.

Paul Gerhardt ist unbestritten der Glanzpunkt in der Geschichte Mittenwaldes, aber es hat der historischen Erinnerungen auch noch andre. Den 31. August 1730 traf Kronprinz Friedrich unter starker Bedeckung, von Wesel aus, über Treuenbrietzen (wo er die Nacht vorher gewesen war) in Mittenwalde ein, um daselbst, vor seiner Abführung nach Küstrin, ein erstes Verhör zu bestehen. Das Truppenkommando, das ihn bis Mittenwalde geführt hatte, stand unter Befehl des Generalmajors von Buddenbrock, desselben tapferen Offiziers, der zwei Monate später dem mit der Todesstrafe drohenden König mit den Worten entgegentrat: »Wenn Ew. Majestät Blut verlangen, so nehmen Sie meines; jenes bekommen Sie nicht, solang ich noch sprechen darf.«

Kronprinz Friedrich blieb zwei Tage in Mittenwalde, vom 31. August bis 2. September. Das Verhör fand mutmaßlich am 1. statt. Er bestand es vor Generalleutnant von Grumbkow, Generalmajor von Glasenapp, Oberst von Sydow und den Geheimen Räten Mylius und Gerbett und behauptete während desselben eine »kecke und beleidigende Zurückhaltung«. Als Grumbkow ihm seine Verwunderung darüber bezeugte, antwortete er: »Ich bin auf alles gefaßt, was kommen kann, und hoffe, mein Mut wird größer sein als mein Unglück.«

Garnison stand damals noch nicht in Mittenwalde; die Stadt war überhaupt noch klein und zählte (1730) nur 952 Einwohner. In welchem Hause der Prinz bewacht wurde, hab ich nicht mehr ermitteln können; das »Schloß« existierte längst nicht mehr. Das Verhör fand mutmaßlich auf dem Rathause statt.

Das war im September 1730.

Fast siebzig Jahre später, am Silvesterabend 1799, tritt noch einmal eine historische Figur auf die bescheidene Mittenwalder Bühne, um ihr sechs Jahre lang in Leid und Freud anzugehören. Sechs Jahre lang, wie Paul Gerhardt. Ein Kämpfer wie dieser, nicht mit mächtigeren, aber mit derberen Waffen. Es genügt, seinen Namen zu nennen: Major von Yorck, der spätere »alte Yorck«.

Unterm 6. November hatte der König an den damals in Johannisburg stehenden Major von Yorck geschrieben: »Mein lieber Major von Yorck. Da die jetzt verfügte Versetzung des Major von Uttenhoven vom Regiment Fußjäger als Kommandeur zum dritten Bataillon des Regiments von Zenge es notwendig macht, dem Jägerregiment (in Mittenwalde) einen ganz kapablen Kommandeur zu geben und Ich Mich überzeuge, daß Ihr die zu diesem wichtigen Posten erforderlichen Eigenschaften in Euch verbindet, so will ich Euch hierdurch zum Kommandeur des Jägerregiments ernennen« etc.

Am Silvesterabend 1799, an der Neige des Jahrhunderts, traf Major von Yorck in seiner neuen Garnison ein und überraschte seine Herren Offiziers auf dem Silvesterball. Die erste Begegnung war gemütlich genug, der dienstliche Ernst kam nach. Das seit 1780 in Mittenwalde stehende Jägerregiment war verwahrlost; er gab ihm einen neuen Geist, und dieser Geist war es, der sich sieben Jahre später erfolgreich in jenen kleinen Kämpfen bewährte, die dem Tage von Jena folgten. Bei Altenzaun am 26. Oktober, dreiviertel Meile südlich der Sandauer Fähre, waren es die Mittenwalder Jäger, die den Elbübergang des Blücherschen Korps zu decken hatten. Sie taten es mit Ruhm und Geschick. Die Jäger kehrten nicht nach Mittenwalde zurück. Yorck selbst nur auf wenige Tage, Januar 1807. Dann rief ihn die Not des Vaterlandes dorthin, wo damals allein noch Preußen war – nach Königsberg. Die Mittenwalder aber waren stolz auf ihren Yorck, und als nach schweren Jahren der Erniedrigung alles Volk in Preußenland zu Gewehr und Lanze griff und »Landwehr« wurde, da griffen die Mittenwalder zur Büchse und wurden – Jäger. Wenigstens deutet darauf die Gedächtnistafel in der Kirche hin, wo die Namen der Gefallenen fast ausnahmslos die Bezeichnung J., F.-J. und G.-J., das heißt also Jäger, Freiwilliger Jäger und Garde-Jäger, tragen.

Das Haus, das Major von Yorck bewohnte, existiert noch. Es ist jetzt ein Gasthaus, in der Hauptstraße der Stadt gelegen, und führt wie billig den Namen »Hotel Yorck«. Über der Haustür erblicken wir eine Nische, und an derselben Stelle, wo sonst wohl ein »Mohr« oder ein »Engel« zu stehen pflegt, steht hier eine Büste des alten Yorck. Auch in den Zimmern findet sich sein Bild. Die Lokalität ist im großen und ganzen noch dieselbe, wie sie vor siebzig Jahren war: hinter dem Hause der Hof und hinter dem Hof ein Garten, beide von Stall- und Wirtschaftsgebäuden umstellt, an deren Außenwänden sich allerlei Treppen und Stiegen im Zickzack entlang ziehen. Im Innern des Hauses hat sich natürlich viel verändert, und nur das Zimmer, das er selbst zu bewohnen pflegte, zeigt noch ein paar der alten, übrigens höchst einfachen Stuckverzierungen. Über dem Sofa hängt der Kaulbach-Muhrsche Jeremias und von der Decke herab eine Kamphinlampe. – Beides Kinder einer andern Zeit.

Wer reist nach Mittenwalde?

Tausende wallfahrten nach Gohlis, um das Haus zu sehen, darin Schiller das Lied »An die Freude« dichtete. Mittenwalde besucht niemand, und doch war es in seinem Propsteigarten, daß ein anderes, größeres Lied an die Freude gedichtet wurde, das große deutsche Tröstelied:

»Befiehl du deine Wege«.

Während Fontane mit dieser Feststellung über das Liedschaffen Paul Gerhardts vor etwa 130 Jahren seine Mittenwalder Eindrücke schloß, standen das Musizieren und die Sangeskunst in der Stadt noch in hoher Blüte.

Musikkapellen und Gesangvereine sowie Kirchen- und Schulchöre wetteiferten darum, Herzen und Gemüter der Mittenwalder und ihrer Gäste bei allen sich bietenden Anlässen höher zu stimmen und zu erfreuen.

Das gesamte städtische Musikleben war kirchlich und bürgerlich geprägt, wobei das häusliche Musizieren und Singen vor allem Quelle familiären Wohlbefindens und Erbauung menschlicher Seelen sowie der Heranbildung neuer musikalisch begabter Talente war. Musik-, Klavier- und Gesanglehrer bzw. -lehrerinnen, wie auch Organisten, Kapellmeister, Pastoren, Chorleiter usw., bemühten sich um die Ausbildung der an Musik und Gesang interessierten Bewohner der Stadt und Umgebung. Heutzutage ist scheinbar ein Musiklehrer, Herr Manfred Glaschke, ausreichend, um den Bedarf zu decken, wozu damals »eine Handvoll« Lehrer vonnöten war. Allerdings befand sich auch zu dieser Zeit in jedem guten bürgerlichen Haushalt ein Klavier. Dieses wurde dann zunehmend durch die heutigen modernen elektronischen »Geräuschemacher« ersetzt.

Bei seiner einfühlsamen Beschreibung des Aufenthalts des Kronprinzen Friedrich und des späteren Generals von Yorck in Mittenwalde ahnte Fontane wohl kaum, mit welchen Mitteln die groß in Mode kommende Filmindustrie diese beiden historischen Gestalten für eine volksverdummende, kriegsverherrlichende Propaganda mißbrauchte.

Dutzende von Filmen behandelten in zunehmendem Maße Tatsachen, Legenden und Anekdoten aus dem kampferfülltem Leben des Fridericus Rex und des Generals von Yorck in einer solchen Art und Weise, als müßte jeder Deutsche sich schämen, wenn er nicht mit gleicher Opferbereitschaft, Tapferkeit und Todessehnsucht den inneren und äußeren Feinden seines heiß geliebten Vaterlandes ans Leder gehen würde.

Wie sich noch viele Altmittenwalder erinnern können, wurde auch die historische Kulisse der Stadt, des Schützenplatzes, des Bahnhofs, des Weinbergs usw. für Teile derartiger Filme genutzt. Für uns Kinder war das natürlich »das Erlebnis«, als am Sandhügel des Weinbergs Schlachten des Siebenjährigen Krieges mit historischer Detailtreue (Uniformen, Musketen, Kanonen, Kavallerie usw.) nachgespielt wurden. Beliebteste Themen, das Bewußtsein der Massen »kriegsreif« zu manipulieren, waren die Kriege des »Alten Fritzen«, die Befreiungskriege und die beiden Weltkriege.

Was Mittenwalde angeht, kann hier bezüglich des Aufenthalts des Kronprinzen auf das Vater-Sohn-Verhältnis im Film »Der alte und der junge König« und bei den Yorckschen Ruhmestaten seiner Mittenwalder Feldjäger zu Fuß auf den Film

»Die letzte Kompagnie« verwiesen werden. Dieser Film entstand bereits 1930 und wurde 1967 unter dem Titel »Ein Handvoll Helden« neu verfilmt. In beiden Filmen verteidigen Überlebende der Schlacht bei Jena und Auerstedt im Jahre 1806 in einer Mühle den Elbübergang bei Altenzaun gegen die Franzosen bis zum letzten Mann, um so den Abzug der besiegten preußischen Regimenter über die nahe gelegene Brücke zu ermöglichen. Diese Überlebenden gehörten zum Mittenwalder Regiment »Feldjäger zu Fuß«, das unter dem Kommando von Yorck stand. Auch Teile des »Kolberg-Durchhalte-Filmes« der Nazis wurden noch ausgangs des Zweiten Weltkrieges zu Mittenwalde gedreht.

Heinrich Mann macht in seinem Roman »Der Untertan«
Mittenwalde als Schauplatz einer Liebesromanze weltbekannt

Nach Theodor Fontane nutzte um 1900 kein geringerer als Heinrich Mann die altertümlichen Mauern der kleinen Ackerbürgerstadt Mittenwalde mit ihrer schönen, naturbelassenen Umgebung, um dort die Liebesromanze des Diederich Heßling mit Agnes Göppel in seinem Roman »Der Untertan« zur dichterischen Vollendung zu bringen.

Erstaunlich gut konnte Heinrich Mann die Gedanken, Worte und Handlungen dieser beiden fiktiven Romangestalten während ihrer Mittenwalder Liebesreise mit dem Milieu und den örtlichen Gegebenheiten dieser Kleinstadt um die Jahrhundertwende sowie dem Zauber der auf Großstadtmenschen wirkenden märkischen Landschaft verbinden.

Sehen wir uns das an einigen Beispielen aus diesem Teil seines Romans näher an: Entzückt über Agnes Mitteilung, daß ihr Vater »eine mehrtägige Geschäftsreise antrete« und »das Wetter so wunderschön« sei, rief Diederich sofort:

»Das müssen wir benutzen! Solche Gelegenheit haben wir noch nie gehabt!« Sie beschlossen, aufs Land hinauszufahren. Agnes wußte von einem Ort namens Mittenwalde; es mußte einsam dort sein und romantisch wie der Name. »Den ganzen Tag werden wir beisammen sein!« – »Und die Nacht auch«, setzte Diederich hinzu.

Schon der Bahnhof, von dem man abfuhr, war entlegen und der Zug ganz klein und altmodisch. Sie blieben allein in ihrem Wagen; es dunkelte langsam, der Schaffner zündete ihnen eine trübe Lampe an, und sie sahen, eng umschlungen, stumm und mit großen Augen hinaus in das flache, eintönige Ackerland. Da hinausgehen, zu Fuß, weit fort, und sich verlieren in der guten Dunkelheit! Bei einem Dorf mit einer Handvoll Häuser wären sie fast ausgestiegen. Der Schaffner holte sie jovial zurück; ob sie denn auf Stroh übernachten wollten.

Hier sei die Annahme erlaubt, daß die Fahrt mit der zu dieser Zeit gerade in Betrieb genommenen Neukölln-Mittenwalder Eisenbahn vom Bahnhof Hermannstraße oder auch von Rixdorf aus nach Mittenwalde in mit trüben Gasfunzeln spärlich ausgeleuchteten Personenwagen erfolgte und das irrtümliche, vorzeitige Aussteigen des Liebespaares in Brusendorf geschah.

Doch wenden wir uns wieder dem Roman zu:

Und dann langten sie an. Das Wirtshaus hatte einen großen Hof, ein weites Gastzimmer mit Petroleumlampen unter der Balkendecke und einen biederen Wirt, der Agnes »gnädige Frau« nannte und schlaue slawische Augen dazu machte. Sie waren voll heimlichen Einverständnisses und befangen. Nach dem Essen wären sie gern gleich hinaufgegangen, wagten es aber nicht und blätterten gehorsam in den Zeitschriften, die der Wirt ihnen hinlegte. Wie er den Rücken wandte, warfen sie einander einen Blick zu, und, husch, waren sie auf der Treppe. Noch war kein Licht im Zimmer, die Tür stand noch offen, und schon lagen sie einander in den Armen.

Ganz früh am Morgen schien die Sonne herein. Im Hof drunten pickten Hühner und flatterten auf den Tisch vor der Laube. »Dort wollen wir frühstücken!« Sie gingen hinab. Wie herrlich warm! Aus der Scheuer duftete es köstlich nach Heu. Kaffee und Brot schmeckten ihnen frischer als sonst. So frei war einem um das Herz, das ganze Leben stand offen. Stundenweit gehen wollten sie; der Wirt mußte die Straßen und Dörfer nennen. Sie lobten freudig sein Haus und seine Betten. Sie seien wohl auf der Hochzeitsreise? »Stimmt« – und sie lachten herzhaft.

Versuchen wir Wirtshaus und Wirt beim Namen zu nennen, so bietet sich sehr wohl das »Hotel Yorck« mit seinem damaligen Besitzer »Kniebandel« an – eine bereits zuvor bei Theodor Fontane erwähnte Gegebenheit.

Folgen wir indes Heinrich Manns Roman weiter, so ist seine plastische Beschreibung der Mittenwalder Hauptstraße, Häuser, Einwohner, eines Krämerladens, des Modengeschäfts und vom Berliner Tor der damaligen Wirklichkeit entsprechend gut gelungen.

Die Pflastersteine der Hauptstraße streckten ihre Spitzen nach oben, und die Julisonne färbte sie bunt. Die Häuser waren höckrig, schief und so klein, daß die Straße zwischen ihnen sich ausnahm wie ein Feld mit Steinen. Die Glocke des Krämers klapperte lange hinter den Fremden her. Wenige Leute, halb städtisch gekleidet, schlichen durch den Schatten und wandten sich um nach Agnes und Diederich, die stolze Gesichter machten, denn sie waren die Elegantesten hier. Agnes entdeckte das Modengeschäft mit den Hüten der feinen Damen. »Nicht zu glauben! Das hat man in Berlin vor drei Jahren getragen!« Dann traten sie durch ein Tor, das wacklig aussah, in das Land hinaus. Die Felder wurden gemäht. Der Himmel war blau und schwer, die

Schwalben schwammen darin wie in trägem Wasser. Die Bauernhäuser dort drüben waren eingetaucht in heißes Flimmern, und ein Wald stand schwarz, mit blauen Wegen. Agnes und Diederich faßten sich bei den Händen, und ohne Verabredung fingen sie zu singen an: ein Lied für wandernde Kinder, das sie noch aus der Schule kannten. Diederich machte seine Stimme tief, damit Agnes ihn bewundere. Als sie nicht weiter wußten, wandten sie einander die Gesichter zu und küßten sich, im Gehen.

Die genannte Hauptstraße, also die Große Straße bzw. heutige Yorckstraße, hatte bis in die dreißiger Jahre die gleiche unebene Bepflasterung mit Feldsteinen verschiedenster Größen und Formen, wie das heute noch für die übrigen Straßen der Stadt zutrifft. Ähnliches gilt auch heute noch für die Mittenwalder Behausungen als Zeugen längst vergangener Zeiten.

Bei der »Glocke des Krämers« kann es sich um die Bimmel der Ladentür des Kaufmanns im Nachbarhaus des Hotels in der Yorckstraße 46 und beim Modengeschäft um den Hutladen der Webers auf der anderen Straßenseite gehandelt haben.

Überspringen wir die im Roman geschilderten Erlebnisse der beiden Liebenden und lassen wir sie wieder umkehren.

Zwischen den Feldern gingen sie zurück. In einem lag eine dunkle Masse; und als sie durch die Halme spähten, war es ein alter Mann mit einer Pelzkappe, rostroter Jacke und Samthosen, die auch schon rötlich waren. Seinen Bart hatte er sich, zusammengekrümmt, um die Knie gewickelt. Sie bückten sich tiefer, um ihn zu erkennen. Da merkten sie, daß er sie schon längst aus schwarzen Funkelaugen ansah. Unwillkürlich schritten sie schneller aus, und in den Blicken, die sie einander zuwandten, stand Märchengrauen. Sie blickten umher: Sie waren in einem weiten, fremden Land, die kleine Stadt dort hinten schlief fremdartig in der Sonne, und selbst der Himmel sah ihnen aus, als seien sie Tag und Nacht gereist.

Um die Jahrhundertwende gab es in Mittenwalde – und nicht nur dort – einige langbärtige, vornehmlich alte Männer. An einem solchen auch sommers Pelzkappe tragenden Einwohner mit langem Bart bis an die Kniegelenke konnte sich als Zeitzeuge Adolf Ruhland noch über 50 Jahre später sehr gut erinnern. Und wenn von einer fremdartig in der Sonne schlafenden kleinen Stadt die Rede ist, dann handelt es sich eben um Mittenwalde.

Zur Mittagszeit waren die beiden Verliebten wieder in ihrem Mittenwalder Quartier angelangt.

Wie abenteuerlich das Mittagessen in der Laube des Wirtshauses, mit der Sonne, den Hühnern, dem offenen Küchenfenster, aus dem Agnes sich die Teller reichen ließ. Wo war die bürgerliche Ordnung der Blücherstraße, wo Diederichs angestammter Kneiptisch? »Ich gehe nicht wieder fort von hier«, erklärte Diederich. »Dich laß ich auch nicht fort.« Und Agnes: »Warum denn auch? Ich schreibe meinem Papa und laß es ihm durch meine Freundin schicken, die in Küstrin verheiratet ist. Dann glaubt er, ich bin dort.«

So schön der Ausflug in Feld und Wald der Mittenwalder Gemarkung jenseits des Berliner Tors auch war, sehnten sich beide danach, noch mehr Mittenwalde und ihrer Liebe abzugewinnen. Demzufolge führt uns die Handlung des Romans über die Baruther Vorstadt zum Nottekanal und läßt auch den Mühlenberg sichtbar werden, auf dessen Hügeln zu jener Zeit tatsächlich noch drei Windmühlen standen.

Später gingen sie nochmals aus, nach einer anderen Seite, wo Wasser floß und der Horizont von den Flügeln dreier Windmühlen umsegelt ward. Im Kanal lag ein Boot; sie mieteten es und schwammen dahin. Ein Schwan kam ihnen entgegen. Der Schwan und ihr Boot glitten lautlos aneinander vorüber. Unter herniederhängenden Büschen legte es von selbst an.

Aus Platzgründen wollen wir hier auf den Fortgang der Liebesgeschichte während der Bootsfahrt auf der Notte verzichten (der geneigte Leser könnte dies aus eigener Lektüre des Romans erfahren), doch sollte nicht unerwähnt bleiben, wie diese Mittenwalder Liebesromanze ausging.

Nachdem das Boot von selbst wieder zu treiben anfing, holte ein plötzlicher, heftiger Stoß beide unsanft aus der Traumwelt der Liebe in die Wirklichkeit zurück.

Während Agnes Göpel den nach oben buckelnden und nach unten tretenden Prototypen der herrschenden Kreise des kaiserlichen Deutschlands Diederich Heßling – diesen Macht-Untertanen-Menschen – wirklich liebte, waren seine Liebesbeziehungen zu ihr mit ihrem Höhepunkt in Mittenwalde und dem Abbruch dieser danach wieder in Berlin nur ein Intermezzo, ein nicht kapitalbringendes Abenteuer, eine Bewährungsprobe für die Meisterung künftiger noch gemeinerer Aufgaben.

Mit seinem bedeutendsten Roman »Der Untertan« setzte der größte Schriftsteller des kritischen Realismus Heinrich Mann der Stadt Mittenwalde zwar ein weiteres ewigliches literarisches Denkmal, schuf er jedoch, was für die Menschheit viel mehr zählt, ein zur Weltliteratur gehörendes Werk.

Mittenwalder Einwohner
und Ereignisse im Wandel der Zeiten

Wie die Pest in die Stadt kam

Der alten Ackerbürgerstadt Mittenwalde wäre im 16. Jahrhundert mindestens eine Pestwelle erspart geblieben, wenn – ja, wenn – ... So wütete jedoch die Pest im Jahre 1577 unter den Einwohnern und forderte 516 Tote, und 1598 starben daran 661 Menschen vom Kleinkind bis zum biblischen Alter. Abgesehen von den weiteren Opfern der vier Pestepidemien in der Stadt im Verlaufe des Dreißigjährigen Krieges, hätten aberhunderte Mittenwalder von der Pest verschont bleiben können, wenn nicht ein mitleidiger Bauer aus der Stadt diese »Geißel Gottes« herausgefordert bzw. verschuldet hätte.

Als 1593 die Schreckensbotschaft über ein erneutes Wüten der Pest im Teltow Mittenwalde erreichte, wurden sofort alle erdenklichen und damals möglichen Schutzvorkehrungen getroffen, um diese Pestwelle an den Mittenwalder Stadtmauern vorbeiziehen zu lassen. Die beiden Stadttore wurden dichtgemacht, und nur Einheimische durften mit ihren Ackerwagen tagsüber zu Feldarbeiten die Stadt verlassen und danach wieder in sie hineinfahren. Dabei durften sie keinen Kontakt mit fremden Menschen haben und mußten sich an den Stadttoren scharfe Kontrollen gefallen lassen. Das alles ging tatsächlich solange gut, bis ein Mittenwalder Ackerbürger nach getaner Arbeit wieder auf die Stadt zukam – es soll bereits schon dunkel gewesen sein –, als er plötzlich am Wegesrand ein kleines ärmlich aussehendes und verzweifelt dreinschauendes Mädchen sah, welches zum Gotterbarmen um Hilfe flehte, und – sie werden es sicher schon ahnen – unserm Bauern das Herz erweichte. Er versteckte dieses Kind geschickt unter Sack und Pack auf seinem Wagen und schleuste es so unentdeckt an der Torwache vorbei in die Stadt und in seine Behausung. Nach einigen Tagen der fürsorglichen Pflege kam jedoch bei diesem Mädchen die Pest zum Ausbruch und es verstarb. Der Mann vergrub das tote Mädchen in seinem Garten und sagte den Mitwissenden, es wäre wieder weggelaufen. Aber im Handumdrehen war der Bauer mit seinen Angehörigen und Nachbarn ebenfalls infiziert. Die Pest war mitten in der Stadt, sie verbreitete sich rasend schnell und forderte auf grauenhafte Weise ihre Opfer. An manchen Tagen starben 40 Menschen, so viele wie sonst im ganzen Jahr. Die wenigsten Einwohner Mittenwaldes überlebten.

König Friedrich Wilhelm I. befahl im Oktober 1713 (als eine der ersten Maßnahmen nach seinem Regierungsantritt), *»daß alle Medici, Wundärzte und Apotheker ..., die zu Kranken gerufen werden, wenn sie ... rohte oder schwarze*

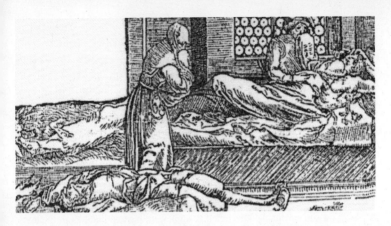

Die Pest forderte ihre Opfer – Pestkranke werden versorgt

Flecke oder wol gar Pestbeulen vermerken, solches augenblicklich ... denen Obrigkeiten jedes Ortes sofort ansagen sollen, welche Obrigkeit dann ... das Haus, worinnen der Kranke oder Entseelte liegt, besetzen und so bewachen lassen soll, daß keiner raus- oder eingelassen werde«. Weiter heißt es im Erlaß des Königs, daß »der an einer verdächtigen Krankheit Gestorbene ... innerhalb 24 Stunden in einem bald zu verfertigenden Sarg ... mit der anhabenden und keiner neuen Kleidung unter einen starken Schwefel – oder in desselben Ermangelung Wacholderbeerenrauch gelegt und ... 8 bis 10 Fuß eingegraben« werden soll.

Schuld an allem waren die unbeschreiblichen unhygienischen Zustände in den Städten und Dörfern. Strenge Strafen in Straßenordnungen sollten die Bewohner zur besseren Reinlichkeit zwingen. Überall lagen Berge von Unrat, es stank fürchterlich, und bei regnerischem Wetter durch die schmalen Gassen zu kommen, war schon tagsüber schwierig, jedoch bei Dunkelheit eine reine Schlammschlacht, um nicht im Modder und Mist stecken zu bleiben. Wer sein Heim erreichte, war über und über mit Kot und Jauche bespritzt. Anstelle der heutigen Kanalisation sollten Gossen an den Straßenrändern menschliche und tierische Exkremente irgendwohin leiten, die nachts eimerweise womöglich noch gleich aus dem Fenster auf die Straße gekippt wurden.

So war es kein Wunder, daß infiziertes Ungeziefer (Ratten und Rattenflöhe) sich schnell vermehrte. Alle möglichen Krankheiten und Seuchen (Pest, Cholera, Ruhr, Blattern) verbreiteten sich rasend schnell. Das alles war in den dunkelsten Zeiten des Mittelalters dort besonders schlimm, wo man die natürlichen Feinde des Ungeziefers, die Katzen, aus abergläubischen Gründen verfolgte, verbrannte oder sonstwie beseitigte.

Übrigens standen auch bei den Mittenwaldern zu jener Zeit – aber nach eigenem Erleben bis in die Gegenwart hinein – abergläubische Geistervorstellungen, Opferbräuche, Zauberformeln und -handlungen höher im Kurs als neue hygienische und medizinische Erkenntnisse. Wie bereits an anderer Stelle dieses Buches erwähnt, setzten die Religionen nicht auf Wissen und Aufklärung, sondern auf den Glauben an Gutes und Böses, an Himmel und Hölle, an Vater, Sohn und Heiligen Geist einerseits und an Hexen-, Zauberer- und Teufelswerk andererseits.

Für alle Ereignisse mit negativen Folgen wurden eben »Hexen« gesucht, gefunden und verantwortlich geacht, gleichwohl, ob Menschen oder Vieh, ob Ernten oder Gebäude zu Grunde gingen oder aber auch Naturkatastrophen und Ungezieferplagen wiederum Hunger, Not und neue Seuchen nach sich zogen.

Auch die alten Mittenwalder beteten, zauberten, hexten, fluchten und kämpften des Nachts bei bestimmten Konstellationen der Gestirne im Bett oder im Garten am Baum beim »Versegnen« (Übertragen, Beschwören, Loswerden) einer unheilvollen Krankheit mit leibhaftigen Geistern. Wurden sie (vor allem Frauen) Hexen- bzw. Teufelskünsten überführt, mußten sie mit dem Schlimmsten rechnen. Überall waren magische, überirdische Kräfte und Wunder als Gottes- oder Satanswerk im Spiele – mehr noch auf dem platten Lande als in der Stadt –, weil die Menschen eben das glauben sollten und wollten, was sie nicht wissen und sich nicht erklären konnten.

Kein Geringerer als der in Mittenwalde als Kronprinz oft Gast gewesene spätere »Soldatenkönig« Friedrich Wilhelm I. zog Konsequenzen aus den »Mißbräuchen bei Hexenprozessen«. Sollten in diesen Fällen Folter oder Todesstrafe verhängt werden, war vorher beim König nachzufragen.

»Wir seynd auch durch erhebliche Umstände bewogen worden, zu resolvieren, daß die noch vorhandenen Brandpfähle, woran Hexen gebrandt seyn, weggenommen werden sollen,«, war dabei ein Teil seiner königlichen Order, ganz im Zeichen der beginnenden Volksaufklärung und entsprechenden Rechtspraxis.

Kluge Kräuterfrauen, Hebammen, magische Heilerinnen, Wahrsagerinnen usw. waren schon immer als Hexen dem Vorwurf der Häresie ausgesetzt.

Da nach christlichem Dogma nur Männer Ärzte sein durften und die wenigen vorhandenen sich nur Reiche leisten konnten, waren diese Frauen für die einfachen Menschen ihre einzigen Ärztinnen und Helferinnen in der größten Not und Verzweiflung ihres irdischen Daseins.

Wenn sie versagten, also nicht heilen oder helfen konnten, schimpfte und verfolgte man sie eben als »Hexen«, die dem heidnischen Glauben mit seinen Riten verfallen waren. Schließlich traten doch vage weltliche Hebammenordnungen mit dem berüchtigten Inquisitionsbuch, dem »Hexenhammer« von 1487, in Widerspruch, worin es wörtlich heißt: »Niemand schadet dem katholischen Glauben mehr als die Hebammen.«

Glücklicherweise hatte diese Idiotie u.a. auch für die ehemalige Mittenwalder Hebamme Frau Fechner keine praktische Bedeutung, verhalf sie letztlich doch in einem halben Jahrhundert tausende Bewohner der Stadt und Umgebung zu ihrer gesunden Geburt und einem lebensbejahenden Dasein, z.T. noch bis auf den heutigen Tag.

Weiterhin verfügte der auf Hygiene achtende »Soldatenkönig« folgendes:

Bauern aus der Umgebung Berlins – und so auch aus Mittenwalde – , die die dortigen Märkte mit ihren Produkten belieferten, mußten zur Bepflasterung der Berliner Straßen jedesmal zwei Feldsteine mitbringen und auf der Rückfahrt eine Fuhre Mist mitnehmen. Die geschilderten Zustände waren überall die gleichen. Berlin war noch im 17./18. Jahrhundert vergleichsweise zu solchen Metropolen, wie Paris und London, ein besseres Dorf. Lediglich vor dem Schloß mußte Sauberkeit herrschen.

Abendliches Kirchenglockengeläut rettet eine im Sumpf verirrte Prinzessin

Mit dem Älterwerden der Menschen wachsen die schönsten Erinnerungen aus ihrer Kindheit und Jugendzeit zu herrlich reifen Früchten heran. Ein köstlicher Genuß ist es, sich derer im hohen Alter immer öfter zu bedienen.

Eine solche Erinnerung aus der Zeit vor 60 Jahren war für uns Kinder das allabendliche Läuten der Mittenwalder Kirchturmglocken um 22 Uhr und die damit verbundene Geschichte um die Bedeutung dieses Geläuts.

Warum also und seit wann wurde geläutet? Dies mußte schließlich doch eine handfeste Ursache haben. Ein Mittenwalder Schildbürgerstreich aus alten Zeiten war auszuschließen. Auch die ersten Verse des Nachtwächterliedes: »Hört, ihr Leut' und laßt euch sagen, was die Glocke hat geschlagen ...« konnten nicht der Grund dafür sein, zumal die Überschrift bereits einen zielgerichteten Hinweis gibt.

Was war also wirklich geschehen? Oder, wenn dies lediglich eine Legende aus alter Zeit sein sollte, nehmen wir sie doch für uns und unsere Nachkommen als eine schöne Tatsache aus dem Leben unserer Vorfahren, wie sie sich in etwa so ereignet haben könnte:

Vor langer, langer Zeit verirrte sich bei einem Spaziergang eine junge, hübsche Prinzessin aus landesherrlichem Hause im unwegsamen Morast der schier undurchdringlichen sumpfigen Mittenwalder Nottenniederung. Sie fand weder Weg noch Steg, und nach langem Herumirren überraschte sie die Dunkelheit. Entkräftet und verzweifelt ergab sie sich ihrem Schicksal. Auch der Schein des inzwischen aufgegangenen guten alten Mondes verlor sich in den aus dem Moor aufsteigenden dichten grauen Nebelschwaden mit schemenhaft wandernden Bildern und gespenstisch tanzenden Irrlichtern. In der Stadt warteten bangen Herzens die Angehörigen und Bürger vergeblich auf ihre Rückkehr. In der größten Not kam ein kluger Einwohner auf die Idee, die Glocken des weit in die Landschaft hineinschauenden Turms der Kirche läuten zu lassen, um damit ein weithin hörbares Zeichen in die gruselige Umgebung zu geben. Und siehe da, die letzte Hoffnung erfüllte sich auf wundersame Weise, die Prinzessin hörte das Geläut der Kirchenglocken und konnte dem Klang der Glocken folgend den Weg in die richtige Richtung finden. Überglücklich sowie gesund und munter konnte sie die Mauern und Tore der Stadt erreichen – sie war gerettet! Wie sich die Bürger und ihr Gefolge darüber freuten, kann man sich wohl denken. Aus Dankbarkeit über diese gottgefällige Rettung wurden fortan über Jahrhunderte hinweg allabendlich die Glocken geläutet, ein gutes Vermächtnis zum Zeichen der Mahnung und Besinnung.

Fliegende Findlinge sollten Mittenwalde treffen

Wer schon mal einen Findling gesehen hat, kann sich vorstellen, daß derartig große Riesenklamotten nicht fliegen können und auch niemand in der Lage ist, so etwas mächtig Gewaltiges durch die Lüfte zu schleudern.

Andererseits lagen jedoch hier und dort solche Gesteinsbrocken herum, deren Herkunft sich die unwissenden Leute in uralten Zeiten nicht erklären konnten. Also mußten dafür Erklärungen her, die sich uns heutzutage als Sagen offenbaren, die schon ins märchenhafte gehen, aber für Kinder nach wie vor ihren zauberhaften Reiz behalten haben.

Ich bin der Sache nachgegangen und wahrhaftigen Gottes, ein schlaues Buch offenbarte mir des Rätsels Lösung nach Herkunft dieser Felsbrocken in den verschiedensten Versionen.

Zum einen waren es Riesen, zum anderen der Teufel und seine Gehilfen höchstpersönlich, die von den Müggelbergen her gen Mittenwalde Findlinge schleuderten, um die Stadt vernichtend zu treffen, aber ihr Ziel verfehlten. Dann waren es auch nicht die Findlinge der Mittenwalder Umgebung, sondern war es ein Riesenstein, der weit weg vom Wurf nach Mittenwalde bei Rotzis (Rotberg) landete. Schließlich waren es keine Steine werfenden Riesen, da Satanas allein seine Hand hierbei im Spiele hatte, und Mittenwalde hatte mit Riesen und Findlingen in einem anderen Zusammenhang zu tun. Womit hätte sich wohl auch diese kleine reizvolle Stadt mit ihren liebenswerten Einwohnern schon zu Beginn ihrer Entstehung ein derartig ruchloses Attentat verdient? Bis heute kann niemand einen Grund dafür finden, der den Einsatz fliegender Findlinge gegen bestimmte Gebäude oder Personen in Mittenwalde gerechtfertigt hätte. Kirche, Burg, Rathaus, Kapelle, Tor, Turm und dergleichen waren kein Ärgernis und die Bürger waren – und sind es auch noch heute – ohne Fehl und Tadel, vor allem die Honoratioren und Aristokraten der Stadt.

Tatsache an dieser Sage ist der Umstand, daß die Bauern um Rotberg seit Menschengedenken von einem »Teufelstein« wissen und sprechen, der ihnen beim Pflügen im Wege lag und der vor etwa einhundert Jahren bei der Anlage eines Rieselgrabens störte und gesprengt werden mußte.

Und nun für den geneigten Leser eine einleuchtende Erklärung, wie dieser Riesenfindling noch auf anderem Wege als im Ergebnis der letzten Eiszeit an die besagte Stelle gelangt sein könnte: Als vor knapp 1.000 Jahren die Deutschen den heidnischen Slawen bzw. Wenden das Christentum beibringen wollten, waren diese dazu nicht bereit. Um ein Exempel zu statuieren, verschworen sie sich mit dem Teufel und kamen mit ihm überein, er solle einem Pfarrer sein Handwerkszeug stehlen, das dann, von ihren Göttern entweiht, auch alle anderen derartigen Gegenstände wirkungslos gemacht hätte.

Als dann zur nachtschlafender Zeit der Pastor von Selchow über Land zu einem Sterbenden gerufen wurde, geschah das Malheur. Im Dunst und Nebel der Nacht faßte der Teufel nach dem Abendmahlkelch, den der aus Angst immer schneller laufende Mann bei sich trug. Dieser erkannte blitzartig den Teufel und hielt ihm geistesgegenwärtig den Rosenkranz vor seine Satansfratze. Wie jeder weiß, mögen das solche nach Rauch und Schwefel stinkenden Kreaturen nicht und suchen schleunigst das Weite. Die Wirkung des Kruzifix muß den Bösen aber arg verstimmt haben, denn kaum war der an allen Gliedmaßen schlotternde Gottesmann zum Dauerlauf übergegangen, kam plötzlich mit einem fürchterlichen Getöse ein mächtiger Stein durch die Luft geflogen, der ihn nur um Haaresbreite verfehlte und sich tief in das Erdreich bohrte. Tags darauf erkannten die diesen unheimlichen Ort aufsuchenden Männer der Gemeinde des gerade so davongekommenen Geistlichen die große Gefahr, die eben nur der Teufel heraufbeschwören könne. So hatten die umliegenden Ortschaften bald ein sagenhaftes Ereignis mehr und wir sind um eine schöne Sage reicher.

So die Alten »Brummen«, so die Jungen das »Gruseln« lernen

Was im heutigen Zeitalter der technisch perfektionierten Kommunikation leider aus der Mode gekommen scheint, war noch vor 60 Jahren für uns Kinder ein Glücksfall – die Kunst des Erzählenkönnens unserer Vorfahren.

Die Geschichten nahmen kein Ende. Sie wurden, da sie uns ja schon längst bekannt waren, von Mal zu Mal immer neuartiger und umfangreicher. Besonders solche, die in gruselige Schauermärchen ausarteten, waren für uns interessanter als alle Grimmschen Märchen zusammengenommen. Schließlich bezogen sie sich doch unmittelbar auf unsere engste, kindliche Umwelt. Ein Schatz, der zum Greifen nahe lag, war doch zehnmal mehr wert, als irgendwo weit weg liegende Reichtümer der Märchenwelt.

Beschauliche Sommerabende mit spannenden Erzählungen, dargeboten auf langen Bänken vor den Häusern, beim Abendessen, bei gegenseitigen Besuchen von Verwandten und Bekannten oder vor dem Zubettgehen usw., hinterließen bei uns bleibende Erinnerungen.

So auch die folgende Geschichte:

Gebannt lauschten wir Kinder wieder mal den mit gekonnten schauspielerischen Mitteln untersetzten Erzählungen über alte, geheimnisvolle und mit dem Keller in unserem Hause Paul-Gerhardt-Straße 16 im Zusammenhang stehende Geheimnisse.

Unsere sich in lustiger Runde befindlichen Eltern, Großeltern sowie Bekannten, u. a. eine alte, hinterm Rücken als »Deibel-Schmitten« benannte Frau, führten das Wort. Dabei kam man ganz von ungefähr auf den »Schatz« zu sprechen, der seit dem finstersten Mittelalter im tiefen, schon tagsüber wie eine Katakombe wirkenden Kellergewölbe des Hauses vergraben liege und nun dort über Hunderte von Jahren auf seine Entdeckung warte. Allerdings würde man vergeblich suchen und buddeln können; dieser Schatz ließe sich nur unter Erfüllung bestimmter Bedingungen heben. Diese wurden alsbald, jedoch für uns Kinder viel zu umständlich, erörtert, wie z. B., daß sich alljährlich und nur Sonntagskindern im Dunkeln des tiefen Kellers ein von magischen Kräften freigesetzter Lichtstrahl zeigt, in den man dann eine Silbermünze hineinwerfen, dabei aber auch eine bestimmte Beschwörungsformel sprechen und die Lichtquelle treffen müsse und der Bann wäre damit gebrochen usw. usf. Nachdem nun auch die mit einem solchen Unterfangen verbundenen Gefahren gehörig ausgemalt worden waren, rief plötzlich mein Großvater »Jungs, geht doch mal in den Keller und holt eine neue Flasche Wein hoch. Richard, du weißt ja, wo die Kiste steht (und ob, da Liebfrauenmilch mir auch schon als Kind gut mundete), geht aber ohne Talglicht, sonst seht ihr ›am Ende‹ nicht den Lichtschein. Und nehmt ein Geldstück mit, für alle Fälle, ihr habt doch gehört, was wir uns erzählt haben«.

Als wir die unheimlich dunkle, tief zum »Schatz« hinunterführende Kellertreppe erreicht hatten, schob ich vorsorglich meinen Bruder Gerhard tastend und zugleich uns gegenseitig festhaltend Stufe für Stufe abwärts vor mir her; schließlich war er ja über ein Jahr jünger, dafür aber ein »Sonntagskind«. Wir haben's beide überstanden, ohne den Schatz heben zu können.

Dieser wartet indessen immer noch darauf, gehoben zu werden.

Was die Mittenwalder früher so trieben

Recht vergnüglich liest sich die Darstellung von Bewohnern mit ihren Professionen in den Häusern von Nr. 1 bis Nr. 37 der ehemaligen Großen Straße zu Mittenwalde (heute Yorckstraße), wie sie um 1890 von Hermann Paschke, dem späteren Stadtsekretär von Mittenwalde, mit einigen seiner Freunde an ihrem Stammtisch verfaßt wurde:

1: Krügers wohnen ant Ende.
2: Sägers Fridolin mit de lahme Lende.
3: Richters backen Kümmelbrot.
4: Robert Reuter schlagt den Deibel dot.
5: Louis Oertel schlacht en Kalb.
6: Bäcker Lüben kriegen et halb.
7: Schlossermeister Becher det Jekröse.
8: Töpper Meiers sind drum böse.
9: Hinnigers backen Plinze.
10/11: Doktor Beselins kochen Stinte.
12: Schlächter Schultze hat die besten Schinken.
13: Martin Hannemann, der hat se hinten.
14: August Winkelmann, der schänkt nur sauret Bier.
15: Det ist dem Klempnermeister Burow sein Plaisier.
16: Nicklais Louise kann die Karten lesen.
17: Herr Ratmann Schwarz ist ganz dagegen.
18: Im hohen Rathaus sitzen Seidenwürmer.
  Leinen/Satin und Seide, bei Leopold Levy zu halben Preisen.
19: Balbieren/Aderlaß u. Schröpfen, bei Erdmann Klemm – zum Entsetzen.
20: Watte/Mullbinden/Gift und Galle, die Apotheke führt alles.
21: Wenn nichts geholfen, Theo Makensy holt den Sarg vom Boden runter.
22: Jude Meyers spannen Pferde vor, die Totenkutsche fährt durchs Tor.
23: Herr Hauptmann Weber ist der Kommandeur der Gilde.
24: Postmeister August Müller en ganz vornehmet Gebilde.
25: Propst Sandmann spricht: Geliebte in dem Herrn.
26: Der Schmiedemeister Seeger stellt die Kirchenuhr so gern.
27: Herr Ratmann Bergmann war zuerst ein Weber für Musselin.
28: Der Tabakhändler Edmund Döring – ein Genie.
29: Salzkuchen/Milchbrot, nur bei Julius Mockrosch frisch zu haben.
30: Der Färbermeister Purand färbt die schönsten Waren.
31: Suchsdorf spuckt se int Jesicht, da brauch er kene Seife nich.
32: Bei Ernste Mewes da is wat los, Branntwein u. Bier, et schwimmt nur so.
33: Fuhrherr Carl Ruhland – großer Mann; sein Ehrenname war: Helgoland.

34: Bei Sattler Scherf, Pferdegeschirr u. Leinen, sich viele Dörfer neigen.
35: Bindfaden/Taue und Stricke, Seilermeister Schulze hat Geschicke.
36: Uhrmacher Otto Heubeck an 100 Uhren dreht – keine geht.
37: Pantoffelmacher Müller der letzte der Recken; wir sind am Mühlentor angelangt, es war ein Erwecken. (Die Hausnummer 37 war früher das Torhaus, wo der Wächter Torzoll nahm.)

Leider fehlt die andere Straßenseite, auch fehlen die anderen Straßen, Plätze u. a. mit Namen und Gewerbe der einzelnen Bewohner.

Mit den oben genannten Einwohnern und ihrem jeweiligen Stand können wir allerdings wesentliche Rückschlüsse aus dem Leben und Treiben unserer Vorfahren ziehen.

Über Jahrhunderte hinweg haben sich im Kirchenbuch und -gestühl, in der Stadtchronik, in alten Adreß- und Telefonbüchern und nicht zuletzt auf dem Friedhof die Namen alteingesessener Familien ständig wiederholt sowie auch im Gedächtnis vieler Einwohner fest eingeprägt. Aber die Mehrheit ehemaliger Mittenwalder, vor allem die, die nur zeitweilig hier seßhaft waren, ist heute kaum noch bzw. überhaupt nicht mehr bekannt.

Die gegenwärtig heranwachsende Generation mit zunehmend neuen Familiennamen kennt weder die Namen Altmittenwalder Geschlechter noch solche, die bis in die fünfziger Jahre über die Stadt hinaus einen guten Klang hatten. Nennen wir einige davon in Versform, und zwar gemünzt auf die Zeit vor etwa 60 Jahren:

Apotheker Herzog, Baumeister Koschel und noch andere Zechkumpanen aus der Stadt, hatten erst nach 3 Tagen bei Perners, Sparrs, Geßlers, Kniebandels, Neumanns, Klotzens und Ruhles das Saufen satt.

Nichts konnte den kranken Tieren der Bauern Laurisch, Bredow, Baddack, Behling, Kolberg, Richter helfen mehr, als der Tierarzt zu Mittenwalde mit Blessur und dem Namen Dr. Schmeer.

Drechsel oder Ruland schlachteten schnell mal bei Gleichs, Spießens, Lieckes, Thiekes, Winkelmanns, Gärtners ein fettes Schwein, Fleischbeschauer Podey nahm ein saftiges Stück davon Zuhause wegen der Trichinen mikroskopisch unter Augenschein.

Ehe die »neumodschen Rucksackbullen« bei den Kühen der Ackerbürger Schulze, Krüger, Reichert, Struck zum Zuge kamen, stand noch beim Bauern Wuthe am Zülowkanal ein richtiger Bulle zum Besamen.

Eines schönen Tages rutschte dieser Bulle von der Kuh hinab bei seiner Lust, und drückte dem Landwirt Adolf Ruhland mit seinen Hörnern an der Mauer ein die ganze Brust.

Dr. Schönberg eilte schnell herbei und mußte sein ganzen Können geben, richtete wieder des Mannes Brust und rettete somit auch sein Leben.

Die Burows, Stamers, Kalinowskis, Hedochs, Ziermers, Fiedlers, Stüwes, Winzers brauchten nicht weit zu laufen, in den »Tante-Emma-Läden« Prignitz, Brätz, Zimmerling, Mertens, Bergmann, Lehmann konnten sie ja alles kaufen.

Zahnarzt Klemm führte bei seinen Patienten Grünack, Miegel, Süß, Kunkel, Möhring, Volkmann, Nimz sogleich den Bohrer an den Zahn, den faulen, im Wartezimmer hörten Örtel, Fröhlich, Tischer, Kärcher, Worm die Delinquenten von drinnen jammern und auch jaulen.

Die Tischlermeister Nischan, Seeger und Wanner mit Gesellen schufen viele Möbel für Mendes, Lenigers, Melcherts superfein, und nicht nur aus Langeweile machten sie noch für jeden Geldbeutel der Dahingeschiedenen Särge obendrein.

Mit der Hebamme Fechner bei der Geburt des jährlichen Nachwuchses im Hause der Thiels wird es schon werden, schließlich holte sie in Mittenwalde und Umgebung fast jedes zweite Kind auf Erden.

Mühlen- und Jagdbesitzer Dreke hatte oft sehr hohe Gäste, für die Mittenwalder Jugend war Jagdflieger Gallandt davon der beste.

Trotz Krieg, auf Café Kaisers Nahkampfdiele unverdrossen, wurden Weib, Wein und Gesang abstrichlos genossen.

Mit Brot und Kuchen kriegten Bäcker Becker , Burchard, Örtel und einige andere noch in der Stadt, auch die hungrigen Münder von Krocker, Göres, Wittschorek, Kopperschmidt, Wörpel, Lastander, Vogel usw. satt.

Filmvorführer Steen konnte sich vor Andrang zur Kindervorstellung kaum noch retten, Fischer, Ruhland, Diebert, Mieth passierten den Einlasser »Dicke Furchner« ohne Eintrittskarten mit Manschetten.

Derweil der Steinsetzmeister Löffler mit seinen Mannen neue Straßen schuf, montierte Schmiedemeister Zakowski am Pferd des Bauern Mohaupt einen neuen Huf.

Rechtsanwalt Dr. Pignol zu seinem Klienten Buchwald sprach: Mann, bedenke, das ist für diese Missetat das gerechte Urteil des Amtsgerichtsrats Schwenke.

Bahnhofsvorsteher Nowicki vergaß oftmals seine rote Aufsichtsbeamtenmütze abzusetzen, nach seinem Dienst sahen Kott, Bienge, Maday, Näther ihn damit in seinem Garten die stumpfe Sense wetzen.

Junggeselle Settmacher mühte sich mal ernsthaft eine schöne Frau zu werben, nicht richtig zu Werke gegangen konnte er jedoch nur noch den Spitznamen »Kleinbißchen« erben.

Winkelmanns Eisfahne an seinem Dreirad überall im Winde wehte, sogar als »nackiger Eisverkäufer« der FKK Freisonnland Motzen machte er seine Knete.

Wie die Schlächtermeister Hinniger, Balke, Jäkel konkurrierten mit ihrer frischen Wurst, taten ein Gleiches die Gastwirte Zierrat, Dietrich, Martens, Woinke, Bergmann mit ihren Mitteln gegen den Durst.

Bei der Lehrerschaft der Schule war und ist ein ständiges Kommen und Gehen, Leistritz, Ritter, Mürbe, Draeger, Urban, Remy, Kerremans, Kalesky, Gutzmann, Jung nur noch in unserer Erinnerung stehen.

Für Boock, Lemke, Wander, Krüger, Haschke, Dommisch, Nier, Pätel, Pietz gewiß kein leerer Wahn, selbst schlechte Zeiten überlebten sie bei ihrem Brötchengeber Eisenbahn.

Ob Kendler, Kranich, Köppen und noch andere Schneider in der Stadt, sie nähten für Cichowitz, Bunk, Bartsch und Voigt was das »Zeug« hielt und wurden trotzdem kaum noch satt.

Vom Wünsdorfer Militär nach Mittenwalde große Fahrschullaster kamen, Ostrinski, Riedel, Reisch, Thieme, Große, Stoy staunten nicht schlecht, wie sie die engen Gassen und Kurven nahmen.

Die Berliner Hamsterer sahen von weitem schon vor seinem Torweg »Großens Kalle« stehen, dieser rief ihnen zu: »Na, ihr habt wohl schon lange keenen dicken Bauern mehr gesehen?«

Julius Siegmanns »Zeitung für Mittenwalde und Umgebung« las ein jeder gern, doch Tratsch und Klatsch enthüllten erst so richtig Intimes aus Nah und Fern.

Für Vogelsänger, Heubel, Künstler, Busemann, von Lojewski und all die Mittenwalder Gäste das Beste, waren alljährlich für drei Tage und Nächte die landbekannten Schützenfeste.

Auf den vielen Mittenwalder Märkten wurde gehandelt, gefeilscht und gelogen, Barluschkes, Rosinskis, Rabkes und die vielen Ruhlands mit und ohne »h« sahen ihr neues Pferd und sich betrogen.

All die namentlich aufgeführten Bewohner und noch viele andere der alten Mittenwalder ungenannt, sie alle arbeiteten hart für familiäres Wohlergehen und ein gutes Leben in Stadt und Land.

Doch einige dieser fleißigen Menschen verließen in Richtung Westen ihre Heimatstadt, hatten sie schließlich das reglementierte Leben der neuen Zeit zu gründlich satt.

Die Stadt durch Tod, Flucht oder Umzug um viele der altbekannten Bewohner ward gebracht, und wie das alles heute in Mittenwalde so aussieht, hätten Bordasch, Schmidt, Ucher, Jänsch, Wendland vor 60 Jahren dies gedacht?

Mittenwalder, die sich einen Namen machten

Der aufmerksame Leser aller bisher zitierten historischen Quellen ist auf Dutzende darin genannter Namen und damit von Mittenwalder Einwohnern früherer Zeiten gestoßen, deren Erwähnung mit einem bemerkenswerten Umstand bzw. Ereignis oder aber auch Verdienst bzw. Tadel im Zusammenhang steht.

Unter Umständen gibt es derzeit lebende Mittenwalder, die sich im Ergebnis ihrer Ahnenforschung und Stammbäume – ggf. unter Nutzung der Kirchenbücher und anderer Quellen – darauf berufen können, daß sie Nachkommen der urkundlich überlieferten Bürger der Stadt aus längst vergangenen Zeiten seien.

Scheinbar widmen die o. g. alten Überlieferungen zur Mittenwalder Stadtgeschichte der Nennung bzw. Vorstellung verdienstvoller Bewohner mehr Raum und Anerkennung, als das in den letzten Jahrzehnten der Fall ist. Aufgabe der dafür Zuständigen wäre es, gerade diesen Teil der Heimatgeschichte sorgfältig fortzuschreiben. Die nach uns kommenden Generationen könnten dafür wieder mehr Interesse aufbringen und würden uns das hoch anrechnen. Schließlich verdienen doch die Menschen mindestens zu ihren Lebzeiten eine größere Beachtung und Würdigung als das von ihnen Geschaffene nach ihrem Tode.

Natürlich können die Mittenwalder nicht damit wuchern, sie hätten der Welt beispielsweise einen Einstein geschenkt. Doch wer weiß schon darüber Bescheid, daß z. B. vor über 300 Jahren Magister Christian Rose (1609-1671) als Sohn eines Mittenwalder Predigers Gymnasialprofessor war oder auch, daß Hermann Jahn (1847-1905) als Sohn eines Mittenwalder Rechtsanwalts Lehrer, Offizier und Rektor war und schließlich ein bedeutender Redakteur wurde?

Schon bekannter war der Mittenwalder Eisenbahner Erich Steinfurth, der als KPD-Funktionär und -Abgeordneter u.a. mit mit John Schehr am 2. Februar 1934 von der Gestapo hinterhältig ermordet – oder wie es hieß »auf der Flucht erschossen« – wurde.

In der 1994 erscheinenden Edition »BRANDENBURGER ALMANACH«, Kreis Dahme-Spreewald, Menschen im Aufbruch, sind über 160 Brandenburger in Wort und Bild vorgestellt worden, die – lt. Vorwort – durch ihre Arbeit, ihr Engagement, durch Fleiß, Mut und Risikobereitschaft den schweren Aufbruch in die Marktwirtschaft und in neue gesellschaftliche Strukturen in Angriff genommen haben. In diesem Reigen tatkräftiger Menschen finden sich aus Mittenwalde folgende: Helmut Bochow, Klaus und Jürgen Boock, Manfred Dommisch, Wolf-Dieter Heinecke, Dr. Helmut Pfeiffer, Dr. Hennry Stock, Eberhard Thomas, Peer Vogel, Siegfried Gericke, Eberhard Müßigbrodt, Erwin Prüfer, Fritz Schulz, Klaus Wegner. Zugleich mit ihnen sind auch ihre Frauen und Kinder genannt worden. Es ist beabsichtigt, in künftigen Auflagen weitere solcher Menschen biographisch vorzustellen, stellvertretend für alle, die voller Mut den Aufbruch in eine neue Zeit in die eigenen Hände genommen haben, zum Wohle ihrer Familien, ihrer Kommunen und unseres Landes Brandenburg, wie dies vom Ministerpräsidenten Manfred Stolpe »Zum Geleit« dieses Buches betont wurde.

Vielleicht finden sich in weiteren Auflagen jenes Buches oder auch in anderen Publikationen (wie z. B. in der Zeitung für Mittenwalde) solche Bürgerinnen und Bürger wieder, die sich – aus alteingesessenen Familien stammend oder aber bereits im hohen Alter stehend – besondere Verdienste um Stadt und Land und die Entwicklung ihrer Menschen erworben haben bzw. es noch beständig tun. Es sollten doch nicht all die Mittenwalder Persönlichkeiten vergessen, übergangen bzw. verleugnet werden, die die Geschicke der Stadt der letzten neun Jahrzehnte – egal in welcher Form auch immer – mitgeprägt haben.

Insbesondere wären dies die Honoratioren der Stadt, also der Kreis der zur jedweden Zeit einflußreichen Personen, die z. B. in Gestalt der gegenwärtigen Bürgermeister und Stadtverordneten sowie Ersatzpersonen namentlich allen Einwohnern gut bekannt sein dürften und hier nicht mehr genannt zu werden brauchen. Jedoch setzen sich für das Wohl der Stadt und ihrer Umgebung die Mittenwalder Unternehmer, Geschäfts-, Handels- und Kaufleute, Gewerbetreibenden und Handwerker, Arbeiter, Bauern und Angestellten usw. nicht minder aktiv ein.

Auch hier sind nur einige stellvertretend für alle anderen genannt: Heinz Bauer, Fritz Behling, Fritz Bergmann, Werner Bockisch, Hildegard Bretschneider, Wilfried Fischer, Roland Fiebig, Heinz Fluthwedel, Siegfried Gaedicke, Bernd Günther, Eva und Günter Gehrmann, Dr. Cornelia und Reinhold Hansche, Eleonore und Frank von Haacke, Horst Heyme, Wilhelm Jaekel, Heike Kristeleit, Richard Liesegang, Klaus Mohaupt, Dr. Sabine Müller, Ingrid Neubert, Dr. Hartmut Marx, Fritz und Ernst Riecke, Erika Riedl, Bodo Rinas, Reinhold Schmiedecke, Britta Stumpf, Arno und Gerhard Thinius, Marita Thürk, Eberhard Wittge.

Was die Nennung hochbetagter Mittenwalder in der Gratulationsspalte der Zeitung für Mittenwalde angeht, ist dies eine gute Sache, ein ausbaufähiger Anfang, indem der Lebensweg dieser Menschen (wer wird schon über 80, geschweige über 90 Jahre alt?) mit ihren Verdiensten um die Stadt in einigen wenigen Sätzen künftig besser gewürdigt werden könnte. Stellvertretend für viele andere wären hier zu nennen: Frau Frieda Barluschke, Frau Martha Bauer, Frau Ida Götze, Frau Ella Vollprecht, Frau Elisabeth Klesch, Frau Martha Wanner, Frau Anni Günther, Frau Gertrud Vogel, Frau Frieda Weiland, Herr Georg Bochow sowie Herr Richard Kunze.

Bevor der Lebensweg einer aus Mittenwalde stammenden Frau ausführlicher dargestellt wird, sollten wir uns noch einiger unvergessener Mittenwalder erinnern, wie z. B. an den

– Barbier Klemm. Dieser entdeckte in den Jahren 1870/80 am Rande der Notteniederung auf dem Dehlings-Berg bei Ragow eine Begräbnisstätte mit Urnen und Beigaben aus der Bronze- sowie frühen Eisenzeit (600 bis 200 v. u. Z.). Dadurch erfuhr die eingangs dieses Buches dargestellte frühzeitliche Besiedlung unseres Raumes eine weitere Bestätigung.
– Schul-Rektor und Stifter des Kirchenlegats Buchwald, der von 1792 bis 1851 lebte und eine »Stadtchronik von Mittenwalde« schrieb, die von den Chronisten Rektor Loick und R. Möhring weiter geführt wurde.
– Ziegeleibesitzer Heinrich Krause. Er stiftete im Jahre 1884 für Mittenwalde neben dem bestehenden ein weiteres Hospitalgebäude und half damit, Elend, Pein und Siechtum in der Stadt zu lindern.
– Bürgermeister Schmidt, dem die Stadt ein spezielles Stipendium zur Begabtenförderung zu danken hatte.

Wahrscheinlich könnten noch weitere urkundlich beweisbare Namen berühmter Mittenwalder ins Feld geführt werden und würde darüber wie das »Goldene Buch der Stadt Mittenwalde« auch über seine Ehrenbürger Auskunft geben.

Schließen wir diesen Abschnitt mit der Würdigung des Werdegangs einer gebürtigen Mittenwalderin ab, was uns beweist, daß auch Frauen ihren »Mann« stehen können, und lesen wir dazu aus ihrer Biographie folgendes:

Biographie – Ursula (Schultze-Bluhm)

- *17. November 1921: Geboren in Mittenwalde (Mark Brandenburg), Besuch des Realgymnasiums zu Königs Wusterhausen*
- *1938: Übersiedlung nach Berlin-Lichtenrade; erste Prosatexte, Sprachstudien*
- *1940-1945: dienstverpflichtet für Bürotätigkeit*
- *1945-1953: tätig in der Kultur-Abteilung der Amerika-Haus-Programme, in Berlin und in Hessen*
- *1949: Übersiedlung nach Frankfurt/Main*
- *1950: beginnt zu malen und schreibt Geschichten zu den Bildern*
- *1951: seit der Zeit regelmäßige Aufenthalte in Paris*
- *1954: Jean Dubuffet entdeckt sie für sein Musée de »L'art brut«*
- *1955: Heirat mit Bernard Schultze*
- *1958: erste Assemblagen*
- *1958-1960: arbeitet immer mehr realitätsbezogen, Hinwendung zu individuellen Mythologien*
- *1959-1963: wird von der Galerie Daniel Cordier, Paris und Frankfurt/Main, vertreten und regelmäßig ausgestellt. Beginn von kleinen Objekten, mehr und mehr Pelz-Öl-Assemblagen mit schreinartigem Charakter*
- *1964-1967: mehrfach in New York, Washington und weitere Studienaufenthalte in Paris*
- *1968: Übersiedlung nach Köln*
- *1970: Studienreise nach St. Petersburg. Entstehung des »URSULA-Pelz-Hauses«*
- *1971: längerer Aufenthalt in den USA und Beteiligung an Gruppen-Ausstellungen*
- *1973: Studienreise nach Ceylon, Thailand und Burma*
- *1974: Beginn großformatiger Zeichnungen in Sepia-Feder-Technik*
- *1975: in Mexiko und Guatemala*
- *1976: Intensivierung von großen Objekten*
- *1977: in Thailand, Hongkong, Bali und Singapore*
- *1979: Beteiligung an der Biennale, Sydney, Ausstellungen im Ausland*
- *1980-1981: weiterhin Ausstellungstätigkeit*
- *1983: Kunstpreis Wormland, München, zusammen mit Bernard Schultze*
- *1984: Intensivierung von Text- und Zeichnungsarbeiten, Öl-Pelz-Assemblagen*
- *1984-1991: Ausstellungen in Museen, Galerien, Kunstmessen*
- *1992: lebt und arbeitet in Köln*

aus: URSULA, Retrospektive, Katalog des Von der Heydt-Museums Wuppertal München, Hirmer 1992

»Meine Berlin-Träume in Mittenwalde« (1977)

Altmittenwalder Familien im Spiegel der Jahrhunderte

Wenn eben von Berufen (Stand, Profession) die Rede war, so können wir für Mittenwalde in alter Zeit von etwa 80 unterschiedlichen Tätigkeiten der Bewohner ausgehen, dies war in ähnlichen Städten auch der Fall.

Natürlich konnte nicht jeder Mühlen- bzw. Molkereibesitzer sein, doch diese, wie z. B. auch die der Dampfwäscherei Melchert in der Loickstraße zur damaligen Zeit, hatten ja auch die höchsten Steuern an den Staat und die Kirche zu zahlen. Alles hatte seine »Ordnung«, so auch die Zugehörigkeit zu Ständen und Schichten, Berufen und Zünften. Besitzende genossen nach dem Grad ihrer Zuordnung mehr oder weniger Rechte; Besitzlose hatten dagegen so gut wie gar keine. Nicht Menschen, sondern Bezeichnungen und Titel, Ränge und Würden, die sich in Form von Hierarchien wie Kraken über die Menschen ausbreiteten, bestimmten das gesamte gesellschaftliche Leben.

So hieß es dann auch: Die da oben (Herrschaften, Obrigkeit, Patrizier, Adlige, Offiziere, Beamte, Oberschicht, Honoratioren, Gutsbesitzer, Amtsträger, Fabrikherren usw.) und die da unten (Untertanen, plebejische Schichten, Bedienstete, Hörige, Tagelöhner, Gesinde usw.) machen erst die »gottgewollte Menschenordnung dieser Erde« aus. Dazu gehörten selbstredend auch alle die, die dem Pöbel, dem simplen, gemeinen, losen Volk, den Ehrlosen, den Behinderten usw. zuzurechnen sind. »Kannst du was – bist du was« hieß schließlich nur noch: »Hast du was – bist du was«. Die heile Natur wurde zur kranken Welt, die beiden Weltkriege mit ihren Nachkriegswirkungen verschlimmerten das Krankheitsbild der Menschheit. Tüchtige, fleißige Menschen, Handwerker und Meister mit goldenen Händen, gerieten unverschuldet ins gesellschaftliche Aus. Gute Sitten und eine hohe Moral (mehr sein als scheinen) zeigen sich auch heute wieder als hohle Phrasen. Der Verfall aller bisher von der Menschheit hervorgebrachten edlen Werte nimmt mit eiligen Schritten seinen Weg in eine schier ausweglose Situation.

Ähnliche Bilder kennen wir aus dem Lauf der menschlichen Geschichte zuhauf, so vor allem nach langen und grausamen Kriegen. Aber immer wieder rappelte sich die Menschheit zur Gewährleistung ihrer künftigen Existenz auf. Die seinerzeit von Herrn Rudolf Möhring zusammengestellten Lebenswanderungen zweier alteingesessener Mittenwalder Familien vermitteln mehr als nur Daten und Namen. Sie spiegeln über Jahrhunderte städtische wie persönliche und damit auch gesellschaftliche Zustände wider, wie sie gleichermaßen für alle anderen Einwohner zutreffen könnten.

So erscheinen dem Leser unbestechliche Fakten aus mehreren Jahrhunderten Vergangenheit, die zwar grausame Kriege, viel Elend, Armut und Not, eine große Kindersterblichkeit und geringe Lebenserwartung der Menschen sowie viele andere soziale Mißstände widerspiegeln, aber zugleich auch den Willen und die Fähigkeit der meisten Mittenwalder Vorfahren zur Meisterung aller – auch scheinbar aussichtsloser – Überlebenschancen erkennen lassen.

Die Lebenswanderung der Familie Ruhland/Mittenwalde
  (Abschrift einer Recherche von Rudolf Möhring)

Die Deutung des Namen Ruhland/Ruland/Roland, wie es das alte Kirchenbuch von Mittenwalde berichtet, scheint sich auf den Urnamen »Roland«[1] hinzuleiten! In diesem Sinne heißt es, daß die Mannen der Familie Ruhland usw. starke und kräftige Männer gewesen sind.

Der angeführte Name »Roland« wurde vor 1600 im Schwarzwald viel angetroffen; der Ursprung müßte aus dem Rheinland gekommen sein. Im Vergleich dazu: Der Familienname Hinniger - Hünniger - Hüne, Speerwerfer zur Zeit Karl des Großen um 800 n. Zw. am Rhein.

---

[1] Aus dem germanischen Sprachgebrauch, entstanden aus »Hroth« = Ruhm und »Nantha« = wagemütig, kühn »Roland« und daraus »Ruhland«.

Wenn der Chronist in folgendem – und für uns vielleicht falsche Namen in ihren Formen berichtet, so wäre zu sagen: Ich mußte nach der alten Federkielschrift die einzelnen Namen – und weitere Ausdrucksweisen so bringen, daß diese für uns einen noch besseren Geschichtswert erhalten. Wir dürfen uns nicht wundern, wenn – Ruhland – einmal ohne (h), dann mit (o) usw. geschrieben steht und das war so: Die Hebamme meldete dem Stadtschreiber die Geburt, die Copulation oder den Sterbefall. Dem Stadtschreiber war es völlig gleich, und wenn die Hebamme etwas undeutlich sprach, so wollen wir uns darüber nicht wundern. Bei den Eintragungen der Namen von Frauen ist folgendes zu beachten: Schulz, geschrieben Schulzin oder Schulzen; Büscher, Büscherin oder Büschern! Man könnte hierzu sagen: Mittenwalder Dialekt!

Der erste Hanß Rulandt (siehe ohne h) kann gegen 1635 in Mittenwalde eingewandert sein. Kirchenbuch Anno 1646 – 2. February:

* – 1646 – 2. February: Tochter Maria – Vater: Hanß Rulandt, Bürger und Tagelöhner alhier. Mutter: Gohlen (Gohl) Vorname Benigna. (Hier unter Pate Nr. 1. beachten:) Matthes Thile sein Stiefvater. Demnach muß der Vater des Hanß Rulandt schon in Mittenwalde verstorben sein, und die Mutter hat wieder geheiratet.

Dem Hanß Rulandt müssen schon vor 1640 einige Kinder geboren sein, welche nicht im alten Kirchenbuch stehen. Aus folgenden Gründen: Die kirchlichen Eintragungen ab 1279 laufen bis in das Jahr 1612 und enden dann. Wahrscheinlich muß gegen 1612 ein kriegerisches Ereignis eingetreten sein, und darüber kam der 30jährige Krieg ab 1618 bis 1648.

Die ersten schwachen Eintragungen beginnen erst ab 1641 mit den Namen der Gestorbenen (Mortuorum). Erst ab 1642 finden wir alle Eintragungen der Getauften, Copulierten und Gestorbenen im Register.

Der vorgenannte Hanß Rulandt war Scharfrichter von 1654 bis 1661.

† – 1661 – 20. July: Hans Rulandt – mit der ganzen Schule – begraben[2]

Jetzt die Heirat eines Sohnes von Hans Rulandt:
∞ – 1662 – 20. Majy: Christian Ruland, Teichgräber, mit Jungfrau

---

2 Wenn geschrieben steht – mit der ganzen Schule oder halben oder viertel Schule begraben, so ist zu verstehen: Bei der Trauerfeier sang die ganze, halbe oder viertel Schule im Trauerhause und am Grabe!

Maria Schulzen (Schulze) – Daniel Schulzen Bürgers, selig hinterlassene Tochter copuliert worden.

Geburt: Aus der vorgenannten Ehe Ruland / Schulze:

* –1663– 23. Augusty:	Tochter Christiany geboren und getauft. Vater: Christian Ruland, Mutter: Maria Schulzen.
† –1666 – 22. January:	Frau Benigna Gohlen (Gohl) – Hans Rulands, Teichgräbers selige Witwe - mit der ganzen Schul begraben.
* – 1666 – 6. January:	Sohn Andreas. Vater: Christian Ruland, Mutter: Schulzen (Schulz), Maria.
† – 1668 – 6. Juny:	Christian Rulands Töchterlein – mit der ganzen Schul begraben.
* – 1668 – 21. February:	kein Vorname geschrieben. – Wahrscheinlich ein Junge geboren. Vater: Christian R., Mutter: Schulzen.
† – 1669 – 28. February:	Christian Rulands 6 Tage Kind – mit der viertel Schul begraben.
* – 1670 – 23. February:	Sohn Johannes. Vater: Christian Ruland, Mutter: Schulzen.
† – 1670 – 24. Aprilis:	Christian Rulands 6 Wochen Kind – mit der viertel Schul begraben.
† – 1674 – 12. Aprilis:	Christian Rulandt, Teichgräber – mit der halben Schul vors Mühlen Thor.
† – 1675 – 3. Novembris:	Ist Maria Schulzen – Christian Rulandts Witwe begraben worden – mit der halben Schul vors Mühlen Thor.
∞ – 1691 – 29. Juny:	Christian Ruhlandt – Junggesell – mit Jungfrau Maria Büscherin (Büscher) copuliert.
* – 1692 – 17. July:	Tochter Anna Catharina. Vater: Christian Ruhlandt, Mutter: Büscher, Maria.
† – 1693 – 10. Septembris:	Gestorben: Christian Ruhlandts Töchterlein – ganze Schul – ohne Leichpredigt.
* –1694 – 16. Septembris:	Sohn Christian. Vater: Christian Ruhlandt, Mutter: Büscher, Maria
† – 1695 – 14. Majy:	Andreas Ruhlandt – Tischergesell – ganze Schul – vors Mühlen Thor.

* – 1697 – 22. Augusty:	Maria Elisabeth. Vater: Christian Ruhlandt, Mutter: Büscher, Maria.
† – 1697 – 28. Augusty:	Christian Ruhlandts 6 Tage Kind – ganze Schul – gratis begraben.
* – 1698 – 3. Novembris:	Sohn Friedrich. Vater Christian Ruhlandt, Mutter: Büscherin.
* – 1701 – 19. Septembris:	Johann Gottfried. Vater Christian Ruhlandt, Mutter: Büscherin.
* – 1706 – 5. July:	Maria Sophia. Vater: Christian Ruhlandt, Mutter: Büscherin, Maria
* – 1709 – 11. Augusty:	Sohn Christoph. Vater: Christian Ruhlandt, Mutter: Büscher, Maria.
* – 1712 – 11. Augusty:	Sohn Carolus (Carl). Vater u. Mutter wie vordem.

Mortuorum = Sterblichkeit

† – 1710 – 3. Pfingsttag:	Meister Christian Ruhlandts Söhnlein nahmens Christoph – ganze Schul – vors Müllen Thor begrab.
† – 1713 – 12. February:	Meister Christian Ruhlandts Sohn nahmens Friedrich – ganze Schul – Stadtkirchhof u. Abdankung.
† – 1713 – 16. Marty:	Christian Ruhlandts Ehefrau nahmens Maria Büscher mit der ganzen Schul – aufm Stadtkirchhof[3] u. Abdankung begr.
† – 1718 – 23. January:	Christian Ruhlandt – mit der ganzen Schul aufm Stadtkirchhof u. Abdankung begraben.

Copulation = Bindung–Heirat:

∞ –1724 – 30. Novembris:	Meister Johann Gottfried Ruhlandt – Junggesell u. Böttcher alhir, mit: Jgfr. Riechen (Riech) Maria Sophia, des weiland Schusters alhir Christian Riech eheleiblichen Tochter copuliert. (Weiland bedeutet schon verstorben)

Nachkommen aus dieser Ehe:

* – 1725 – 16. Septembris:	Sohn Johann Gottfried. Vater: Johann Gottfried, Bürger u. Böttcher, Mutter: Riechen, Maria
* – 1727 – 21. Novembris:	Sohn Johann Christian

---

3 Als Stadtkirchhof wurde der Friedhof um die Kirche herum bezeichnet.

* – 1730 – 30. Aprilis: Sohn Johann Carl
* – 1732 – 21. Majy: Tochter Anna Catharina
* – 1733 – 23. Augusty: Sohn Carl Ludwig
* – 1737 – 2. Juny: Sohn Johann Wilhelm
* – 1740 – 10. January: Sohn Carl
* – 1741 –12. Decembris: Tochter Maria Elisabeth

Mortuorum = Sterblichkeit
† – 1736 – 16. Septembris: Anna Catharina Ruhland – Stadtkirchhof – (Parentation = Leichenpredigt handgeschrieben) begraben.
† – 1738 – 31. Augusty: Gottfried Ruhlands Söhnlein von 5 Jahr – Stadtkirchhof u. Parentation begraben.
† – 1740 – 12. January: Gottfied. Ruhlandts Töchterlein aufm. Stadtkirchhof.
† – 1752 – 7. Juny: Meister Gottfried Ruhlandt – Bürger u. Böttcher aufm. Stadtkirchhof – ganze Schul – Parentation – begraben.
† – 1767 – 6. January: Weiland Meister Gottfried Rohlandts, gewesenen Bürgers u. Böttchers nachgelassene Witwe – aet (alt) 75 Jahr an abzehrende Krankheit – Stadtkirchhof – Parentation begraben.

Folgend die Ehe Johann Gottfried Ruhland geb. 1725 – 16. 9., mit Anna Maria Leichert, geboren um 1729:

Die Heirat kann in Schönefeld b. Luckenwalde oder Schönefeld bei Jüterbog gewesen sein; hier keine Eintragungen darüber. Wahrscheinlich war die Heirat um 1753/54, wie nach den Geburten zu ersehen ist. Unter den Paten heißt es einmal: Frau Marie Dorothea Leicherten, des Johann Georg Leicherts, Bauer aus Schönefeld in Sachsen, Ehefrau.

Nachkommen:
* – 1755 – 1. Septembris: Johann Gottfried Rohland. Vater: Joh. Gottfr., Mutter: Leichert.
* – 1756 – 18. Augusty: Johann Wilhelm – Vater u. Mutter wie vordem. (Bei Johann Gottfried Rohlandt heißt es: Bürger und Ackersmann.)

Mortuorum = Sterblichkeit
† – 1791 – 11. Septembris: Ist Mutter Leichert gestorben – Alter: 62 Jahr.

† – 1800 – 24. Novembris: Beendete Johann Gottfried Ruhlandt seine Lebenswanderung im Alter von 75 Jahren. Begraben aufm Stadtkirchhof mit Leichpredigt u. Abdankung.

Folgend die Ehe Johann Wilh. Ruhlandt, geboren 1755 – 1. 9. mit Brenzen (Brenz), Christiane Louise, gegen 1770 geboren. Mutter Brenz könnte aus Zossen oder auch aus Nächst/Neuendorf b. Zossen nach Mittenwalde eingeheiratet haben, wahrscheinlich aus jener Familie, in welcher das Halseisen um 1700 angewandt werden sollte. Unter den Paten einer Geburt von 1794 ist zu lesen: Frau Brenzen, Stellmachers Frau aus Zossen. Immerhin existieren um 1750 4 Familien des gleichen Namens in der Stadt, mit dem Unterschied, daß die kirchlichen Eintragungen verschieden sind. Das wird ein Fehler des jeweilig eintragenden Kirchenschreibers gewesen sein, welchem es völlig egal war, wie der richtige Name geschrieben werden muß. Johann Wilhelm Ruhlandt ist Bürger – Braueigner – Böttcher und Ackersmann in der Stadt. Er beendete seine Lebenswanderung:

† – 1828 – 7. 12. im Alter von 73 – 3 – 20 Jahren.
Mutter Brenz starb : 1840 – 30.3. im Alter von 69 – 3 – 3 Jahren.

Folgend der Sohn Johann Wilhelm Ruhlandt, geboren 1798 – 3. 1.
   Dessen Copulation (Heirat) gegen 1834 mit: Lüben, Amalia Friederike. Diese stammte aus Gorgast b. Küstrin, der Vater war Kossät Gottlieb Lüben. Er ist später nach Mittenwalde verzogen u. starb hier. Die Lüben kann gegen 1811/12 geboren worden sein. Leider war die Lebenswanderung des Johann Wilhelm Ruhlandt sehr kurz. Er starb am 17. 1. 1846 im Alter von 48 Jahren u. 14 Tagen. Beruflich Ackerbürger und Eigentümer einer guten Landwirtschaft.
Die Witwe hat wieder geheiratet; es heißt im Copulationsregister:

∞ – 1846 – 23. 8.   Krüger, Christian Gottlieb Ferdinand – Ackerbürger – 32 alt – ledig. – Vater: August Krüger Schneidermstr. in Mittenwalde (schon verstorben). Braut: Ruhland, Friederike Amalie, geborene Lüben 34 alt. – Witwe des verstorbenen Ackerbürgers Joh.Wilh. Ruhland in Mittenwalde. Brautvater: Johann Gottlieb Lüben, vormals Kossät zu Gorgast b. Küstrin.

Die Lüben/Ruhland/Krüger starb am 4. Februar 1879.

Folgend die nächste Generation:

Friedr.Wilh.Ruhland, geboren 1838 – 11. 12. zu Mittenwalde.
Seine Heirat: 1871 – 29. 10. in Mittenwalde mit:
Braut: Kühne, Caroline Louise, geboren 1846 – 3. Febr. zu Mittenwalde.
Brautvater: Johann Friedr. Kühne – Webermstr. in Mittenwalde.
Nachkommen der Ehe Ruhland/Kühne:

* – 1872 – 22. 6.	Friedr. Wilh.Karl	
* – 1873 – 5. 9.	Joh.Friedr.Wilh.	
* – 1875 – 3. 3.	Gustav Adolph	
* – 1876 – 22. 6.	Hermann Rudolph	† 1876 – 5. 7.
* – 1877 – 29. 5.	Robert Paul	† 1877 – 5. 8.
* – 1878 – 18. 10.	Hermann August	† 1884 – 12. 8.
* – 1880 – 21. 6.	Wilhelmine Friederike	
* – 1882 – 22. 7.	Ernst Otto	† 1885 – 11. 1.
* – 1885 – 20. 20.	Richard Ernst	† 1970 – 1. 8.
* – 1887 – 9. 11.	Robert Emil	

Der Besitzstand der Ackerbürger/Familie Ruhland um 1845, Paul Gerhardt-Straße 16:
– 1 großes Haus
– 1 Hauskavel vor Telz
– Hütungsanteil am Machnower Weinberg
– Hütungsanteil nach Brusendorf
– 1 Scheune vor dem Berl. Tor
– 1 Garten auf der Alt/Stadt
– 1/2 Hufe vor dem Berl. Tore (30 Morgen)
– 1 Wiese im wendischen Ragow
– 1 Wiese am Burgwall
– 1 Scheune am Mühlen Tor
– 1/2 Hufe vor dem Mühlen Tor.
– 1 Hütungsanteil auf dem schmalen Strich.

Wenn einmal aus einer blühenden Landwirtschaft ein Rückschlag kam, ging es schnell bergab. Der zweite Ehemann der Witwe Ruhland/Lüben, der Krüger, hat die Wirtschaft zugrunde gerichtet und der Nachfolger auf der Wirtschaft Oelstraße 16 (Wilhelm Ruhland, verheiratet mit Wilhelmine Zimmermann) hatte es in seiner jetzt kleinen Landwirtschaft schwer, zumal 4 Kinder versorgt werden mußten.
Die Geburten der Nachkommen Ruhland/Zimmermann wie folgt:
1901 Sohn Max – 1902 Tochter Hedwig – 1903 Sohn Wilhelm und 1909 Tochter Ida Emilie.

Im übrigen wurde das Wohnhaus Oelstraße 16 im Jahre 1863 erbaut. Aus Nachfolgendem ist zu ersehen, wann der Ackerbürger Wilh. Ruhland starb, desgleichen dessen Ehegattin Louise Ruhland, geborene Kühne. Der Vater der genannten Louise Kühne wohnte Katharinenstr. 24 und hieß Johann Friedrich Wilhelm, seines Zeichens Webermeister.

Folgend zur Ehe Ruhland/Lenz: – 1913 –
    Als neunter Nachkomme des Friedr.Wilh. Ruhland und der Kühne wurde Richard Ernst am 20. Oktober 1885 zu Mittenwalde/Mark geboren. Seine Copulation (Heirat) war am 28. Jan. 1913 in Ballenstedt (Harz) mit Braut: Lenz, Hedwig Henriette, geb. 1890 – 10. 7.

Nachkommen:
* – 1913 – 7. 11.   Rudolf Hermann   ∞ – 1941 – 23. 9.
* – 1915 – 17. 3.   Ernst Karl
* – 1924 – 25. 11.   Kurt Richard

Ernst Ruhland machte sich am 1. Oktober 1911 in Mittenwalde selbständig. Er kaufte für 700 Mark das Friseurgeschäft von Eugen Winkelmann, das war in der Großen Straße 30. Einige 3 bis 4 Jahre später eröffnete Ernst R. das Geschäft in der Großen Straße 57, wo er etwa bis 1932 dort lebte.
    Am 1. März 1932 hatte Hermann Trebe sein Tabakwarengeschäft in der Großen Straße 12 infolge der schlechten Wirtschaftslage schließen müssen, nachdem er mit seiner Gattin am 8. Okt. 1914 das Fest der silbernen Hochzeit gefeiert hatte. In den Tagen um den 1. Mai (eigentlich die Meldung vom 7. Mai 1932) heißt es: Das Grundstück des Zigarrenhändlers Hermann Trebe in der Yorckstraße 12 ist in den Besitz des Herrn Friseur Mstrs. Ernst Ruhland übergegangen.

An letztgenanntem Grundstück Yorckstraße 12. schließt sich eine alte Tradition der Familie Ruhland/Schulze, und zwar:
∞ *1662 – 20. Majy: Christian Ruhland, Teichgräber mit Jungfrau Maria Schulzen copuliert!*

Die eben genannten Ackerbürgerfamilie Schulze, um 1850 Schlächtermstraße Aug. Schulze war eine der größten in Mittenwalde, sie könnte etwa 220 Morgen besessen haben. Die Aufstellung der gesamten Ländereien zum Grundstück Schulze/Mittenwalde/Mk. Große Straße 12 wie folgt (Testzeit 1850/60):

Flächeninhalt des Grundstücks Schlächtermstr. Aug. Schulze – Große Straße:
– 1 großes Haus
– 1 Hauskavel im Ragow'schen Plan
– 1 Hütungskavel in Communion
– 1 Scheune vor dem Mühlenthore
– 1 Scheune ebendaselbst
– 1 Scheunenstelle (leer ebendaselbst)
– 3 Scheunen vor dem Berliner Thore
– 1 Garten vor dem Berl. Thore
– 1 Garten am Telzer Damm
– 1 Garten auf der Alt/Stadt (Schützenplatz)
– 3 Gärten ebendaselbst
– 1 Garten im Hohen Holz
– 1 Garten ebendaselbst
– 1 Garten im Frauenbusch
– 1/2 Hufe Land vor dem Mühlenthore (25 Morgen)
– 3 Hufen Land vor dem Berliner Thore (150 Morgen)
– 1 Anger im Hohen Holz von 4 Enden (5 Morgen)
– 1 Anger ebendaselbst (3 Morgen)
– 1 Anger links am Berliner Damm (2 Morgen)
– 1 Anger ebendaselbst (2 Morgen)
– 1 Hütungsanteil im Angerbusch (3 Morgen)
– 1 Garten im Hohen Holz
– 1 Garten im Frauenbusch
– 1 Anger im Hohen Holz (4 Morgen)
– 1 Scheune vor dem Mühlen Thore (neu erbaut)

Der große breite Torweg im Grundstück Rudolf Ruhland sagt uns, daß hier einmal eine sehr große Wirtschaft bestand. Daß es sich um ein ganz beson-

deres Grundstück handelte, geht aus der nachfolgenden Personenstands-Berechnung vom Jahre 1846 hervor:

Personenstands-Verzeichnis Große Straße 12:
Aug. Friedr. Schulze – Schlächtermstr.
Wilhelmine Henriette Zipfmeisel – Ehefrau
Sohn Aug. Friedr. Karl – (5 Jahre alt)
Tochter Wilhelmine Charlotte – (2 Jahre alt)
Johann Friedr. Krause – Schlächtermstr. – (Stiefvater von Nr. 1)
Friedr. Mewis – (Knecht) – 27 alt
Friedr. Lüttritz – (Knecht) – 23 alt
Gottlieb Görisch – (Knecht) – 38 alt
Friedr. Hildebrandt – (Dienstjunge) – 17 alt
Henriette Schulz – (Dienstmagd) – 18 alt
Auguste Reitschok – (Dienstmagd) – 19 alt
Charlotte Schulz – (Kindermädchen) – 15 alt

Die vordem aufgeführte Schlächtermeister Schulze'sche Landwirtschaft wurde infolge Erbteilung um 1882 aufgelöst.
 In der Ruhlandtschen Familie zeichnet sich einiges heraus, welches hier berichtet wird: Die Mehrzahlen der Ehefrauen der jeweiligen Ruhlands stammen aus weiten Gegenden her, und zwar:

Benigna Gohlen (Gohl) von Rangsdorf
Anna Maria Leichert von Schönefeld b. Luckenwalde oder Jüterbog
Christiane Louise Brenz von Nächstneuendorf oder Zossen
Friederike Amalie Lüben aus Gorgast b. Küstrin
Hedwig Henriette Lenz aus Ballenstedt
Anna Martha Dombrowski aus Kurland, aus Rumänien/Beßarabien

Copulation = Heirat:
∞ –1941–29. 9. Ruhland, Rudolf Hermann, geboren 1913 –
7. 11. zu M., Vater: Ernst R. Friseurmstr. in
M. – † –1970 – 1. 8. in M., Mutter: Lenz,
Hedwig. Braut: Dombrowski, Anna Martha,
geboren 1922 – 2. 8. Kurland
Brautvater: Franz D. kam von Königsfelde
Nachkommen:
 Die Familienmitglieder der Ruhlandts gehörten zumeist dem Handwerksstand an: Teichgräber, Scharfrichter, Ackersleute, Böttcher, Braueigner,

Zimmerleute, Maurer. In den Aufstellungen der Schützengilde finden wir die Ruhlandts nicht, auch kaum im Kriegerverein. Hier war durchaus nichts Eigenartiges, sondern eine klare Weisheit, welche die ersten Ruhlandts schon aus dem Schwarzwald zu uns brachten. Was bedeutete der damalige Ausdruck Teichgräber? Rings um die alte Feldsteinmauer von Mittenwalde zogen sich außerhalb der Mauer 2 Wassergräben herum. Der nördliche Teil wurde vom Zülow, der südliche Teil vom Mutter- oder Mudergraben mit Frischwasser beströmt. In den Sommermonaten mußten beide Gräben vom Schlamm, Unkraut usw. gesäubert werden, daher man diese Leute Teichgräber nannte. Rud. Möhring – 1971

Familienforschung Behling – Mittenwalde/Mk. –1974 – 1650 (Abschrift einer Recherche von Rudolf Möhring)

Behling, Wilhelm Karl Richard, geboren 1924–14. 8. in Mittenwalde/Mk. Vater: Ernst Richard Behling, Landwirt in M.; Mutter: Kotzte, Frieda; Heirat: 1949–18. 2. in Ragow, Braut: Siebecke, Helga Hedwig Margarete, geboren 1928–18. 2. in Ragow; Brautvater: Fritz Siebecke, Landwirt in Ragow

Behling, Ernst Richard, geboren 1888–11. 1. in Mittenwalde/Mk., Landwirt Vater: August Wilhelm, Maurer, Landwirt und Musikus; Mutter: Hofmeister; Heirat: 1922–28. 3. in Mittenwalde mit Braut: Kotzte, Marie Hedwig Frieda, geboren 1901–29. 5. in M., Brautvater: Karl Kotzte, Ackerbürger und Gastwirt in M.

Behling, August Wilhelm, geboren 1843–27. 8. in Mittenwalde, Maurer, Landwirt, Musikus, wohnte Oelstraße Nr. 15 (jetzt Paul-Gerhardt-Straße). Er baute 1894 das Grundstück Paul-Gerhardt-Str. 40, später Maurer Krüger und Grünack. Erbauer des Bauern-Grundstücks Bahnhofstraße hieß Franz Thiel. Wohnhaus 11 mtr. mal 9,50 mtr. – Stall 1902 – Veranda vorn 4,20 mtr mal 2,15 mtr. 1902 – Scheune 1920 – Großer Stall 1931, Schuppen 1938. Die Mutter von Aug. Wilhelm Behling hieß Rabe. Heirat: 1868–13. 9. in Mittenwalde mit Braut: Hofmeister, Maria Auguste Emilie, geboren 1850–23. 2. Brautvater: Hofmeister, Karl Friedrich; Katharinenstr.1, Arbeitsmann und später Maurerpolier in M., Brautmutter: Hoffmann, Johanna.

Behling, August Wilhelm, geboren 1813–3. 7. in Mittenwalde; Mutter: Behling, Wilhelmine, geboren 1793 – 20. 10. in M.; Beruf des Aug. Wilhelm

Behling: Maurer, Schlossergesell, Musikus; Heirat: 1837–6. 10. in Mittenwalde mit Braut: Rabe, Caroline Wilhelmine Henriette, geboren 1803–26. 9.; Brautvater: Ludwig Rabe, Ackermann und Postillon in M. Brautmutter: Clemens, Caroline Wilhelmine aus Radeland(Die Familie Rabe stammte aus Berlin/Zehlendorf, der Großvater war in Zehlendorf der Erb- Lehn- und Gerichtsschulze.)

Behling, Friedrich Wilhelm, geboren 1768–13. Mai in Mittenwalde; Vater: Christian Behling – Bürger, Ackermann und Braueigner in M., Mutter: Brandt, Johanna Louysa Caroline, Tochter des Försters Alexander Ludwig Brandt zu Genshagen. Friedrich Wilhelm Behling war der einzige Sohn in der Ehe Behling-Brandt, außer zwei Schwestern.

Behling, Christian Friedrich, geboren 1725–7. 10. in Mittenwalde; Ackermann, Braueigner und Gastwirt zu Mittenwalde; Vater: Christian Beling (Beling geschrieben); Mutter: Barthold, Anna aus M., geboren 1684–24. 1.; deren Vater: Georg Barthold; Mutter: Maria Schmeer Heirat: 1761–29. January in Mittenwalde, hierüber die Copulation: Christian Friedrich Beling, Bürger u. Ackermann mit Frau Anna Regina, weiland Meister Christian Gottlieb Werner hinterlassene Witwe copuliert. Ehemann Werner starb: 1758–30. März und besaß eine Gastwirtschaft, Schneiderei und war Victualien-Krämer in Mittenwalde

Beling, Christian, geboren 1672–3. 10. in Ragow; Junggesell und Ackerknecht. Vater: Christoph Beling, Buttermeier in Ragow; Mutter: Kamann, Anna aus Schenkendorf; Heirat: 1697–8. Septembris mit Braut: Buchwaldt, Catharina; Geburt: 1697–14. Novembris Sohn Hanß Jochim; † –1699–14. Novembris starb Catharina Buchwaldt. Im Totenregister heißt es: Mit der ganzen Schule aufn Stadt.Kirchhof mit Abdankung begraben. ∞ Heirat – zweite Ehe – 1701–26. January, mit Jungfrau Anna Bartholt, geboren 1684–24. 1. Deren Vater: Georg Bartholdt und Mutter Maria Schmeer.
Nachkommen der zweiten Ehe:
* – 1702 – 2. 11. Tochter Anna Dorothea
* – 1705 – 21. 1. Tochter Maria Elisabeth †
* – 1707 – 5. 10. Sohn Christian †
* – 1712 – 15. 9. Tochter Anna Sophia
* – 1718 – 26. 1. Tochter Louysa

* – 1721 – 15. 8. Zwillinge Catharina und Christian † –1721 – 29. 9.
* – 1723 – 29. 9. Tochter Maria Elisabeth
* – 1724 – 20. 2. Tochter Christiana Elisabeth
* – 1725 – 7. 10. Sohn Christian (Nachfolger)
† –1754 – 7. 4. starb Anna Beling, geborene Buchwaldt.
† –1765 –10. 2. starb Christian Beling im Alter von 92 Jahren, 4 Monat u. 9 Tagen. Er war geboren 1672–3. 10. in Ragow, Bürger, Braueigner u. Ackersmann.

Beling, Christoph, Geburt und Herkunft unbekannt. Diese Familie lebte gegen 1650 in Telz, zum Teil vorher in Schenkendorf. In Telz wird er als Meier bezeichnet. Seine Ehefrau Anna Kamann aus Schenkendorf, ab 1659 ist er Buttermeier in Ragow. Die Meierei in Ragow gehörte dem Magistrat Mittenwalde.

* – 1658–30. 11. Sohn Johannes in Telz geboren
* – 1660–15. 6. Sohn Christoph in Ragow geboren
* – 1662–9. 1. Tocher Ursula in Ragow geboren
* – 1665–16. 4. Tochter Anna in Ragow geboren
* – 1668–14. 2. Sohn Christoph in Ragow geboren
* – 1670–5. 5. Sohn Gürgen (George)
* – 1672–3. 10. Sohn Christian (Nachfolger)
* – 1675–4. 8. Tochter Elisabeth
† –1690–2. 2. starb Anna Kamann in Ragow
† –1697–10. 2. starb Christoph Beling in Ragow

Man darf annehmen, daß die letzt genannte Familie Christoph Beling sich unter den Kirchenbesuchern in Mittenwaldes St. Moritzkirche befand, als Paul Gerhardt seine in Mittenwalde gedichteten Lieder mit den Kurrendesängern erstmalig zum Vortrag brachte: Befiehl du deine Wege; O Haupt voll Blut und Wunden; Warum sollt ich mich denn grämen; Geb'aus mein Herz und suche Freud.

Herzlich gedenkend
Rudi *Möhring*
1974 – 18. 2

Auszug aus den Beiträgen zur Geschichte des Geschlechts Struck,
über die Nachfahren des Erb- und Lehnschulzen zu Telz Martin Struck

C. Mittenwalder Linie.

15. Johann Georg, * *2. 7. 1697 in Telz. Über sein Leben ist nur sehr wenig bekannt. Er ging nach Mittenwalde und wurde dort Bürger, Braueigner und Ackersmann. Er heiratete in Mittenwalde am 9. 7. 1725 Maria Elisabeth Rollin (Rolls), Tochter des Martin Rolls und seiner Frau Sophie. Elisabeth wurde geboren in Mittenwalde am 7. 12. 1700. Sie starb dort am 17. 2. 1776. Johann Georg starb infolge langwieriger Krankheit in Mittenwalde am 15. September 1775. Aus seiner Ehe stammen neun Kinder (107-115).*

107. Johann George:
* *Mittenwalde 2. 4. 1726 – 9. 4.*

108. Christian Gottfried:
* *Mittenwalde 19. 2. 1728, – 22. 2., † Mittenwalde 2. 1. 1752.*

109. Martin:
* *Mittenwalde 30. 9. 1729 – 11. 10.*

Über das Leben dieser 3 Söhne war bisher nichts zu ermitteln.

110. Michael Wilhelm, * *Mittenwalde 28. 9. 1731, – 3. 10, war von 1753-1760 Servis-Einnehmer in Arnswalde in der Neumark und von 1760 ab Kreis-Steuereinnehmer in Dramburg. 1762 erhielt er noch den Titel Marsch-Commissarius. Außerdem hatte er ab 1762 die Post in Dramburg gepachtet. Er heiratete lt. Kirchenbuch Arnswalde am 20. 1. 1762 Dorothea Louise Kähn,* * *18. 10. 1737 in Arnswalde als Tochter des Gewandschneiders Georg Kähn und seiner Ehefrau Maria Elisabeth, geb. Rohloff.*

Michael Wilhelm schreibt darüber selbst in seiner Hausbibel, die sich im Familienarchiv befindet: »*Den 16 ten August 1761 habe ich mich mit Jungfer Dorotheen Luisen Kähnin, seeligen Georgen Kähnens, Kaufmanns und Kirchen-Provisoris zu Arnswalde ältesten Jungfer Tocher in ein Eheliches Bündnis eingelaßen; und den 21. Januar 1762 ist solches durch Priesterliche Copulation in Arnswalde vollzogen worden. Der große Gott sey mit Uns. Segne und erhalte Uns bis in die späten Zeiten, wovor Wir seinen heiligen Nahmen Täglich Rühmen und preisen wollen.*«
Michael Wilhelm Struck.

Alte Urkunden bezeugen Zustände längst vergangener Zeiten

Soweit im vorliegenden Buch aus historischen Urkunden, Schriftstücken und sonstigen Quellen der Mittenwalder Geschichte dienende Sachverhalte zitiert wurden, eines ist allen diesen alten Unterlagen gemeinsam, nämlich deren inhaltlich eigenartige Art des Ausdrucks, die Schriftform (Fraktur) sowie die Schreibweise entgegen allen Regeln der heutigen Rechtschreibung. Selbst aus dem Lateinischen ins Deutsche übersetzte Texte machen dabei keinen Unterschied. Im Mittelalter waren nur wenige Menschen des Lesens und Schreibens kundig, der sprachlichen Verständigung dienten die unterschiedlichsten deutschen Mundarten, ihre Obrigkeiten sprachen, schrieben und sangen (z. B. in den Kirchen) lateinisch, und erst durch das Vordringen der Nationalsprachen und volkssprachlichen Literatur im 12./13. Jh. verlor das Latein beständig an Einfluß. In der Mark – und somit auch in Mittenwalde – setzte sich ausgehend von der niedersächsischen und somit niederdeutschen Mundart über Jahrhunderte eine solche Sprache durch, wie wir sie heute kennen und laut Rudi Möhring als sogenannten »Mittenwalder Dialekt« auch sprechen (siehe dazu auch Näheres im Abschnitt »Altmittenwalder Familien im Spiegel der Jahrhunderte«). Diesen Sprachbildungsprozeß beeinflußten maßgeblich andere Mundarten sprechende Menschen aus aller Herren Länder, die in Mittenwalde eine neue Heimat suchten und fanden. Eine einheitliche Schriftsprache entwickelte sich in oberdeutscher Mundart seit dem 12. Jh. (Minnesänger) und später durch die Bibelsprache Luthers, die auf der Urkundensprache der sächsischen und böhmischen Kanzleien fußt.

Durch den Buchdruck setzte sich die neuhochdeutsche Schriftsprache gegenüber dem Niederdeutschen durch, doch kam es erst im Jahre 1898 zu einer endgültigen einheitlichen Aussprache.

Endlich begannen die Menschen einen Zustand zu überwinden, wie er zu Zeiten der Babylonischen Verwirrung nicht anders gewesen sein dürfte, wo man sich eben nicht mehr verständigen konnte. Im Teltow hatte sich aus dem vorstehend beschriebenen Wirrwarr an Sprachen, Mundarten, Dialekten ein solch spezifisches Plattdeutsch entwickelt, das selbst bei den Bewohnern benachbarter Dörfer einige Verständigungsschwierigkeiten hervorrief. Heutzutage ist dieses »Teltower Platt« nur noch andeutungsweise zu erahnen, wenn sich beispielsweise altgewordene Einheimische noch heute darüber aufregen, wie in Klausdorf bei »Juttan uffen Hoff der klene Kutte druffjing. Un dät wa, wia vor ßehne uffgetann iß, dänn hadda sich ens jerülbst un wa dänn losjejehn, dänn issa übahn Hoff jerennt un balle hintaher waa dänn dotjejangn.«

Zitate aus alten Urkunden sowie Redewendungen und geflügelte Worte aus Überlieferungen vergangener Zeiten sagen immer mehr aus, je länger man sich damit beschäftigt. Sofern unsere Vorfahren überhaupt einigermaßen schreiben konnten, schrieben sie so, wie sie es hörten, verstanden und glaubten, daß es richtig sei. Dabei machten einige berühmte Männer soviel Fehler, daß Nachdenken über und Verständnis für das »Warum« uns heutzutage besser ziemt, als sich darüber belustigen zu wollen. Wie schnell kann die Zahl der Analphabeten unter unseren Nachkommen wieder zunehmen.

Was also alte Urkunden betrifft, muß man nicht gleich zum leidenschaftlichen Sammler derselben werden. In vielen Fällen reicht das aufmerksame Betrachten der Formen und Inhalte solcher Dokumente. Kraft unserer Gedanken und Vorstellungen sowie eigener Erinnerungen und Lebenserfahrungen können wir uns in diese oder jene Zeit bzw. Situation hineinversetzen und somit gesellschaftliche Zustände bzw. Zusammenhänge längst vergangener Epochen besser begreifen lernen. So gesehen haben die beiden hier abgebildeten Urkunden aus einer über 100 Jahre alten Zeit jeweils zu einem bestimmten Umstand eine gewisse Aussagekraft.

Einmal kommt man ins Grübeln, aus welchem Grunde wohl zu jener Zeit ein »Reise-Paß« vonnöten war, um von Berlin über Buckow nach Mittenwalde zu gelangen. Zum anderen war man zu dieser Zeit erst mit »Trauschein« verheiratet. Interessant die für heutige junge Menschen altmodisch wirkenden Bibelsprüche, aber auch die Unterschrift des Propstes Sandmann, alldieweil zu dieser Zeit Mittenwalde noch Sitz eines Propstes war.

*Fotografien haben eine größere Aussagekraft
als gedruckte bzw. nur gehörte Worte*

Interessanter und für mehrere Beteiligten auch viel aussagekräftiger als z. B. einzelne Urkunden sind immer wieder alte Schulklassenfotos. Nehmen wir ein solches vom 11. August 1931 zur Hand, zeigt dies eine Schulklasse von Abc-Schützen, die in den Jahren 1923/24 geboren wurden und die Mittenwalder Volksschule besuchten. Gerade weil uns aus dem Bild frohe und erwartungsvolle Kindergesichter entgegenlächeln, stimmt uns dies aus heutiger Sicht um so trauriger, als diese Jahrgänge den höchsten Blutzoll im Zweiten Weltkrieg zu leisten hatten.

Glücklicherweise überlebten einige Männer diesen Kriegswahnsinn und konnten bzw. können Mittenwalde als angesehene Bürger mit ihren Familien bereichern.

Betrachten wir ein weiteres Klassenfoto zehn Jahre später auf dem Schulhof der Yorckschule zu Mittenwalde mit dem Klassenlehrer Mürbe, so haben wir es hier mit Schülerinnen und Schülern zu tun, die in den Jahren 1928/29 geboren wurden. Was die männlichen Schüler angeht, waren es diejenigen, die 1944/45 noch zur Verlängerung des Zweiten Weltkrieges und des Lebens von Nazi- und Kriegsverbrechern mit 16 Jahren als letztes Aufgebot für den »Endkampf und -sieg« zum Einsatz kamen oder besser ausgedrückt »verheizt« werden sollten.

Das nächste Foto zeigt sie im Deutschen Jungvolk. Dort sind sie auf diesen Heldentod »für Führer, Volk und Vaterland« entsprechend vorbereitet worden.

Absichtlich verzichte ich auf Namensnennungen. Ein großer Teil der Abgebildeten lebt heute nicht mehr bzw. ist in alle Winde zerstreut worden.

Klasse meines Bruders Hans Ruhland

Meine Klasse auf dem Schulhof der Yorckschule, 1941

Jungzug I im Fähnlein 47/20 Mittenwalde, 1942

Richard Rußland geb. am 26.9.1928 zu Mittenwalde
getauft am 18.11.1928 ist nach Unterweisung im Worte Gottes und
dem Bekenntnis der evangelischen Kirche am 21. März 1943 in der
St. Moritz=Kirche zu Mittenwalde konfirmiert und zum Empfang
des heiligen Abendmahles zugelassen worden.

Denkspruch: *1. Kor. 3, 11. Einen andren Grund
kann niemand legen außer dem, der
gelegt ist, welcher ist Jesus Christ.*

Wiedersehen nach 50 Jahren, 1993

Bezeichnend dafür ist das von Herrn Pastor Koch aufgenommene Gruppenbild anläßlich der Goldenen Konfirmation dieser beiden Jahrgänge (1928/29) am 23. Mai 1993, wo 14 Frauen 6 Männern gegenüberstehen. Auf dem Klassenfoto waren es noch 22 Mädchen gegenüber 32 Jungen.

Natürlich können an dieser Stelle nicht Dutzende von Klassenfotos oder ähnliche Gruppenaufnahmen wiedergegeben werden, doch haben alle diese Fotos etwas Gemeinsames. Je älter die dort Abgebildeten werden, desto öfters betrachten sie sich in ihren Mußestunden diese oder ähnliche Erinnerungsstücke aus »ihrer guten alten Zeit« und umsomehr nehmen Jugendstreiche und alte Ereignisse vor dem geistigen Auge immer deutlichere Konturen an. Das Langzeitgedächtnis reproduziert z. T. längst vergessene Geschehnisse so plastisch und detailgetreu, als wären sie erst vor wenigen Jahren passiert.

Wahrscheinlich werden auf dem folgenden Gruppenfoto der Mittenwalder Frauenschaft viele Einwohner der Stadt ihre Mütter bzw. Großmütter wiedererkennen. Vielleicht ist diese Aufnahme vielen Nachkommen nicht bekannt, und sie sind für deren Veröffentlichung dankbar.

Das Hochzeitsfoto auf der folgenden Seite bereichert die Angaben zur Familienforschung Behling auf einigen Seiten vorher.

Mittenwalder Frauenschaftsausflug, 1959

Hochzeit Behling-Siebecke, 1949

Ohne »Dumme-Jungen-Streiche«
wäre die Schulzeit wie eine »Suppe ohne Salz«

Selbstverständlich hat jede Schulklasse aus jener Zeit ihre Traditionen. Klassentreffen sprechen darüber Bände. Dabei interessiert weniger, was andere Klassen für Dinger gedreht haben, auch wenn sie sich auf die ganze Schule oder breite Kreise der Öffentlichkeit auswirkten, vielmehr zählt das selbst Angezettelte oder persönlich Erlebte.

Dabei war nicht nur die Schule ein reiches Betätigungsfeld für die tollsten »Dumme-Jungen-Streiche«, auch das unbeschwerte Dasein auf der Straße sowie der »Dienst« im Jungvolk forderten nahezu zu den verrücktesten Lausbubenstreichen heraus. Allein die breite Palette zwischen dem Ernst des Konfirmationsunterrichts (z. B. bei Herrn Pastor Freybe) und dem Spaß des von uns Konfirmanden veranstalteten Blödsinns könnte einen Extraband füllen.

Der Begriff »Langeweile« war uns Jugendlichen fremd. Mit der elterlichen Maßregel »Müßiggang ist aller Laster Anfang« hatten wir keine Probleme: die Zeiten als Schüler und Lehrlinge während des Faschismus und des Zweiten Weltkrieges vereinnahmten uns vollends.

Wahrscheinlich werden immer wieder altgewordene Menschen ihre Jugend- und Schulzeit als »einmalig und nicht vergleichbar mit solchen Zeiten anderer Generationen« hochleben lassen, denn ein jeder Mensch kann und wird auch das nur bewerten und beurteilen, was er persönlich erlebt und zutiefst empfunden und verinnerlicht hat. Er wird dies als Maßstab seines Lebensweges ansehen und für gut und richtig befinden sowie verteidigen.

Schützenfeste, Jahrmärkte, Schulwanderungen, Zirkusveranstaltungen, Kinobesuche mit den ersten und für uns heute noch besten Tonfilmen, Radtouren, Geländespiele, Badespäße, Straßenkeilereien, Tanzstundenabende usw. waren nicht minder beeindruckend und persönlichkeitsbildend, wie es die Schule als Hort des Lernens und zugleich Ausheckens von Unsinn war.

Selbst Unbeteiligte würden ihren Spaß daran haben, wenn sie Zeuge des Austauschens solcher Schulstreiche ehemaliger Klassenkameraden untereinander werden könnten, die wegen ihrer Großartigkeit all die sonst üblichen, kleinen, dummen und popligen Schulstreiche weit in den Schatten stellen würden.

Anstelle der allgemein bekannten Schulbubenstreiche, wie z. B. Schrankeinsperrungen mit imitierten Klopfzeichen an der Klassentür, Niespulverkrieg auf Schritt und Tritt, Ersatz der Tafelhalteschrauben durch Bindfaden usw. ersannen wir solche mit bedeutend höherem Niveau. So stellten wir Schwarzpulver, Schwärmer und Böller her, die das leise und eintönige Schulleben ins Gegenteil umkehrten, probierten wir einen defekten Armeerevolver aus dem Ersten Weltkrieg mit Zielschießen aus, wobei wir dabei um Haaresbreite bald einen Schulkameraden umlegten, stempelten wir uns im Zimmer des Rektors mit dem Siegel der Yorckschule eigene Bezugscheine für größere Posten von Schulheften, Zeichenblöcken usw., die uns eine Monopolstellung einbrachten (noch heute beherrsche ich die Unterschrift des Rektors).

Schließlich waren wir die Kings in der 8. Klasse und holten zum alles entscheidenden Schlage aus. Mit den physikalischen Kenntnissen ausgestattet, die uns der flämische Lehrer Kerremens vermittelte, legten wir für Uneingeweihte nicht sichtbar (unter Putz, hinter Scheuerleisten u. a.) bis zur letzten Schulbank eine spezielle elektrische Leitung zur Pausen-Schuluhr und ließen die Sache sich ganz allmählich entwickeln. Begannen und endeten die kleinen und großen Pausen anfangs nur um Minuten früher bzw. später, hörte das Klingeln bald gar nicht auf und wurde schon der Elektromeister geholt. So konnte schließlich der Zustand erreicht werden, daß das gesamte Pausenregime in der Schule zusammenbrach, wobei einige Klassen zur Pause zum Schulhof hinuntergingen, während andere Klassen vom Hof kommend, im Wahn, die Pause wäre vorüber, ihrem Klassenraum zustrebten. Wahrscheinlich wurde dieses Projekt verraten, denn plötzlich stürmte Lehrer W. in unseren Klassenraum und riß die Schulbänke von der Wand bzw. Scheuerleiste. Das kurze Ende der Klingelleitung konnte nicht mehr versteckt werden, um dieses Geheimnis zu hüten.

Was den Konfirmationsunterricht betrifft, trafen wir uns wöchentlich in der Propstei bei Herrn Pastor Freybe, denn eingesegnet wollten bzw. sollten wir ja alle werden. In der Kirche war es eiskalt, und so war der warme Propsteiofen in der Yorckstraße für die Weihnachtsgeschichte der rechte Ort. Leider hatten wir in all den Kriegsjahren diese schöne Weihnachtsgeschichte aus dem Munde der beeindruckenden Persönlichkeit unseres Pfarrers niemals zu Ende hören können, da er bei der Stelle »... denn sie war schwanger« unserem stürmischen Begehren nachgab, uns doch bitte erklären zu wollen, was denn das sei »schwanger zu sein«.

Die wortreichen Bemühungen unseres lieben Pastors waren über das Ende dieser Konfirmationsstunde hinausgehend zwar noch nicht so direkt und unmittelbar auf das Eigentliche und Wesentliche angelangt, aber wir hatten ja die Aussicht, im nächsten Jahr wieder mit derartigen vorweihnachtlichen Freuden rechnen zu können und siehe da, wir wurden nicht enttäuscht. Bei der Vorstellung zum Zwecke der Konfirmation in der Kirche im Jahre 1943 sollten wir nun vom gelernten Wort Gottes Gebrauch machen. Wer auf Fragen Antworten wußte, sollte den Pastor ansehen, doch scheu schauten wir alle zu Boden – eine peinliche Situation, aber kein Beinbruch.

Die Rote Armee erobert Ende April 1945 Mittenwalde

Bis zu den letzten Tagen des Zweiten Weltkrieges hatte die Stadt kaum kriegerische Zerstörungen erleiden müssen. Einmal regnete es Brandbomben vom Himmel und einige Scheunen bzw. Ställe brannten ab, ein anderes Mal fielen Hunderte von Sprengbomben zwischen Mittenwalde und Schöneicher Plan, die eigentlich die Plexiglasfirma treffen sollten, jedoch ihr Ziel verfehlten – und das am hellerlichten Tage, welch ein Glück für uns alle. Dafür war die letzte Kriegswoche um so aufregender, gefährlicher und auch mit Zerstörungen an vielen Baulichkeiten verbunden.

Und wieder einmal wiederholte sich in der langen Geschichte dieser Stadt das »Mittenwalder Schicksal« von Zerstörung, Vergewaltigung, Mord und Freitod, Plünderung und Vertreibung, Einquartierung, Verschleppung, Ausbreitung ansteckender Krankheiten – also Terror, Angst und Schrecken – aber zugleich auch auf Hoffnung für die Einwohner, das fürchterliche Ende des Krieges lebend überstanden zu haben und im Frieden auf die Zukunft vertrauen sowie etwas Neues und Besseres als bisher schaffen zu können.

Wie unsere Stadt die furchtbaren Folgen des Zweiten Weltkrieges überwinden konnte, wäre einer besonderen Darstellung wert.

Ältere Mittenwalder erinnern sich noch der Zeit der letzten Kriegstage, in denen die vom »Volkssturm« errichteten Panzerbarrikaden und -sperren am Pulverturm und an der Brücke über den Nottekanal sowie die Schützengräben und MG-Nester in den Galgen- und Mühlenbergen, an der Eisenbahnbrücke über die Notte und weiteren Punkten in und um Mittenwalde von bunt zusammengewürfelten Trupps deutscher Soldaten und Volkssturmangehöriger tage- und nächtelang gegen die Übermacht russischer Soldaten gehalten wurden.

Dieser sinnlose Kampf war der Tatsache geschuldet, daß Mittenwalde auf der Linie Biesenthal-Tiefensee-Erkner-Mittenwalde-Rangsdorf-Thyrow-Seddin-Brieselang-Velten-Birkenwerder-Wandlitz zum äußeren Verteidigungsring von Berlin gehörte.

In historischen Quellen können wir nachlesen, daß »im Laufe des Tages (vermutlich am 23. April 1945) die Einheiten des 128. Korps der 28. Armee (Konew) nach und nach das Kampfgebiet der 1. südlichen Berliner Verteidigungslinie erreichten.« Die beiden anderen Korps dieser Armee Konew (das 3. Gardekorps und das 20. Korps) stießen auch nach Norden auf Berlin vor, wurden aber abgezogen, um an der Umfassung der 9. Armee der Deutschen (Busse) teilzunehmen. Dies führte zum Kessel bei Halbe und Abhalten der 12. Armee der Deutschen (Wenck) und damit zum Ende der Entsatzarmee Wenck auf Berlin. Inzwischen war die 152. Schützendivision (eine kampfstarke Einheit der 28. Armee der Roten Armee) bei Mittenwalde in Kämpfe verwickelt und aufgehalten worden. Das war die Schlacht um Mittenwalde, die mehrere Tage und Nächte währte, im Wehrmachtsbericht wiederholt erwähnt wurde, und an die sich noch deren Mittenwalder Zeitzeugen – wie ich auch – gut erinnern können. Auf sowjetischer Seite glaubte man infolge dieser Kämpfe an einen Durchbruchsversuch der 9. Armee (Busse), aller Wahrscheinlichkeit nach war es aber die Umgliederung der 21. deutschen Panzerdivision.

Bedingt durch die harte und verlustreiche Verteidigung Mittenwaldes fiel die vor der Stadt gebundene 152. Schützendivision für einige Tage aus, ehe sie den ihr zugewiesenen Abschnitt an der südlichen Stadtgrenze Berlins erreichen konnte.

Am späten Abend des letzten Kampftages (26. April 1945) kamen mein Freund Wilfried Fischer und ich unter der Parole »Kellerverlies« noch zu einem Kampfeinsatz außerhalb des Verteidigungsringes der Stadt zum Besorgen von Benzin für die Militärfahrzeuge, die dann zur nächtlichen Stunde, während wir schliefen, Richtung Töpchin ausbrachen und »uns beide vergaßen«. Damit haben wir unseren Heldentod verschlafen, wofür wir aber Hitler nicht mehr um Entschuldigung bitten konnten, da dieser am 30. April 1945 in seinem Führerbunker Selbstmord begann. In den späten Abendstunden des 28. April 1945 war General Busse tatsächlich bereit, mit der 9. Armee aus seinem Kessel zwischen Halbe und Märkisch Buchholz westlich der Dahme auszubrechen. Laut Hitlerbefehl sollte sich die Wencksche 12. Armee mit der 9. Armee (Busse) bei Jüterbog vereinigen und gemeinsam nach Berlin marschieren. Aber nichts ging mehr und Hitler griff zum Gift, vielleicht hätten noch Abertausende bis zum »Heldentod« kämpfende Jungvolkpimpfe sein Leben um einige Stunden verlängern können – aber wozu?

Die aus Mittenwalde ausgebrochene bunt zusammengewürfelte Kampfgruppe kam mit einer Reihe von Zivilisten (Flüchtlingen – auch mit meiner Freundin) tatsächlich noch »rechtzeitig« zur letzten großen Kesselvernichtungsschlacht bei Halbe an, wo sie völlig aufgerieben wurde.

Im Verlaufe der Mittenwalder Kampfhandlungen kam es aber auch auf sowjetischer Seite zwischen den Befehlshabern Shukow und Tschuikow auf der einen und Konew auf der anderen Frontseite zu Kompetenzstreitigkeiten. Jeder wollte als erster auf dem Reichstag zum 1. Mai 1945 die Rote Fahne hissen, und erst Stalin, dem ein mißtrauisches und zwieträchtiges Auftreten gegenüber diesen Befehlshabern nachgesagt wird, legte persönlich die Grenze zwischen beiden Fronten fest. Sie verlief von Lübben über Teupitz, Mittenwalde und Mariendorf zum Anhalter Bahnhof; und danach gab es nochmals eine Festlegung zur endgültigen Grenzsicherung der beiden sowjetischen Fronten entlang der Linie Mittenwalde-Mariendorf-Tempelhof-Potsdamer Bahnhof (Orte, die alle im Besitz der 1. Ukrainischen Front, also von Konew, verblieben).

Im Vergleich zu vielen unsagbar schwer heimgesuchten Orten kamen die Bewohner und die Stadt selbst noch relativ glimpflich über das Kriegsende. Nur einen Tag später wären schwere russische Waffen eingesetzt worden. Natürlich werden darüber die Hinterbliebenen bzw. Angehörigen von unschuldig erschossenen, ins Wasser gegangenen, im Krieg gebliebenen, in Internierungslager verschleppten und sonstwie mißhandelten und gequälten Familienmitgliedern und Verwandten anders denken als solche Menschen, die ungeschoren davonkamen. Aber in welcher Familie ist das denn wirklich der Fall gewesen?

Den Opfern von Kriegen, Terror und Gewaltherrschaft zum Gedenken

Stellvertretend für Millionen im Ersten Weltkrieg Gefallener soll an dieser Stelle ein Foto des sinnlos geopferten jungen Soldaten Hermann Baumann wiedergegeben werden. Alles was von ihm blieb, ist die Erinnerung seiner Angehörigen und Nachkommen sowie die Nennung seines Namens auf dem Kriegerdenkmal in Töpchin: »H. Baumann geb. 3. 10. 1891 gef. 24. 5. 1915 Galizien«

Leider ist dieser Teil der Geschichte der Mittenwalder Einwohner sowie der in die Stadt gekommenen Flüchtlinge, der in Mittenwalde tätigen Kriegsgefangenen und Fremdarbeiter, der aus der Stadt deportierten Juden, der aus politischen Gründen vor, während und nach dem Zweiten Weltkrieg ums Leben gebrachten Menschen, der Gefallenen und Vermißten dieses wahnwitzigen Krieges, in der SBZ und DDR als Tabuthema niemals öffentlich behandelt worden. Scheinbar ist man bis heute noch nicht bereit, dieses dunkle Kapitel deutscher Geschichtsschreibung aufzuhellen und auch für Mittenwalde aufzuarbeiten.

Im Jahre 1995 jährte sich zum fünfzigsten Mal das Ende der NS-Diktatur durch die gewaltsame militärische Befreiung von diesem Joch von außen. Von Sieger- und Besatzungsmächten zu sprechen, hat sich historisch überlebt. Bestimmte Teile der deutschen Geschichte sind so zu schreiben, wie sie den realen und objektiven Bewertungen der Fakten und Zusammenhänge entsprechen. Warum sollten die heute und morgen in Mittenwalde Geborenen nicht erfahren, was sich in ihrem Heimatort im Verlaufe des Lebens ihrer Eltern, Großeltern und Urgroßeltern tatsächlich an »deutscher Geschichte« abspielte, oder endet diese Geschichte etwa bei den Königen und Kaisern, bei Preußen und Großdeutschland?

Ist es nicht endlich an der Zeit, die von den übriggebliebenen Seilschaften unseligen Gedenkens ängstlich gehüteten Tabus aufzubrechen? Wo sind denn die alten Gedenktafeln aller auf unnatürliche Weise ums Leben gekommener Mittenwalder geblieben und wo sind neue entstanden? Wie gedenken wir allen Opfern, egal, ob des Faschismus oder des Kommunismus/Stalinismus. Sind nicht

Soldat Hermann Baumann, 1914

Verfolgte des Naziregimes (z. B. Juden, Antifaschisten), alle Opfer der Kriegs- und Nachkriegszeit, ob bekannt oder unbekannt, auch Menschen wie du und ich gewesen? Verdienen sie nicht unser Gedenken in würdevoller Weise? Natürlich wird sich jeder kopfnickend positiv dazu äußern, aber wo und wie sollte man es tun ist hier die Frage, und wer war Täter, Verbrecher – und wer war Opfer?

Warum macht man wieder einen ungeheuren Rummel um Kriegsverbrecher, die systematisch reingewaschen und hochstilisiert werden und vergißt dabei deren Opfer, die massenhaft in den Tod gejagten unschuldigen Menschen, z. T. noch Kinder. Kein Denkmal, keine Gedenktafel und keine sonstige Unterlage erinnern daran, vielleicht auch keine Kirchenbücher oder Sterberegister der Gemeinde mehr.

Angeraten ist eine öffentliche Diskussion über ein Tabuthema einstiger DDR-Geschichtsschreibung: die sowjetischen Internierungslager und das Schicksal der dort inhaftierten Menschen. Auch Unschuldige wurden verhaftet und verschleppt. Was wurde für eine Erleichterung der Lebenslage Inhaftierter und die Freilassung willkürlich Arretierter getan? Vertreter der Kirche haben in diesen schweren Jahren immer wieder Kontakte mit Offizieren der sowjetischen Militäradministration in Deutschland (SMAD) gesucht und die Problematik der Internierungslager zur Sprache gebracht.

So trug der damalige Generalsuperindendent Friedrich-Wilhelm Krummacher am 28. Februar 1948 dem bei der SMAD für Kirchenfragen zuständigen Offizier Jermolajew die Bitte von Bischof Dibelius vor, zu Ostern 1948 Gottesdienste in den Internierungslagern zu halten und seelischen Beistand zu leisten. Zugleich bat er um Freilassung von unschuldig ohne Beweise einer Straftat gefangengehaltenen Deutschen und um Mitteilung über verstorbene und verurteilte Häftlinge. Am 18. März 1948 wurden 28.000 Internierte entlassen.

Vier Wochen später wandten sich die evangelischen Bischöfe und Vertreter der evangelischen Kirchenleitungen in der sowjetischen Besatzungszone an den damaligen Chef der SMAD, Marschall Sokolowski. In einem Brief vom 14. April 1948 teilten sie ihm mit, daß sie mit großer Dankbarkeit auch die angekündigten Maßnahmen zur Erleichterung des Schicksals der noch verbliebenen politischen Häftlinge und Internierten begrüßen.

Zu Ostern 1949 waren dann auch Gottesdienste in einzelnen Lagern möglich. Vorausgegangen war dieser Genehmigung ein Treffen von Bischof Dibelius mit Semjonow am 2. Februar 1949 in Berlin-Karlshorst. Dibelius bat erneut um eine Verbesserung der Lage der Internierten. Semjonow versprach, die Dinge zu prüfen. Einen Monat nach der Gründung der DDR wandte sich Dibelius namens des Rates der Evangelischen Kirche in Deutschland schrift-

lich an den Oberbefehlshaber der sowjetischen Streitkräfte in der DDR, Tschuikow, mit der Bitte, die Lage der Kriegsgefangenen und Internierten fünf Jahre nach Kriegsende grundlegend zu verbessern. Unter anderem hieß es in dem Brief: »In den Maßnahmen der Besatzungsmächte zur Bestrafung von Kriegsverbrechern erleidet das deutsche Volk ein Stück des verdienten Gerichtes Gottes. Wir wissen uns daher vor Gott schuldig ..., daß er Menschen unseres Volkes, die im besonderen der Schuld an Unmenschlichkeit oder an der Entfesselung des Krieges bezichtigt werden, der Strafgewalt der Sieger überläßt. Vor Gottes Angesicht haben wir alle es auch verdient, wenn im Vollzuge dieser Strafgewalt wiederum Recht und Menschlichkeit verletzt werden. Uns und den Unsrigen geschieht, was wir anderen getan haben.« Die Anerkennung von Schuld verband der Bischof mit der Anerkennung des Rechts der Alliierten auf Bestrafung von Verbrechen. Wenn er und andere Kirchenvertreter auch Verständnis für gewisse Rechtsverletzungen in diesen,

Vom Finanzamt Teltow (Berlin) kommend wurde Richard Ruhland 1939 Stadtkämmerer in Mittenwalde.

von den bitteren Erfahrungen des Krieges überschatteten Jahren zeigten, so bemühten sie sich zugleich um »Garantie eines öffentlichen Strafverfahrens und einer ausreichenden Verteidigung« in jedem persönlichen Fall von Verhaftung bzw. Verurteilung. Die Vertreter des geistlichen Standes ersuchten die sowjetische Besatzungsmacht, einen »entscheidenden Schritt zum wahren Frieden« zu tun und alle Häftlinge, denen Verbrechen nicht nachgewiesen werden können, zu entlassen.

Anfang 1950 schlossen die letzten Internierungslager (Bautzen, Buchenwald und Sachsenhausen) ihre Tore.

Aus Mittenwalde und den umliegenden Orten sind in diesen Lagern viele Menschen umgekommen, ohne daß die Angehörigen darüber informiert wurden, sofern sie sich nicht selber in Berlin-West darum bemühten.

Wo bzw. wie der Mann lebte und unschuldig sterben mußte, dem dieses Buch gewidmet ist, geht aus folgenden Urkunden hervor:

```
            Herrn Ratsherrn
              R u h l a n d

        anläßlich seines Ausscheidens
        aus dem Gemeinderat der Stadt
        Mittenwalde als Dank für ehren-
        amtliche Tätigkeit.

        Mittenwalde, den 30.März 1939.

               Die Stadt Mittenwalde.


                    Bürgermeister
```

Nachdem Richard Ruhland Stadtkämmerer geworden war, wurde er von seiner Wahlfunktion als Ratsherr im Gemeinderat der Stadt entbunden.

Sterbeurkunde

(Standesamt I in Berlin - - - von Berlin Nr. 2203/1952)

Der Stadtkassenverwalter Richard - - - - - - Ruhland - - - - - - - - - - - - - - - - - -

wohnhaft in Mittenwalde, Kreis Teltow - - - - -

ist am 12. Februar 1949 - um - - - Uhr - - - Minuten zu unbekannter Stunde - - - - - - - - - - - in Berlin Buchenwald bei Weimar im Internierungslager - - - - - - - - - - - - - - - - verstorben.

Der Verstorbene war geboren am 22. Februar 1900 - - in Mittenwalde/Mark. - - - - - - - - - - -

(Standesamt Mittenwalde/Mark - - - - Nr. 27/1900)

Der Verstorbene war — nicht — verheiratet mit Martha - - Margarete Helene Ruhland geborenen Baumann. -

Berlin - Wilmersdorf, den 24. Januar 195 2.

Der Standesbeamte
In Vertretung

(Siegel)

Stand II C 21. Sterbeurkunde
Mat. 2905 ● Din A 5. 80 000. 7. 51

Man dürfte gespannt sein, was zu dieser umfassenden Problematik unsere Nachkommen in etwa 100 Jahren in der Mittenwalder Stadtchronik lesen werden können. Wahrscheinlich nichts, denn mit dem Aussterben von Zeitzeugen, sterben auch Geschichten aus, wie z. B. die des von einem Russen auf dem Ruhl'schen Tanzboden erschossenen Werner Bochow oder des erschossenen Bauern Bredow am Schützenplatz. Damit ist dies alles vergessen und vorbei. Dann spricht kein Mensch mehr über die Frauen und Kinder, die zu Dutzenden in die Fenne oder den Tonsee vor vertierten Russen fliehend, den Freitod suchten und fanden. Diese Menschen, wie die in den letzten Stunden des Kampfes um Mittenwalde gefallenen Soldaten beider Seiten, waren noch gar nicht recht kalt bzw. steif, da spielten bereits zum 1. Mai 1945 im Neumannschen »Deutschen Haus« der Stadt Musiker zum fröhlichen Tanzbeinschwingen auf und machte vor staunenden bzw. angewiderten Bürgern eine gewisse Sorte von Einwohnern frenetisch davon Gebrauch. Diese dann unter roten Fahnen den Maiumzug Anführenden waren bis zu jener Stunde in dieser Stadt die sogenannten Proleten, die Habenichtse, die regelmäßig jeden Freitagabend die Mittenwalder Kneipen belagerten, um ihren Wochenlohn an den Budiker zu bringen, derweil ihre Frauen zuhause vor Gram vergingen. Uns Kindern bereitete es ein köstliches Vergnügen, wenn sich an allen Ecken und Kanten der Stadt herumliegende Besoffene und Fahrräder zahlenmäßig wie auch zu ebener Erde die Waage hielten.

Aber dann kam die Zeit der SBZ und der DDR. Einige ältere Mittenwalder erinnern sich noch an den Ausgang der ersten freien Wahlen nach 1945, wo LDPD und CDU vor der KPD/SPD = SED lagen, und danach dann nur noch anstelle wirklich freier Wahlen über Einheitslisten der Nationalen Front abgestimmt werden mußte.

Sie erinnern sich aber auch genausogut noch daran, wie schnell Mitbürger der Stadt sozusagen über Nacht von ihrer braunen Gesinnung zur roten umschwenken konnten – ein in der Geschichte ständig wiederkehrendes Phänomen.

Diesem Trend schlossen sich vor allem solche Individuen aus der Stadt an, die hoch hinaus und ihre Ambitionen auf politischem Wege verwirklichen wollten, ansonsten aber nur über eine mangelhafte menschliche Reife sowie fachliche Befähigung verfügten. Schon in der Schule galten sie als »meschugge«.

Mittenwalder Vereinsleben, Kultur und Sport

Mittenwalder Einwohner, zu dieser Problematik befragt, winken lächelnd ab und bemerken bestenfalls noch geringschätzig dazu: Die alten Blütezeiten der Mittenwalder Schützenfeste, Jahrmärkte, Umzüge, Vereins- und Heimatfeste, Reiterspiele, Erntedankfeste, Konzerte usw. sind doch längst schon vorbei. Zaghafte Versuche, dieses oder jenes wieder auferstehen zu lassen, blieben fromme Wünsche, und im übrigen haben wir hier heutzutage andere Sorgen, als durch all die guten alten Traditionen unserer ehrwürdigen Stadt zu neuen Höhepunkten unseres Alltagslebens zu verhelfen. Man sieht zwar im Fernsehen ähnlich gelagerte Bemühungen vieler tradtionsreicher alter märkischer Gemeinden. Aber so schön, so gut: Wer hätte denn beispielsweise den »aufwendigen Rummel« zur 750-Jahr-Feier der ununterbrochenen Zugehörigkeit der Stadt Mittenwalde zu Brandenburg im Jahre 1995 organisieren und bezahlen sollen? Da bleiben wir doch lieber bei »klein, aber fein unter uns« und begnügen uns mit dem, was noch das karge Mittenwalder Vereinsleben für jung und alt zu bieten vermag. Ein Blick in die »Zeitung für Mittenwalde« oder an die Bekanntmachungstafeln im Ort - und schon sind Vereinsleben, Kultur und Sport vom Fußball bis zum Modellflug mit uns, bescheiden zwar, aber immerhin!

Viele Mittenwalder werden sich noch an unsren »Paule« Dinter erinnern, der in seiner Lehrlingszeit vor 60 Jahren dem Mittenwalder Radlerclub »RC 1898« beitrat und der, für diesen Club und nach 1945 für die Mittenwalder SG (Sportgemeinschaft) startend, einer der erfolgreichsten und populärsten Amateur-Radrennfahrer der Nachkriegszeit wurde. Oder nehmen wir beispielsweise den Mittenwalder Karnevalsverein, dann sind über seine Aktivitäten die folgenden Zeilen sehr aufschlußreich, wie auch das danach abgedruckte Original des Mittenwalder Karnevalsliedes 1959. Aber auch die nimmermüden Organisatoren vergangener Karnevalsfeiern nötigen uns nüchternen Betrachtern einen gewissen Respekt ab, so steht beispielsweise Paul Krug stellvertretend für viele andere.

Mit Helau in die neue Karnevalsaison

Der MKV (Mittenwalder Karnevalsverein) veranstaltet auch in diesem Jahr zu folgenden Terminen seine beliebten Karnevalsveranstaltungen: am Sonnabend, dem 13. November 1993, Sonnabend, dem 20. November 1993 und Freitag, dem 26. November 1993, jeweils um 20.11 Uhr wird der Präsident im »Deutschen Haus« in Schenkendorf mit einem 3-fach donnernden Helau den Abend eröffnen.

Alle Programmteile unterliegen noch strengster Geheimhaltung. Lassen Sie sich deshalb persönlich von der Vielfalt der Darbietungen überzeugen und überraschen sowie von einer tollen Stimmung anstecken.

Höhepunkt wird sicherlich auch der große Umzug am 13. November 1993. Ab 10.00 Uhr formiert sich der Zug vor der Mühle Mittenwalde – zieht dann ums Stadttor zurück durch den Ort, in Richtung Amtsgebäude. Am Zug beteiligen sich außer den Mitgliedern des MKV der Mittenwalder und Töpchiner Spielmannszug, die Feuerwehr Mittenwalde u. v. a. m. – natürlich das alte Prinzenpaar der letzten Saison und zur Krönung am Amtsgebäude um 11.11 Uhr natürlich das neue Prinzenpaar mit Gefolge. Während des Umzuges gibt es einige Überraschungen – um 11.11 Uhr wird die Schützengilde KW mit viel Trubel den Schlüssel vom Bürgermeister der Stadt für die Amtszeit der Narren erzwingen.

Lassen Sie sich dieses Spektakel nicht entgehen.

Auch für eine Rentnervorstellung am Sonntag, dem 14. November 1993, halten wir Karten bereit – ab 15.00 Uhr werden sich bei der Seniorenveranstaltung im Saal der Fam. Kotzte in Schenkendorf die Balken biegen.

Für die kostenlose Hin- und Rückfahrt sorgt der Verein, ebenso wie für ein reichhaltiges Kuchenangebot.

Karten für die Abendveranstaltung sowie für den Rentnerkarneval sind bei der Fa. Bergmann in Mittenwalde erhältlich. Jeweils zu den Geschäftszeiten wird Frau C. Bergmann die Karten verkaufen - bzw. telefonische Aufträge unter den Nummern 033764/578 oder 033762/60720 entgegennehmen.

Wir wünschen Ihnen schon jetzt viel Spaß beim närrischen Treiben mit dem Mittenwalder Karnevalsverein.
G. Gärtner

Immerhin konnte die am 10. November 1996 mit der Erstürmung der Amtsverwaltung Mittenwalde durch den MKV eröffnete Karnevalssaison auf 40 Jahre Karneval in der Stadt und zehn Jahre »MKV Rot-Weiß-Grün« (Farben der Mittenwalder Stadtflagge) zurückblicken.

Umgeben von farbenprächtigen Garde- und Tanzgruppen waren mit dem 56er Prinzenpaar auch alle Prinzenpaare der letzten zehn Jahre und die künftigen »Tollitäten« in einem giftgelben »Trabi« mit von der Partie. Fanfarenstöße und Klänge der Spielmannszüge sowie »Schulti« hoch zu Roß begrüßten Trachtengruppen von Karnevalsvereinen wie auch Gäste aus den Nachbarorten Königs Wusterhausen, Neukölln, Dabendorf, Schöneiche und nicht zuletzt die urwüchsigen Urstromtaler und Galluner Schützen. Den Festzug bereicherten u. a. die feuchtfröhlichen Geröllheimer mit ihrem mobilen Eigenbau sowie die traditionellen Stelzenläufer. Mit einem lautstarken »Helau« ist allen Freunden des MKV für weitere 40 Jahre ein närrisches Mittenwalde im Karnevalsfieber mit allem drum un dran zu wünschen.

Mittenwalder Karnevalslied 1959

Mel.: Es war einmal ein treuer Husar. Text: W. Bergmann

1. Und wieder rufen wir: Heidoo!
Ja, wieder sind wir heute froh,
Man glaubte schon — und irrte sehr
Prinz Karneval gäb's bei uns nicht mehr.
Man glaubte schon — und irrte sehr
Prinz Karneval gäb's bei uns nicht mehr.
Refrain:
Wir feiern zum dritten Mal in Mittenwalde
Den schönen Karneval in Mittenwalde.
Es schmunzelt der Kirchturm, die Notte, das Tor,
Wie kommt das Nest uns heut' so komisch vor.

2. Und wieder hat ein Jahr gelohnt,
Raketen stürmen schon zum Mond.
Wenn wir bei uns zusammenstehn,
Wirds immer schneller stets aufwärts gehn.
Wenn wir bei uns ...
Refrain:

3. Das ist zum Feiern heut' ein Grund,
Drum setzt die Gläser an den Mund,
Das Leben lacht uns fröhlich an:
Wohl dem, der heut' was vertragen kann.
Das Leben lacht ...
Refrain:

Als ein nächstes Beispiel wäre der Mittenwalder Heimatverein zu nennen:
»Heimatverein Mittenwalde

Wie bereits in unserer Oktoberausgabe berichtet, hat sich am 21. Oktober 1993 der Heimatverein Mittenwalde e. V. in der Gaststätte »Zur Post« gegründet. Die zehn Gründungsmitglieder des Heimatvereins beschlossen die Satzung des Vereins und wählten aus ihren Reihen den Vorstand.

Erste Vorsitzende wurde Frau Vera Schmidt, Zweiter Vorsitzender Herr Pfarrer Manfred Koch, Schriftführer wurde Herr Manfred Glaschke und Kassierer Herr Magnus Riedl.

Als eine der wichtigsten Aufgaben zum Wirksamwerden des Vereins sahen die Gründungsmitglieder in der Suche nach Räumlichkeiten für eine Heimatstube, um die noch vorhandenen Gegenstände aus der ehemaligen Heimatstube von Rudi Möhring, aber auch inzwischen neu zusammengetragenes Material den Mittenwalder und den Touristen zeigen zu können.

Im November gab dann der Bürgermeister Norbert Schulze die Zusage für die Räume des ehemaligen Kinderladens Hotel Yorck in der Yorckstraße 45.

Nun sucht der Heimatverein Bürger, die sich für die Geschichte der Stadt begeistern, die mit ihren Erinnerungen aus vergangenen Zeiten die Chronik bereichern können und alle diejenigen, die mit ihren Ideen und ihrem Engagement aus diesem Verein einen sehr aktiven und interessanten Verein machen möchten. Aber auch die ansässigen mittelständischen Betriebe und Firmen sind gefragt, sie könnten mit Material und/oder Leistungen bei der Einrichtung der Heimatstube helfen.

Mitglied kann jeder Bürger aus dem Amtsbereich Mittenwalde werden. Die Eintrittgebühr beträgt DM 1,- und der monatliche Beitrag beläuft sich auf DM 2,-.«

Nicht uninteressant für Pferdesportbegeisterte aus der Region Berlin-Brandenburg dürften die folgenden Beiträge sein:

Gespannfahrer des Landes Brandenburg in Mittenwalde bei der Futtermühle
Zu einem Trainingstag hatte die Futtermühle Fiebig nach Mittenwalde eingeladen. Immer wieder geben nach der Brandkatastrophe vom vergangenen Oktober die Pferde der Müllerfamilie Kraft zum Weitermachen. So erschien auch der Storch auf den Resten des demolierten Schornsteins zur Begrüßung der 14 Gespanne und 20 Reiter, welche sich in Zweiergruppen durch die Kleinstadt und Wiesen auf einen ersten Abschnitt von 9,6 km begaben, mit freier Tempowahl. Bereits die Strecke selbst gab die Möglichkeit zur ausreichenden Korrektur der Gespanne. Auf dem Reiterhof der Futtermühle war Start und Ziel, gegen 12.30 Uhr hatten alle Gespanne den

Platz an der Gulaschkanone zum Biwak eingenommen. Bei einsetzendem Regen wurden die 3 ausgewählten Geländehindernisse besichtigt. Eine Durchfahrt Kiesgrube der Fa. Lennig Erdbewegung, mit Wasserdurchfahrt, ein Wald-Baum-Hindernis, sowie ein Reifen-Parcours boten zur Übung ausreichende Möglichkeiten.

Es wurde gegen 13.30 Uhr die zweite Strecke mit einer idyllischen Wald-Durchfahrt von 4,2 km gestartet, bei der die Gespanne zum Abschluß die Strafzonen passieren konnten. Beeindruckend war der Traber Viererzug des Sportfreundes Gunther Langeworth.

In den Hindernissen bestach der gute Trainings-Zustand der Gespanne Frychel und Stubbe, was sich bei der Zeitnahme jeweils widerspiegelte. Erfreulich war auch die Teilnahme von ortsansässigen Freizeit-Gespann-Fahrern, die hier mit Interesse geweckt wurden.

Eine gemütliche Abend-Tanzveranstaltung bildete im Hühnerstall bis 3.00 Uhr den Abschluß, bei hausgemachtem kalten Büfett. Die Wurst schmeckte so gut, daß wohl nicht alles gegessen, aber jede Wurst mitgenommen wurde ...

Wir denken, daß diese Art der Veranstaltung in unbürokratischer Weise die Fahrer enger bei freiem Training zusammengebracht hat. Unterstützt durch die Firma Eggersmann.
Mit freundlichem Gruß
Futtermühle, Roland Fiebig

Auf den Rücken der Pferde ...

Im Interesse der Reitsportfreunde des R. und F. Vereins Schönwalde Spreewald e. V., Außenstelle Mittenwalde, bitten wir um die Veröffentlichung unseres Artikels.

Der Reiterhof Futtermühle organisierte wieder einmal eine tolle Kinderferienwoche. Diesmal mit unseren Pferden in den Winter! Ein gut vorbereiteter Zweitagesritt in die Natur. Mit mehr als nur etwas Skepsis vor dem kalten Winterwetter ging es los zu den Indianern und Daniel Boone.

Doch auch dieser Ausritt sollte allen Reitern und Eltern viel Freude bereiten. So ging es eines Ferientages um 9 Uhr ab Sattelplatz, und bevor alles richtig im Sattel saß, war einige Zeit im Rückstand, was bei den kurzen Wintertagen recht problematisch sein konnte.

Zurück blieben nur unser Senior Kurt Garske und unsere gerade gefohlte Kaltblutstute Lorelei mit Stutfohlen.

So begegneten 17 Reiter bereits kurz hinter Groß Machnow auf den Wiesen ihrem ersten ernsten Hindernis. Total überschwemmte Wiesen und ein Weg, fast 1 Meter unter Wasser. Eine Herausforderung für jeden. Bei Temperaturen um + 2 °C wurde dieses Wasserhindernis von allen gemeistert.

Gegen 12 Uhr erreichten Reiter und Gespanne die Mittagsstation auf dem Reiterhof Stutterheim in Werben.
Frau Fiebig servierte am Pferd gleich für jeden die willkommene heiße Suppe.
Nach kurzer Pause ging es weiter durch Wald und Wiese über Wietstock nach Thyrow. Hier wurden wir von Reitfreunden bei einer Obst-Pause bereits abgeholt. Noch gute 10 km waren es bis zur Ranch nach Klein-Beuthen. Entlang der Nuthe über morastige Wiesen zurück versetzt, eine echte Trapper-Ranch, kein Fernseher, kein elektrisches Licht, Natur und Ruhe. Zuerst wurden die Pferde versorgt und in ihr warmes wohlverdientes Quartier gebracht.
Begeisterung über diese Behausung – wie bei Daniel Boone –, Kaffee und Tee in einer erstklassigen warmen Blockhütte. Am Abend trotz Kälte, auch einige Eltern reisten nach – Grill beim Lagerfeuer, die ersten gehen schlafen und andere halten bei Lagerfeuer Nachtwache.
Am nächsten Morgen bei Speck, Zwiebel und Ei, auf dem Ofen gebraten, wird der Heimweg vorbereitet. Wieder die Schönheit der Natur nutzend, ging es auf dem Rücken unserer Pferde nach Hause. Pferd und Reiter erreichten mit Freude wieder den Hof.
Für jeden war es eine bleibende Ferienfreude, für unsere Kinder, als auch für die Eltern. Herzlichen Dank an die Organisatoren.
Freundlichst
Mike Hübner

Auch die hier abgebildete Urkunde spricht für sich:
Am 7. Mai 1994 belegten unsere jungen Kameraden der FWW
Mittenwalde in Wildau einen hervorragenden zweiten Platz.
Herzlichen Glückwunsch dafür allen Beteiligten!

Ein Ereignis, das auf den ersten Blick nichts mit dem Vereinsleben zu tun hat, aber bald einen Einschnitt in dieses herbeigeführt hätte:

Donnerstag, 21. November 1993, 3.28 Uhr – ein schwarzer Tag für Mittenwalde
  Feuer in der Mühle Mittenwalde
  Über Funkmeldempfänger wurden um 3.28 Uhr die Kameraden der Freiwilligen Feuerwehr Mittenwalde zu einem Brand gerufen. Vier Minuten später waren beide Fahrzeuge mit 15 Kameraden am Brandort – Mühle Mittenwalde.
  Das Feuer hatte überdimensionale Ausmaße. Hilfe von weiteren Wehren mußte herbeigeholt werden. Insgesamt waren dann 72 Feuerwehrleute mit 13 Fahrzeugen vor Ort. Alles ehrenamtliche Feuerwehrkameraden. Die Brand-

URKUNDE

Bei der Jahresübung
1993 / 94
belegten die Kameraden
der Jugendfeuerwehr

Mittenwalde

den   2.Platz

katastrophe konnte, obwohl sie sehr schlimm war, auf das minimalste eingeengt werden.

    Als Amtsdirektor möchte ich dafür danken. Ich danke für ihre Einsatzbereitschaft und ihr Engagement allen Kameraden der Freiwilligen Feuerwehren, die beim Einsatz in Mittenwalde beteiligt waren. Dabei insbesondere

dem Kreisbrandmeister Herrn Klaus Speiler, dem Amtsbrandmeister Herrn Horst Pfante und dem Stellvertretenden Amtsbrandmeister Herrn Hans Becker.
Weiterhin möchte ich mich herzlich bedanken bei all denen, die in dieser Nacht geholfen haben, d. h. bei allen Anwohnern, beim Arbeiter-Samariter-Bund Mittenwalde, beim Deutschen Roten Kreuz, bei der Gaststätte »Am Stadttor«, der Bäckerei Gaedicke, der Gaststätte »Zur Post«, der Firma Richard Liesegang, der Lotto- und Toto-Annahmestelle Gründemann, der Firma Bergmann, den Mitarbeitern der Kreisverwaltung Königs Wusterhausen, den Mitarbeitern der Amtsverwaltung Mittenwalde und all denen, die geholfen haben. Diese Notsituation hat wieder einmal gezeigt, daß Zusammenhalten alles bedeutet.
Uwe Pfeiffer, Amtsdirektor

»Geschichten um die Mittenwalder Wassermühle« und andere Mittenwalder Mühlen behandelt auch ein ausführlicher Beitrag von Vera Schmidt aus Mittenwalde im Heimatkalender 1997, Königs Wusterhausen und Dahmeland, Seiten 84 bis 89.

Im Zusammenhang damit steht natürlich die Geschichte um das Mittenwalder Storchennest auf dem Schornstein der abgebrannten Mühle. Schließlich fand sie doch noch ein glückliches Ende, weil echte Storchenfreunde sich nicht mit dem ständigen Rückgang der Storchenpaare in Deutschland von 9.000 (1934) auf 3.445 (1994) abfinden wollen und anstelle von Worten Taten setzen.

Unser Storchennest
Werte Bürger unserer Stadt Mittenwalde!
Durch unseren Bürgermeister bin ich in der letzten Ausgabe zum Thema »Storchennest«, persönlich angesprochen worden. Nachdem der Brand, oder besser dessen Leger am 21. Oktober 1993 offensichtlich »ganze« Arbeit geleistet haben, tobten sich am folgenden Tag nach Abschluß der Löscharbeiten unverantwortliche Beamte aus. Wer, in welchem Maß, wird hoffentlich die eingeleitete Klage ans Tageslicht bringen.
Bereits im Sommer 1993 ließ ich auf eigene Rechnung ein Gutachten zum Zustand des Storchenschornsteines erstellen, welches mit sehr gut eingeschätzt wurde. Dazu hatte ich bereits im Januar 1993 auf der »Grünen Woche« beim Bundesamt für Naturschutz einen Antrag zur Hilfe gestellt. Der zuständige Storchenbeauftragte Herr Ludwig, allseitig bekannt, war darüber informiert.
Am Tage des Abrisses verweigerte ich meine Zusage zum Abriß des Schornsteines, da ich keine begründete Notwendigkeit sah und mir auch keine Notwendigkeit angetragen wurde. Ich beantragte beim Amtsdirektor bereits

am Montag zum Mittwoch eine Zusammenkunft, wie hier Hilfe gegeben werden konnte. Im Ergebnis dieser Beratung konnte mir von Herrn Pfeiffer keine Unterstützung gewährt werden.

Welche Amtswillkür ich in den folgenden Wochen über mich ergehen lassen mußte, kann man kaum noch beschreiben.

Bereits im Monat November stellte ich einen schriftlichen Antrag an den Naturschutzbund des Landes Brandenburg, in der Heinrich-Mann-Allee in Potsdam, zur kurzfristigen Freigabe von Mitteln. Kurz vor Weihnachten erhielt ich die telefonische Absage – keine Mittel mehr vorhanden. Im Monat Dezember 1993 wandte ich mich an die Firma Kagelmann Spezial-Schornsteinbau und erhielt eine Zusage des Herrn Hermann Hinz zur Unterstützung und kostengünstigen Aufbau des Schornsteins bis zum Termin.

In den folgenden Wochen erhielt ich zahlreiches Fotomaterial über den Zustand des Schornsteins und der Vorderfront der Mühle, was jede Sachlichkeit eines Abrisses in Zweifel stellen mußte.

Beim zuständigen und einzig berechtigten Organ der Staatlichen Bauaufsicht, stellte ich eine Anzeige, worauf mir in einem Gespräch beim Dezernat Bau von Herrn Nasdal bestätigt wurde, daß für den Abriß kein staatliches Gutachten und keine Genehmigung erstellt wurde.

Ungeachtet von dieser Situation hatte ich von zwei Gutachtern den möglichen Schornsteinwiederaufbau fachlich bestätigen lassen. Im Monat zur »Grünen Woche 94« besuchte ich wieder den Bundes-Naturschutzbund zum »Jahr des Storches« und brachte dort meinen Unmut über die bisher geleistete Unterstützung zum Ausdruck.

Im Monat Januar wurde auf Initiative unseres Bürgermeisters Herr Siegfried Kurzer im Interesse der Stadt ein Zusammentreffen mit dem Architekten und Bauunternehmer Kling Mittenwalde organisiert, zum Zwecke der Nutzung des Geländes »Mühle« und den Wiederaufbau inklusive des Schornsteins zum Termin. Derzeit werden Planungsunterlagen erstellt, die unseren Störchen auch wieder ihre Heimstätte wiedergeben.

Leider sind auf diesem Wege meine mir noch verbliebenen Mittel erloschen, nach Aussagen des Bürgermeisters wird der Heimatverein eine Sammelaktion vorbereiten.

Auf diesem Wege möchte ich mich bei den zahlreichen Bürgern bedanken, die mich selbstlos unterstützten und auch ganz besonders moralisch aufrichteten. So auch der Brief einer ehemaligen Mittenwalderin[1], die jetzt in Köln lebt, und uns zum Wiederaufbau viel Kraft wünscht.

---

1 Die so eng mit ihrer Geburtsstadt verbundene Frau Ursula Schultze-Bluhm ist in diesem Buch bereits vorgestellt worden.)

Ich hoffe, bis zum April unseren Storchenschornstein wieder stehen zu haben.

Es geht hier um mehr als nur das Nest – den Schornstein – ein Stück Stadtgeschichte, zu dem jeder gern hinauf schaute, von dem unsere Väter berichteten und unsere Enkel auch.
Freundlichst
Ihr Roland Fiebig

Der Bürgermeister hat das Wort
Sehr geehrte Leserin, sehr geehrter Leser,
Herr Fiebig hat im heutigen Amtsboten sein Bemühen um den Storchenschornstein geschildert.

Eine schlimme Kette von Voraussetzungen ist noch zu schaffen, die teilweise außerhalb unserer Beeinflussungsmöglichkeit liegt.

Das größte Problem ist, daß die polizeiliche Untersuchung noch nicht abgeschlossen ist und dementsprechend die Versicherung die Beräumung noch nicht freigegeben hat.

Viele Bürger, sogar aus Berlin, fragten, wohin sie nun die Spende geben können, um den Storch im April würdig zu empfangen.

Ich gehe davon aus, daß bei schneller Klärung des Vorgehens ein Spendenkonto beim Heimatverein eingerichtet wird. Da wir bei Zweckspenden natürlich vorher den Bauablauf nach Zeit und Kosten kennen müsssen, ist das sofortige Spenden nicht möglich.

Am 7. Februar schrieben mir Frau Lieselotte Krüger und Frau Katja Kurzrock, und ich antworte ihnen gerne auf diesem Wege.

Herzlichen Dank für Ihre intensive Mitarbeit und für Ihre Vorschläge. Sobald die Spenden zwecksentsprechend verwendbar sind, kommen in die Geschäfte Sammelbüchsen mit Ihrem schönen Gedicht:
Eins, zwei, drei – mit einer Spende sind Sie dabei.
Unser Storch hat kein Zuhaus,
das Mühlenfeuer brachte den Garaus.
Ein schönes Wahrzeichen von Mittenwalde
verschwindet sonst balde.
Ende März schon kommt er her und hat keine
Wohnung mehr.
Darum nun diese Bitte, laßt ihn bleiben in unserer Mitte.
Danke!
Das, was im Mühlenbereich dringend getan werden muß – Bau des Storchenschornsteines, Beseitigung des unerträglichen Gestankes durch Abräumen der Ruine, Planen und Bauen von Geschäftsräumen für Handels-

ketten wie Aldi und Spar, einer Pensionsetage mit Gasträumen, Wohnungen, sowie Schaffen von Voraussetzungen für Grünordnung, Parkplätze und Erschließung auch der hinter der Mühle liegenden Flächen – es kann so lange nicht begonnen werden, wie die Freigabeerklärung der Versicherung des Herrn Fiebig nicht vorliegt. Die Planer und Investoren warten genau so darauf, wie die spendenbereiten Natur- und Storchenfreunde.

Die 100 Tage Einarbeitungszeit sind noch nicht um, das Bürgermeister- und Abgeordnetensprechzimmer ist auch noch nicht fertig.

Für Mitteilungen über Abwasserentsorgungen und andere gleich wichtige Themen ist eine verbindliche Aussage noch nicht möglich.
Siegfried Kurzer
Bürgermeister

Dank des Bürgermeisters
 Storchennest
 Es wurde von der Firma Liesegang für ein Jahr auf dem Gelände der Wasserwirtschaft aufgestellt, ich danke Herrn Geschäftsführer Wolfgang Gloeck und Herrn Kramer für die aufgewendete Mühe. Gleichfalls danke ich Frau Herter und ihren Schulkindern für das wunderschöne Nest, das sie auf den von unserem Walter Schultze gebauten Rahmen flochten. Ihm und Herrn Schäfer vom Landesumweltamt/Wasserwirtschaft sowie den dortigen Kollegen, die den Platz freiräumten und zur Verfügung stellten, ebenfalls herzlichen Dank. Mit gutem Willen und gemeinsamen Handeln gelingt eben sehr viel. Natürlich muß der Storch 1995 seinen Storchenschornstein auf dem Mühlengelände wiederbekommen. Hoffentlich nimmt der Storch sein neues Nest an. Ganz herzlichen Dank auch an Herrn Müßigbrodt und seine Mitarbeiter von der MAG, die den Störchen auf ihrem Gelände auch zwei Brutplätze schafften.
 Siegfried Kurzer
 Bürgermeister, ehrenamtlich

Da wir gerade beim Bürgermeister sind, seine folgenden programmatischen Ausführungen zu seinem Amtsantritt lassen nur einige Aktivitäten des künftigen Mittenwalder Vereinslebens sowie der Förderung und Entwicklung von Kultur und Sport seiner Gemeinde erahnen:

Der Bürgermeister Siegfried Kurzer schreibt zu seinem Amtsantritt
 Sehr geehrte Leserinnen, sehr geehrte Leser, die Wahlen sind vorbei, und Sie haben dem Wahlkampf ein Ende gesetzt. Die gegenseitig beigebrachten Wunden vernarben und der Neuanfang eines Miteinanders zum Wohle unserer Bürger ist wünschenswert und erforderlich.

Natürlich ist der Neuanfang für mich selbst, unter den Nachwehen der Befindlichkeiten des Wahlkampfes, besonders schwer gewesen. Auch jetzt ist noch Zurückhaltung im Bereich der Informationen zwischen dem Amt und mir oft zu spüren. Es wird aber zunehmend besser. Ich bin guter Zuversicht, daß meine Zusagen während des Wahlkampfes sich in der Legislaturperiode verwirklichen lassen. Ich bitte alle Bürgerinnen und Bürger, den Stadtverordneten und mir die üblichen 100 Tage einzuräumen.

Auch wir müssen erst unsere neuen Rechte und Pflichten, die sich durch die neue Kommunalverfassung (Gemeindeordnung) ergeben, kennenlernen und unseren Umgang miteinander und in der Sache in einer Hauptsatzung und einer Geschäftsordnung regeln. Bis zum Abschluß dieser Arbeit bestehen die Ausschüsse (außer dem Hauptausschuß), die jedoch kein alleiniges Abstimmungsrecht haben, weiter. Das betrifft insbesondere den Schul- und den Wirtschaftsausschuß, denn durch die neuen Gesetze darf angefangene Arbeit auf keinen Fall ruhen.

Nun zu meinem Wahlversprechen: Ich arbeite daran, daß es einen ALDI oder ähnliche Lebensmittelhändler in Mittenwalde geben wird und bin überzeugt, dieses Problem zu lösen. Das Hauptproblem ist eine ordentliche Verkaufsfläche, die sich im Zentrum befinden sollte, damit alle Mittenwalder diese Verkaufsstelle erreichen und die ansässigen Händler von diesem Kundenstrom mit profitieren könnten. Es ist dabei auch wichtig, daß das pulsierende Geschäftsleben in Mittenwalde nicht verloren geht bzw. daß es wieder zurückkehrt.

Zum Problem Schule erwarte ich den ersten Spatenstich zum Jahresende 1994. Ich gehe davon aus, daß dem nichts mehr im Wege steht.

Zum Problem Umgebungsstraße kann ich mit einer Kritik an unseren Vorgängern der vergangenen Legislaturperiode nicht zurückhalten. Es wurde ein Flächennutzungsplan erstellt und in wichtigen Teilen bereits umgesetzt, der den möglichen Platz für eine Umgebungsstraße nicht berücksichtigt.

So wird in den laufenden Bauverfahren, insbesondere am Millingsweg, ein Eingriff nicht mehr möglich sein. Trotzdem werden wir gemeinsam einen Verkehrsfachmann bemühen, um uns zu diesem Problem beraten zu lassen.

Als positiv im Flächennutzungsplan sehe ich die in der Planung befindlichen Bautätigkeiten, bis hin zur Gewerbe- und Industrieansiedlung Mittenwalde/Schenkendorf.

Zu vielen anderen Problemen wie Abwasser, Mühle, Storchen-Schornstein usw. möchte ich mich konkret äußern, wenn ich dazu aussagefähig bin.

Das Storchen-Schornstein-Problem brennt unter den Nägeln, denn bald wird der Storch landen. Deshalb bitte ich auf diesem Wege »Alle«, besonders Herrn Fiebig und mögliche Sponsoren, gemeinsam nach einer Lösung zu suchen.

Jede Spende hilft, daß »unser« Mittenwalder Storchenpaar wieder sein Zuhause im Zentrum findet.
Zum Schluß noch zwei Mitteilungen:
1. Unsere Feuerwehr-Einsatzzentrale ist unter der Rufnummer 112 zu erreichen
2. Ein Bürgermeister- und Stadtverordneten-Sprechzimmer befindet sich in Kürze in der ehemaligen BHG, Yorckstraße 63.
Dies wird durch Aushänge rechtzeitig bekanntgegeben.
Bis dahin bin ich weiterhin unter Telefon 20564, Berliner Vorstadt 25a, erreichbar.
Mit freundlichen Grüßen
Siegfried Kurzer
Bürgermeister

Die Hundertjahrfeier der Ölmühle Reichert

Auch bin ich sicher, daß der nachfolgend wiedergegebene Beitrag zur Hundertjahrfeier der Ölmühle Reichert am 12. März 1958 von vielen Lesern als eine Studie der hundertjährigen Geschichte einiger bekannter Mittenwalder Familien, die für viele andere stellvertretend stehen könnten, gesehen und gewertet wird.

100 Jahre Ölmühle Mittenwalde (VK). Auf ein hundertjähriges Bestehen kann heute die Ölmühle Mittenwalde zurückblicken. Sie befindet sich seit ihrer Gründung im Besitz der Familie Reichert. Aus kleinen Anfängen hat sich die Ölmühle – auch durch Anschaffung neuer Maschinen in den letzten Jahren – zu einem wichtigen Betrieb für die Verarbeitung der Ölfrüchte entwickelt und somit ihren Teil zur Versorgung der Bevölkerung beigetragen. Herzlichen Glückwunsch zu diesem Jubiläum!

Zur 100 Jahrfeier der Ölmühle Reichert am 12. März 1958 in Mittenwalde/Mark in der Katharinenstraße 36.
Chronik über unsere Ölmühle!
Aus Motzen, dem gelobten Land, vorne Wasser und hinten Sand, kam vor 100 Jahren voll Mut und Kraft, ein Jüngling, der sich hier eine Existenz geschafft. Johann Ferdinand Reichert (geboren am 7. September 1830 in Motzen, verstorben am 2. Juli 1891 in Mittenwalde) ist sein Name, er war von Gestalt ein Hühne mit dunklem Haar. Eine Ölmühle baute er in diesem Ort, auch fischen war seine Arbeit, wir sagen dazu heute Sport. Ein paar Jahre tat er dieses allein, doch dann ging er sich ein Mägdlein zu frein.

Auguste Lobeth aus Selchow, Kreis Teltow (geboren am 20. August 1834 in Selchow, verstorben am 16. März 1912 in Mittenwalde), die brachte er heim. Sie schenkte ihm der Kinder vier. Alwine, Ernestine, Auguste und Karl der Sohn (Karl Ferdinand Reichert, geboren am 10. Juni 1870 in Mittenwalde, verstorben am 29. September 1913 in Mittenwalde). Noch nicht erwachsen, als Kinder, da mußten sie arbeiten schon, sie waren alle hinter dem Gelde her. So schufteten sie einer immer als der andere mehr. Dann ging es ans Freien. Ernestine kaum 18 Jahr, da heiratete sie Gothelf Richter am Weinberg in Mittenwalde, dort mußte sie eine große Bauernwirtschaft vorstehen. Dann heiratete Auguste Reichert ihren Otto Krüger, sie brachten es in Hohen Neuendorf zu ansehnlichen Bürgern. Alwine, die stolzeste von allen, nahm sich Karl Große in Mittenwalde ein Gardekürassier zum Manne.

Den Vater der Kinder, es ging ihm ans Leben, er mußte die Ölmühle dem Sohn Karl übergeben (Karl geboren am 10. Juni 1870) nun war der Sohn mit der Mutter allein (Auguste geb. Lobeth), da ging auch er sich ein Mädchen freien. Eine Bauerntochter Auguste Heide aus Schöneiche bei Zossen (geboren am 8. November 1869, verstorben am 5. März 1945) fleißig und fromm, die hatte er sich zur Frau genomm. Jetzt zog neues Leben in dieses Haus ein.

Hedwig geboren am 10. Juli 1900, Else geboren am 16. Mai 1903 und Franz geboren am 7. April 1907 waren die Kinderlein. Neue Maschinen kamen hinzu, es wurde gearbeitet ohne Rast und ohne Ruh. Noch jung an Jahren, erst 43 Jahre alt, starb unser Vater und der Krieg kam auch bald, 1914, so stand unsere liebe Mutter allein ihren Mann. Die Sorge um die Kinder, der Franz war erst 5, die Else 8 und die Hedwig 12 Jahre alt. Vier Jahre Krieg, die Inflation begann, ich weiß noch, um 10 Zentner Leinsamen zu bezahlen, hatten wir einen Rucksack und eine Einkaufstasche voll Geldscheine gebraucht. Nachdem uns der Krieg das Vermögen genommen, haben wir wieder mit dem Sparen begonnen, so wurde 1933 eine neue Ölmühle gebaut. Auch neue Maschinen und ein Auto wurden gekauft.

Dann holte sich Franz die Ilse geborene Henze (geboren am 22. Januar 1912) in's Haus. Nicht lange das Glück, der zweite Weltkrieg brach aus. Er muß 1940 mit hinaus (Franz Reichert geboren am 7. April 1907), er kam nicht zurück und ist bis Heute noch in Rußland vermißt.

Die Ilse blieb ohne Kinderglück. Den Krieg verloren, der Hunger begann, da stand auch die Ilse ihren Mann allein. Die Bauern säten wieder Raps, Mohn und Lein an. Die Einrichtung der Mühle war viel zu klein. Wieder wurde gebaut, neue Maschinen kamen hinzu, das Herz der Ilse fand keine Ruh. Der Erbauer der Maschinen wurde ihr Mann (Max Schoppe aus Cottbus) und so fing das Leben von Neuem an.

Durch Tiefen und Höhen, mit Freuden und Bangen sind nun 100 Jahre vergangen und konnten die Ahnen die Mühle jetzt sehen, dann würden sie wie vor ein Wunder stehen.
Wir wünschen auch weiterhin gutes Gedeihen, und Gott möge dazu seinen Segen geben.
Hedwig Fluthwedel, geborene Reichert,
geboren am 10. 7. 1900 in Mittenwalde
in der Katharinen-Straße 36, sowie
Familie Hermann Fluthwedel und Kinder

Mit der Wende zur deutschen Einheit
stellt sich Mittenwalde neue Aufgaben

Da bereits vom Schöneicher Plan gesprochen wurde; die Mittenwalder haben dazu eine besondere Beziehung. Fünfjahrpläne waren den Bewohnern der DDR wohlvertraute Begriffe. Kaum bekannt war, daß es daneben auch »Militärökonomische Fünfjahrpläne« gab. Davon ausgehend hatte sich die wirtschaftsstrukturelle Entwicklung einzelner Städte bzw. Regionen – wovon auch Mittenwalde betroffen war – auf den Versorgungs- und Dienstleistungsbedarf der ostdeutschen und sowjetischen Streitkräfte auszurichten.

Von den unmittelbar in der speziellen wehrtechnischen Produktion beschäftigten 6.000 Mitarbeitern in der DDR waren es allein 680 im Lehrgeräte- und Reparaturwerk Mittenwalde. Was die Produktion von Waffen und ähnlichem in diesem Werk betraf, ahnten wohl einige, aber wußten nur wenige Einwohner Mittenwaldes und der Umgebung, daß dort Funkmeßtechnik, Raketen und Schießanlagen hergestellt wurden.

Die Gegend des Schöneicher Plans bei Mittenwalde war also von früher her nicht nur durch Tonlager und Ziegeleien, durch die Berliner Müllabfuhr, durch Anbau von Rhabarber auf den Aschefeldern und durch die Seife und Waschmittel herstellende Firma Sunlicht bekannt, sondern später auch berüchtigt durch die Produktion kriegswichtiger Mittel (Plexiglas für Panzer, Flugzeuge u. a. für den Zweiten Weltkrieg im Rüstungsbetrieb Röhm und Haas) sowie von Technik und Waffen, wie wir oben gesehen haben, in der Zeit nach dem Zweiten Weltkrieg bis zur Wende 1990. Die Fabrikanlagen wurden danach zu einem Betrieb für den Umbau von Tatra-Straßenbahnwagen ausgebaut.

Oder nehmen wir ein anderes Beispiel dafür, wie schwer die mit dem Mauerbau geschaffenen Tatsachen nach 1990 wieder überwunden werden mußten: Was der Kampf zum Ende des Zweiten Weltkrieges um Berlin noch nicht schaffte, wurde dann allerdings mit dem Mauerbau erreicht. Die organische Verbindung

Berlins mit seinem Umland mußte vor allem zwischen dem eingemauerten Westteil Berlin und dessen Hinterland auf unnatürliche Weise beseitigt und durch Notlösungen ersetzt werden. Das betraf u. a. die gesamte Infrastruktur dieses Bereiches. Die Vernetzung der Wasser-, Strom- und Gasversorgung wurde schrittweise aufgehoben. Eigentums- und sonstige Rechtsverhältnisse wurden »auf Eis gelegt«. Rechtlich gesehen gehörten die Wasserwerke in Eichwalde, Mittenwalde und Zossen weiterhin zur Verwaltung Berlin-Charlottenburg, die ihrerseits wieder Pumpstationen in Nieder Neuendorf und Stolpe für die Wasserversorgung Westberlins betrieb.

Doch die politische Wende zur Deutschen Einheit machte schier Unmögliches wieder möglich, und zwar nicht nur auf dem Papier.

Einwohner und Besucher werden nach dem Studium nachfolgender Zeitungsausschnitte ihre Augen und ihren Verstand auf das Bild der Stadt Mittenwalde richten und »Spreu vom Weizen trennen« müssen.

Mittenwalde – In den nächsten 10 bis 15 Jahren wird Mittenwalde nach Überzeugung vom Amtsdirektor Uwe Pfeiffer »aus allen Nähten platzen«. Er rechnet mit einer Einwohnerzahl von 8.000. Noch wohnen 2.050 Mittenwalder auf etwa 2.000 Hektar Fläche. In den nächsten Jahren kommen mehrere Gewerbe – und Industriegebiete mit etwa 82 Hektar Fläche hinzu.

Außerdem sollen rings um den alten historischen Stadtkern, der systematisch weiter saniert wird, neue Wohnungen gebaut werden. Das verkündete der Amtschef am Montag abend auf einer Sitzung des Bauausschusses des Kreistags, der sich zu seiner Sitzung diesmal die Stadtverwaltung der mittelalterlichen Stadt am Nottekanal ausgesucht hatte.

Nach der Restaurierung des Berliner Stadttores und des Pulverturms, so führte Harald Hesse, Geschäftsführender Vorsitzender der Ingenieurbüro Bau GmbH, aus, werde nun schrittweise die unter Denkmalschutz stehende Altstadt saniert. »Schwierigkeiten gibt es dabei immer noch«, so betonte Amtsdirektor Pfeiffer, »durch die mangelhafte Unterstützung des Potsdamer Bauministeriums und die zu lange Bearbeitungszeit der Anträge durch das Amt zur Regelung offener Vermögensfragen in KW.« Dadurch lägen drei Millionen Mark Landesförderung für die Stadtsanierung weitgehend brach.

Einig waren sich Amtsdirektor und Abgeordnete, daß in der Innenstadt - das betrifft vor allem die Yorckstraße und den Salzmarkt – die Erdgeschoßzonen der Häuser für Läden und Geschäfte freigehalten werden sollen. Auf einen Supermarkt im Stadtinneren soll verzichtet werden, auch wenn viele Mittenwalder Bürger es lieber sehen würden.

Ein Lob sprach Wolfgang Krawczynski, Leiter des Kreisplanungsamtes, Uwe Pfeiffer aus, der es sowohl in seiner Zeit als Bürgermeister wie auch später als Amtsdirektor verstanden habe, viele Firmen für den Standort Mittenwalde zu interessieren. »Auch das neue Gewerbegebiet an der Autobahn A 13«, so Krawczynski, »wird eines der bestbesiedelten im Kreis werden.« So wurde in der Stadt erreicht, daß immer noch ebenso viele Arbeitsplätze bestehen wie vor der Wende. Die Firma Aldi ist dabei, in Mittenwalde ein Großverteilerzentrum für das gesamte südliche Land Brandenburg zu bauen, das 800 bis 1.000 neue Arbeitsplätze schafft.

Ein Wermutstropfen ist allerdings die angekündigte Kurzarbeit bei der Vissmann Kessel- und Apparatebau GmbH im nächsten Monat.

Unverständnis zeigte Krawczynski für den Standort des neuen Gewerbegebietes Mittenwalde/Telz, auf dem ein Betonwerk und ein Busdepot entstehen. »Amtsdirektor Pfeiffer hat lautstark über die Müllfahrzeuge geklagt, die auf ihrer Fahrt zur Deponie Schöneiche durch Mittenwalde donnerten. Jetzt holt er sich zusätzlich Schwerlasttransporter und Busse in die Straßen der Stadt.«
Manfred Rauschenbach

Was aber für die Mittenwalder das Wichtigste ist – und deshalb war während der Versammlung der Rathaussaal auch bis auf den letzten Platz besetzt: Das märkische Städtchen wird endlich an die Kanalisation angeschlossen. Bis an den Ortsrand sind die Rohre bereits verlegt. Auch das Hauptpumpwerk auf dem Mittenwalder Schützenplatz steht schon. In der ersten April-Woche wird in der Baruther Vorstadt und in der Bahnhofstraße halbseitig das Straßenpflaster aufgerissen. Da auch gleichzeitig die beiden neu entstehenden Gewerbegebiete Schäferfeld (30 Hektar) und Hechtstücken (72 Hektar) ans Abwassernetz angeschlossen, diese aber auch mit einer Trinkwasserleitung versehen werden, müssen auf einer Länge von insgesamt 6,2 Kilometern Druckrohre verlegt werden.

Bis zum November sollen 52 Mittenwalder Häuser an die Kanalisation angeschlossen sein. »Ein gewaltiges Stück Arbeit, was da in den nächsten Monaten vor uns liegt«, meint Bürgermeister Pfeiffer. Andererseits ist es günstig für die Mittenwalder, weil alles in einem Ritt erledigt wird und nicht mehrmals aufgebuddelt werden muß. Deshalb brachten die anwesenden Bürger für die zeitweiligen Beeinträchtigungen durchaus Verständnis auf.

Was sie dagegen auf »den Baum brachte«, ist die »schlafmützige« Arbeit der Potsdamer Energieversorgung. Um das Hauptpumpwerk zu betreiben, werden 100 Kilowatt Stromleistung gebraucht. Trotz mehrerer Schreiben des Baubetriebes scheint das Potsdamer Energieunternehmen eine sehr lange Leitung zu haben, denn es kam bisher keine Antwort. Heiß diskutiert wurden natürlich die Kosten, die auf die Hausbesitzer zukommen. Denn von der

Hauptleitung an der Straße bis zum jeweiligen Anschluß am Haus müssen die Eigentümer die Kosten selbst bezahlen. Und die betragen, wie Bernd Runge vom Baubetrieb als Richtwert angab, etwa 5.000 bis 6.000 Mark für 10 Meter.
  Bürgermeister Pfeiffer versprach jedoch, daß die Stadtverwaltung bei Härtefällen helfend eingreifen wird.
Manfred Rauschenbach

Handelskette Spar baut Zentral-Lager in Mittenwalde
– 2.500 neue Arbeitsplätze erwartet
– Grüngürtel umgibt Gewerbegebiet
  Mittenwalde – Die Handelskette Spar wird auf einer Fläche von etwa zwanzig Hektar am Rande der Stadt Mittenwalde (Kreis Königs Wusterhausen) ihr größtes Auslieferungslager für das Land Brandenburg bauen. Vorgesehen sind auch ein Logistik-Zentrum der Kette, ein Abhol-Großhandel für Gaststätten und ein Gartencenter. Spar will künftig in Mittenwalde 1.200 Arbeitnehmer aus der Region, vorwiegend Frauen, beschäftigen.
  Das Unternehmen hat außerdem vor, in verstärktem Maße Produkte aus Brandenburg, vor allem Frischgemüse in sein Lieferprogramm aufzunehmen. Davon könnte auch die »Märker Agrargenossenschaft Mittenwalde« – ein anerkannter Kartoffelanbauer – profitieren.
  Neben Spar werden sich auf dem künftigen, insgesamt 60 Hektar großen Gewerbegebiet »Hechtstück« weitere 20 bis 25 mittlere und kleinere Unternehmen niederlassen. Insgesamt sollen im »Hechtstück« in den nächsten Jahren etwa fünfzehn Millionen Mark investiert werden. Der Bebauungsplan dafür wurde von der Wirtschaftsförderungsgesellschaft Unna aus dem brandenburgischen Partnerland Nordrhein-Westfalen erarbeitet.
  Bürgermeister Uwe Pfeiffer (CDU) nannte als Grund für den Investorenandrang die Berlin-Nähe seiner Stadt, die künftig sechsspurige Autobahn-Anbindung sowie den Bahnanschluß zwischen Königs Wusterhausen und Zossen.
  Pfeiffer geht davon aus, daß bis zu 2.500 neue Arbeitsplätze in Mittenwalde geschaffen werden. Schon jetzt sei der Ort, so der Bürgermeister, von Arbeitslosigkeit wenig betroffen. Mittenwalde werde künftig überregionale Bedeutung gewinnen. Auch Arbeitnehmer aus Königs Wusterhausen und Zossen könnten in der 2.000 Einwohner zählenden Stadt eine sichere Existenz finden. Im übrigen erhofft sich Pfeiffer durch den zu erwartenden Wirtschaftsaufschwung auch Vorteile für die vorgesehene Sanierung des historischen Stadtkerns (wir berichteten).
  Bei der Erschließung des Gewerbegebiets sollen die reizvolle Umgebung, insbesondere die Naturschutzflächen erhalten werden. Es sei, so der Bürger-

meister, sogar daran gedacht, ein Europa-Naturschutzgebiet in der Umgebung von Mittenwalde zu entwickeln. Eine Landstraße mit herrlichem Baumbestand, die unmittelbar am »Hechtstück« vorbeiführt, solle ihren Allee-Charakter behalten und künftig Fußgängern und Radfahrern vorbehalten bleiben. Eine neue Straße werde unmittelbar daneben gebaut.

Ferner empfahlen die Bauplaner aus Nordrhein-Westfalen den Mittenwalder Kommunalpolitikern, die Verträge mit den Investoren so abzuschließen, daß mindestens zehn Prozent der gekauften Flächen bepflanzt werden müssen. Um das Gewerbegebiet selbst soll ein breiter Grüngürtel angelegt werden, der sich bis zu einer angrenzenden Kleingartenanlage erstrecken wird.
Helmut Wawzyniak

Natürlich geht es künftig in Mittenwalde nicht nur um Gewerbegebiete, sondern auch um Wohnungen im Stadtkern und um die Stadt herum sowie die Einordnung der Stadt als künftiges Grundzentrum. Aber die Zeichen der Wende derzeit stehen dafür schlecht, da scheinbar die Denk- und Verhaltensweisen der alten neuen Landesherren und ihrer bürokratischen Erfüllungsgehilfen auf das langsame Aussterben der Bewohner dieser alten ehrwürdigen Stadt abzielen. Bisher haben die für eine wohnungsbaumäßige Stadtentwicklung zuständigen »Beamten« des Landratsamtes und der Landesregierung erfolgreich alles das verhindert bzw. verzögert, was zur Schaffung neuer Wohnraumsubstanz in Mittenwalde hätte beitragen können. Was benachbarten Städten und Dörfern in dieser Hinsicht selbstverständlich ist, im großen Stil Wohnhäuser zu schaffen, wird Mittenwalde mit den fadenscheinigsten Begründungen verwehrt. Natürlich gibt es für eine sinnvolle Raumordnung, Landesplanung und -entwicklung überregional sowie die bedarfsgerechte Bauleitplanung und Siedlungsentwicklung der Kommunen mehr als genug Gesetze und Verordnungen. Doch lehrt die Praxis eine subjektiv bedingte Auslegung und Anwendung dieser Bestimmungen, wenn hier allen Erfordernissen entsprechende Bebauungspläne zum nicht wieder gutzumachenden Schaden in der Siedlungs- und Bevölkerungsentwicklung von Mittelpunktzentren der Region abgelehnt werden und anderenorts solche Bebauungspläne bereits greifen, die aus der Sicht von Kennern der Materie keine Zustimmung hätten erfahren sollen.

Man kann nicht unterstellen, daß Mittenwalde-Hasser alles daran setzen, eine großzügige Erweiterung der maroden Mittenwalder Wohnraumsubstanz zu vereiteln, aber man muß sich fragen, ob nicht Ministerialbeamte oder letztlich Minister persönlich derartig wichtige Fragen – notfalls vor Ort – klären und entscheiden sollten. Schließlich geht es um die Frage nach Verantwortung für die Verwendung von Steuermitteln für den »Aufschwung Ost«, wenn sich diese hinsichtlich der bereits erfolgten Erschließung der Straße am Scheunenviertel für einen vorgesehenen, jedoch nicht mehr zu bauenden Wohnpark »Höfegarten« als eine »in den Sand gesetzte« Fehlinvestition erweisen sollten.

Mit dem von Mittenwalde im Flächennutzungsplan (FNP) für erforderlich eingeschätzten Bedarf an Wohnbaugebieten bzw. Wohnhäusern, Nachfolgeeinrichtungen, Grünanlagen usw. könnte die Stadt langfristig ihre – auch gewerbsmäßige – Zukunft sichern. Also kommt es darauf an, die Bebauungspläne der nachfolgend genannten Wohn- und Mischgebiete ohne Abstriche zu realisieren: Millingsweg, Baruther Vorstadt, Am Ostbahnhof, Frauenbusch, Zülowkanal, Hofgärten, Altstadtgärten sowie Sanierung des historischen Stadtkerns mit Altstadt-Innenerschließung/-verdichtung. Damit würden etwa 700 Wohnungen neu entstehen, und zwar als Basis einer Einwohnerzahl, wie sie Mittenwalde mit 3.200 vor ungefähr 80 Jahren schon mal hatte.

Aus dieser Sicht könnte Mittenwalde am Rande bzw. im Zufahrtsbereich des künftigen Großflughafens Berlin-Schönefeld zum »südlichen Tor bzw. Drehkreuz« dieser internationalen Luftverkehrsdrehscheibe werden und würde eine geglückte Synthese zwischen der denkmalgeschützten Altstadt und modernen Neubau-Stadtteilen das Ende des »Dornröschenschlafes« und den Anfang einer neuen Aufwärtsentwicklung der Mittenwalder Region einläuten.

Kleinkarierte Politiker und Bürokraten provinzialer Prägung können oder wollen nicht eine ähnliche Entwicklung der Hauptstadt Deutschlands in den nächsten Jahrzehnten voraussehen, wie sie Dutzende von Haupt- und Großstädten in aller Welt mit riesenhafter Ausdehnung und ...zig Millionen Einwohnern bereits hinter sich haben. Mal angenommen, Berlin würde sich in einem gemeinsamen Land mit Brandenburg in einigen Jahrzehnten unter Verdoppelung seiner Bevölkerung bis zum Berliner Autobahnring und mit Umland/Speckgürtel noch darüber hinaus ausdehnen, läge Mittenwalde unmittelbar an der Stadtgrenze und der Großflughafen Schönefeld dann doch mitten in der Weltstadt Berlin. Wie gut, daß man dann noch auf Sperenberg als neuen Zentralflughafen zurückgreifen kann. (Die Schildbürger lassen grüßen.)

Ob nun Schönefeld oder Sperenberg, die wirtschaftliche Entwicklung des südlichen Umlandes von Berlin (des ehemaligen Teltow und somit auch des Amtsbereichs Mittenwalde) würde so oder so nur profitieren.

Übrigens, was die Ausdehnung Berlins bis zum Autobahnring und darüber hinaus betrifft, wurde darüber nach 1945 unaufhörlich in den Mittenwalder Gaststätten, Friseurläden, Lebensmittelgeschäften, Wartezimmern usw. von den Kunden diskutiert, die schon damals los von der SBZ zu Berlin wollten.

Werfen wir zum Schluß und sozusagen mit dem Gedanken an ein Wiedersehen nochmals einen kurzen Blick auf die Stadt vor den Toren Berlins, die sich noch einen auf das Mittelalter hinweisenden Charakter bewahrt hat. Diese Stadt schrieb Geschichte und geriet in Vergessenheit. Sie wurde von ihren Nachbarstädten Königs Wusterhausen und Zossen überflügelt. Weit weg von der Hektik der Städte geht es hier eher beschaulich zu. Für viele ist dies ein Grund, nichts zu verändern, für andere allein schon deshalb einen Besuch wert.

Überall in der alten Stadt und naturbelassenen Umgebung finden sich z. T. einmalige kulturhistorisch interessante Motive, die immer wieder die Menschen aus Nah und Fern zum Schauen und Verweilen, aber auch zum Malen oder Fotografieren anregen.

All das von Hobbyisten und Künstlerhänden über Mittenwalde ins Bild Gesetzte offenbart sich uns in vielfältiger Weise. Die schönsten Mittenwalder Ansichten finden sich in Kunst- und Fotoalben, in Büchern und Kalendern, in Ausstellungen, Film- und Fernsehaufzeichnungen sowie auf Ansichtskarten, Plakaten und Souvenirs wieder. Entsprechende Gemälde, Zeichnungen, Fotografien, Kunstdrucke usw. schmücken Wohnstuben, Büroräume, Gaststätten, Hotels u. a., aber auch Titelseiten und Inhalte von Katalogen, Landkarten und Werbeprospekten aller Art. In hervorragender Weise haben sich auf diesem Gebiet einen guten Namen gemacht:

– Paula Schwenke als Frau des damaligen Amtsgerichtsrates gleichen Namens mit ihren Mittenwalder Pastell-Zeichnungen und -Skizzen,

– der Kunstmaler und Musiker Gerhard Mauermann aus Schwerin (unweit der A 13 – Abfahrt Groß Köris) mit seinen unzähligen Ölgemälden der schönsten Ansichten von Mittenwalde und anderer Flecken des Teltow,

– Eberhard Trodler aus Stahnsdorf mit seinem 1986 für die LPG als Auftragswerk geschaffenen Mittenwalder Aquarell-Zyklus

––Karl Nier aus Mittenwalde mit seinen vom Kirchturm fotografierten Stadtansichten und weiteren Fotos zu kulturhistorischen Details.

Wer sich noch vor Jahren bei Reisebüros und Fremdenverkehrsvereinen über Mittenwalde erkundigte, löste lediglich in mitleidiges Lächeln bzw. Achselzucken und bestenfalls noch die Worte: »ich bedaure« bei diesen Fachleuten aus. Heute kann man konstatieren: die Zahl der nach Mittenwalde kommenden Touristen, Reisegesellschaften und Busse nimmt ständig zu. Diese mittelalterliche Ackerbürgerstadt erweitert als festes Ziel die Prospekte der Reiseveranstalter – Mittenwalde wird zum Programm – und steigert damit die Reiselust von Kultur- und Geschichtsinteressierten aus allen Richtungen Deutschlands, Mittenwalde einen Besuch abzustatten.

Der Heimatverein, die ev. Kirchengemeinde und der Rat der Stadt bzw. die Amtsverwaltung Mittenwalde wollen sich künftig gemeinsam noch mehr für diese Aufgabe einsetzen und entsprechende Öffentlichkeitsarbeit betreiben, sowie sich bemühen, daß in Mittenwalde und Umgebung alles nach Wunsch verläuft und die Stadt sicher bald eine Perle im Land Brandenburg bzw. Berlin-Brandenburg werden wird.

*Heimatverein und Heimatstube von Mittenwalde
beleben dessen uralte Stadtgeschichte aufs neue*

Endlich haben die Mittenwalder ihren Heimatverein und ihre Heimatstube und somit reale Chancen, die Geschichte ihrer Stadt fortzuschreiben und sie den daran interessierten Menschen nahezubringen sowie gleichzeitig all das zu bewahren, was aus längst vergangenen Zeiten noch vorhanden ist.

Heimatstube
Mittenwalde
am Sonnabend, dem 21. Oktober 1995
mit großem Festakt
feierlich eingeweiht

Heimatverein
Mittenwalde e.V.
Yorckstraße 45
15749 Mittenwalde,
Tel. 03 37 64-2 04 33

Unbeschadet dessen, daß das der Stadt überlieferte kulturhistorische Erbe trotz weitergehender Forschungen lückenhaft bleiben wird, wollen die über 30 Mitglieder des Heimatvereins die Arbeit damaliger Stadtchronisten und Heimatforscher (Rektor Buchwald, Rudi Möhring u. a.) fortsetzen.

Als Vereinsmitglieder sehen sie sich dem Ziel verpflichtet, die Geschichte ihrer Stadt noch aussagefähiger zu beschreiben (Stadtchronik), die Heimatstube mit geschichtsträchtigen Zeugnissen und Gegenständen auszustatten, gute alte Traditionen wieder aufleben zu lassen und die Ergebnisse ihrer Arbeit den Bewohnern und Besuchern dieses mittelaltertümlichen Ortes mittels Vorträgen, Ausstellungen, Führungen, Publikationen usw. immer besser zu vermitteln.

Dabei umfaßt die Palette der für Mittenwalde aufzuarbeitenden Themen, Fakten und Daten viel mehr Ereignisse, Sitten, Gebräuche usw. der letzten beiden Jahrhunderte, als die Erforschung mittelalterlicher Vorkommnisse, über die relativ mehr Aussagen vorliegen, als über die jüngere Geschichte der Stadt.

Wenn beispielsweise aus uralter Zeit überliefert ist, daß am 6. April 1448 der Rat zu Mittenwalde den Ratsleuten zu Berlin und Cölln verspricht, ihnen in der Streitsache mit Boytin und sonst nach Kräften förderlich zu sein, kann man daraus bestimmte Schlüsse ziehen.

Wenn hingegen die Mittenwalder Chronik – je jünger, je lückenhafter – bedeutsame Geschehnisse nicht erfaßt bzw. beschreibt, müßte dies auch dem letzten Spießbürger zu denken geben, sofern er dazu noch willens und fähig ist und er auch ernsthaft an einer derartigen Wissenserweiterung interessiert sein sollte.

Aus Heimatkalendern (z.B. des Kreises Teltow), aus alten Zeitungen (z.B. der für Mittenwalde und Umgebung von Julius Siegmann), aus alten Büchern, Urkunden, Familienalben und ähnlichen Quellen könnte manche Lücke geschlossen werden. So z.B. auch die, wer wann in der Stadt das erste Telefon erhielt und dessen Anwendungsweise.

Bereits nach zweijähriger ehrenamtlicher Tätigkeit des Heimatvereins können sich dessen Ergebnisse schon weithin sehen lassen. Der aktiven Arbeit des Vorstandes und insbesondere der Vorsitzenden ist es zu danken, daß die Festlegungen der Satzung, die Haushalts- und Veranstaltungspläne und vor allem die großartige Aufgabenstellung zur Schaffung einer Heimatstube erfüllt werden konnten. Weitere Vorträge und Ausstellungen können jetzt unter noch besseren Voraussetzungen durchgeführt werden als es schon die verflossenen zu solchen Themen waren, wie z. B. »Die Geschichte der Mittenwalder Scharfrichter« oder »Das Schulwesen auf dem Lande vor 250 Jahren« oder »Die Ur- und Frühgeschichte des Nottetales zwischen Königs Wusterhausen und Mittenwalde« wie auch »Die alte Poststraße von Berlin nach Dresden über Mittenwalde.«

Interessant und vielversprechend für eine bessere Jugendarbeit in der Stadt scheint der Antrag einer Gruppe Jugendlicher an den Heimatverein zu sein, mit dessen Hilfe ein reichhaltiges Jugendclubleben entwickeln zu können, und zwar bei gleichzeitiger Unterstützung des Heimatvereins in der Realisierung seiner Aufgaben durch eine Reihe junger Menschen.

Was die arbeitsintensive sowie uneigennützige – sprich kostenlose – Ausgestaltung und feierliche Eröffnung der Mittenwalder Heimatstube angeht, haben viele fleißige Hände dazu beigetragen, wie beispielsweise die des Malermeisters Wilfried Fischer. Aber lassen wir darüber Zeitungsberichte sprechen, die wie folgt aussehen:

A. Vorankündigung

Ein Hochrad hat in der guten Stube normalerweise nichts zu suchen. Eher schon die Schützentafel. Im Mittenwalder Yorck-Haus (Dahme-Spreewald) hat Vera Schmidt alles zur morgigen Eröffnung der Heimatstube hergerichtet. In zwei Räumen macht der Heimatverein historische Stücke des Hobbyforschers Rudi Möhring wieder zugänglich und zeigt überdies Mittenwalder Landschaften und Ortsansichten des Schweriner Malers Gerhard Mauermann.
MAZ/Michael Hübner / 20. 10. 1995

B. Situationsbericht
Märkische Allgemeine/Dahme-Kurier, Montag, 23. Oktober 1995, Seite 15

Festliche Fanfare vorm Yorck-Haus
Mittenwalder Heimatstube eingeweiht
Mittenwalde (MAZ). Festtagsstimmung herrschte Sonnabend vorm Mittenwalder Yorck-Haus. Feierlich kündete eine von den Dahmeland-Bläsern dargebrachte Fanfare die Einweihung der Heimatstube an. Gut hundert Hände applaudierten, als Bürgermeister Siegfried Kurzer den Schlüssel für das städtische Kleinod an Vera Schmidt übergab. Nicht zufällig, so die Vorsitzende des Heimatvereins, »haben wir diesen Termin gewählt.« Auf den Tag vor zwei Jahren, als die Flammen Fiebigs Mühle fraßen, habe man den Verein gegründet. Mittlerweil zähle der 30 Mitglieder. Monatelang hätten die mit Unterstützung von Sponsoren, Stadt und Kreis gewirkt, um die Heimatstube einzurichten. Beispielsweise brachte Wilfried Maday ein altes Hochrad in Schwung. »Nun«, sagt Vera Schmidt, »können Stücke, die über Jahrhunderte nur im engsten Familienkreis gezeigt wurden, bestaunt werden.« Erst Freitag habe sie ein Brautkleid erhalten, das eine Schöneicherin trug, die sich am 6. November 1895 mit ihrem Galan aus dem Ackerbürgerstädtchen vermählte. Den Großteil der Exponate der halbjährlich wechselnden Ausstellung trug der unvergessene Hobbyforscher Rudi Möhring zusammen. Der zweite Raum der Heimatstube bleibt Künstlern der Region vorbehalten. Gegenwärtig zeigt der Schweriner Maler Gerhard Mauermann Mittenwalder Motive. »Vorgesehen ist«, so Bürgermeister Kurzer, »auch die andere Hälfte des Yorck-Hauses zu erwerben. Eine entsprechende Beschlußvorlage wird auf der nächsten Stadtverordnetensitzung am 6. November eingebracht.«
F.Pe.

Künftig werden der Heimatverein sowie die Amts- und Stadtverwaltung Mittenwalde gemeinsam mit allen ortsansässigen Betrieben, Unternehmen, Geschäften, Dienstleistungseinrichtungen usw. spezielle Werbemaßnahmen ergreifen müssen, die sie ihrer Reputation und auch Präsentation schuldig sind.

Das nachstehende Firmenporträt aus dem »Dahme-Spree-Magazin« 10/1995 ist ein Beispiel für die Entwicklung des Wirtschafts- und Wohnstandortes Mittenwalde sowie die Förderung seines Fremdenverkehrs.

Über 100 neue Arbeitsplätze in Mittenwalde bis 1997 angeboten
Die Mittenwalder Firma KANN expandiert – Gute Marktaussichten
Der Süden Berlins hat sich in den letzten Jahren zu einer aufstrebenden Wirtschaftsregion entwickelt. Gute Verkehrsanbindungen, traditionelle in-

dustrielle Bereiche, der Flughafen und die großen Siedlungen der GUS-Streitkräfte lassen auch für die Zukunft der Region positive Aspekte erwarten. Aber nicht jede Ansiedlung brachte auf dem Arbeitsmarkt tatsächlich die Entwicklung, die man sich davon erhoffte. Manche Firma siedelte nur wegen der Kosten aus der nahen Großstadt aufs Land, nahm aber nahezu den gesamten Personalbestand mit.

Eine der positiven Beispiele ist dabei die Firma KANN, die sich seit Mai 1995 in Mittenwalde-Telz angesiedelt hat. Im September 1995 gehörten 35 meist neu geschaffene Arbeitsplätze zu den Ergebnissen der Investionen hierzulande und diese wurden auch, so ist die Geschäftsführung stolz »größtenteils aus der Region« gedeckt. Allein bis 1997 plant das Unternehmen mehr als 100 Arbeitsplätze vor Ort anzubieten und weitere 100 Folgearbeitsplätze sind ebenfalls realisierbar. Die Firma KANN sitzt an der B 246 zwischen Mittenwalde und Telz und besitzt bereits jetzt eine beeindruckende Firmenarchitektur. Dabei ist erst der erste Bauabschnitt abgeschlossen, der zweite in Arbeit. Die Firma beschäftigt sich mit der Herstellung von Baustoffen aus Beton für Garten-, Landschafts-, Straßen- und Wegebau. Dazu zählen unter anderem Pflaster, Palisaden, Stufen, Trockenmauern, Pflanzwand-Elemente, Bordsteine und Randsteine. Zu den Abnehmern der Produkte zählen letztendlich sowohl kleine Eigenheimer und Grundstücksbesitzer als auch die großen Tief- und Hochbaufirmen.

Nicht zuletzt werden gezielte Werbemaßnahmen der Stadt, ihrer Bewohner und Institutionen dazu führen, daß Investoren, Immobilienmakler, Bau-Gesellschaften sowie an den Erwerb von eigenen Häusern bzw. Wohnungen interessierte Familien in Mittenwalde Fuß fassen wollen. Einen nicht unerheblichen Beitrag dafür könnte auch das vorliegende Buch leisten, wenn es beispielsweise in Verbindung mit entsprechenden Werbeanstrengungen ernsthaft interessierten Menschen näher gebracht werden würde.

Zum Schluß dieses Buches sei noch die Anmerkung gestattet, daß die Geschichte der Stadt Mittenwalde wesentlich reicher ist, als diese Beiträge sie darstellen bzw. vermitteln konnten. Unbeschadet dessen, wie dieses Buch nun von den Bewohnern der Stadt und darüber hinaus unseres Landes auch angenommen werden wird, all das Gesagte sollte letztendlich darin münden, das Wohnen und Arbeiten in Mittenwalde und seiner Umgebung immer lebenswerter zu gestalten und immer mehr Menschen zu einem Besuch einer solchen ehrwürdigen Ackerbürgerstadt zu bewegen, die sich ihren mittelalterlichen Charakter im Brandenburger Land bis heute noch am überzeugendsten bewahrt hat.

Ein Stück Heimat der Familie Ruhland in der Paul-Gerhardt-Straße
am Fuß der St. Moritzkirche zu Mittenwalde/Mark
(gezeichnet 1953 von Paula Schwenke für Martha Ruhland)

Sacherklärungen

Ablaß
kirchliche Einrichtung zum Erlaß von Sünden mittels Geld

Advokatus, Anwalt
Dei=Gottesanwalt,
Diaboli=Teufelsanwalt

Akzise
indirekte Verbrauchs-, Verkehrssteuer

Allmende
von allen Bauern gemeinsam genutzter Teil der Gemarkung (Weide-, Wald-, Ödflächen sowie Gewässer)

Allod, Eigengut
im Gegensatz zum Leihe- oder Lehengut

Anerbenrecht
Erbrecht, bei dem ein Bauernhof geschlossen an einen Erben übergeht

Antipode
entgegengesetzter Punkt der Erde

Apsis oder Apside
halbrunde oder eckige Nische für Haupt- oder Nebenaltar im Chor der Kirche

Archidiakonat
Unterbezirk einer Diözese (Amt und Wohnung), in dem von einem Archidiakon (archidiaconus) bestimmte kirchliche Verwaltungsaufgaben, Aufsichtsbefugnisse und rechtsprechende Funktionen wahrgenommen wurden

Askanier
Askanien war eine nach einer Burg bei Aschersleben (Besitzung der Anhaltiner) benannte Grafschaft in Sachsen. Ahnherr der A. ist Adalbert von Ballenstedt. Sein Urenkel Otto der Reiche, der Vater Albrechts des Bären, nannte sich als erster Graf von Askanien. Die A. regierten bis 1319 die Mark Brandenburg, bis 1423 Kursachsen, bis 1639 Lauenburg und bis 1918 Anhalt

Assimilation
Angleichung

Avus
Automobil-Verkehrs- und Übungsstraße (19,8 km lange Rennstrecke in Berlin)

Babylonische Verwirrung
der Bau eines himmelhohen Turmes zu Babel mußte wegen gottgewollter Sprachen-Verwirrung der Turmbauer aufgegeben werden

Bann
Recht einer Herrschaft, bei Strafe zu gebieten und zu verbieten

Bede (Urbede)
vom Landesherrn erbetene Steuer, Abgaben; höher als Zins

Bistum (Diözese)
geistlicher Jurisdiktionsbereich eines Bischofs

Blutgerichtsbarkeit (Obere Gerichtsbarkeit)
über Verbrechen, die mit Blut bzw. durch Strafen an Hals und Hand gebüßt wurden

Brakteat
einseitig hohlgeprägte ma. Münze (Gold- bzw. Silberblech)

Burgwardei
von einer Burg beherrschtes Gebiet

Calvin, Johannes,
Reformator (Genf), gründete mit Zwingli die reformierte Kirche (Calvinismus = Lehre strengster Kirchenzucht), starb 1564

castrum
befestigtes militärisches Standlager (Steinbauten, Basis für Entwicklung von Städten) oder täglich neu errichtet

civis
Bürger

civitas
Bürgerschaft, Bezeichnung für Stadt bzw. städtisches Gemeinwesen

consules novi et veteres
neue und alte Ratmannen bzw. Stadträte

Consulta
Ratsversammlung

Corpus Christi/Domini
Leib Christi bzw. des Herrn

Delinquent
Übeltäter, Verbrecher

Desertion
Verlassen der Truppe, Fahnenflucht

Diözese
Sprengel eines Bischofs

Distichon
Verspaar (aus Hexameter und Pentameter)

Dominus
(Sparro de Middenwolde), Herr, Gebieter über Mittenwalde

domus consulum
Rathaus

Douceur
Geschenk, Trinkgeld

Dreifelderwirtschaft
die in drei Großfelder bzw. -schläge eingeteilte Ackerflur wird im Wechsel von Winterfrucht, Sommerfrucht und Brache bewirtschaftet

Edelherren
Edelfreie im Gegensatz zu den aus dem Status der Unfreiheit aufgestiegenen Dienstmannen (Ministerialien), die an den Fürsten- und Adelshöfen zum Amtsträgerstand gehörten und seit dem 12. Jh. mit Teilen des sonstigen Adels zum Ritterstand verschmolzen und damit zum Niederadel zählten

Elle
ma. Längenmaß = 50-80 cm

Enrollieren
anwerben, in die Werbe (Musterungs)-liste einschreiben

Epitaph
Gedächtnistafel, Grabmal, Inschrift (z. B. an Kirchenmauern) für einen Verstorbenen

ethnisch
volkseigentümlich

ethnologisch
völkerkundlich

Exorzismus
Beschwörung, Austreibung böser Geister

Exulant
Verbannter, Vertriebener, Verwiesener

Fehde
der im MA rechtlich anerkannte Kampf zwischen Freien und ihren Sippen

Flor
Blüte, Blütezeit, Gedeihen, Aufschwung, Wohlstand

Frondienste
Herrenland wird mit Hilfe des unfreien Hofgesindes und der abhängigen Hufenbauern bewirtschaftet; die auf eigenen Hofstellen (Hufen) ansässigen Bauern leisten Frondienste und Abgaben, Fronhöfe werden i. d. R. von Meiern (villici) verwaltet

Flurzwang
Ordnung für das Erreichen und Bewirtschaften verschiedener aneinanderliegender Eigentumsflächen (Gewanne) ohne eigene Zufahrtswege

Fuß
(0,25-0,34 m), 31,4 cm, ein preußischer Fuß, s. auch Zoll

Gerechtsame
Gerechtigkeit, Hebungsrechte, Nutzungsrechte (an Geld-, Natural- und Arbeitsleistungen u. a.), die jemand besaß

Gewannflur
benachbart liegende Ackerparzellen

Gilde
siehe Zunft

Goldene Bulle
Reichsgesetz Kaiser Karl IV. von 1356 über die Königswahl und die Vorrechte der Kurfürsten

Gotik
spätmittelalterlicher Kunststil von etwa 1250 bis 1500, nach dem Volk der Goten, die letzte, alle Kunstgattungen umfassende künstlerische Ausdrucksform des MA

Groschen
ma. Münze seit 14. Jh. in Brandenburg = 6-8 Pfennige (1614 auch 1 Gr. = 0,22 M.)

Grundherren
Landesherr, Adliger, Bischof, Kloster

Gulden
Währungseinheit in verschiedenen Ländern, 1570 etwa 7 Mark

Grundherrschaft = von Landesherren
Adel, Kirche, Stadt oder Bürgern über Land und Leute, die i. d. R. die Gerichtsbarkeit auch über Leib und Leben einschloß

Häresie
Ketzerei

Hohenzollern
Burggrafen- u. Fürstengeschlecht aus dem seit 1061 bezeugten schwäbischen Hause Zollern

Honoratioren
ehem. Kreis einflußreicher Personen eines Ortes

Hospital
Kapelle, Spital = Kranken-, Alters-, Armen-, Pflege-, Siechen- bzw. Versorgungshaus, Heilanstalt

Hufe
Bezeichnung für die Gesamtheit eines bäuerlichen Besitzes, Bauernhufe = steuerpflichtig sowie Ritter – und Freihufe; ein Hufenmaß umfaßte je nach Güte des Ackers von 10 bis 67 Morgen, in Brandenburg durchschnittlich = 60 Morgen, ein Hüfner besaß i. d. R. zwei Hufen

Hüfner
Vollbauer

Immediatstadt
unmittelbar, ohne Vermittlung

Indult(serteilung)
Nachsicht, Vergünstigung, Erlaubnis, Erlaß, bewilligte Frist, Stundung

inkorporiert
eingegliedert, eingemeindet

Inquisition
mit allen Mitteln (bis zur Folter) arbeitende mittelalterliche Glaubensgerichte der katholischen Kirche

Insubordination
Ungehorsam im Dienst

Insurrektion
Erhebung, bewaffneter Aufruhr

Interregnum
regierungslose Zeit, 1320-1324 in der Mark Brandenburg

Jastorf Kultur
nach dem namengebenden Gräberfeld bei Uelzen

Johanniter-Orden
ältester geistlicher Ritterorden (1048)

Kalendsbrüderschaften
Vereinigungen (Genossenschaften) von Geistlichen und Laien eines Sprengels des Spät-MA nach ihrem lat. Namen »Fratres calendarii«, die an den Kalenden (Monatsersten) zusammenkamen, um Seelenmessen für verstorbene Mitbrüder zu lesen, Gastmahle zu halten (Festbrüder), und die in der Fremden- und Armenfürsorge tätig waren

Kapitel
Körperschaft, Versammlung der Geistlichen eines Stifts, Doms, Klosters, Ordens u. a.

Karriol, Karriole, Karriolpost
leichtes zweirädiges Fuhrwerk mit Kasten, Briefpostwagen

Kataster
Kopfsteuerliste, amtl. Verzeichnis, Heberolle

Kietz
vicus, offene, häufig ursprünglich mit Slawen besetzte und mit Rechten und Pflichten an eine deutsche Burg gebundene Siedlung ohne verhuftes Ackerland

Kirchenzehnt
ma. Abgabe an die Kirche in etwa des zehnten Teils des Ernteertrages; heute Kirchensteuer

Klafter
meist 6 Fuß, etwa 1,9 m bzw. etwa 3,5 m^3 Holz

Konsistorium
kirchl. Behörde zur Aufsicht und Leitung der Gesamtkirche

Konvention
Abkommen, Vereinbarung

Kopialbuch
Buch für Abschriften von Urkunden, Rechtsfällen u. a.

Kossät, Kossat, Kätner
die Kleinsten des Dorfes ohne bzw. mit nur wenig Pachtland

Krümper
populäre Bezeichnung der zwischen 1808 und 1812 in Preußen zum Wehrdienst Eingezogenen, die nach kurzer Ausbildung wieder entlassen wurden

Landbuch
z. B. des Mgf. Ludwigs d. Ä. von 1337 bzw. des Kaisers Karl IV. von 1375, Erfassung der Besitzverhältnisse, der Grundbesitzer und Ortschaften nach ihrer Steuerkraft

Landeshoheit
die oberste Gebotsgewalt eines Landesherrn

Landwehr
a) aus Wällen und Gräben bestehende Befestigung von z. B. Burgbezirken, städtischen Feldmarken
b) Bezeichnung für nach 1812 geschaffene freiwillige Verbände gegen Napoleon

Legat
a) päpstlicher Gesandter,
b) Vermächtnis

Lehen
Lehnsmannen (Lehn der Elenden, s. Exulum), vom Landesherrn mit abgabefreiem Land Belehnte, die dafür Vasallendienste zu leisten hatten

Leibeigenschaft
Hörigkeit, persönliche Abhängigkeit der bäuerlichen Bevölkerung im ma. Grund-Herrschafts-System

Leibrente
lebenslängliche Rente (Leipgeding/Leibgedinge)

Lokatoren
Beauftragte der askanischen Markgrafen in den auf- und auszubauenden Dörfern und Städten neuer Herrschaftsgebiete

Mandel
15 Stück, 4 Mandel sind 1 Schock = 60 Stück

manu propria
mit eigener Hand, eigenhändig

Mark
a) gemeinschaftlich genutztes den Bauern von der Grundherrschaft zugeteiltes Stück Land
b) Feldmark (Flur und Umland)
c) militärisch abgesicherter Bezirk unter Befehl eines vom deutschen König eingesetzten (Mark)Grafen
d) ma. Währungseinheit seit dem 12. Jh.: 1 Mark Silber (Barren mit Prägestempel) = 240 Pfennige = 1 Pfund, seit dem 14. Jh. Talentum: 1 Mark Silber = 480 Pfennige (Währungsverfall)

Marodeure
auf eigene Faust kriegführende, plündernde Nachzügler (Soldateska)

Meile
preußische Meile = 7,532 km

Melioration
Bodenverbesserung bes. durch Beod. Entwässerung

Mirakel
Wunder, Wunderwerk, Wundertat

Morgen
Feldmaß (Land, das ein Gespann an einem Morgen pflügt) = 0,25 ha

Mythos
Dichtung, Sage, Erzählung

Niederlagerecht
vom Landesherrn an einzelne Städte verliehenes Privileg, wonach durchreisende Kaufleute ihre Waren für einige Zeit, z. B. 3 Tage, anzubieten (niederzulegen) oder Durchgangszoll zu entrichten hatten

Oppidum
kleinere Stadt, Marktflecken, Städtlein

Pacht, pactus
Naturalzehnt, als häufig fixierte Abgabe pro Hufe = 5-6 Scheffel Roggen, ca. 4 Scheffel Hafer, 1 Scheffel Gerste und einige Rauchhühner

Parentation
Trauerfeier, Grabrede

Parochie
Kirchspiel, Kirchsprengel, Pfarrei, Amtsbezirk d. Geistl.

Patrizier, Patriziat
die einflußreichsten, ratsfähigen Bürgerfamilien deutscher Städte im MA, privilegierte Stadtbürger

Patronat
Würde, Recht, Pflicht eines Schutzherren, Kirchenaufsicht, Patronatsherr, verantwortlich für z. B. Unterhalt und Wohnung des Pfarrers

Pfennig
kleine ma. Währungseinheit, war anfangs die einzige ausgeprägte Münze, 1 Schilling = 12 Pfennige

Pfund
Mark oder Pfund waren nur Verrechnungseinheiten und die höchste ma. Währungseinheit = 20 Schillinge = 240 Pfennige

Piedestal
Fußgestell, Untersatz, Sockel

pontisch
(Biol.) steppenhaft

Port, Porta
vom Hafen übertragen: Zufluchts-, Sicherheits- bzw. Ruheort

Prahm
ma. flaches Wasserfahrzeug, Boot, trug 10-15 Wispel Korn = 10-15 t (Tonnen = Fässer) = 200-300 Zentner

Prämonstratenser
kathol. Mönchsorden

Predella
Sockel (-bild) eines Altaraufbaues

Propstei, Propst
Archidiakonat, Sprengel, Wohnung eines Propstes, geistl. Leiter eines größeren ev. Kirchenbezirks

Quart
altes Flüssigkeitsmaß

reformiert
Erneuerung, der Zweig des Protestantismus, der bis auf Calvin, Zwingli u. a. zurückgeht

Refugiés
Zufluchtsuchende, Bezeichnung aus Frankreich geflohener Protestanten

Regalien
nutzbare Rechte, die nur der König oder derjenige ausüben kann, der sie in irgendeiner Form vom König hat (Münz-, Markt-, Zoll-, Geleit-, Berg-, Jagd-, Fischerei- usw. Regal), die meisten dieser Regalien gingen im Spät-MA auf die Landesherren über

Regesten
zeitlich geordnete Urkundenverzeichnisse, das Wesentliche wiedergebende Auszüge aus Urkunden (z.B. märkischer Ortschaften)

Remise
Schuppen, aber auch Schutzgehölz für Wild

Remission
Erlaß, Vermittlung

Renaissance
von Italien ausgehende kulturerneuernde Bewegung des 15./16 Jh.

Repertorium
Verzeichnis, Nachschlagebuch (z. B. im Staatsarchiv)

Ritterorden
a) Johanniter, hervorgegangen aus der Bruderschaft des Spitals in Jerusalem (1113), Aufgabe war Waffen- und Krankendienst
b) Tempelherren oder Templer, Aufgabe: Schutz des Heiligen Landes und der Pilger, 1312 aufgelöst
c) Deutscher Orden, 1190 vor Akkon als Bruderschaft zur Krankenpflege gestiftet, 1198 zum Ritterorden erhoben

romanischer Stil
europäischer Kunststil um 1000-1200, dessen Bauart altchristliche/byzantinische Formen hat

Rute
60 preußische Morgen

Sachsenspiegel
bedeutendstes Rechtsbuch des dt. MA

Sakrament
gottesdienstl. Handlung zur Vermittlung von Gnadengaben

Sakristei
Kirchenraum für den Geistlichen und die gottesdienstlichen Geräte

Säkularisation
Verweltlichung, Beschlagnahme geistlicher Güter durch den Staat

Scharren
Verkaufsstände im Freien

Scheffel
ma. Maß = ca. 40 kg

Scherf
im 13. Jh. auftauchende einseitig geprägte Münze im Wert eines halben Pfennigs

Schilling
ma. nicht ausgeprägte Währungseinheit = 12 Pfennige

Schock
= 60 Stück

Schöffe, Schöppe
aus der Bürgerschaft gewählte Männer, die gemeinsam mit dem vom Landesherrn eingesetzten Stadtschulzen Recht sprachen

Schoß
Vermögens-, Haus- oder Gewerbesteuer, Schoßregister = Verzeichnis darüber

Schultheiß
Stadtschulze, Beamter, der das Gemeinwesen im Sinne des Landesherrn zu leiten bzw. zu verwalten und Recht zu sprechen hatte

Sedeskirche
Kirche eines höheren kirchl. Amtsträgers, z. B. des Archidiakons

Separation
Absonderung, Trennung, Flurbereinigung mittels eines Abfindungsplanes

Slavia, Slawen
Gesamtname aller zum slaw. Sprachstamm der indogermanischen bzw. indoeuropäischen Völkergruppe gehörenden Stämme, die vom 5. bis 7. Jh. aus Ost-, Mittel- und Südosteuropa bis zur Elbe/Saale vorgedrungen waren

Stapelrecht
das Recht, bei Transitwaren Ausladen, Stapelung, Feilbieten u. a. zu gebieten

Sterbfall
Todfall, Abgabenleistung beim Tod eines Unfreien an den Grund- oder Leibherrn in Form des besten Stücks Viehs (Besthaupt) oder des besten Gewandes (Bestkleid)

Stück Geldes
Berechnung nach »ein Stück Geldes« war im 13./14. Jh. üblich; der Wert eines solchen »Frustums«, also »ein Stück Geldes«, betrug 1 Wispel Hartkorn bzw. auch 1 St. = 12,10 Mark (1450)

Suburbium
an eine Burg sich anlehnende Siedlung, s. Kietz

Talente, Talentum
s. Pfund, höchste ma. Währungseinheit

Taler
Münze, Währungseinheit,
1 Taler = 5,20 Mark (1613) = 24 Silbergroschen

Teilbau
Teilung des Ertrages eines Hofes oder Landstückes zwischen Grundherrn und Bewirtschafter, z. B. Dritteil = 1/3)

Templerorden
s. Ritterorden

Tonne
ma. Maß = ca. 2 Zentner, nicht wie heute = 20 Zentner

totaliter, totalitär
die Gesamtheit umfassend

Ungenoßsame
unerlaubte eheliche Verbindung zwischen Unfreien verschiedener Leib- oder Grundherren

Urbede, Orbede
s. Bede

Urbar, Urbarium, Urbarien (das)
Grundbuch, Dorfbuch buchmäßiges Verzeichnis von Besitzungen und Einkünften einer Grundherrschaft bzw. Landesherrschaft, s. Landbuch

Viertel
altes deutsches Flächen- und Hohlmaß = Scheffel = 10 kg, aber auch 2 Scheffel möglich

Visitatoren
Besichtigender, Durchsucher, Untersucher u. a.

Vogt, advocatus
landesherrlicher Amtsträger im Bereich eines Burgbezirks oder Ländchens/Landschaft

Vogtei
Sitz eines Vogtes, aber auch
Schutzvogtei = Sitz eines die Blutgerichtsbarkeit ausübenden Edelherren, der einen Geistlichen, ein Kloster, ein Stift, ein Bistum und dessen Besitz in weltlichen Angelegenheiten vor allem vor Gericht vertrat

Vokation
Berufung (bes. in ein Amt)

Wenden
Sammelname bzw. -bezeichnung der Deutschen im MA für Slawen, die vom 7. Jh. an a) zwischen Oder, Havel, Spree, Elbe, Saale und dem Erzgebirge wohnten sowie b) als sorbische Bewohner der Lausitz zwischen Saale und Oder (Spreewald) noch heute als Minderheit leben

Wergeld
Bußgeld für einen erschlagenen Mann, das vom Totschläger an die Sippe des Erschlagenen zu zahlen war

Wispel
altdeutsches Trockenmaß zwischen 10 und 25 hl = 24 Scheffel = ca. 19 Zentner

Wüstung, wüstliegender
von den Bauern aufgegebener Ort, Platz, Hof

Zins
geringer als Pacht, z. B. 2 Schillinge
pro Hufe Acker-Nutzungsgebühr im
Jahr, zahlbar an den Eigentümer bzw.
Grundherren

Zisterne
Sammelbeälter für Regenwasser

Zisterzienser
katholischer Mönchsorden

Zoll
(2,3-3 cm) 2,54 cm, 1 Z = 1/12 Fuß

Zölle
Geldabgaben für Waren an
Zollgrenzen

Zünfte
Gilde, Genossenschaft, Bruderschaft,
Innung, Zusammenschluß von
Interessengruppen, z. B. von
Handwerkern

Literatur- und Abbildungsnachweis

Ausflugsatlas: Umgebung von Berlin, VEB Tourist Verlag Berlin/Leipzig 3. Auflage 1984

Aus Kopien historischer Unterlagen über Mittenwalde: Brandenburg-Abteilung der Gedenkbibliothek Berlin (Regesten der Markgrafen von Brandenburg, Urkunden Märkischer Ortschaften)

Badstübner, Ernst: Brandenburg, DuMont Kunst-Reiseführer, Buchverlag Köln 1994

Berger, Joachim: Mark Brandenburg freiheitlich & rebellisch, Lese-Wanderbuch, Goebel Verlag, Berlin 1992

Bevor die Mark zu Preußen wurde, Lucie Groszer Verlag, Berlin 1994 (Die Mark Brandenburg, Zeitschrift für das Land Brandenburg, Heft 12)

Brandenburg, Historische Landeskunde Mitteldeutschlands, Hg. Hermann Heckmann, Verlag Weidlich, Würzburg 1991, 2. Auflage

Brandenburgische Geschichte, Akademie Verlag, Berlin 1995, I. Materna/W. Rippe (Hg)

Codex diplomaticus Brandenburgensis(CDB). Sammlung der Urkunden, Chroniken und sonstigen Quellenschriften für die Geschichte der Mark Brandenburg und ihrer Regenten. Hg. von A. F. Riedel, Bd. 11, Berlin 1838-69 (insgesamt 4 Hauptteile : A, B, C, D mit 36 Bänden) Darunter im Band XI/XXX, Stadt Mittenwalde, S.236 XIV Bibliothek Stadt-Museum Nauen

Der große deutsche Bauernkrieg, Wilhelm Zimmermann, Dietz Verlag GmbH Berlin 1953

Droysen, J.G., Yorck von Wartenburg, Ein Leben preußischer Pflichterfüllung, Berlin 1936 und *Das Leben des Feldmarschalls Grafen Yorck von Wartenburg,* Leipzig 1851, 1897 ff. 3 Bände

Engelmann, Bernt, Preußen Land der unbegrenzten Möglichkeiten, C. Bertelsmann Verlag GmbH, München 1979

Fischer/Fabian, Preußens Gloria, Der Aufstieg eines Staates, Droemer-Knaur Verlag Schoeller und Co, Locarno 1979

Fontane, Theodor: Von Rheinsberg bis zum Müggelsee, Buchclub 65, Aufbau-Verlag Berlin und Weimar, Berlin 1973 (auch Wanderungen durch die Mark

Brandenburg, Band IV, 3. Teil, 1859-1882, Aufbau Verlag 1991)

Geheimtip Dahmeland,
Barbara Liebrenz u. a.:
Gastronomische Streifzüge,
Elefanten Press, Berlin 1994

Goetz, Hans-Werner,
Leben im Mittelalter, Büchergilde Gutenberg, C.H. Beck'sche Verlagsbuchhandlung München 1986

Handbuch der historischen Stätten Deutschlands
(Zehnter Band, Berlin und Brandenburg). Hg. Gerd Heinrich, Alfred Kröner Verlag, Stuttgart 1973

Heimatkalender 1996 und 1997,
Königs Wusterhausen und
Dahmeland, Heimatverein Königs Wusterhausen/ ELRO Verlagsgesellschaft mbH Königs Wusterhausen

Holmsten, Georg, Friedrich II.,
Rowohlt Taschenbuch Verlag GmbH Reinbek bei Hamburg 1969

Im Namen Gottes, Günter Heyden / Horst Ullrich, Verlag Neues Leben Berlin, 1960

Katalog-Ausgabe in 5 Bänden zur Ausstellung »Preußen – Versuch einer Bilanz«, Berlin 1981, veröffentlicht im Rowohlt Taschenbuch Verlag GmbH, Reinbek bei Hamburg, August 1981

Königs Wusterhausen,
Spaziergänge in die Umgebung,
ELRO Verlagsgesellschaft mbH, Königs Wusterhausen, 1993

Mann, Heinrich, Der Untertan,
buchclub 65, Aufbau-Verlag Berlin u. Weimar 1969

Mitteldeutsche Forschungen, Bd. 71,
Die Mark Brandenburg unter den Askaniern (1134-1320). Hg. Eberhard Schmidt, Böhlau Verlag, Köln-Wien 1973

Schreiber, Hermann, Das Volk steht auf. Europas Befreiungskampf gegen Napoleon, Gustav Lübbe Verlag GmbH, Bergisch-Gladbach, 1982

Seyppel, Joachim, Ein Yankee in der Mark, Wanderungen nach Fontane,
Aufbau Verlag Berlin Weimar, dritte Auflage, 1975

Südlich von Berlin: Der Teltow,
Wolfgang Holtz/Gerd Koischwitz, Stapp Verlag, Berlin 1994

Tony Le Tissier: Der Kampf um Berlin 1945, Ullstein 1992

Waas, Adolf, Die Bauern im Kampf um Gerechtigkeit 1300-1525, Verlag Georg D.W. Callwey, München 1964

Zeitschriften, Zeitungen u.a.:
Berliner Morgenpost, Berliner Zeitung, Neues Deutschland, Dahme-Kurier, Landsicht, Stadt-Journal für

Königs Wusterhausen, Dahme-Spree-Magazin, Prospekt Dahme-Land, Zeitung für Mittenwalde

Weiterführende Quellen zur Mittenwalder Stadtgeschichte enthalten die entsprechenden Literaturverzeichnisse vorstehend genannter Bücher, Hefte, Zeitschriften usw.

Die im vorliegenden Buch wiedergegebenen Abbildungen stammen aus den o. a. Quellen, den Beiträgen des Preisausschreibens, alten Ansichtskarten, dem Privatbesitz der Familien Behling, Lemke, Ruhland, Stolze, Glawe und weiterer, die ungenannt bleiben wollen sowie aus den Fernsehsendungen B1: »Kirchplatz Mittenwalde« und ZDF: »Märkische Ansichten, Mittenwalde, 1989«.

Personenregister

(eine Auswahl – ohne Einbeziehung von Namen ehemaliger und lebender Einheimischer der Stadt und Umgebung von Mittenwalde/Mark)

Achenbach, Adolf von 124
Agnes, Markgräfin von Brandenburg 47
Albrecht der Bär, Markgraf von Brandenburg 20, 44
Albrecht II., Markgraf von Brandenburg 44
Albrecht III. (Achilles), Kurfürst von Brandenburg 81 f., 86
Andreas II., König von Ungarn 98
Askanier, 18 ff., 23 ff., 31, 33 f., 41, 45, 49, 51, 88, 114, 126, 136, 301, 313

Bach, Johann Sebastian 189, 216
Balthasar, Hans 47
Balthasar, Kalandsherr 56
Balthasar, Pfarrherr 69
Barbara, Tochter des Kurfürsten von Sachsen, Markgräfin von Brandenburg 71, 79
Barnick, J. C. 95
Bartholomäus, Apostel 97
Bartholomäus, Patrizier 71
Beatrix, Tochter des Königs Wenzel von Böhmen, Markgräfin von Brandenburg 29
Beethoven, Ludwig van 210
Behren, Christof von 161
Bergau, Rudolph 116
Berghaus 177

Bernhard von Clairvaux 98
Berthold, Andreas 193, 216
Bertrand 209
Biener, Joachim 62
Blücher, Gerhard Leberecht von 204 f., 208 f., 220, 224
Bluth, Karl Rudolf Gustav 116
Bochow, Georg 239
Bochow, Helmut 238
Bochow, Werner 274
Bonhoeffer, Dietrich 190
Boyen, Leopold Hermann von 207
Brecht, Kirchenbauer 95
Bredow, Bauer 234, 274
Bredow, Familie von 47
Bredow, Matthias von 41
Buddenbrock, von 219
Bülow, von 209
Busse 265 f.

Cäsar 101
Calvin, Johannes 302, 308
Cassius 103
Clausewitz, Carl von 205, 207, 210
Closter, Wolff von 140
Cranach d. Ä., Lucas 98
Crüger, Johann 190

Dibelius, Otto 269
Diebitsch, Hans von 199, 205
Diepgen, Eberhard 78
Dietrich von Brandenburg 94
Dominikaner 21, 100
Dominus Barnem 24
Dürer, Albrecht 39, 50
Dürr, Heinz 160

Eckermann, Johann Peter 123
Edle Schenks zu Landsberg 49, 140
Edlen von Torgow 62, 85
Einhelm, Ritter Sixt von 50
Eiselen, E. W. B. 123
Elisabeth von Dänemark, Kurfürstin von Brandenburg 53, 96 f.
Enderlin, Familie von 62
Engels, Friedrich 123
Erzengel Gabriel 98

Falscher Waldemar (Woldemar) 47
Ferdinand II., Dt. Kaiser 164
Fontane, Theodor 11, 68, 100, 105 f., 173, 189 f., 196, 203, 210 ff., 221 ff., 312 f.
Francke, August Hermann 170
Franziskaner 21
Franz Karl von Sachsen-Lauenburg, Herzog 162
Fraubach, Dieter 119, 121, 127
Friedrich I. Barbarossa, Kaiser 51
Friedrich VI./I., Burggraf von Nürnberg/Kurfürst von Brandenburg 47, 78 f.
Friedrich II. Eisenzahn/der Eiserne, Kurfürst von Brandenburg 30, 63, 79 f., 86
Friedrich III./I. Kurfürst von Brandenburg/ König in Preußen 86, 167
Friedrich II. der Große, König von Preußen 90, 128, 167, 169, 172, 186, 196, 199 f., 204, 219
Friedrich Wilhelm (der Große Kurfürst), Kurfürst von Brandenburg 53, 62, 137, 161 f, 165, 167, 193
Friedrich Wilhelm I., (der Soldatenkönig), König in (von) Preußen 63, 78, 91, 115, 141, 162, 167 ff., 173, 179 f., 226, 228 f.
Friedrich Wilhelm II., König von Preußen 162
Friedrich Wilhelm III., König von Preußen 106, 162, 204, 206
Friedrich Wilhelm IV., König von Preußen 162
Friesen, Karl Friedrich 123

Georg Wilhelm, Kurfürst von Brandenburg 161, 164
Gerbett 219
Gerhardt, Anna Maria 106 f., 193, 217 f.
Gerhardt, Maria Elisabeth 107, 193, 218
Gerhardt, Paul 11, 54, 75, 86, 91, 96, 98, 100, 105 ff., 123 ff., 163, 165, 186 ff., 192 ff., 211, 214 ff., 221, 254
Gero, Markgraf der sächsischen Ostmark 19, 29
Glasenapp, von 219
Glaubitz, Friedrich von 62
Glaubitz, Gebrüder von 62
Gneisenau, A. W. A. N. von 205, 207 ff.
Göppel, Agnes 222, 225
Goethe, Johann Wolfgang von 123
Gregor XIII., Papst 75
Grolman, K. W. G. von 207
Grüneberg (Orgelbauer) 107
Grumbkow, F. W. von 219
Gustav II. Adolf, König von Schweden 164

Handjery, Prinz 63
Hans von Sagan (Johann II.), Herzog von Niederschlesien-Sagan 81
Hardenberg, K. A., Freiherr von 205
Hayn 69

Hedwig, Tochter des Königs von Polen, Kurfürstin von Brandenburg 54
Heinrich I., Deutscher König 19, 29
Heinrich (II.) der Jüngere (das Kind) 45
Heinrich der Erlauchte, Herzog von Meißen 25 f., 28
Heinrich der Löwe, Herzog von Sachsen und Bayern 19
Heinrich (Pribislav) 23 f.
Heinrich von Brandenburg, Bischof 112
Hermann Billing, Markgraf in Sachsen (Nordmark) 19
Hermann, Markgraf von Brandenburg 40, 49
Herrmann, Fritz 158
Hertzbergk, Familie 171, 186
Heßling, Diederich 222, 225
Hitler, Adolf 53, 139, 206 ff., 266
Hl. Anna 57, 98
Hl. Barbara 98, 112
Hl. Dominicus 98
Hl. Dorothea 112
Hl. Elisabeth von Thüringen 98
Hl. Erasmus 97
Hl. Georg 90 f., 111 ff.
Hl. Katharina von Alexandria 98
Hl. Katharina von Siena 100
Hl. Laurentius (Lorenz) 90, 111 f.
Hl. Maria 97 f.
Hl. Mauritius (Moritz) 91, 94, 193
Hl. Nikolaus 90, 111 f.
Hl. Sebastian 97
Hl. Thomas von Aquino 98
Hl. Veronika 98, 106, 189, 214
Hohendorf, Gebrüder 64
Hohenzollern 42, 45, 78, 82, 85, 116, 136, 166, 179, 304
Hoppe, Dr. W. 120

Horn 170
Hugenotten 174
Hussiten 79, 85

Jahn, Friedrich Ludwig 91, 121 ff.
Jahn, Hermann 238
Jakobsthal (Jacobsthal), Eduard 95
Jaxa (Jacza) von Köpenick, Fürst der Sprewanen 23 f.
Jermolajew 269
Jesus Christus 97 f., 100, 106, 189, 214 f., 217, 302
Joachim I., Nestor, Kurfürst von Brandenburg 53, 74 f., 82 f., 86, 97, 214
Joachim II., Hektor, Kurfürst von Brandenburg 53 f., 56, 64, 74 f., 86
Joachim Friedrich, Kurfürst 86
Jobst (Jost) von Mähren, Markgraf von Brandenburg, Deutscher König 46 f., 78
Johann I., Markgraf von Brandenburg 24 ff., 29, 32, 34, 44, 94
Johann Cicero, Kurfürst von Brandenburg 50, 62, 81 f., 86
Johann, Burggraf von Nürnberg 115
Johann, König von Ungarn 45 f.
Johann (der Alchimist), Markgraf von Brandenburg, Regent der Mark 49 f., 71, 79
Johannes der Täufer 58
Johann Georg, Kurfürst von Brandenburg 58, 75, 86, 111
Johann Sigismund, Kurfürst 86
Johanniter 21, 305, 308

Kalandsherren 56, 59
Kargel, Dora 110
Karl I. der Große, Römischer Kaiser, König der Franken 18, 242

Karl IV., Kaiser des Heiligen Römischen Reiches Deutscher Nation und Böhmischer König 45 f., 48, 88, 115, 142, 179, 303, 305
Katharina von Sachsen, Kurfürstin 82
Katte, Hans von 170 f.
Kiesewieter 63
Kinitz, Michel 62
Kleist, von, General 210
Kleist, Heinrich von 206
Knesebeck, von der 171 f.
Koch, Manfred 96, 261, 278
Kohlhase, Hans 68
Konew, Ivan 265 f.
Krack, Erhard 77
Krummacher, F. W. 269
Kummeltitz, von 142

Lamprecht, von 63
Lange Kerls 168 f.
Lehmann, Franz 110
Lehmann (Oberschaffner) 153
Lehmann, Otto 153
Liebold, Rolf 75, 78
Lilie, Probst 164
Lippold, Ben Chluchim 53
Lothar III: von Sachsen-Supplinburg, Deutscher Kaiser 20
Ludolf von Halberstadt 21, 27
Ludwig IV. von Wittelsbach (der Bayer), Deutscher König und Kaiser 45, 47
Ludwig I. der Ältere, Markgraf von Brandenburg 45, 47 ff., 115, 305
Ludwig II., der Römer, Markgraf von Brandenburg 45, 51, 136
Lützow, L. A., Freiherr von 123
Luise, Königin von Preußen 190, 210

Luther, Martin 54, 58, 186, 193, 256
Lutherus, Gallus 109
Luxemburger 45, 136

Mackensen, August von 53
Mann, Heinrich 222 ff.
Mann, Thomas 195
Matthäus, Apostel 97
Mathieu, Emma 106
Matthias I. Corvinus, König von Ungarn 80 f.
Mauermann, Gerhard 295, 297 f.
Maximilian, Röm. Kaiser 94, 98
Meinfried, Slawischer Herzog/Hevellerfürst 23
Melanchthon, Philipp 54
Minden, Margarethe von 68
Moller, von 175
Münchow, von 63
Mule, Hermann 107
Mylius 219

Napoloen I. Bonaparte, Kaiser der Franzosen 122, 199, 203, 205 ff., 306
Nestroy, J. N. 103
Nickel von Polencz, Lausitzer Landvogt 30
Niemann, Arnold 193 f.
Nynnerschrakk, Siegmund 80

Oberländer, Dr. Gerhard 124
Olbrich, Gerhard 110
Otto I. der Große, Kaiser 19, 94
Otto I., Markgraf von Brandenburg 24, 26, 44, 112 f.
Otto II., Markgraf von Brandenburg 26, 44
Otto III., Markgraf von Brandenburg 24 ff., 28 f., 32, 34, 44, 94

Otto IV., Markgraf von Brandenburg 41, 44
Otto (V. von Wittelsbach) der Faule, Markgraf von Brandenburg 45
Otto II., Herzog v. Braunschweig 47
Otto der Reiche, Graf von Askanien 301
Otto von Magdeburg, Erzbischof 48

Paulus, Friedrich 206 f.
Peter, Probst 29
Pfälzer 174
Pfannschmidt, Friedrich 195
Prämonstratenser 21, 307
Pribislav, s. Heinrich, Hevellerfürst
Prokop, Markgraf von Mähren 46

Quadigani, Graf von 174
Quitzow, Familie von 46 f.

Rauch, C. D. 202
Rauschenbach, Manfred 291 f.
Rehbock, Jakob 48
Reinhardt, E. S. 194
Richter (Kirchenoberbaurat) 109
Riemenschneider, Tilman 106
Rohr, Mathilde von 198
Roloff, Michael 170
Romanus, Familie 63
Rudolf von Sachsen, Herzog 46

Schafarik 18
Scharnhorst, G. J. D. 205, 207
Scheck, Albrecht 109
Schehr, John 238
Schenken zu Wusterhausen 58
Schenkendorf, Peter von 97
Schiller, Friedrich von 11, 190, 220
Schlabrendorff, Familie von 115
Schleiermacher, Friedrich 123

Schlieben, Eustachius von 140
Schlieben, Familie von 47, 97
Schlieben (Schlieffen, Sliwen), Otto von 63, 80, 97
Schultze-Bluhm, Ursula 240, 284
Schwarzenberg, K. Philipp zu 206, 209
Schweizer 169, 174
Segebade, Dr. 134
Semjonow, W. S. 269
Sesselmann 82
Shakespeare, William 103
Shukow 266
Sigismund, Markgraf von Brandenburg, Deutscher König 47, 78 f.
Sokolowski 269
Sophie von Polen, Kurfürstin 81
Stalin, Josef 266
Steinfurth, Erich 238
Stein, Karl Freiherr vom und zum 205, 207
Stoinef, Slawischer Fürst 19
Stolpe, Manfred 238
Stolz, Paul 63, 68, 121
Stubenrauch, Ernst von 124
Sturm, Geheimsekretär 194
Sydow, von 219

Templer 21, 308, 310
Tetzel, Johannes 54, 56
Thilo von Aschersleben 47
Thümen, Christoph Ludewig v. 61 f.
Thümen, Ernst Ludwig von 161,
Thümen, von (Kurfürstl. Rat) 140
Tilly, J. T. Graf 164
Torgow, Hans von, Herr zu Zossen 49
Treitschke, Heinrich von 209
Trodler, Eberhard 295
Tschuikow 266, 271

Vehr, Petrus 193, 217
Voigt, Wilhelm 158

*Waldemar (Woldemar), Markgraf v.
Brandenburg* 40 f., 44 f., 47, 49
Wallenstein, A. E. W. von 164
Wawzyniak, H. 96, 293
Weinlöb 54
Wenck 265
Wenzel, König von Böhmen 27 ff.
Wettiner 18 f., 21, 23 ff., 31 f., 34,
    92, 94, 114, 126
Widukind von Corvey 19
Wilbrand von Magdeburg 21, 26 f.
*Wilhelm der Einäugige von Meißen,
Markgraf, Regent von Brandenburg*
    46
Wilhelm I., König u. Kaiser 128, 162
Wilhelm II., Kaiser 53, 162
Wittelsbacher 45, 136
Wladislaw von Polen 81
Württemberger 174

*Yorck von Wartenburg, Hans David
Ludwig Graf* 11, 75, 122, 163,
    199 ff., 219 ff.
*Yorck von Wartenburg, Peter Graf
von* 208 f.

Zieten, Hans Joachim von 186
Zisterzienser 21, 311
Zwingli, Ulrich 302, 308

Ortsregister

(Eine Auswahl – ohne Mittenwalde/Mark, bestimmte Ortsnamen schließen abweichende bzw. alte Schreibweisen sowie zusätzliche Bezeichnungen u.a. mit ein, wie z.B.: Stadt, Land, Kreis, Mark, Region, Gewässer, Ober-, Nieder-, Klein-, Groß-, ...)

Ägypten 94
Altenzaun 204, 220, 222
Anhalter Bahnhof 266
Antwerpen 97 f.
Arnswalde (Arenswalde) 255
Aschersleben 301
Auerstedt 200, 203, 222

Bärwalde 45
Bali 240
Ballenstedt 249, 251, 301
Barnim 23 f., 26, 29, 34, 48
Bart 18, 30, 33, 92
Baruth 63, 89, 120, 127, 136 f., 225, 291, 294
Bautzen 107, 207, 272
Beelitz 31, 45, 199
Beeskow 43, 143, 170, 203
Berlin 6, 13, 23, 25, 32, 34, 37 f., 41 f., 45 ff., 52 f., 56, 58, 62, 75, 77 ff., 95, 110, 119, 122 f., 126, 136 ff., 154, 156 ff., 164, 167 ff., 172, 175, 178 ff., 186, 193 f., 196, 202, 204, 206 ff., 213, 216, 223, 225, 229, 240, 253, 257, 265 f., 269, 272, 278, 284, 290, 292, 294, 296 ff., 301
Bernau 45
Beßarabien 251
Biesenthal 265
Birkenwerder 265
Bochow 38
Böhmen 16, 27 f., 174
Brandenburg (Land) 11, 13, 20, 25, 27, 29, 31 ff., 37, 41 f., 45 47 f., 51, 62, 75, 78 f., 81 f., 88, 94, 100, 105 f., 118 f., 133 f., 136, 139, 157, 161, 163, 165 f., 176, 179, 182 f., 190, 195, 211, 238, 240, 275, 278, 283, 291 f., 294, 296, 299, 301, 304 f.
Brandenburg (Stadt) 19, 23 ff., 29, 31 f., 45, 49, 54, 63 f., 94, 96 f., 107, 112, 126, 158
Braunschweig 47
Bredow 38
Breslau 137, 139, 206
Brieselang 265
Britz (Berlin-) 246
Brügge 95
Brusendorf 6, 33, 91, 146, 159, 182, 223, 248
Buchenwald 13, 272, 326
Buckow (Berlin-) 38, 146, 257

Champagne 211
Charlons-sur-Marne 211
Charlottenburg 95, 180, 290
Cölln (Berlin) 23, 25, 32, 37 f., 40, 46, 48, 61, 73, 75, 79 f., 82, 137, 179, 296
Cottbus 50, 80, 145, 155, 182, 289
Crossen 81

Dabendorf 276
Dahme (Fluß) 14, 23, 137, 143 f., 178 f., 266
Dahme (Stadt) 136
Dahme-Spreewald (Landkreis) 182 f., 238, 297
Dahmeland 282
Dänemark 53, 97
Danzig 41
Delphi 104
Dennewitz 209
Dessau 48
Deutschland 15 f., 51, 59, 67, 86, 126, 138 f., 160, 196, 204, 208 ff., 225, 267, 269, 282, 294 f., 312 f., 314
Deutsch Wusterhausen (Teutsch Wusterhausen) 6, 69, 179
Dramburg 255
Dresden 137, 145, 297
Düdersdorf (Diedersdorf) 203

Eberswalde 45
Egsdorf (Egerstorff) 136
Eichwalde 63
Elbe 14, 16, 18 f., 23, 26, 29, 37, 179, 204, 209
Elsaß 35
England 86
Erkner 265
Erzgebirge 18, 311
Europa 15, 23, 65, 122, 179, 293, 309, 313

Falkenberg 62
Fenne 90, 92, 125 f., 274
Fläming 182
Flandern 35, 174
Franken 318
Frankfurt/Main 240

Frankfurt/Oder 23, 45, 109 f., 182
Frankreich 86, 166, 206, 304, 308
Friedersdorf 68
Friedland 32
Friesland 35
Fürstenwalde 199

Galizien 267
Gallun (Galluhn) 6, 61 ff., 97, 141, 143, 182
Galluner Kanal (-Fließ) 87, 91 f., 140
Gardelegen 45
Genshagen 23, 253
Glogau 81
Görlitz 136, 145
Görlitzer Bahnhof 146
Gohlis 11, 190, 220
Gorgast 247, 251
Gräbendorf (Gräwendorf) 69, 143
Gräfenhainichen 192
Grimma 190, 192
Großbeeren 209
Groß Besten 69
Großgörschen 207
Groß Kienitz 146
Groß Köris 69, 143, 295
Groß Machnow 6, 33, 62, 97, 121, 125 f., 279
Groß Machnower Weinberg 90, 92 f., 125 f., 221, 248, 288
Grünau 146, 159
Guatemala 240
Gußow 69

Hagelberg 209
Halbe (Halwe) 69, 136, 265 f.
Halberstadt 21, 27
Halle 139
Hammerfließ 23

Havel 14, 23, 140, 178, 310
Havelberg 19, 43
Havelland 24, 29
Harzgau 35
Hermannstraße (Bahnhof) 137, 146, 149, 158, 160, 223
Herzberg 136
Hessen 35
Hohe Lähme 69
Hohe Mülle 69
Hohen Neuendorf 288
Hongkong 240

Innsbruck 216
Jastorf 15, 305
Jena 200, 203, 220, 222
Johannisburg 200, 219
Jühnsdorf 115
Jüterbog 19, 24, 31, 157, 182, 249, 251, 266

Kallinchen (Callinchen) 18, 63, 152
Karlsbad 136
Karlshorst (Berlin) 269
Katzbach 207
Kaub 211
Kaunas 199
Ketzin 94
Klausdorf 141, 144, 256
Kleinbesten (Klein Besten) 69, 143
Klein Beuthen 280
Kleine Mülle 69
Klein-Glienicke 62
Klein Köris 69
Knobloch 94
Köln (am Rhein) 240, 283
Königsberg 167, 200, 220
Königslutter 327

Königs Wusterhausen (auch Wendisch Wusterhausen oder nur Wusterhausen) 6, 14, 47, 52, 58, 63, 69 ff., 76, 95, 121, 134, 137, 140 f., 143 ff., 152 ff., 158, 160, 179, 182, 203, 240, 276, 282, 292, 295, 297
Köpenick (Cöpenick) 16 ff., 23 ff., 31, 34, 42, 46 ff., 71, 74, 94, 158, 170, 173, 179 f., 213
Körbiskrug 69
Krummensee (Crummensee) 69, 91, 97, 182
Küstrin 81, 172, 219, 225, 247, 251

Landsberg 50, 140
Landsberg/Warthe 327
Lausitz (Lusitz, Lusizi) 11, 14, 17 f., 21, 23 ff., 40 ff., 47, 81, 85, 114, 126, 136, 179, 195, 213, 311
Lebus 19, 23, 31, 48, 50, 82
Leipzig 139, 194, 207 ff., 211
Leuthen 186
Lichtenrade (Berlin) 137, 159, 240
Lichterfelde (Berlin) 115
Litauen 199
Löpten 69
Löwenberg 29
Lübben 31, 106, 136, 182, 194 ff., 215, 266
Lübbenau 137
Lübeck 204
Luckau 136 f., 182
Luckenwalde 182, 246, 251
Lützen 164
Lychen 80

Machnow 18
Mähren 46, 78, 80, 174
Märchenwiese 149
Magdeburg 19, 21, 23, 25 ff., 29, 32, 48, 94, 139
Mariendorf (Berlin) 21, 26, 115, 266
Marienfelde (Berlin) 21, 26, 115
Märkisch Buchholz 136 f., 266
Marzahna 68
Mecklenburg 32
Meißen 21, 23 ff., 31, 34, 46 f., 94, 114, 192
Mellensee 134, 140 f., 143 f.
Memel 200, 204
Mexiko 240
Miersdorf 62, 79
Mittelmark 41, 46 f., 143, 214
Mittel Mülle 69
Mittenwald 147
Motzen 6, 18, 62, 137, 140, 143, 145, 149, 154, 159 f., 179, 182, 236, 281
Motzener See 140, 149, 160
Motzenmühle 140, 149, 152
Müggelberge 230
Müncheberg 45, 199
München 240

Nächstneuendorf 179, 247, 251
Namslau 204
Nauen 45
Naumburg 192
Neue Mülle 69
Neuendorf 69
Neukölln (bis 1912: Rixdorf) 21, 138, 145 f., 149, 152 ff., 156 ff., 180, 223, 276
Neumark 255
Neuruppin 43

New York 240
Nieder Lähme 69
Nieder Neuendorf 290
Niederlande (Holland) 35
Nordmark 19 f.
Nordthüringergau 35
Nordrhein-Westfalen 292 f.
Nordsee 140
Notte (-kanal, -fließ, auch Säne/Sane) 6, 11, 14, 17 f., 23, 31, 42, 62, 70, 75, 87 f., 90 ff., 95, 114, 140 ff., 178 f., 213, 225, 229, 235, 265, 290, 297
Nürnberg 47, 78 f., 116, 139 f.
Nuthe 14, 23, 140, 178, 280

Oder 14 ff., 19, 23, 26, 32, 45, 81, 109 f., 182, 212, 310 f.
Olmütz 81
Osterburg 45
Ostfalen 356
Ostfranken 35
Ostpreußen 190
Ostsee 18, 23, 26, 41, 140

Pätz (Paetz) 69, 97, 143
Paris 229, 240
Perleberg 43, 114
Pittchenmühle 92, 114
Polen 81, 204
Pommern 32, 81
Potsdam (Postamp) 31, 37, 76, 79, 81, 137, 165, 168 ff., 172, 182, 211, 283, 290 f.
Potsdamer Bahnhof 266
Prag 18, 23
Preußen 43, 53, 86, 137, 165 f., 170, 173 f., 176, 180, 182, 195 f., 200, 205 ff., 210, 220, 267, 305
Prignitz 29

Radeland 253
Ragow 6, 33, 38, 41, 71, 74, 80, 91, 113 f., 145, 174, 176 f., 181 f., 195, 239, 250, 252 ff.
Rangsdorf 6, 140, 251, 265
Rathenow 45, 80, 114
Regensburg 51
Rhein 37, 211, 242
Rheinland 75, 242
Rixdorf (Richardsdorf, ab 1912: Neukölln) s. Neukölln
Rom 54
Rotzis (Rotberg) 230 f.
Rüdersdorf 142, 144
Rudow (Berlin) 38, 115, 146, 152,
Rumänien 251
Rußland 205 f., 288, 328

Saale 15, 18, 309 ff.
Saarmund 31, 42
Sachsen 20, 24, 29, 46, 53, 59, 71, 82, 137, 174, 192, 195, 199, 209, 246, 301
Sachsen-Lauenburg 162
Sachsenhausen 271
Salzwedel 45, 214
Schenkendorf 6, 69, 145, 152 f., 159, 182, 253 f., 275 f., 286
Schenkenländchen 56, 69, 140, 149
Schlesien 16, 32, 80 f.
Schmöckwitz 143
Schöneberg (Berlin) 180
Schönefeld (b. Berlin) 146, 157 ff., 294
Schönefeld (b. Jüterbog) 246, 251
Schönefeld (b. Luckenwalde) 246
Schöneiche (b. Zossen) 77, 142, 179, 276, 288
Schöneicher Plan 90, 92, 144, 146, 149, 159, 265, 289

Schönwalde 279
Schulpforta 192
Schwabengau 35
Schwerin 295, 297 f.
Seddin 265
Seehausen 45
Selchow 6, 38, 146, 159, 231, 288
Senftenberger Revier 156
Senzig/Sentzigsche Heide (Sentzig) 51, 69, 143
Singapore 240
Spandau 23, 25, 31, 40, 45 f., 79, 95, 328
Sperenberg 141 ff., 179, 294
Spree 14, 23, 40, 75, 119, 140 f., 143 f., 178, 203, 310
Spreewald 194, 279, 311
Sputendorff 69
Stahnsdorf 295
Stalingrad 206
Stendal 45
St. Maurice 95
Stock Mülle 69
Stolpe 290
Storkow 170, 180
St. Petersburg 240
Stralau 26, 31
Stralsund 23
Strausberg 32, 45

Tangermünde 45, 68, 214
Tauroggen 122, 199, 204 ff., 209 f.
Teltow (Kreis) 6, 11, 14 ff., 20 f., 23 ff., 34 f., 49, 54, 56, 62, 71, 85, 87, 114, 119, 125, 127, 134, 137, 140 f., 143, 146 f., 156, 161, 164, 173, 178 ff., 182, 226, 256, 288, 294 f., 297
Teltow (Stadt) 38, 47, 59, 71, 134, 144, 173, 203

Teltower Schweiz 125 f.
Teltowkanal 140, 156, 178
Teltowkanal (Güterbahnhof) 149
Telz 6, 18, 87, 97, 136, 159, 179, 182, 248, 254 f., 291, 299
Tempelhof (Tempelfelde) 21, 26, 115, 153, 155 f., 266
Templin 33, 41, 43
Teupitz 6, 23, 41, 63, 69, 85, 134, 136, 179, 199, 266
Teurow 69
Thailand 240
Thüringen 98
Thyrow 23, 265, 280
Tiefensee 265
Tilsit 200
Töpchin 6, 63, 136, 145 ff., 149, 152 ff., 157, 182, 266 f., 276
Tonsee 90, 274
Tornow 69
Trebbin 31, 42, 46, 71, 87, 134, 179, 199
Treptow (Berlin) 145
Treuenbrietzen 45, 48, 81, 137, 219

Ungarn 46, 80
Velten 265

Waltersdorf 62
Wandlitz 265
Wartenburg 11, 75, 199 ff., 207 ff., 211
Waßmannsdorf 145, 158
Waterloo 207
Weichsel 23, 26, 179
Wendisch Buchholz (s. Märkisch Buchholz)
Wendisch Ragow 73, 92, 113, 248
Wendisch Wusterhausen (s. Königs Wusterhausen oder Wusterhausen)

Werben 45, 280
Wesel 219
Westfalen 79
Wien 179, 206
Wierichsdorf (Wiritstorp, Wirikstorff) 92, 111 f., 114, 174
Wietstock 280
Wildau 156, 280
Wilmersdorf (Berlin) 180
Wittenberg 98, 192
Wittstock 33, 43
Woltersdorf 62
Wünsdorf 179, 236
Wüstemark (Wüste Mark) 69, 114

Zauche 24, 81
Zeesen 69
Zehlendorf (Berlin) 253
Zernsdorf (Zernstorff) 69, 143
Zeuthen 143
Zeycz 206
Zossen 6, 23, 31, 41, 49, 56, 58, 62, 74, 85, 97, 134, 136 f., 140 ff., 144 ff., 159, 164, 166, 174, 179, 182, 199, 247, 251, 288, 290, 292, 295
Zülowkanal 91, 114, 125, 140, 234, 294
Zwerne 69

Autorenvorstellung

Verfasser und Herausgeber dieses Buches ist der 1928 in Mittenwalde geborene Richard Ruhland, zweiter Sohn des Stadtkämmerers Richard Ruhland und seiner Ehefrau Martha, geborene Baumann.

Die Ruhlands (väterlicherseits) wie auch die Baumann/Behlings (mütterlicherseits) gelten mit wenigen anderen als die ältesten in Mittenwalde seßhaften Familien. Sie haben die Entwicklung der Stadt über mehrere Jahrhunderte begleitet bzw. mitgeprägt.

Der NS- sowie Kriegs- und Nachkriegszeit von den dreißiger bis zu den fünfziger Jahren des 20. Jahrhunderts ist es geschuldet, daß die Familientradition dieser Ruhlandschen Linie in der Stadt ein Ende fand.

Der älteste der drei Söhne, der Landwirt Hans Ruhland, gilt seit 18. November 1943 bei Gorodok in Rußland mit 19 Jahren als vermißt. Der jüngste Sohn, Gerhard Ruhland, überlebte mit 15 Jahren verwundet seinen Kampfeinsatz Ende April 1945 in Berlin-Spandau. In Mittenwalde erlernte er bei Erich Wanner den Tischlerberuf, und in Berlin ließ er sich als Pianist und Akkordionspieler zum Musiker ausbilden. Mit dieser Profession beglückte er recht erfolgreich sein Publikum im In- und Ausland, wobei er sich schließlich mit seiner Familie in Königslutter ansiedelte.

Mein Vater wurde im Sommer 1945 abgeholt und in Landsberg/Warthe interniert. 1946 von dort entlassen, kam er wieder nach Hause. Da dies einigen Mittenwaldern nicht paßte, denunzierten sie ihn bei der GPU/NKWD solange, bis er ein zweitesmal abgeholt wurde. Erst 1950 erfuhren wir auf Umwegen, daß er am 12. Februar 1949 im Internierungslager Buchenwald umgekommen ist.

Aufgrund meiner beruflichen Laufbahn als Lehrling, Assistent, Inspektor, Ausbildungsleiter und Fachlehrer bei der Eisenbahn wurde ich ab 1951 in Berlin ansässig. Die letzten 25 Jahre meiner 50jährigen Dienstzeit bei der Eisenbahn übte ich entsprechend meiner Fach- und Hochschulstudieneinrichtungen und -abschlüsse sowie als Reichsbahn-Hauptrat bei der Reichsbahnbaudirektion in Berlin auf pädagogischem Gebiet eine verantwortungsvolle Tätigkeit aus.

Darüber hinaus trug ich im Rahmen ehrenamtlicher gewerkschaftlicher Tätigkeit zur Verbesserung des Gesundheits- und Arbeitsschutzes sowie der Seniorenarbeit im Eisenbahnbau bei.

Mit dem Tode meines Großvaters Adolf Ruhland am 15. September 1959 und der Übersiedlung meiner Mutter 1964 nach Königslutter waren die letzten Angehörigen meines Stammes aus der Stadt verschwunden.